Daniel de Montplaisir

HISTOIRE DU CANADA

Biographie d'une nation

PERRIN

12, avenue d'Italie
75013 Paris
Tél. : 01 44 16 09 00
Fax : 01 44 16 09 01

ISBN : 978-2-262-04872-3
Dépôt légal : octobre 2019

Mise en pages : Facompo, Lisieux

À la mémoire de Patrick Dunaud

Avant-propos

« Vous voulez écrire une *Histoire du Canada* ? Pourquoi n'écrivez-vous pas plutôt une *Histoire du Québec* ? Le Canada n'existe pas. Ou, plus exactement, il n'existe *que* par et *grâce* au Québec. Sans lequel d'immenses territoires impersonnels et interchangeables ne formeraient qu'une vague dépendance des États-Unis, auxquels ils rêvent, plus ou moins consciemment, de s'arrimer. »

À peine venais-je de poser mes valises à Montréal, en août 2013, qu'un juriste québécois de renom me tenait ce discours à l'encontre de la majorité de son pays, ajoutant : « Ici, les anglophones souffrent d'un double complexe : d'une part, ils ne possèdent ni la culture, ni l'histoire, ni l'élégance britanniques, de l'autre, ils ne pèsent guère lourd en face des hommes d'affaires américains. Ainsi que vous le dites en français de France, ils ont "le cul entre deux chaises". Ils sont devenus au mieux transparents, au pis inconsistants. Regardez Toronto : c'est une ville qui ne s'en remet pas de ne pas être aux États-Unis. Robert Charlebois le chantait déjà en 1970. Et Vancouver : on y va pour parler anglais, avec des Chinois, sous la pluie. D'ailleurs, le Canada n'est-il pas, avec la Guyane française, le seul pays américain à avoir conservé une allégeance européenne, peut-être symbolique mais cependant bien affichée ? »

J'avais beau rétorquer que mes premières impressions étaient sensiblement différentes, que je ressentais au contraire une forte identité du peuple canadien à travers de nombreux signes d'appartenance commune, notamment lors des solennelles et toujours émouvantes cérémonies du serment de citoyenneté, que son lien à la couronne britannique l'ancrait dans l'Histoire sans menacer sa personnalité propre, mon interlocuteur n'en démordait pas :

« Vous venez d'arriver, nous en reparlerons dans quelques mois et, là, alors, vous aurez compris. »

Le Canada existerait-il davantage pour les étrangers que pour ses ressortissants, les premiers se faisant une image d'un pays dont les seconds récuseraient souvent les traits ?

Les propos de mon interlocuteur me rappelaient aussi deux allégories de Ben, l'artiste suisse, l'une indiquant, sur fond noir : « La Suisse, ça n'existe pas ! », et l'autre présentant une liste de caractères du pays allant du secret bancaire à la manie ménagère de l'époussetage, en passant par Guillaume Tell et l'horlogerie. Et Ben de conclure : « La Suisse, ça existe ! »

D'emblée, la comparaison s'impose : le Canada constituerait une sorte de version américaine de la Suisse, comme une transposition de celle-ci dans le Nouveau Monde. Leurs points communs sont en effet substantiels : confédérations multilingues avec une forte minorité francophone, modèles du point de vue de l'État de droit et des libertés publiques, voisinage d'une grande puissance, image de sérénité et de sécurité, appartenance indubitable au « camp occidental » en dépit de la stricte neutralité de l'une et de la fréquente réserve de l'autre, vies politiques matures à l'écart des excès et des crispations, nations en paix depuis des lustres, n'ayant pas connu de guerre sur leur territoire depuis la même année, 1814, bien que secouées de convulsions politiques parfois violentes jusqu'en 1849. Mais n'ayant jamais subi de dictature ni de régime autoritaire, du moins si l'on ne considère pas comme tel le régime colonial… Jusqu'aux paysages de neiges, aux rituels de la clôture des récoltes (« Bénichon » ici, « Action de grâce » là-bas) et aux chalets de bois qui couronneraient la ressemblance.

Mais celle-ci s'arrête vite, aussi bien au chapitre de l'histoire qu'à ceux de la géographie et de la population.

Si la confédération des cantons suisses prend naissance au tournant du XIIIe siècle, celle du Canada ne voit le jour que le 1er juillet 1867, soit cent neuf ans après les États-Unis d'Amérique.

Mesurant à la naissance 2 873 000 kilomètres carrés et pesant 3,4 millions d'habitants, il s'agissait d'une fratrie de quadruplés : Ontario, Québec, Nouveau-Brunswick et Nouvelle-Écosse, qui grandirent près de la côte est de l'Amérique du Nord. La famille s'élargit rapidement : rejointe en 1870 par le Manitoba, l'année suivante par la Colombie-Britannique, en 1873 par l'Île-du-Prince-

Édouard, en 1905 par l'Alberta et la Saskatchewan, enfin en 1949 par Terre-Neuve-et-Labrador. Provinces auxquelles s'ajoutent les petits frères des Territoires : du Nord-Ouest en 1870, du Yukon en 1898 et du Nunavut en 1999. D'où cette impression de pays neuf, toujours présente de nos jours.

Pourtant, les pays neufs ont ceci de particulier qu'ils sont aussi anciens que les vieux pays. Lorsque Clovis et les guerriers francs remportent la bataille de Tolbiac, probablement vers l'an 500, sans savoir qu'ils posent là les premiers jalons de ce que sera le royaume de France, sur les bords du fleuve Saint-Laurent, qui ne s'appelle pas encore ainsi, les Iroquoiens bâtissent des villages et échangent les produits de leur pêche contre des fourrures apportées par des peuples amérindiens installés plus au nord. D'un bord à l'autre de l'océan Atlantique, leurs connaissances et leurs outils ne diffèrent guère, non plus que leurs rites religieux, tout empreints de mystères : sur la rive orientale le miracle de la transsubstantiation, sur la rive occidentale, celui de la migration des âmes.

Quant à l'apparition de la vie sur terre, ses premières traces fossiles ont été récemment découvertes dans le nord du Québec, au Nunavik, vieilles de 3,8 et 4,2 milliards d'années. Vie purement microbienne mais qui, un jour ou l'autre, pourrait remettre en question la thèse aujourd'hui dominante d'une origine géographique unique de l'homme.

L'histoire des pays et des peuples n'est pas celle des nations. Si celles de la vieille Europe se sont presque toutes formées selon un dessein politique conçu par des États préexistants, celles du Nouveau Monde ont émergé beaucoup plus lentement, d'abord comme entités rattachées à des puissances tutélaires – ici la France puis le Royaume-Uni –, ensuite en se libérant de celles-ci de façon plus ou moins brutale. Avant de devenir la nation au visage pacifique qu'on lui connaît aujourd'hui, le Canada fut, pendant près de trois siècles, un territoire agressé, ballotté, écartelé, le plus souvent par des enjeux qui le dépassaient et sur lesquels il ne possédait guère d'influence. Ce qui détermina longtemps sa personnalité. Et si l'histoire de France peut, pour l'essentiel, s'écrire à partir de ce qui s'est passé à Paris, ou dans les environs, celle du Canada contraint d'adopter une vision géographique beaucoup plus large dans laquelle la traditionnelle distinction entre centre et périphérie perd beaucoup de son acuité.

Est-ce une des raisons qui fait que le Canada doute de constituer une vraie nation ? D'autant qu'à l'éclatement du territoire se superpose une grande disparité de populations, due à des vagues successives d'immigration qui ont continuellement modifié la composition d'un peuple qui, de ce fait, éprouve parfois du mal à s'identifier.

La connaissance des Amériques se divise traditionnellement en deux périodes : pré et postcolombienne. De la première, nous ne savons guère que ce que l'archéologie a pu fournir, la plupart des civilisations du continent n'ayant pas développé de système d'écriture. L'histoire de la seconde, ouverte avec le XVIe siècle, se confond largement avec celle des cinq principales puissances coloniales – Espagne, Portugal, France, Royaume-Uni et Pays-Bas – qui firent du « Nouveau Monde » l'annexe de l'Ancien, comme en témoignent ces noms de lieux qui continuent d'étonner les visiteurs européens.

Dans sa fameuse conférence si souvent citée, *Qu'est-ce qu'une nation ?*, prononcée en 1882, Ernest Renan ne fit aucune mention de la Confédération canadienne, alors qu'elle illustrait déjà au mieux ce qu'il décrivait comme les principaux ferments d'une nation : bien moins que la langue, la religion, la géographie ou la communauté des intérêts, la possession de souvenirs et, par-dessus tout, « le désir de vivre ensemble » comme celui de « continuer à faire valoir l'héritage qu'on a reçu indivis », résumés par la fameuse formule du « plébiscite de tous les jours ».

On doit préciser à la décharge de Renan que si la nouvelle entité canadienne constituait bien un État indépendant, elle ne formait pas encore une nation authentiquement souveraine, restant soumise, pour sa politique extérieure, à la couronne britannique.

Car l'histoire du Canada se divise essentiellement en période « préconfédérale » et « postconfédérale », ouvrant, en 1867, la voie au processus qui a conduit au pays que nous connaissons et qui s'inscrit dans le monde contemporain d'abord comme celui de l'immensité, voire de la démesure.

Pour commencer, celle des chiffres : 10 millions de kilomètres carrés, qui en font le deuxième pays le plus vaste du monde après la Russie ; 202 000 kilomètres de côtes maritimes, soit de très loin le plus long littoral du monde ; des distances gigantesques : 3 500 kilomètres séparent Saint-Jean de Terre-Neuve de Brest, alors que près du double sépare le même Saint-Jean de Vancouver ; 32 000 lacs dont la surface est supérieure à 3 kilomètres carrés répertoriés et environ dix fois plus de lacs de taille inférieure ; les plus importantes réserves d'eau douce de la planète ; des températures extrêmes, ayant, certains hivers comme ceux de 1879 et de 1923, passé la barre des – 50 °C, record des régions habitées par l'homme…

Mais aussi celle des perceptions : forêts profondes, routes sans fin, prairies à perte de vue, sensation d'écrasement sous le poids d'une nature encore sauvage, souvenirs hérités de romans, de films et de chansons qui trouvèrent ici la matière première des récits d'aventures, d'exploration, de fuite au bout du monde. Dont les traces se retrouvent dans des produits de consommation bien établis tels que la « canadienne », grosse veste doublée de fourrure et aux poches multiples, et l'autre « canadienne », petite tente à deux places, qui s'installe n'importe où et permet de décamper rapidement en cas de menace subite… Ce qui, souvent, agace les Canadiens confrontés à des immigrés leur vantant les grands espaces, alors que l'évolution ininterrompue de la société concentre les humains dans des agglomérations de plus en plus vastes. En effet, si la densité de 3,4 habitants au kilomètre carré est l'une des plus faibles du monde, 83 % des 37,3 millions de Canadiens, en 2019, se répartissent dans des zones couvrant seulement 4 % du territoire, principalement dans la vallée du Saint-Laurent et en Colombie-Britannique. Dans les autres parties du pays, subsistent, et peut-être pour longtemps encore, ces zones de *wilderness* disparues d'Europe et désignant une nature primaire que l'homme n'a ni aménagée ni même souvent touchée.

Au plan économique et social, le Canada fait partie des pays les plus développés, avec un produit intérieur brut par habitant qui le place au dixième rang mondial, entre les États-Unis et les Pays-Bas, et une espérance de vie au douzième. Le taux de scolarisation des enfants atteint les 100 %, quand il n'est que de 92 % aux États-Unis, et celui des adultes possédant un diplôme universitaire dépasse les 50 %, soit le niveau le plus élevé au monde. Les autres grands indicateurs, tels que le taux des prélèvements obligatoires, le niveau de l'emploi, l'endettement public ou le solde de la balance commerciale restent, comme ceux des pays de niveau comparable, soumis à des cycles et à des aléas conjoncturels auxquels les politiques publiques n'apportent que des correctifs relativement modestes.

D'une façon générale, l'économie canadienne reste imprégnée par la prédominance des lois du marché et de l'appropriation privée des moyens de production et d'échange, quoique légèrement corrigée au milieu des années 1960 par l'introduction de politiques sociales ambitieuses. Cette orientation libérale, plus ou moins marquée selon les provinces, n'a jamais été fondamentalement remise en cause et s'explique largement par les liens tissés depuis l'origine avec le seul pays voisin. Les États-Unis constituent le premier client et le premier fournisseur du Canada ; le volume de leurs échanges est, de loin, le plus élevé du monde entre deux pays. Il n'empêche que la nation canadienne préserve une jalouse indépendance, que les États-Unis ont cessé de contester depuis qu'ils ont, voilà un peu plus de deux siècles, subi de sa part la seule invasion militaire de leur histoire.

Enfin, le pays offre l'image d'une conciliation réussie entre le respect des libertés publiques et la garantie de la sécurité des citoyens. Renforcée par celle d'une société où tout est possible à qui veut entreprendre, créer, innover et qui accueille volontiers les talents du monde entier, elle bénéficie aujourd'hui d'une cote élevée dans de nombreux pays, notamment dans l'Union européenne. Depuis une trentaine d'années, le Canada s'inscrit régulièrement, selon les sondages d'opinion, comme le pays étranger préféré des Français, spécialement des jeunes adultes, et vers lequel il leur serait le plus agréable de s'expatrier. Depuis 2015, le classement des « meilleurs pays du monde » établi par la Wharton School de l'université de Pennsylvanie attribue la deuxième place au Canada, derrière la Suisse, sur la base de soixante-cinq critères sociaux, économiques et culturels, et la première place concernant la seule qualité de vie. De même Calgary, Montréal, Toronto et Vancouver figurent fréquemment dans les premiers rangs des villes du monde « où il fait bon vivre ». Leurs universités rencontrent un succès croissant auprès des étudiants européens, notamment français, qui viennent ici commencer ou compléter leurs études supérieures, souvent de préférence aux universités américaines, plus coûteuses et moins perméables à la culture comme aux usages du Vieux Continent.

Sous ces dehors flatteurs, le Canada reste néanmoins la proie de certains doutes, principalement en raison du souverainisme québécois, tantôt assoupi, tantôt réveillé au gré des élections et des discussions sur le bilinguisme. Tandis que certaines provinces de l'Ouest sont parfois tentées de lorgner vers les États-Unis.

Mais cette fragilité du tissu national constitue aussi un atout culturel considérable : du fait de sa formation et de son histoire, le Canada est le seul pays au monde où Molière et Shakespeare se rencontrent chaque jour. Et la fierté ne lui fait pas défaut : son hymne national, *Ô Canada*, use de formules emphatiques pour célébrer « l'épopée des plus brillants exploits ». Ses journaux et de nombreux ouvrages rendent hommage « à la créativité sans limites des hommes et des femmes qui ont habité cette terre aussi immense que magnifique ». Et il n'y a pas de fierté qui vaille sans identité véritable.

Voilà pour la fiche signalétique brossée à gros traits. Il est temps, après un bref prologue, de passer au *curriculum vitae*.

LE CANADA AUJOURD'HUI

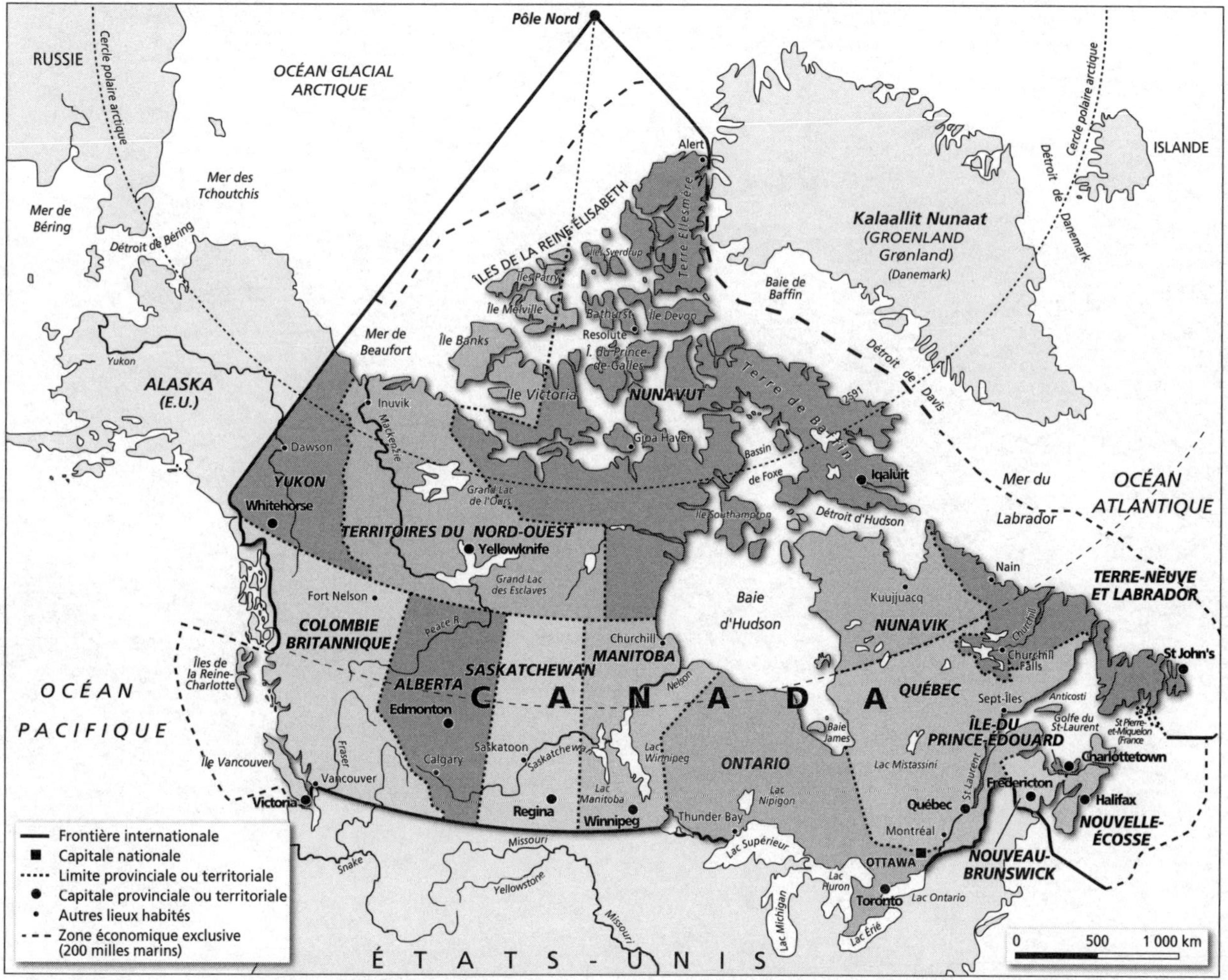

Prologue

Palais du Louvre, Paris, 16 mars 1517. Le roi François Ier donne audience à Antoine Duprat.

Monté sur le trône depuis un peu plus de deux ans, le jeune roi de France – il a alors vingt-deux ans – est encore auréolé de ses succès en Italie. Comme ses prédécesseurs, et comme ses successeurs, François Ier se préoccupe avant tout de consolider son pouvoir en Europe et d'assurer les frontières de ses domaines : l'expansion au-delà des mers ne l'intéresse guère. Vingt-sept ans plus tôt, Anne de Beaujeu, fille du défunt Louis XI et régente sous la minorité de Charles VIII, a refusé à Bartolomé Colomb, le frère benjamin de Christophe, de financer une expédition maritime visant à rejoindre les Indes par l'ouest, autrement dit par la route du ponant, ancienne forme du mot « couchant ».

À cette époque, la France abandonne dans une relative indifférence l'exploration des terres lointaines à l'Espagne et au Portugal. En vertu des bulles pontificales *Aeterni regis*, du 21 juin 1481 et *Inter cætera*, du 4 mai 1493, puis du traité de Tordesillas conclu le 7 juin 1494 entre Ferdinand II d'Aragon, Isabelle de Castille et Jean II de Portugal, seuls leurs royaumes peuvent revendiquer tout territoire découvert au-delà de 270 lieues (soit environ 1 500 kilomètres) d'une ligne imaginaire tracée à l'ouest de l'archipel des Açores. Ce qui permet notamment au Portugal de s'approprier le Brésil six ans plus tard. Prière est ainsi adressée aux autres puissances de se tenir à l'écart.

En ce début du XVIe siècle, la conception du monde reste largement médiévale, celle d'un plateau compact et circulaire (*orbis terrarum*) au centre de l'océan et entouré par lui « de toutes parts ». La continuité de la terre dans sa rondeur, bien que pressentie par les Égyptiens et les Grecs et esquissée en 1375 par l'*Atlas catalan* d'Abraham Cresques, ne constitue encore qu'une hypothèse. Elle ne sera définitivement et matériellement vérifiée qu'en 1522 avec la première circumnavigation de Magellan. La partie nord de l'océan Atlantique continue d'effrayer les équipages qui redoutent l'attaque de leurs navires par de gigantesques baleines ou chevaux marins. C'est bien pourquoi « aucune utilité ne peut légitimer le risque immense de partir sur la mer ». Pour affronter la navigation, il faut, dit-on, « des intérêts puissants ». Or l'exploitation des terres nouvelles préemptées par les Espagnols et les Portugais commence à donner quelques soucis aux autres puissances. Voilà ce qu'en sa qualité de chancelier de France, fonction comparable à celle d'un Premier ministre chargé en outre du portefeuille de l'Économie et des Finances, Antoine Duprat est venu exposer à François Ier.

Cet homme, que l'historien Gabriel Hanotaux a présenté comme « une des personnes les plus considérables de l'ancienne France », naquit à Issoire en 1463. Enfant de chœur remarqué pour ses extraordinaires capacités intellectuelles, sa famille l'envoya « faire son droit » à Paris, après quoi il gravit rapidement les échelons de ce que, dans la Rome antique, on appelait le *cursus honorum* : avocat du roi au parlement de Toulouse en 1495, maître des requêtes de l'hôtel du roi (Louis XII) en 1504, premier président au parlement de Paris en 1508. Louise de Savoie lui confia alors l'éducation de son fils, le duc de Valois. Ayant ceint la couronne, celui-ci fit aussitôt de Duprat son principal collaborateur et, chose rare dans l'histoire de nos rois, ne s'en séparera jamais ni même n'en fera mine à certains moments. L'homme de confiance par excellence, seul ministre de toute l'histoire de France à avoir accompagné un monarque durant tout son règne.

Jusqu'à ce jour, leurs entretiens ont essentiellement porté sur l'organisation et le fonctionnement des services de la Couronne, l'administration générale du royaume, les affaires d'Italie et les relations avec la papauté, ainsi que sur les problèmes soulevés par la réforme protestante. Les questions économiques, apparues plus récemment, demeurent dominées par une conception principalement monétaire de la richesse : on considère généralement que la puissance d'une nation dépend de ses réserves d'or et d'argent, qu'il faut donc préserver et, si possible, accroître.

Dans neuf jours, le 25 mars, une assemblée solennelle des représentants des dix-neuf plus grandes villes du royaume, formule plus légère que celle des états généraux, se tiendra à Paris en présence du roi. Elle doit formuler un avis sur plusieurs projets d'ordonnances visant à développer plus fortement la production et le commerce, alors en phase de stagnation. Une délégation préparatoire a déjà rencontré Duprat pour lui faire part de ses inquiétudes : selon ses membres, le manque de métaux précieux, or et argent – que l'Espagne et le Portugal tirent en abondance de leurs colonies « des Indes » –, combiné à la cherté des épices – poivre, gingembre, muscade, cannelle, girofle... –, presque entièrement importées, handicape lourdement l'économie française. Faciliter le commerce maritime par de nouveaux ports, élever des droits de douane et interdire certaines importations ne suffit plus. Il faut se montrer plus déterminé et, peut-être, plus conquérant.

François Ier écoute avec attention son chancelier. Comme ses devanciers Charles VII et Louis XI, et bien plus que ses prédécesseurs Charles VIII et Louis XII, il estime que la politique royale doit aussi viser à assurer la prospérité matérielle du royaume. Antoine Duprat en profite pour lui montrer que cet objectif se combine mal avec l'indifférence pour les terres lointaines qui ne le démarque pas de ses prédécesseurs. Il lui fait se souvenir de l'erreur d'Anne de Beaujeu, sans laquelle peut-être aujourd'hui le royaume des lys occuperait la place de l'Espagne dans le nouveau monde qui se dessine. Il signale aussi que nombre de marins français voyagent depuis lors vers ces rivages sans que les souverains se mêlent de leurs expéditions ni ne s'intéressent à leurs découvertes, s'il y en a. Mais la France n'est pas une puissance maritime de la taille de l'Angleterre, de l'Espagne ou du Portugal. En outre, sa politique étrangère demeure rivée au continent et à la Méditerranée.

Pour Duprat, il est temps que les choses changent. Car il se murmure de plus en plus qu'au nord des Indes espagnoles et portugaises d'immenses territoires demeurent inexplorés et pourraient receler d'importantes richesses ou bien ouvrir un passage maritime vers l'océan Pacifique et la Chine. Certes la bulle pontificale verrouille en théorie toute porte maritime vers l'ouest, mais a-t-elle voulu également viser les terres encore non reconnues ? Et le moment ne serait-il pas venu, dans ce contexte politiquement très favorable, de demander sa révision à Léon X ? Jean de Médicis est un ami de la France et soutient l'action de François Ier depuis le début de son règne.

En attendant, rien n'empêche d'envoyer une expédition à travers l'Atlantique afin de dresser un relevé des côtes septentrionales, d'examiner la nature des terres qu'elles bordent et de rechercher si un tour du monde est réalisable en contournant l'Amérique par le nord quand Espagnols et Portugais l'envisagent par le sud.

Plusieurs navigateurs français, partis d'Honfleur ou de Rouen, se sont déjà rendus vers ces contrées lointaines. Le dernier d'entre eux, Thomas Aubert, en 1509, a ramené avec lui plusieurs indigènes, preuve que des terres existent et font vivre des hommes. Il faudrait en être certain. En 1511, la reine Jeanne de Castille a diligenté Juan de Agramonte, un marin catalan, afin d'explorer la partie septentrionale des « terres nouvelles ». Mais celui-ci a conclu, dans un rapport écrit, qu'on ne trouvait rien d'intéressant : « par ici, rien » – en espagnol : *acá nada*. C'est cela dont Duprat aimerait bien avoir le cœur net, sans savoir qu'en répétant ces deux mots de castillan au roi de France il vient de baptiser un pays.

Le chancelier estime qu'il faut se hâter avant que les Espagnols aient tout pris. Car, malgré le rapport d'Agramonte, ils continuent de s'aventurer vers le nord. Partout les conquistadors se livrent à une course effrénée à l'annexion de terres pour leur monarque : le 27 mars 1513, Juan Ponce de León a mis le pied en Floride, à la recherche, dit-on, de la « fontaine de jouvence ». Et en septembre de la même année, Vasco Núñez de Balboa a traversé l'isthme de Panama. On sait donc qu'un deuxième océan, encore appelé « mer du Sud », s'étend vers l'ouest, sans doute la découverte la plus importante depuis celle de Colomb. Mais on ignore son étendue, aussi bien en latitude qu'en longitude. Bref, la France ne saurait demeurer à l'écart : il faut aller voir tout cela.

François Ier approuve la suggestion de Duprat sur le principe, mais il situe les bénéfices éventuels d'un tel projet à long terme, peut-être même au-delà de la durée de son règne. Bientôt englué de nouveau dans les affaires d'Italie, les conflictuelles relations avec le Saint Empire romain germanique et la recherche d'une alliance avec l'Angleterre, les expéditions maritimes au long cours sortent de son champ de vision : *acá nada* demeure peu prometteur.

Le roi de France se montre toutefois sensible à la nécessité pour son royaume de devenir lui aussi une puissance maritime et décide, dans la foulée, de l'équiper d'un grand port et d'un chantier naval sur la Manche : ce sera Le Havre de Grâce, dont il signe la charte de fondation le 8 octobre suivant. Mais il faudra attendre encore six ans pour que la Couronne décide enfin de missionner un explorateur en la personne de Giovanni da Verrazzano, un Florentin de Lyon, qui préparera son expédition de Dieppe, Le Havre n'étant pas encore opérationnel. Son voyage marquera les véritables débuts de la conquête du Canada.

Si les territoires correspondants de l'Amérique septentrionale ne portent pas encore ce nom, ils possèdent néanmoins une histoire qui, comme celle des autres terres immergées, remonte à la formation des continents tels que nous les connaissons de nos jours.

L'histoire du Canada peut ainsi se diviser en cinq grandes époques, qui vont de la formation de son territoire jusqu'aux derniers sursauts de l'actualité.

Des origines à 1625, au temps des découvertes, la terre canadienne se forme, fait l'objet de longues explorations par des marins puis de difficiles exploitations par des colons venus principalement de France.

De 1625 à 1759, avec la croix des missionnaires qui accompagne les coups de feu des soldats, les grandeurs et les misères de la Nouvelle-France s'achèvent par son abandon à la puissance rivale.

De 1759 à 1837, le Canada, devenu conquête puis colonie anglaise, subit les tourments et les allers-retours d'une difficile recherche de son harmonie et de son équilibre.

De 1837 à 1911, période de désunion, puis d'union, puis de réunion, le pays entre dans l'âge adulte, couronné par l'adoption d'une forme institutionnelle qui annonce sa future indépendance.

De 1911 à nos jours, après sa participation à deux guerres mondiales qui la font accéder à la scène internationale, la dixième puissance économique mondiale continue de s'interroger sur son identité.

PREMIÈRE PARTIE

Au temps des découvertes

« Il n'est de mer qui soit innavigable,
de terre qui soit inhabitable. »

Robert THORNE (1527)

1

De la Pangée au Canada

Lorsque Antoine Duprat entretient François Ier des éventuelles perspectives des nouveaux mondes, leur cartographie demeure rudimentaire au sud, inexistante au nord. C'est seulement quatre-vingts ans plus tard que le géographe belge Abraham Ortelius réalise les premières cartes relativement précises et, relevant dans son ouvrage *Thesaurus geographicus*, paru en 1596, la ressemblance des tracés des côtes africaines et américaines, émet l'hypothèse que les continents n'ont pas toujours occupé la place qu'on leur connaît. En 1620, le scientifique anglais Francis Bacon confirme cette intuition en faisant remarquer que les contours de l'Amérique du Sud et de l'Afrique semblent pouvoir s'emboîter. En 1668, dans *Corruption du grand et petit monde*, le père François Placet reprend cette observation en attribuant au déluge universel la séparation de l'Amérique d'avec l'ensemble encore relativement compact formé par l'Asie, l'Europe et l'Afrique. Curieusement, ces approches successives ne suscitent guère d'intérêt jusqu'au début du XXe siècle, lorsque, simultanément, entre 1910 et 1912, le météorologue allemand Alfred Wegener et le géologue américain Frank Taylor émettent l'hypothèse d'un éloignement continu des deux ensembles continentaux. Le premier en conclut dans *La Genèse des océans et des continents, théorie des translations continentales*, publiée en 1915, que, dans des temps très reculés, les terres émergées ne formaient qu'une seule masse, un méga-continent – qu'il baptise Pangée, issu du grec *pan gaia*, qui signifie « terre unique » – entouré de toutes parts d'un océan qu'il appelle Panthalassa, selon une étymologie similaire. Taylor identifie quant à lui l'évolution des différentes ères géologiques, permettant d'établir que nos actuels continents résultent de la fragmentation de la Pangée, intervenue voilà 280 à 290 millions d'années.

La similitude de certaines couches géologiques de part et d'autre de l'Atlantique prouve, par exemple, qu'à une certaine époque le Périgord voisinait avec le Québec et qu'un simple marcheur aurait alors pu se rendre en quelques heures de la colline de Lascaux à la vallée qui abriterait plus tard le Saint-Laurent.

Les travaux de Taylor et de Wegener suscitèrent discussions et polémiques jusqu'à ce que ceux du géophysicien français Jean Goguel, du géologue britannique Arthur Holmes et de son collègue américain Harry Hess, à partir de 1940, permettent de les confirmer par l'observation de l'expansion des fonds océaniques.

En 1967 et 1968, la théorie synthétique de la tectonique des plaques fut énoncée par trois géophysiciens, l'Américain William Jason Morgan, le Britannique Dan McKenzie et le Français Xavier Le Pichon. Elle rallia alors l'essentiel de la communauté scientifique. Sous l'effet de la chaleur interne produite par la Terre, elle-même résultant de la radioactivité, un « double tapis roulant » déplace à la fois des plaques continentales et des plaques océaniques profondes, selon un mouvement dit « tectonique », du grec ancien *tekton*, qui signifie « bâtisseur ». En d'autres termes, la lithosphère – l'enveloppe rigide de la surface de la Terre – passe sa vie dans une sorte d'interminable chantier qui redessine en permanence son visage, un peu comme se recompose l'aspect d'un vieux château sur lequel on effectue continuellement des travaux.

Il ne restait plus dès lors qu'à préciser selon quel rythme, régulier ou non, s'opère la tectonique des plaques. Ce fut l'œuvre du géophysicien et géologue canadien John Tuzo Wilson qui avait déjà montré, en 1965, que le « ballet » des continents à la surface de la Terre remontait à la formation de celle-ci et se prolongeait dans le présent, comme dans le futur, selon une certaine périodicité. Ainsi, les « cycles de Wilson », périodes séparant l'apparition de la disparition d'un océan, ont mis en lumière le processus d'alternance perpétuelle entre regroupement et dislocation des continents, inhérent à la rotondité de la Terre. Six supercontinents s'étaient, entre 4 milliards et 300 millions d'années en arrière, déjà constitués puis séparés avant l'apparition de la Pangée : Vaalbara, Ur, Kenorland, Columbia, Rodinia et Pannotia. À la différence de ceux des ouragans et des cyclones, fixés à l'avance par des conventions internationales météorologiques, les noms des supercontinents n'obéissent à aucune règle méthodologique et résultent du choix des paléogéographes qui les ont identifiés. D'où, parfois, la concurrence de plusieurs noms.

Le phénomène se poursuit de nos jours, à raison d'un écartement entre l'Amérique et le bloc Eurasie-Afrique de deux à trois centimètres par an. Bien que la radioactivité terrestre, premier moteur du ballet des continents, s'affaiblisse peu à peu, la prolongation corrigée de l'actuelle trajectoire tectonique devrait aboutir à la naissance d'une nouvelle Pangée, dans environ 250 millions d'années, que les scientifiques ont déjà baptisée Amasie (ou Amasia), par référence à Amasée (ou Amasya) la ville d'Asie Mineure où naquit Strabon, l'un des pères fondateurs de la géographie.

Sur la Pangée, balayée par des vents extrêmement violents et subissant des températures multiglaciales, c'est-à-dire inférieures à – 100 °C, la vie était apparue, dans l'eau comme sur terre, où croissaient les reptiliens mammaliens. Puis, il y a environ 200 millions d'années, une gigantesque météorite, d'environ 5 kilomètres de diamètre, s'écrasa sur terre, formant un cratère qui pourrait être devenu le réservoir Manicouagan, au centre du Québec, d'une superficie de 2 000 kilomètres carrés et d'une profondeur de 73 mètres. Les conséquences physiques de sa chute auraient provoqué la disparition des premiers mammifères identifiés. Selon certains scientifiques, le cataclysme aurait considérablement retardé l'évolution de la vie sur terre, à tel point que, s'il ne s'était pas produit, l'homme serait apparu beaucoup plus tôt et aurait marché sur la Lune avec une avance de 140 millions d'années...

Environ 5 millions d'années avant le début de la fragmentation de la Pangée, apparurent les premiers dinosaures, lointains descendants des reptiliens mammaliens dont quelques cellules avaient survécu de façon dormante. Parmi eux, abrités et nourris par des forêts luxuriantes, les sauropodes, probablement les créatures terrestres de la plus grande taille jamais connue.

La fragmentation de la Pangée aboutit, il y a environ 175 millions d'années, à distinguer deux supercontinents : au nord d'un océan en formation, la Laurasie (ou Laurasia), ancêtre commun de l'Eurasie et de l'Amérique du Nord et, au sud, le Gondwana, qui produirait l'Amérique du Sud, l'Afrique et le sous-continent indien. Le premier doit son nom à la combinaison de

« Laurentides », l'une des plus vieilles régions du bouclier canadien, autrefois aussi haute que l'Himalaya, et d'« Asie ». Le second doit le sien à une ancienne région de l'Inde du Nord où ont été répertoriées et étudiées des couches sédimentaires ayant permis de préciser le mouvement des continents.

Cinquante millions d'années plus tard, la partie ouest de la Laurasie, correspondant à l'actuel Canada, passa sur ce qu'on appelle des « points chauds » du manteau terrestre, provoquant, par infiltration du magma mais sans éruption volcanique, la formation d'un relief peu accidenté, composé essentiellement de collines et de cuvettes formant ultérieurement des lacs. Produit directement par le mouvement des plaques tectoniques et appelé orogénèse (du grec *oros* : « montagne »), ce phénomène, mis en lumière au début du XXe siècle par le géologue autrichien Eduard Suess, et conforté par les travaux plus récents du géophysicien américain William Morgan, constitue une sorte d'alternative à celui de l'érosion des hautes montagnes.

Il y a environ 65 millions d'années, la Laurasie, se déplaçant toujours vers l'ouest, peut-être aussi sous l'effet d'un nouvel astéroïde ayant frappé la Terre, se divisa elle-même en Amérique du Nord et en Asie, tout en conservant des ponts entre les deux nouveaux continents, notamment à travers l'actuel détroit de Behring et le Groenland, qui se détacha de l'ensemble il y a environ 45 millions d'années.

La partie la plus septentrionale de l'Amérique du Nord se trouva ainsi encadrée par trois océans, l'Atlantique, l'Arctique et le Pacifique, mais encerclant aussi une vaste mer intérieure descendant jusqu'au Texas et réduite de nos jours à la baie d'Hudson.

Après quoi, l'alternance de plusieurs centaines de périodes de refroidissement et de réchauffement, séparées par des intervalles d'environ 40 000 ans, aboutit à la formation des reliefs, des plaines et des vallées que nous connaissons aujourd'hui. L'action érosive de la glace tend en effet à créer des collines arrondies et des dépressions qui se remplissent d'eau avec le recul glaciaire, multipliant sans fin les collines et les lacs, paysages caractéristiques d'une grande partie du Canada actuel. La fin du dernier âge glaciaire, il y a environ 17 000 ans, semble avoir précédé de peu, et probablement favorisé, l'arrivée des premiers hommes, sans doute venus du Nord, mais pas nécessairement.

Ainsi, lorsque ceux-ci s'apprêtèrent à traverser la Béringie, ou à prendre des radeaux depuis des continents et des îles plus lointaines, voire encore d'apparaître de zones non identifiées, le Canada avait-il déjà acquis, pour l'essentiel, l'aspect topographique que nous lui connaissons de nos jours.

2

Le décor canadien

« Alors que l'Europe est articulée et fine, semblable à une main effilée dont les doigts se tendraient vers la mer, l'Amérique a le contour d'une épaule solide ; la nature y surplombe l'homme, qui n'est pas à son échelle », relevait André Siegfried lors de son premier voyage au Canada en 1898.

Si le Canada a pris pour devise *A mari usque ad mare* (« d'un océan à l'autre »), son territoire, couronnant la masse rectangulaire et trapue des États-Unis, s'inscrit entre deux massifs montagneux, l'un à l'est, très vieux et considérablement érodé, l'autre à l'ouest, plus jeune et plus anguleux. Mais, vers le nord, il se découpe, se détache et se morcelle comme une dentelle déchirée.

À l'est, la chaîne des Appalaches s'étire sur environ 2 400 kilomètres depuis le sud de l'Alabama jusqu'au golfe du Saint-Laurent, où elle disparaît sous la mer pour réapparaître dans l'île de Terre-Neuve. Son nom provient de la tribu des Apalachen. Comptant parmi les plus vieilles montagnes du monde – peut-être la plus vieille –, son point culminant au Canada, le mont Jacques-Cartier, n'atteint que 1 268 mètres. Les Appalaches se sont formées en plusieurs étapes, qui s'étalent entre 450 et 360 millions d'années d'avant nos jours, c'est-à-dire environ 300 à 350 millions d'années avant la formation des Alpes et 75 à 165 millions d'années avant la dislocation de la Pangée. Leur érosion, particulièrement intense du fait des précipitations affectant leur partie septentrionale, a produit d'importantes quantités de sédiments le long des fleuves et des rivières.

Le Saint-Laurent, devant lui aussi son nom à Jacques Cartier, qui découvrit son embouchure un 10 août, jour de la fête du diacre de Sixte II martyrisé à Rome en 258, représente un des plus importants symboles du Canada puisque c'est sur son cours et ses rives que s'édifia l'essentiel de l'histoire européenne du pays. Pour les Amérindiens, c'était « la rivière qui marche », et pour les pêcheurs bretons et basques déjà aventurés dans son embouchure, « la rivière des morues ».

Prenant sa naissance dans le lac Ontario (d'étymologie huronne pour évoquer le miroir de l'eau) et unique émissaire du bassin des Grands Lacs, il ne figure pas parmi les plus grands fleuves du monde, loin derrière l'Amazone ou le Congo. Il possède en revanche, au-delà de la ville de Québec, le plus grand estuaire du monde, de 370 kilomètres de long et 48 kilomètres de large.

La Cordillère américaine borde les deux Amériques, depuis l'Alaska (qui signifierait « vers la mer » en langue inuite) jusqu'à la Terre de Feu où, à l'instar des Appalaches au nord-est, elle plonge dans la mer avant de réémerger en Antarctique. Initiée, au nord, par une chaîne de montagnes moyennes, celle des Brooks, puis sectionnée en ligne droite par les 2 475 kilomètres de frontière qui séparent l'Alaska du Canada, elle traverse ensuite le territoire du Yukon, où le mont Logan, troisième plus haut sommet d'Amérique – après l'Aconcagua en Argentine et le Denali en Alaska –, culmine à 5 959 mètres. Après avoir séparé la Colombie-Britannique de l'Alberta, elle se scinde en deux tronçons : à l'ouest, les chaînes côtières du Pacifique, qui prennent fin au nord de Los Angeles, et, plus à l'intérieur des terres, vers l'est, la chaîne des Rocheuses.

Au sud, les 6 414 kilomètres de frontière séparant le pays des États-Unis et qui, ajoutés à ceux qui le séparent de l'Alaska – soit au total 8 889 kilomètres –, concourent à tracer la plus longue frontière du monde entre deux États, suivent ou traversent deux grands types de paysages : les Grands Lacs et la Prairie canadienne.

La région des Grands Lacs, inaugurée par les monumentales chutes de la rivière Niagara (« tonnerre des eaux ») que se partagent les deux pays, forme un ensemble de cinq vastes plans d'eau qui ont récupéré celle de la fonte du dernier glacier quaternaire il y a environ 10 000 ans. Au mitan de quatre d'entre eux – les lacs Supérieur, Huron, Érié et Ontario – serpente la frontière entre le Canada et les États-Unis. Seul le lac Michigan se situe intégralement dans ce dernier pays. Leur surface cumulée dépasse les 244 000 kilomètres carrés, ce qui suffirait largement à couvrir toute la Grande-Bretagne.

Au nord-ouest de ceux-ci s'étend la Prairie qui occupe le cœur du pays et constitue la partie canadienne des Grandes Plaines américaines. D'une surface de près de 2 millions de kilomètres carrés, elle donne leur unité aux trois grandes provinces du centre – l'Alberta, la Saskatchewan et le Manitoba –, souvent oubliées de l'Histoire mais assurant, notamment par leurs activités agricoles et pétrolières, une part déterminante des ressources vivrières et économiques du pays.

Au-dessus d'elles se déploient le Bouclier et le Nord canadiens, qui se recoupent sans se recouvrir.

Le Bouclier encercle la baie d'Hudson, quasi-mer intérieure de plus de 800 000 kilomètres carrés débouchant, au nord, dans l'océan Arctique. Elle doit son nom à l'explorateur anglais du début du XVIIe siècle, Henry Hudson, qui a également laissé son patronyme au fleuve qui traverse New York. D'une superficie de 4,8 millions de kilomètres carrés et d'une altitude moyenne de 300 à 600 mètres, le Bouclier offre des caractères géologiques assez homogènes, identifiés par des sols peu épais et de nombreux affleurements de roches dus à une érosion continue de montagnes très anciennes, abruptes et volcaniques, probablement antérieures à la formation des Appalaches.

Le Nord canadien s'étend de la rive ouest de la baie d'Hudson jusqu'à l'Alaska et se divise entre un plateau, formant la partie ouest du Bouclier, et l'archipel Arctique. Trois entités administratives le composent, d'est en ouest : le Nunavut, qui en langage inuit signifie « notre terre », les Territoires du Nord-Ouest, et le Yukon, du nom du fleuve qui le traverse, la « grande rivière » en langue gwich'in. Un tiers de ces terres, qui occupent une surface de plus de 3,8 millions de kilomètres carrés, se situe au-delà de « la limite des arbres », zone à partir de laquelle, du fait des conditions climatiques et environnementales, disparaissent progressivement les futaies, d'abord de feuillus puis de persistants. Après que la taïga, ou forêt boréale, dans laquelle prédominent les conifères – mélèzes, épicéas, pins et sapins –, les a remplacées, elle-même se retire au profit de la toundra, landes couvertes d'arbustes puis de fougères et de pelouses rases, l'herbe disparaissant peu à peu au profit des mousses et des lichens, enfin de l'absence totale de végétation.

La forêt a toujours occupé une place essentielle dans l'histoire du Canada. Lors de l'arrivée des premiers habitants, les arbres recouvraient la majeure partie des territoires qui allaient être colonisés, à l'exception des plaines de l'Ouest, trop peu abritées des vents. Leur couvert s'étend maintenant sur 40 % du pays ; il constitue un bon tiers des 16 millions de kilomètres carrés des forêts de l'hémisphère Nord, représente près de 10 % des réserves mondiales de bois, abrite 20 000 espèces végétales et animales, filtre 80 % de l'eau douce courante au monde. Ce qui n'empêche pas la préservation des espèces et de leur écosystème de devenir aujourd'hui un enjeu important de la politique environnementale de la Confédération, comme un sujet récurrent de polémique entre développeurs économiques et protecteurs du milieu naturel.

S'allongeant sur 2 400 kilomètres d'est en ouest et sur 1 900 kilomètres du nord au sud, l'archipel Arctique canadien regroupe 36 563 îles, ce qui en fait le deuxième plus grand archipel du monde par la superficie – après l'Indonésie – et le premier par le nombre d'îles. La plus grande, l'île de Baffin, couvre un peu plus de 500 kilomètres carrés, la plus petite, quelques kilomètres carrés. La plupart sont inhabitées. Le labyrinthe qu'elles dessinent débouche, au nord-est, sur la mer de Baffin et les rivages du Groenland, au nord-ouest sur l'océan glacial Arctique. Il permet de nombreux passages maritimes, connus par les navigateurs comme les « passages du Nord-Ouest ».

Baignant ainsi largement dans l'eau de trois océans – l'Atlantique, le Pacifique et l'Arctique – la bordure maritime du Canada s'étend sur une longueur dépassant le double de celle de la Norvège et son millier de fjords.

L'intérieur des terres regorge également d'eau. Celle des innombrables lacs, dont 563 dépassent la surface de 100 kilomètres carrés, mais aussi celle de ses eaux courantes. Outre le Saint-Laurent, l'arrosent cinq grands fleuves de plus de 1 000 kilomètres de long (le Yukon, le Churchill dans le Manitoba, le Mackenzie dans les Territoires du Nord-Ouest, le Columbia et le Frazer en Colombie-Britannique), ainsi qu'un nombre incalculable de rivières et de cours d'eau. Le bassin de drainage du Saint-Laurent, comprenant les Grands Lacs, représente à lui seul 20 % de l'eau douce du monde entier.

Délimité, du sud au nord, par les 43e et 80e parallèles, et donc largement étalé en latitude, le territoire canadien n'offre cependant pas une aussi grande variété de climats que l'autre géant qu'est la Russie. Le blocage des vents océaniques d'ouest par les montagnes Rocheuses, la proximité de l'océan Arctique et, sur la côte atlantique, l'absence de réchauffement marin par des courants chauds – le Gulf Stream, formé dans le golfe du Mexique, tourne le dos au Canada afin de profiter à l'Europe – contribuent à déterminer un climat plutôt froid, alimenté par le courant venu du Labrador. Froidure objet de légendes, d'idées reçues et de moqueries. On aime à rappeler que, paradoxalement, la latitude de Montréal (45° 30' 31" nord) est à peu près la même que celle de Bordeaux et très proche de celle de Venise (45° 26' 13" nord). On entend aussi parfois dire qu'il n'existe au Canada que deux saisons : l'hiver et le mois de juillet. La saison hivernale, qui débute généralement vers la fin du mois d'octobre et s'achève par un printemps souvent tardif, dans le courant du mois de mai, a profondément imprégné l'image du pays – véhiculée par la littérature et la chanson.

Sur une ligne isotherme reliant Montréal à Prince Rupert, de latitude identique au bord du Pacifique, la température annuelle moyenne s'établit entre 7 et 8 °C, descendant à – 9 °C en janvier et montant à 23 °C en juillet. Dans la partie sud du pays, de très loin la plus peuplée, les températures moyennes descendent couramment en hiver au-dessous de – 15 °C, et peuvent s'abaisser autour de – 40 °C lorsque soufflent les vents glaciaux venus du nord et qu'aucune barrière naturelle n'arrête vraiment. Les blizzards, ou tempêtes de neige, se manifestant jusqu'à six ou sept reprises pendant les mois les plus froids, provoquent le « blanc dehors », terme conçu par les francophones pour désigner un phénomène optique et atmosphérique noyant toute chose dans un halo blanc indifférencié du sol jusqu'au ciel. Mais rapidement chassés, ils s'effacent régulièrement derrière le retour du soleil, à tel point que le nombre annuel de journées ensoleillées dans l'est du pays avoisine celui relevé dans le sud-est de la France. En revanche, à l'ouest, la barrière des Rocheuses bloque les précipitations, faisant de Vancouver, par exemple, l'une des villes les plus arrosées au monde.

En vérité, les froidures de Toronto, Montréal ou Calgary ne sont guère plus vives que celles enregistrées à New York, Chicago ou Seattle. Mais l'image des États-Unis, du fait de la présence de régions chaudes comme la Californie ou la Floride, bénéficie de leur soleil sans que l'équivalent existe chez le voisin du Nord, dont les régions septentrionales sont soumises au climat polaire. En été, les températures des régions les plus peuplées, notamment au Québec et en Ontario, de même que dans les prairies du centre, peuvent s'élever jusqu'à 35 °C, parfois davantage.

La faune canadienne ne comporte pas d'espèces spécifiques. En revanche, le climat et la végétation terrestres favorisent l'existence d'une très grande variété d'animaux sauvages, les plus impressionnants étant le bison des prairies et le grizzli des montagnes Rocheuses, les plus courants l'écureuil gris qui gambade à peu près en tous lieux, ainsi que les lynx, les chats sauvages, les marmottes, les moufettes, les ratons laveurs, les rats musqués… Les plus réputés sont les précieux pourvoyeurs de fourrures : castors, visons, martres, loutres, hermines, zibelines… Les plus emblématiques du pays, le caribou et l'orignal, « orgueil de la forêt », selon l'explorateur anglais du début du XIXe siècle David Thompson.

Sous la surface des eaux du littoral, des lacs et des rivières, vivent de nombreuses variétés de poissons et, dans l'océan, de mammifères marins. Baleines, phoques et otaries peuplent les côtes canadiennes, parfois jusqu'à l'embouchure du Saint-Laurent. Flétans, aiglefins, thons, harengs, sardines et, plus encore, morues abondent en mer, tandis qu'huîtres et homards logent sur les bandes côtières. Le saumon colonise les rivières. Où, de même que dans les lacs, frétillent anguilles, esturgeons, brochets, perches et toutes sortes de poissons que l'on trouve également dans les cours d'eau d'Europe, auxquels s'ajoutent quelques espèces purement locales, telles que l'achigan et la ouananiche.

Les variétés d'oiseaux se comptaient par centaines au moment de l'arrivée des premiers hommes, mais leur nombre a sensiblement diminué avec le temps. Une grande partie des volatiles observables au Canada sont des migrateurs arrivant au printemps pour la ponte et repartant en automne vers le sud.

On ne saurait enfin, même à gros traits, planter le décor canadien sans évoquer une de ses caractéristiques majeures, cette période dite « des couleurs », plutôt brève – de une à deux semaines le plus souvent –, au cours de laquelle l'automne change les teintes des forêts de feuillus sous une température clémente et un ciel ensoleillé. Elle impressionna les premiers Européens débarqués qui la baptisèrent « l'été des Indiens », époque de l'année où ceux-ci achevaient et rentraient leurs récoltes afin de se préparer au long hiver.

3

Le printemps des Indiens

Le peuplement originel des Amériques par ceux qu'archéologues, paléontologues et anthropologues appellent les Paléoaméricains, ancêtres des Amérindiens – ainsi nommés en raison, paraît-il, de l'erreur de Christophe Colomb –, fait l'objet de quatre thèses principales qui s'opposent sans se révéler incompatibles et laissent peut-être place à une cinquième.

Selon la première, dite du « pont intercontinental », les populations primitives du continent américain seraient venues d'Asie en traversant, à sec, ce qui constitue de nos jours le détroit de Behring (du nom au navigateur danois Vitus Behring qui le franchit en 1728 pour le compte de la marine du tsar), entre la Russie et l'Alaska, il y a environ 14 000 ans.

Pour la deuxième, dite de la « route côtière », le peuplement américain se serait opéré par bateau, en usant de légers esquifs et en gardant toujours en vue la terre, le long des côtes déglacées de l'Amérique du Nord-Ouest, il y a environ 17 000 ans.

Une troisième, dite de la voie du Pacifique, voudrait que les Paléoaméricains aient traversé l'océan depuis l'Océanie pour débarquer d'abord en Amérique du Sud, il y a environ 15 000 ans, avant de se répandre sur l'ensemble du continent durant plusieurs siècles.

Enfin, la quatrième, et la plus récente des théories, table sur une migration d'origine européenne intervenue il y a environ 19 000 ans, se fondant sur des similitudes génétiques entre populations amérindiennes et populations européennes.

Dès 1590, dans son ouvrage *Historia natural y moral de las Indias*, le jésuite espagnol José de Acosta émit l'hypothèse de déplacements de populations à la fin du dernier âge glaciaire entre la Sibérie et l'Alaska. Le détroit de Behring se présentait alors comme un isthme tantôt immergé, tantôt émergé, formant la Béringie, une steppe herbeuse parsemée de marécages et recouverte d'une végétation rase mais abondante, nourriture idéale pour les mammouths, les chevaux sauvages, les bisons, les caribous... Le recul de multiples grands glaciers, en plusieurs phases, dont la première se serait produite il y a environ 40 000 à 50 000 ans et la dernière voici 15 000 à 25 000 ans, serait responsable de l'apparition de ce « corridor » de 1 500 kilomètres de long et d'environ 50 kilomètres de large. On suppose que des chasseurs ne pouvant pousser leur route plus au nord auraient en quelque sorte bifurqué vers l'est à la poursuite du gibier venu brouter les herbes et les buissons de la steppe. Des archéologues ont ainsi identifié des restes d'animaux, notamment de mammouths, datant de cette époque. Le réchauffement climatique et la fonte des glaciers firent ensuite monter le niveau des mers et disparaître la Béringie, entre 11 000 et 12 000 ans avant nos jours, « emprisonnant » ainsi les populations les plus avancées vers le sud et dès lors condamnées à devenir américaines.

Cette thèse ancienne se trouva solidement confortée au XXe siècle par plusieurs découvertes archéologiques et déboucha sur un système d'explication relatif à l'apparition des premiers hommes en Amérique du Nord – simplifié sous le nom de « culture Clovis » – dû à la découverte de plusieurs sites dont on data alors l'ancienneté par la technique du radiocarbone. Longtemps prédominante, cette thèse fit ensuite l'objet de contestations et de controverses tirées d'observations qui la contredisaient. Tout récemment, en 2016, des chercheurs britanniques et danois crurent établir que la survie des hommes à travers la Béringie, à l'époque supposée de leur migration, était matériellement impossible, faute de ressources suffisantes. Selon leurs dernières études, la steppe ne se serait formée qu'il y a 12 600 ans, entraînant l'arrivée d'animaux et la possibilité de chasse comme de cueillette. Dans ces conditions, les populations venues de Sibérie auraient plutôt pratiqué le cabotage, probablement sur des radeaux, le long de la Béringie puis des côtes de l'Alaska et de la Colombie-Britannique. Néanmoins, aucun vestige d'embarcation ne permet, à ce jour, de confirmer cette hypothèse. Mais il ressort aussi qu'entre 16 000 et 13 000 ans av. J.-C. des vagues successives de migrants ont suivi le versant est des montagnes Rocheuses, qui offrait alors un corridor exempt de glaces. À mesure qu'ils progressaient vers le sud, les nouveaux arrivants se répandaient également vers l'est, progressant d'environ 80 kilomètres par génération, formant de petits groupes plurifamiliaux vivant de chasse, de pêche et de cueillette en cours de route.

Une succession d'études archéologiques ne cesse, depuis une soixantaine d'années, de reculer l'âge estimé de l'arrivée des populations de Sibérie. Longtemps comprise entre 17 000 et 12 000 ans en arrière, elle semblerait plutôt remonter à 24 000 ou 25 000 ans selon les découvertes les plus récentes effectuées dans le Yukon à partir de l'analyse d'ossements d'animaux et d'outils de pierre exhumés de plusieurs grottes. Ce qui relance la thèse d'un peuplement initial par la Béringie, mais en retenant plutôt la formule de la route côtière que celle du pont intercontinental. Les travaux réalisés en 2015 par les archéologues Daryl Fedje et Duncan McLaren, de l'université de Victoria, en Colombie-Britannique, l'ont corroborée par la découverte de traces de pas dans le sous-sol de ce qui était l'île Calvert il y a 15 000 ans et démontrant l'usage d'embarcations.

La thèse de la route du Pacifique est apparue à la fin du XVIIIe siècle. Dès 1787, le naturaliste chilien Juan Molina envisagea, dans *Ensayo sobre la historia civil de Chile*, la possibilité d'un peuplement de l'Amérique par le Sud, en provenance d'Océanie et d'Asie du Sud-Est, nécessairement par bateau. À sa suite, d'autres hypothèses similaires furent avancées, notamment par Paul Rivet, ethnologue à l'initiative de la création du musée de l'Homme au palais de Chaillot à Paris, qui en eut l'intuition dans les années 1930, puis par de nombreux scientifiques consécutivement à la découverte de sites humains de plus en plus anciens, le plus souvent en Amérique du Sud, particulièrement au Brésil ; révélant une présence humaine remontant à 55 000 ou 60 000 ans ; et accréditant la thèse d'une immigration ayant emprunté un itinéraire maritime depuis l'Australie, voire depuis l'Afrique. De telles traversées étaient-elles réalisables compte tenu du caractère probablement très sommaire des embarcations ? À partir de recherches effectuées en Colombie-Britannique dans les années 1970 et 1980, l'archéologue norvégien Knut Fladmark a montré que, depuis au moins 30 000 ans, des hommes réussissaient à franchir des mers ou des bras de mer larges de plusieurs milliers de kilomètres et pouvaient parfaitement avoir abordé la côte ouest du Canada à une période exempte de glaciation. En outre, il semblerait que les premiers hommes ayant atteint l'Australie l'aient fait il y a environ 40 000 ans.

Quatrième théorie, la possibilité d'une migration à travers l'Atlantique ne semble pas davantage devoir être exclue. De troublantes similitudes sont apparues, notamment sur le plan génétique à partir de l'analyse des crânes, entre la culture Clovis évoquée plus haut et la culture des Solutréens, qui désigne un peuplement européen vieux de 17 000 à 22 000 ans. Les hommes du Solutréen se sont répandus vers le sud et le sud-ouest de la France puis vers le nord de l'Espagne, le long de sa côte atlantique, au temps du « dernier maximum glaciaire ». On a donc pu conjecturer la possibilité pour eux, afin d'échapper à la rudesse croissante du climat, d'une traversée de l'Atlantique, probablement par cabotage le long des côtes de l'Islande, du Groenland et des glaciers qui les reliaient, la pêche et le plancton assurant la subsistance des hommes. En outre, des études linguistiques ont fait apparaître une certaine parenté entre le basque, langue dite préindo-européenne, et l'algonquin, une des plus vieilles langues amérindiennes connues. Au demeurant, une certaine tradition des pêcheurs basques veut qu'ils aient pu facilement se comprendre avec les Algonquins.

En 1996, la découverte à Kennewick, dans l'État de Washington, d'un squelette à la morphologie typiquement européenne et vieux de 9 500 ans est encore venue renforcer la théorie de la route de l'Atlantique.

Enfin, selon la tradition orale de certains peuples autochtones, l'homme serait apparu encore plus tôt en Amérique, il y a environ 100 000 ans, c'est-à-dire à peu près à la même époque qu'*Homo sapiens sapiens* dans la Corne de l'Afrique et le nord du Tchad, et peut-être, donc, sans le secours des migrations. Dans les années 1980, le paléontologue français Yves Coppens, qui découvrit le fossile Lucy en 1974, défendit une thèse alternative à celle de l'origine géographique unique de l'homme, la théorie dite multirégionale. Selon celle-ci, le passage d'*Homo erectus* à *Homo sapiens* puis à *Homo sapiens sapiens* se serait produit à peu près concomitamment dans plusieurs régions du monde, exception faite des régions les plus isolées et à la nature la plus hostile, ce qui n'était le cas que d'une partie de l'Amérique. Théorie séduisante, qui fut ensuite abandonnée de façon consensuelle, mais que la découverte récente faite au Nunavik et indiquée dans notre avant-propos pourrait relancer. D'autant mieux que des anthropologues généticiens, dont Dennis O'Rourke, de l'université du Kansas, ont montré, par la génétique, que certaines lignées d'Amérindiens ne possédaient aucune correspondance dans les peuples asiatiques, ce qui ne pouvait s'expliquer que par la mutation de l'ADN après plusieurs milliers d'années ou bien par l'émergence d'un génome purement américain. On a appelé ces lignées humaines, faute de mieux, « anciens Béringiens ».

Il semble donc encore impossible de nos jours d'affirmer qu'il exista dans une région du monde plutôt que dans une autre un « berceau de l'humanité ». Selon les recherches les plus récentes, une présence humaine se présume à divers indices présents dans plusieurs régions du monde en même temps, du moins à 10 000 ans près. Dans ces conditions, personne n'aurait jamais vraiment découvert l'Amérique. Comme pour l'ensemble de la planète, le peuplement du continent se serait opéré par la combinaison de la croissance des tout premiers natifs, les Paléoaméricains, dont il ne reste presque rien de tangible, et de successives vagues migratoires, que l'archéologie et l'anthropologie continuent d'éclairer progressivement. C'est ainsi qu'en janvier 2018 fut mis au jour en Israël un fossile de corps humain datant de 180 000 à 200 000 ans, repoussant de 50 000 ans en arrière la présumée sortie d'Afrique de l'homme moderne, et rendant plus crédible des présences humaines contemporaines en d'autres lieux de la Terre, sans le secours des migrations intercontinentales.

Que l'origine de l'humanité ait été ou non concentrée dans une zone, il est certain que, durant plusieurs centaines de milliers d'années, les premiers hommes se sont peu à peu répandus partout où ils pouvaient se déplacer en fonction de nombreux facteurs mal connus tels que les changements climatiques, les conflits entre groupes, la recherche de nouveaux territoires de chasse, de pêche et de cueillette, la curiosité inhérente à l'*homo sapiens*, les premières superstitions et la divinisation de l'espace… Seule quasi-certitude : l'Amérique, probablement du fait de son isolement, fut l'ultime destination des peuples migrants, indépendamment de la présence, ou non, de populations autochtones antérieures.

S'il est donc aujourd'hui plausible que la colonisation humaine des Amériques emprunta plusieurs pistes, il est également probable que de nombreuses rencontres et croisements se produisirent, provoquant des conflits armés, des regroupements, des séparations, des isolements, des fuites et des extinctions ethniques. Seule certitude : il y a un peu moins de 10 000 ans, les hommes peuplaient une grande partie du territoire américain, avec de très grands écarts de densité, une constellation de langues, de cultures, de coutumes et de modes de vie adaptés à l'environnement de chaque groupe, l'ensemble étant rassemblé sous le vocable pratique d'Indiens ou d'Amérindiens.

Deux grandes tendances se sont néanmoins affirmées. Tandis qu'en Amérique centrale et du Sud les hommes se sédentarisaient et bâtissaient de grandes villes de pierre, ils demeurèrent plus longtemps nomades dans les contrées septentrionales, restant des chasseurs et des cueilleurs, avant de se sédentariser progressivement, et surtout partiellement, à leur tour. Les plus récentes fouilles archéologiques permettent d'attester de leur présence autour de 27 000 ans av. J.-C. dans le nord du Yukon et de 10 000 ans dans le sud de l'Ontario, les deux points extrêmes de la diagonale canadienne.

On estime entre 200 000 et 300 000 le nombre d'Amérindiens vivant au Canada lorsque débarquèrent les premiers Européens. Depuis une trentaine d'années, aux termes d'Indiens, d'autochtones ou de premiers habitants, le langage officiel préfère celui de « premières nations », rendant à la fois hommage à l'antériorité d'occupation et à l'identité de peuples désormais reconnus comme tels.

En Sibérie, les populations autochtones les plus anciennes sont qualifiées de « petits peuples indigènes ». Mais, à la différence de leurs homologues ou de leurs descendants américains, très peu d'études leur ont été consacrées à ce jour. On sait seulement qu'ils se répartissent en une quarantaine de communautés, comptant ensemble moins de 50 000 individus, et qu'ils seraient de lointains cousins des autochtones descendant des premiers Amérindiens.

4

Premières nations

Pendant au moins une vingtaine de siècles, les populations autochtones issues des Paléoaméricains occupèrent seules les territoires formant l'actuel Canada. Mais l'absence de documents écrits – ce qui distingue la préhistoire de l'histoire – ne permet pas de se faire une idée de ce que furent leurs physionomies, leurs conditions de vie, leurs organisations et leurs croyances. Nous ne pouvons compter que sur les ressources de l'archéologie, de la tradition orale et, pour une brève période ultérieure, des témoignages des explorateurs européens.

À quelque époque qu'on le considère, le panorama offert par les premières nations est extrêmement complexe, et la plupart des spécialistes du sujet dépeignent une nébuleuse dont ne ressort aucune vision claire. Le concept lui-même de première nation demeure difficile à saisir : non seulement personne ne s'est risqué à en suggérer une définition, mais l'appréhension du phénomène s'opère à travers des analyses éparses et incomplètes, mélangeant les apports de plusieurs sciences humaines, sans jamais dégager de fil conducteur.

Déjà le dénombrement des premières nations se révèle insurmontable. Dans certains cas, la nation ne dépasse pas les dimensions d'un clan ou d'un village, dans d'autres, elle se réunit autour d'un idiome mais son territoire n'est pas cernable avec précision ; dans d'autres situations encore, la pluralité des langues et des coutumes rend opaques les motifs qui ont présidé à la qualification de nation.

Les ethnologues se sont attachés à proposer, à tâtons, des typologies de groupes selon la langue, le territoire, l'habitat et les activités de subsistance.

Selon l'approche linguistique, longtemps prédominante, une soixantaine d'idiomes amérindiens ont été identifiés au Canada et regroupés en douze familles, parmi lesquelles l'algonquine se place en position prédominante sur la majeure partie des territoires de l'Ouest. Mais on dénombre, plus ou moins dérivés de ces dernières, plus de 1 320 dialectes, sans compter ceux, innombrables, que l'on peine à rapprocher de l'algonquin.

Selon le critère territorial, on a d'abord distingué les Indiens des lacs et des fleuves, vivant surtout des produits de la pêche, les Indiens des forêts, chasseurs et le plus souvent sédentaires, et les Indiens des plaines, chasseurs nomades se déplaçant dans les vastes prairies du Centre et du Sud. L'actuel gouvernement du Canada propose une typologie différente, selon six groupes géographiques : celui des régions boisées, occupant la dense forêt boréale ; celui des Iroquois, habitant le Sud, sur des terres fertiles propices à la culture, notamment du maïs ; celui des plaines, c'est-à-dire des grandes prairies ; celui du plateau, occupant les montagnes de la Cordillère et leurs contreforts ; celui de la côte du Pacifique ; enfin celui des bassins des fleuves Mackenzie et Yukon.

Une autre typologie, proposée par l'historien anglophone Arthur Ray, distingue les chasseurs de la forêt boréale, les agriculteurs du Sud, les chasseurs de bisons des plaines, enfin les pêcheurs – et futurs commerçants – de la côte ouest.

Ce sont en effet les données environnementales et leur évolution qui permettent le mieux d'approcher les civilisations amérindiennes du Nord. Entre 9 000 et 3 000 ans avant notre ère s'acheva la dernière grande glaciation, faisant remonter en latitude les terres exploitables, aussi bien par la chasse, peu à peu complétée par l'élevage, que par la cueillette, se transformant progressivement en horticulture puis en agriculture au sens le plus large.

Au fur et à mesure que les groupes se répartirent sur un plus grand nombre de régions, ils se différencièrent et adoptèrent des modes de vie diversifiés qui ne forment pas pour autant des civilisations distinctes, d'autant moins que les Amérindiens les plus septentrionaux ignoraient les frontières, ce qui déboussola parfois les explorateurs européens mais favorisa la conquête coloniale.

On peut toutefois distinguer, à la veille de l'arrivée en Amérique des premiers Européens, trois grandes familles d'Amérindiens en fonction de leurs moyens de subsistance et des organisations économiques sociales qui en découlaient : les chasseurs, les agriculteurs et les pêcheurs.

Les chasseurs se répartissent en trois grandes zones géographiques qui déterminent, en fonction du sol, du climat, et du gibier, leur appartenance au groupe de l'Arctique, à celui de la forêt boréale ou à celui des grandes plaines. Les agriculteurs se concentrent essentiellement dans le Sud, les pêcheurs sur la côte ouest. Mais il est évident que partout, à des degrés divers, on chasse, on pêche, on cueille et on travaille la terre.

Les chasseurs de l'Arctique, originaires de Sibérie, furent longtemps appelés Esquimaux – ou Eskimos – par les Européens. Leur exonyme, à l'origine incertaine, peut-être dû au père jésuite Charlevoix, proviendrait de la déformation de mots qui signifieraient « mangeur de viande crue », un comportement alimentaire qui permet de lutter contre le froid, ou bien « raquette à neige ». Le considérant plus tard comme offensant, le gouvernement canadien le remplaça, à partir de 1970, par celui d'« Inuits », conforme aux travaux des ethnologues et signifiant tout simplement « hommes » ou « humains ». S'appelaient également ainsi, à l'autre extrémité du continent américain, au sud de la Terre de Feu, le peuple des Alakalufs. Les ressemblances entre Inuits et Alakalufs mériteraient des études approfondies auxquelles se heurtent néanmoins les limites de l'ethnographie préhistorique, d'autant que l'Amérique est le seul des cinq continents à relier l'Arctique à l'Antarctique et à avoir permis des migrations intégrales du Nord au Sud.

Les peuples de l'Arctique, occupant le nord du Canada et du Groenland, l'Alaska et une partie de la Sibérie orientale, contribuèrent fortement à façonner des images d'un Grand Nord mythique à travers une foule de récits et de romans, surtout dans le courant du XIXe siècle et jusqu'au début du XXe, avec Jules Verne, Fenimore Cooper, James Oliver Curwood, Jack London… Les longs hivers sans soleil, les violentes rafales de vent et de neige, la glace partout, l'absence de végétation et la rareté de la faune, la complexité du réseau des îles, des canaux, des détroits, la confusion entre la terre et la mer ont rendu héroïques les expéditions des navigateurs mais, plus encore, mystérieuses les conditions de survie des autochtones.

Avant tout chasseurs de gros gibier, terrestre et maritime, les Inuits y ajoutaient, à la saison fraîche – car il n'existe pas de saison chaude sous leur latitude –, des oiseaux et du poisson. Parmi les mammifères marins les plus recherchés, baleines et phoques figuraient au premier rang car ils offraient plusieurs ressources à la fois : on se nourrissait de leur chair, on transformait leurs os en matériaux, leur huile servait à l'éclairage et aux cuissons, leur peau se traitait pour fabriquer des vêtements imperméables.

À terre, vers la toundra, l'ours blanc, le caribou, l'ours brun et le bœuf musqué apportaient aussi plusieurs usages, depuis la viande jusqu'à la fourrure, en passant par les os et les dents, dont on façonnait des outils. Un peu plus au sud, à la lisière des premières forêts, le loup, le lièvre, le renard étaient également convoités pour les mêmes raisons. Au chapitre de la pêche, l'omble de l'Arctique – qui ne connaît d'autre cousin que l'omble chevalier des lacs savoyards – et la truite de lac complétaient une alimentation quasiment dépourvue de fruits et de légumes.

Confrontés à la rareté des matières premières et aux difficultés de la chasse et de la pêche en milieu ingrat, les Inuits ont dû déployer beaucoup d'ingéniosité pour concevoir et agencer des outils – harpons, lances, javelots, arcs et flèches, couteaux... – leur permettant de surmonter les obstacles naturels qui gouvernaient leur vie quotidienne. Trois de leurs inventions ont rendu fameuse leur civilisation : le kayak, l'anorak et l'igloo.

Embarcation à la fois légère et résistante, composée d'une charpente faite d'os de baleine ou de bois flotté recouverte de peaux de phoque ou de morse, le kayak, qui n'embarquait qu'un seul homme et qu'on taillait à ses mesures, servait essentiellement à la pêche et à la chasse. Son nom tirerait son origine d'une synthèse phonétique de ces deux mots et du mot bateau, que l'on retrouve dans *umiak*, embarcation de même style mais plus grande car employée au transport de personnes.

L'anorak, dont le nom signifie en inuit « protège du vent », servait initialement à entourer le corps de l'homme manœuvrant son kayak. Taillé dans de la peau de phoque ou de morse huilée, on lui ajouta ensuite une étroite capuche et des manches resserrées aux poignets pour former le vêtement qui a maintenant traversé au moins trois millénaires.

Habitation d'hiver, l'igloo, qui veut simplement dire « maison », composé de blocs de neige et de glace assemblés en dôme, fascina les explorateurs européens, qui voyaient dans cet abri de 3 à 4 mètres de hauteur pour 4 à 5 mètres de diamètre, des édifices confortables et élégants, clairs du fait de leurs parois translucides, « des triomphes de l'art », selon l'explorateur britannique du début du XIXe siècle John Franklin.

La dureté des conditions de vie mit les notions d'entraide et de partage au cœur de la culture inuite. Les hommes établissaient entre eux des associations qui duraient toute leur vie, au sein desquelles on se partageait les ressources, les outils, parfois aussi les épouses. Pour autant, la société inuite demeurait centrée sur des familles restreintes – père, mère, enfants et grands-parents – regroupées en petites communautés de trois ou quatre dizaines de foyers tout au plus. Ce que traduisaient les célébrations et les rites, fréquents, dont le plus important était la danse du tambour, qui pouvait durer une journée entière. Les hommes aimaient aussi se mesurer, à la lutte, à la boxe, et se livraient à différents concours de force ou d'agilité.

Sur le plan religieux, les Inuits peuvent être regardés comme panthéistes : pour eux, toute chose, naturelle ou fabriquée, est habitée par un esprit. Les chamans, dont le nom vient d'un peuple sibérien pour évoquer « celui qui sait », jouaient le rôle d'intermédiaires entre les communautés humaines et les esprits, mais ils restaient indépendants les uns des autres, ne formant pas, à la différence des peuples vivant plus au sud, de « fraternités », ni ne présidant à de grandes cérémonies religieuses.

Au sud de ces terres inhospitalières et barrant le territoire canadien sur une largeur de près de 5 000 kilomètres, la forêt boréale offre davantage de ressources et donc de possibilités d'organisation. Le gibier, plus abondant et plus diversifié, la végétation, plus riche et plus fournie, le climat, moins froid et moins venteux, favorisèrent l'éclosion d'une civilisation apte à intégrer une culture plus élaborée. Le produit de la chasse était toujours cuit et même cuisiné, grâce à la confection de récipients et à l'usage de la poterie. Le canoë, qui deviendrait le canot, à deux places ou davantage, composé de lanières de bois et d'écorces, remplace ici le kayak, et la tente, faite d'une charpente recouverte de peaux d'orignaux ou de caribous, plus vaste, remplace l'igloo. Bien que devant se déplacer, comme leurs cousins du Grand Nord, d'un terrain de chasse à un autre, les chasseurs de la forêt boréale pratiquaient un nomadisme plus réduit, pouvant, lors des années les plus douces, se limiter à seulement deux habitats, l'un d'hiver, l'autre d'été. Comme au nord, l'entraide et le partage régissaient l'organisation sociale : si la chasse n'apportait pas de ressources suffisantes sur un territoire, la communauté voisine accordait le droit de venir chasser chez elle. D'une façon générale, un Amérindien établissait sa bonne réputation en donnant plutôt qu'en amassant. C'est ainsi qu'il pouvait acquérir le prestige qui faisait de lui le chef naturel du groupe.

Les différents dialectes de la forêt se répartissent en deux familles : l'athapascan (du nom du lac Athabasca), au nord et à l'ouest du fleuve Churchill, et l'algonquien, à l'est et au sud de celui-ci. Vingt-quatre langues ont été identifiées comme se rattachant à la première, elles-mêmes se diversifiant en un plus grand nombre encore de dialectes.

Parmi les peuples algonquiens, apparemment plus nombreux, on distinguait essentiellement les Cris, les Micmacs, les Montagnais, les Innus (à ne pas confondre avec les Inuits), les Béothuks et les Algonquins, chaque peuple comptant de cent à quatre cents tribus. La religion semblait tenir chez eux une place importante, et le rêve commander la communication avec les esprits par le truchement des chamans, qui jouaient ici le rôle de chefs religieux et formaient des confréries. Leurs visions donnaient lieu à des cérémonies sacrées, dont celle de la tente tremblante, un lieu consacré pour que les chamans pussent dialoguer avec le monde des esprits.

Encore un peu plus au sud vivaient les chasseurs des plaines, qui traquaient essentiellement le bison, dont presque toutes les parties du corps trouvaient un emploi, pour s'alimenter, se chauffer, se vêtir, s'abriter, cuisiner, s'éclairer... Une chasse considérablement facilitée par le comportement du gibier : en fonction des saisons, les bisons se regroupaient chaque année dans les mêmes habitats, et ils empruntaient toujours, en longs cortèges placides, les mêmes routes pour leurs transhumances. Mais une chasse qui exigeait aussi une organisation collective relativement rigoureuse, d'où une certaine importance donnée à la hiérarchie sociale. Celle-ci demeurerait après que, dans le courant du XVIIIe siècle, les Amérindiens des grandes plaines du centre du continent nord-américain eurent appris l'usage du cheval – importé par les Espagnols –, dont ils tirèrent de nouvelles techniques de chasse, plus aisées et surtout plus massives, ainsi qu'une aisance guerrière considérablement accrue.

Les Amérindiens des plaines résidaient dans des villages comptant de cent à quatre ou cinq cents personnes et pratiquaient la polygamie. La communauté était dirigée par un conseil de sages qui prenait le plus souvent ses décisions à l'unanimité. Les tentes – ou tipis – étaient sensiblement plus perfectionnées que celles des peuples mentionnés plus haut ; leur ornement exprimait la puissance de ceux qui les habitaient et traduisait l'important développement de l'artisanat, presque exclusivement confié aux femmes.

La vie religieuse tournait principalement autour du culte du soleil, manifestation quotidienne du Grand Esprit. Chaque année, une cérémonie qui durait plusieurs jours célébrait l'astre par des danses, des jeux et des festins de viande de bison.

Les tribus de la côte ouest, comptant nombre de pêcheurs et de commerçants, coopérèrent plus rapidement que les premières nations précédentes avec les Européens et, d'une façon plus générale, avec les peuples étrangers. La quarantaine de peuples identifiés par les anthropologues avaient bâti une civilisation fondée sur l'exploitation de deux produits majeurs : le saumon et le cèdre. Du premier, les hommes tirèrent longtemps l'essentiel de leur nourriture. Et du second, les moyens de fabriquer de grandes embarcations et de construire de solides maisons. Mieux pourvus par la nature et donc plus riches, les Amérindiens de l'Ouest développèrent entre eux de véritables réseaux commerciaux et, de ce fait, entrèrent souvent en conflit les uns avec les autres. Dès lors, la hiérarchie sociale adopta des modalités proches de ce que l'on connaît dans le monde antique et en Europe : la transmission héréditaire du rang et la division entre noblesse, roture et esclavage.

Les cérémonies rituelles revêtaient chez les tribus de la côte ouest une plus grande importance que chez les autres peuples. Ainsi, au cours de la cérémonie du potlatch – dont la signification, dans la langue des Chinooks, est « don » –, la distribution et l'acceptation de biens entre membres de la communauté servaient à réviser l'échelle sociale et à réaménager les rapports de pouvoir selon une vieille tendance humaine consistant à « briller ou à s'effacer ». De nombreux anthropologues et philosophes se sont penchés sur la signification et la portée de cette coutume, notamment Marcel Mauss, Gilles Deleuze et René Girard, pour expliquer la dialectique entre offrande et rivalités, affichées ou contenues.

Les « riches » Amérindiens de l'Ouest pouvaient également consacrer davantage de temps à leurs loisirs, principalement aux fêtes, aux danses, aux jeux ou aux joutes – dans lesquelles les hommes rivalisaient d'astuce, d'adresse et de force.

La vie religieuse s'organisait autour de nombreuses sociétés sacrées et secrètes, ces deux notions semblant très voisines, fondées par des ancêtres mythiques dont on ne devait pas révéler l'identité afin de conserver les pouvoirs qu'ils avaient légués aux générations suivantes.

Venaient enfin les agriculteurs du Sud. Ceux qui, les premiers, sont entrés en contact avec les Européens, et dont la présence influa sur la colonisation du continent, appartenaient au vaste groupe des peuples de langue iroquoienne. Ils vivaient dans le sud de l'actuel Ontario et le long de la vallée du Saint-Laurent. À la différence de leurs voisins algonquiens rencontrés plus haut, ils résidaient, sédentaires, dans des villages qui tiraient de l'agriculture jusqu'à 75 % de leur alimentation, la complétant d'un peu de chasse et de pêche mais pas encore d'élevage. Cultivant essentiellement le maïs, le haricot, la courge et le tournesol, les agriculteurs les plus septentrionaux de tout le continent américain survivaient ainsi, à l'extrême limite climatique de l'exploitabilité des terres. La chasse, principalement sylvestre, procurait moins de la nourriture que des peaux et des fourrures destinées à l'habitat comme à l'habillement. La pêche visait, au contraire, à s'approvisionner en denrées comestibles fraîches et riches en protéines. Elle se pratiquait par expéditions collectives et automnales dans le golfe du Saint-Laurent, où l'on capturait, en masse, une grande variété de poissons et de mammifères aquatiques tels que les maquereaux, les anguilles, les phoques, les marsouins.

Les villages, installés au milieu des champs, pouvaient compter jusqu'à 2 000 habitants et se composaient d'habitations plus vastes et plus perfectionnées que celles des autres peuples : les « maisons longues », mesurant jusqu'à 30 mètres de long sur une dizaine de large, s'établissaient sur une structure de poteaux enfoncés dans la terre, liés entre eux et recouverts d'écorces, le plus souvent de cèdre, puis supportant un plancher surélevé. Elles comportaient un vestibule d'entrée, où l'on entreposait la nourriture, le bois de chauffage et les vêtements que l'on portait à l'extérieur, et, espacées de 6 ou 7 mètres, un nombre variable de pièces, à tout faire et tout vivre, équipées chacune d'un foyer. Véritables ancêtres de la « cabane au Canada » et du mythique chalet en rondins, les « maisons longues » ne portent plus ce nom de nos jours mais demeurent prisées comme résidences secondaires après avoir été adoptées par les premiers trappeurs et « coureurs des bois » européens.

Les villages changeaient de place lorsque toute la terre disponible se trouvait épuisée. On défrichait alors par le feu de nouvelles zones cultivables et l'on reprenait l'organisation précédente : les maisons abritaient les familles entendues au sens large, lesquelles formaient ensemble des clans qui, hiérarchisés en fonction du poids héréditaire des ancêtres, structuraient la vie politique. Chaque clan possédait un chef militaire et un chef civil, le second ayant la préséance du fait de son autorité quotidienne. Réunis, ils s'assemblaient en conseils de village qui décidaient collectivement de l'administration générale de la communauté.

Chaque village faisait partie d'une tribu particulière. Les tribus étaient elles-mêmes regroupées en nations dont cinq formaient la « confédération iroquoise », dite encore des Cinq-Nations : Tsonnontouans, Goyogouins, Onneiouts, Onontagués et Agniers. Selon les circonstances, ces cinq nations se comportaient de façon hostile ou pacifique avec les nations « indépendantes », dont les principales étaient celles des Hurons, des Ériés et des Neutres.

Les conseils de tribu réglaient les affaires et les différends entre villages ; réunis au niveau de la nation, ou de la confédération, ils coordonnaient, de façon diplomatique, la guerre et le commerce, la première intervenant le plus souvent comme débouché du second. Un système relativement stable, fonctionnant probablement depuis plusieurs siècles au moment du débarquement des premiers Européens.

5

« Ils ont des cheveux au menton... »

« Ils ont des cheveux au menton, pas de femmes et ils se déplacent sur de hautes îles en bois. » Ainsi les premiers Amérindiens à voir débarquer les premiers navigateurs européens les décrivirent-ils avec stupéfaction. Du moins si l'on en croit une tradition orale parvenue jusqu'à nous.

Les Indiens ignorent le port de la barbe comme de la moustache. Leurs communautés associent toujours hommes et femmes. Et leurs bateaux se limitent à de légères embarcations seulement aptes à circuler sur les rivières ou à suivre les côtes maritimes en cabotage. Il faut, en outre, imaginer l'aspect probablement effrayant de ces marins épuisés, blafards, dépenaillés, trop chaudement vêtus en été, trop peu en hiver, arrivant souvent malades et affamés, le visage raviné par les épreuves de la longue traversée, eux-mêmes ahuris de toucher enfin terre.

Longtemps les vents dominants venant de l'ouest s'opposèrent à la navigation au niveau des latitudes tempérées. Mais, plus au nord, le courant de Norvège plus favorable, combiné aux progrès réalisés dans la construction des navires, permit aux marins scandinaves et irlandais de s'aventurer loin vers l'ouest dès le VIIIe siècle. Ainsi furent colonisées les îles Féroé, au IVe siècle, puis l'Islande en 874, où les Vikings s'installèrent durablement à partir de 930. Entre 982 et 985, le navigateur Eirik Thorvaldsson, dit Erik le Rouge (dont le surnom inspirerait Hergé pour son *Rackham le Rouge*) en raison de la rousseur de ses cheveux et de sa barbe, découvrit une vaste terre, qu'il baptisa Groen-Land (« pays vert ») car on voyait depuis le littoral se dessiner d'immenses prairies, à une époque où la température moyenne sur terre était sensiblement plus élevée qu'aujourd'hui. Son fils, Leifr Eiriksson, poussant encore plus à l'ouest, repéra vers l'an 1000 des terres nues, dépourvues de toute végétation, qu'il nomma Helluland (« pays de la pierre plate »). Puis, suivant la côte vers le sud, il rencontra de longues plages de sable bordées de forêts en arrière-plan, région qu'il appela Marckland (« pays des forêts »), enfin une terre dont son équipage rapporta (peut-être) de la vigne, ce qui aurait incité leur capitaine à la baptiser Vinland.

Les sources dont on dispose pour certifier la découverte de l'Amérique par les Vikings résident exclusivement dans des récits islandais, appelés sagas, rédigés environ un siècle et demi après les faits rapportés. C'est pourquoi on demeura longtemps sceptique sur leur réalité. Mais, en 1960, l'explorateur norvégien Helge Ingstad et son épouse, l'archéologue Anne Stine Ingstad, découvrirent à l'extrême pointe septentrionale de Terre-Neuve les vestiges d'un indubitable village scandinave, au bord de l'Anse aux Meadows. Les fouilles permirent de considérer avec certitude qu'un établissement avait bien été fondé là environ cinq siècles plus tôt. Au vu des traces d'habitations, d'armes, d'outils et d'instruments de cuisine, son origine islandaise ne laissait aucun doute.

Selon les sagas, Leifr aurait passé un hiver au Vinland, puis serait retourné au Groenland. Encore quelques années et une troisième expédition, conduite par Thorfinn Karlsefni, appartenant toujours à la famille d'Erik le Rouge, afficha des ambitions clairement coloniales avec trois navires ayant embarqué environ cent cinquante personnes, du bétail, du mobilier et force outillage. C'est peut-être cet embryon de colonie, et non l'installation de Leifr, dont on trouva les traces à l'Anse aux Meadows. L'épouse de Thorfinn y donna naissance à un fils, prénommé Snorri, peut-être le premier Européen de l'histoire à avoir vu le jour dans le Nouveau-Monde. Mais, comme les deux précédentes, l'expédition ne fit pas souche. De même, vers l'an 1010, la quatrième et dernière, dirigée par Freydis, fille d'Erik le Rouge, ne demeura au Vinland qu'un an et regagna l'Islande. Il semble que les tentatives d'installation pérenne de Vikings en Amérique, après s'être succédé de façon relativement intense sur moins d'une vingtaine d'années, s'interrompirent alors pendant à peu près un siècle. Inadaptation à un climat trop rigoureux, les établissements s'étant fait trop au nord (encore que le climat de l'Islande et du Groenland ne fût guère plus clément) ? Refroidissement ultérieur ? Déception quant aux ressources locales inférieures aux espérances ? Déplacement de glaciers bloquant les voies de communication ? Conflits à répétition avec les populations autochtones ? Tout est plausible, rien n'est avéré. On ignore également si une partie des colons était, ou non, restée sur place. Circulèrent des légendes sur des Vikings demeurés là et morts de faim faute d'avoir consenti à se nourrir de crustacés dont leur religion interdisait la consommation… On sait seulement que vers 1075 un roi du Danemark, Sven II Estridsen, diligenta des recherches. Qui ne donnèrent aucun résultat. En 1121, l'évêque du Groenland partit à son tour à la recherche du Vinland en vue d'évangéliser les éventuelles populations locales. On ne sait ce qu'il en résulta.

En 2016, à Pointe-Rosée, petite péninsule située dans la partie sud-ouest de Terre-Neuve, une équipe d'archéologues de l'espace dirigée par l'Américaine Sarah Parcak exhuma des éléments de ruines, repérés par satellite, typiques des constructions vikings. Ces vestiges seraient à peu près contemporains de ceux trouvés à l'Anse aux Meadows, ce qui confirmerait la pluralité des lieux de débarquement tels que rapportés par les sagas groenlandaises et accréditerait aussi la thèse selon laquelle l'Anse aux Meadows n'aurait constitué qu'un camp de base pour des prolongements méridionaux.

En dehors de ces quelques reliefs, toute trace du passage des Vikings semble avoir disparu. Sauf parfois dans des expressions populaires comme celle en usage au Québec et sur toute la côte est du Canada, qualifiant un homme fort et bourru de « viking ».

Si l'on explique mal l'intervalle de cinq siècles entre la disparition des Vikings et l'arrivée des premiers Européens, probablement dû à une longue fascination pour l'Orient – d'où le verbe « orienter » –, on peut facilement avancer les raisons qui motivent les nouvelles traversées de l'Atlantique.

En premier lieu, les considérables progrès réalisés depuis le milieu du XVe siècle dans les techniques de fabrication des navires, les connaissances géographiques et climatiques, la science et les instruments de navigation. Ainsi, la caravelle de Lagos, du nom du vieux port maritime de la côte sud du Portugal, conçue et développée dans les années 1440 et 1450, disposant d'une coque aux jointures parfaitement étanches et de voiles dont la forme permet de remonter plus facilement au vent, munie d'un gouvernail non plus à timon mais à roue, équipée d'un sextant amélioré et, surtout, du compas de marine, permet de s'aventurer désormais en haute mer pendant plusieurs semaines.

En deuxième lieu, depuis que le Vénitien Marco Polo a rapporté de ses voyages en Chine (Cathay) et en Extrême-Orient, particulièrement au Japon (Cipangu), à la fin du XIIIe siècle, des souvenirs consignés dans *Le Livre des merveilles* (1298), et que les géographes considèrent que la rotondité de la Terre autorise une relation plus directe par la voie maritime de l'Ouest, la recherche de celle-ci obnubile les marins d'Occident. Tous se réfèrent aux travaux du cardinal et cosmographe français Pierre d'Ailly, qui a sensiblement sous-estimé la distance entre les îles Canaries et la pointe extrême-orientale de l'Asie.

Enfin, l'Europe vient, du moins pour l'Angleterre et la France, de sortir de la guerre de Cent Ans. Elle ressent cruellement l'échec des dernières croisades, sanctionné en 1453 par l'abandon de Constantinople aux Turcs. Elle éprouve donc le besoin de sortir de nouveau de ses limites terrestres en regardant vers le « grand large ».

Déjà en 1452, délégué par le prince mécène Henri le Navigateur qui jamais ne navigua lui-même, le Portugais Diogo de Teive s'est aventuré jusqu'à Terre-Neuve. Vingt ans plus tard, un autre Portugais, João Vaz Corte-Real, fit à peu près le même voyage pour le compte commun des rois de Danemark, Christian Ier, et de Portugal, Alphonse V.

Le retour de Colomb, en mars 1493, provoque une effervescence sans précédent dans la plupart des ports de l'Atlantique : l'opinion s'exalte à la perspective de traversées directes vers la soie, l'or et les épices. Dès lors, les expéditions se multiplient, plus ou moins bien préparées, plus ou moins chanceuses. En dépit du double monopole hispano-portugais, l'Angleterre d'Henri VII s'est rapidement mise de la partie en missionnant un Vénitien de Bristol, Giovanni Caboto, anglicisé en John Cabot – à qui nous devons le mot « cabotage » – afin de rechercher un passage par le Nord-Ouest. Celui-ci a, le 24 juin 1497, abordé une terre dont on discute encore aujourd'hui de savoir s'il s'agit de Terre-Neuve, du Labrador ou de l'île du Cap-Breton, au nord de la Nouvelle-Écosse. Il eut aussi la surprise de croiser des bateaux de pêcheurs basques, bretons, normands et portugais qui, apparemment, fréquentaient depuis longtemps les parages, notamment le

« grand banc » aux eaux foisonnantes de morues. Le roi Manuel Ier, alerté par le récit du voyage de Cabot, s'est aussitôt empressé d'envoyer de nouveaux navigateurs prendre possession en son nom des nouvelles zones septentrionales. C'est ainsi qu'à l'été 1501 Gaspar Corte-Real a atteint Terre-Neuve, longé son littoral et embarqué pour Lisbonne une soixantaine de Béothuks. Après quoi, il a fait naufrage.

Six ans plus tard, le cartographe allemand Martin Waldseemüller établit la première carte du monde mentionnant l'Amérique comme une masse continentale parfaitement distincte de l'Asie. La plupart de ses prédécesseurs n'avaient jusqu'ici envisagé que l'existence d'îles éparses, entre lesquelles devait exister un passage maritime vers la Chine. L'hommage à Amerigo Vespucci provient de ce que ce navigateur florentin, après quatre voyages transatlantiques entre 1499 et 1504, avait compris que l'on avait affaire, non à une théorie d'archipels, mais à un continent nouveau. C'est pourquoi il avait, le premier, employé l'expression de « Nouveau Monde » (*Mundus Novus*). Conformément à l'usage latin, c'est le prénom qui l'emporta sur le nom, et Amerigo donna « Amérique » – Vespucci aurait sans doute donné « Vespusie ».

Après quoi l'Espagne et le Portugal se sont livrés, sans le dire, à une course vers le nord pour s'assurer la possession éventuelle de nouvelles terres. D'autant que, depuis Cabot, pesait aussi la menace anglaise.

En France, la longue indifférence de la Cour envers les terres lointaines n'a nullement empêché que se développe dans les ports français de l'Atlantique un climat de plus en plus favorable aux entreprises océanes. Parmi ces « hommes de fer que ne brisaient ni la perte de leurs navires, ni la perspective des tortures et de la mort, ni l'incertitude de la politique royale » figura en bonne place Jean Ango, de Dieppe. Banquier et armateur, ayant équipé une flotte d'une trentaine de navires, tous confiés à des capitaines expérimentés, il se met naturellement en relation avec Antoine Duprat et le presse d'activer l'expédition française, dont la mise en œuvre souffre de langueur.

C'est alors que trois événements viennent réactiver la prise de conscience atlantique de la couronne de France.

Le 22 mai 1521, Manuel Ier ordonne à João Álvares Fagundes de reprendre l'exploration du continent nord-américain et, surtout, d'établir une colonie sur l'ensemble des terres conquises. Mais, pour des raisons que l'on ignore, parti avec seulement deux navires, il se contente d'une petite installation à Cap-Breton : le Canada ne sera pas le Brésil du Nord. Toutefois cette initiative incite Ango à considérer qu'elle sera suivie par d'autres et que si la France veut jouer un rôle, il n'y a plus de temps à perdre.

Le deuxième événement est un acte de piraterie spectaculaire commis par un des capitaines de la flotte d'Ango, Jean Fleury. Celui-ci vient, au printemps de 1522, d'arraisonner le galion qui, envoyé par Cortés depuis le Mexique, transportait un trésor aztèque destiné à Charles Quint, et qui fut donc « livré » à Dieppe. Voilà encore la France et l'Espagne au bord de la guerre.

Enfin, troisième événement, la *Victoria*, seul vestige de la flotte de Magellan, a néanmoins démontré la possibilité de faire le tour du monde par le sud de l'Amérique. Va-t-on laisser à l'Espagne le soin de réaliser la même démonstration par le nord ?

Il n'en faut pas davantage au Roi-Chevalier pour qu'il se décide à concrétiser enfin le projet de 1517. Tenant cependant compte du traité de Tordesillas, garanti par le Saint-Siège, il fait dire publiquement que l'expédition projetée ne constitue qu'un essai.

Ango ne propose qu'un seul nom pour la commander, celui de Giovanni da Verrazzano, francisé en Jean de Verrazane. Les deux hommes sont en affaire depuis une dizaine d'années et se sont tous deux enrichis dans diverses formes de commerce. Né vers 1485, Verrazzano est issu d'une de ces riches familles florentines, comme celle des Médicis, qui, en raison des troubles affectant l'Italie en ce début de XVIe siècle, se sont expatriées à Lyon, attirées par la dimension internationale de ses grandes foires. Plusieurs de leurs membres ont fait fortune dans la banque et plusieurs sont devenus créanciers de Charles VIII puis de Louis XII.

Comme dans tous les grands centres d'affaires de l'Europe de l'époque, on regarde vers les débouchés espérés outre-Atlantique. C'est pourquoi le choix d'Ango s'est porté sur un homme de ce milieu, possédant de surcroît une grande expérience de la navigation en Méditerranée et de remarquables connaissances scientifiques.

Sa première expédition, composée de quatre navires, se heurte au printemps de 1523 à une violente tempête et doit, après de lourdes pertes, se réfugier en Bretagne. Après quoi, l'amiral

Guillaume de Bonnivet, ami personnel de François Ier et général en chef de l'armée d'Italie, envoie Verrazzano harceler les galions sur les côtes espagnoles, peut-être afin de donner le change sur ses véritables intentions. Par ce même souci de discrétion, le capitaine repart non de France mais d'un rocher voisin de Madère, le 17 janvier 1524, avec une seule caravelle de cent tonneaux, *La Dauphine* – ainsi baptisée en hommage au dauphin François, né en 1518. Emportant cinquante hommes d'équipage et des vivres pour huit mois. Son objectif demeure classique : trouver une éventuelle route maritime vers la Chine, mais aussi procéder à un relevé plus précis des côtes américaines et à une observation détaillée de leurs paysages.

Après avoir d'abord parcouru 800 lieues vers l'ouest (3 900 kilomètres) en vingt-cinq jours puis 400 lieues vers le nord-ouest, également en vingt-cinq jours, il approche du cap Fear, en Caroline, et remonte vers le nord en longeant les côtes de la Virginie, du Delaware et du New Jersey. *La Dauphine* parvient ainsi « à un site fort agréable situé entre deux petites collines où aboutit à la mer une très grande rivière » : probablement la baie où s'élèvera plus tard la ville de New York. C'est pourquoi un de ses ponts porte, depuis 1964, le nom de Verrazzano.

En 1524, le capitaine donne aux lieux les noms d'Angoulême – dont François Ier avait, autrefois, hérité du titre de duc – et de baie Sainte-Marguerite, en l'honneur de la sœur du roi. L'équipage passe ensuite deux semaines de repos dans ce qui, aujourd'hui, doit être Newport.

Reprenant la route, *La Dauphine* suit la côte jusqu'à une terre que Verrazzano baptise Arcadie en raison de la beauté de ses arbres évoquant celle de la région mythique du Péloponnèse, et que les cartographes ultérieurs déformeront en « Acadie ». Le navire passe ensuite au large de « la terre que découvrirent jadis les Bretons » (Cap-Breton) et touche enfin à Terre-Neuve, sans avoir repéré l'embouchure du Saint-Laurent. Les vivres s'épuisant, Verrazzano ordonne le retour par « la route des pêcheurs » et arrive à Dieppe le 8 juillet 1524, d'où il envoie, le jour même, son rapport au roi de France.

Ayant longé plus de 700 lieues (3 400 kilomètres) de rivages jusqu'ici inconnus, l'explorateur annonce à François Ier qu'il a baptisé les terres correspondantes « Francesca » et que cette découverte réalise la jonction entre les possessions espagnoles de Floride et les régions les plus septentrionales repérées par les Portugais. Mais nulle part n'est apparue d'ouverture vers l'ouest permettant d'espérer atteindre le Cathay. Son impression dominante penche en faveur de la présence d'« un autre monde, plus grand que notre Europe, que l'Afrique et presque que l'Asie [...] un continent enfermé entre la mer orientale et la mer occidentale et les limitant toutes deux ».

Désirant procéder à une troisième expédition afin d'affiner ses observations, il fait valoir que la rougeur du sol en maints endroits semble indiquer la présence de minerai aurifère et qu'il compte bien, par ailleurs, rapporter « des drogues, des liqueurs aromatiques et d'autres richesses ».

Mais pour intéresser François Ier, on ne pouvait trouver moment plus défavorable. D'abord en raison du récent échec, en mars 1524, du lancement de la nef *La Grande Françoise* : construite dans les flambants neufs chantiers du Havre, le plus gros navire du monde s'était révélé impossible à manœuvrer. Puis le roi avait subi, le 26 février 1525, l'humiliante défaite de Pavie et, consécutivement, treize mois de captivité à Madrid.

La régente et mère du roi, Louise de Savoie, ayant d'autres préoccupations que les voyages au long cours, Verrazzano, toujours avec l'appui de Jean Ango, décide alors de repartir sous sa seule responsabilité : il vient d'apprendre que, durant le printemps 1525, le Portugais Estevão Gomes a, pour le compte du très ambitieux Jean III, longé la même côte américaine que lui, mais du nord au sud.

Le Florentin de Lyon quitte donc Dieppe au printemps de 1528 à destination de l'Amérique centrale, où il perd la vie dans des conditions demeurées obscures, sans doute capturé et mis à mort par des indigènes dans une île qui pourrait être la Guadeloupe.

Bien qu'il fût le premier à avoir aperçu le Canada et manifesté l'idée d'y installer un établissement français, l'histoire officielle a oublié Verrazzano. Jusqu'au début du XXe siècle, son image restera totalement éclipsée par celle de Jacques Cartier.

6

« Cartier, Cartier, ô Jacques Cartier, si t'avais navigué… »

Par cette chanson de 1976, Robert Charlebois rendait à sa façon hommage au navigateur généralement reconnu comme une figure majeure et essentielle de l'histoire du Canada français. De nos jours, son nom figure, de loin, en tête de la liste de ceux donnés aux rues, aux places, aux parcs, aux ponts, aux établissements publics, aux écoles et aux entreprises du pays. Même s'il se raréfie au fur et à mesure que l'on s'avance vers l'ouest.

Car, à la différence de Giovanni da Verrazzano, Jacques Cartier est arrivé au bon moment dans le règne de François Ier.

Aux termes du traité de Madrid, conclu le 15 janvier 1526, le Roi-Chevalier est libéré par Charles Quint contre une lourde rançon, dont le paiement est garanti par la détention, à sa place, de ses fils François et Henri. Dans ce contexte, la France cherche à se rapprocher du Portugal plutôt qu'à jouer sa rivale sur les océans. Mais l'intransigeance de Jean III, qui voudrait interdire l'Atlantique à tous les navires français, la libération des princes grâce à l'effort financier du clergé, de la noblesse et des villes de France, enfin le traité de paix signé avec Charles Quint à Cambrai le 3 août 1529 redonnent les mains libres à François Ier, qui en profite pour contester le partage du Nouveau Monde entre les deux puissances ibériques.

À partir du milieu des années 1520, la question de la liberté des mers occupe le premier plan en Europe occidentale. Des théologiens, instrumentalisés par certains États, s'en mêlent. En juin 1527, le roi d'Angleterre Henri VIII charge John Rut, à bord du vaisseau royal *Mary Guildford*, de reconnaître les côtes de l'Amérique du Nord, qu'il longe donc depuis l'île du Cap-Breton jusqu'à la Floride, soit à peu près l'itinéraire de Verrazzano et de Gomes, dans les deux sens.

De nouveau mobilisé par Duprat, avec qui il effectue en 1532 un pèlerinage au Mont-Saint-Michel, dont l'abbé, Jean Le Veneur, se passionne pour l'océan et les terres lointaines, François Ier entend réagir enfin. Mais sans froisser la papauté, toujours garante du partage du Nouveau Monde. Il projette pour cela d'obtenir d'elle une interprétation plus souple de la bulle *Inter cætera* de 1493. Clément VII lui est favorable, surtout depuis que sa nièce, Catherine de Médicis, a épousé Henri d'Orléans, le fils cadet du roi de France, et que les mercenaires de Charles Quint ont, le 6 mai 1527, mis Rome à sac. Les deux souverains se rencontrent à Marseille le 28 octobre 1533. François Ier déclare franchement son désaccord avec les partages hispano-portugais et prononce deux phrases devenues fameuses : « Le soleil luit pour moi comme pour les autres. Je voudrais bien voir la clause du testament d'Adam qui m'exclut du partage du monde. » Le pape convient alors avec lui que la bulle de 1493 ne concerne que les continents déjà connus et non les terres ultérieurement découvertes. C'est pour François Ier un important succès diplomatique, qui ouvre aux navigateurs français de considérables perspectives.

Au Mont-Saint-Michel, Le Veneur a parlé au roi d'un certain Jacques Cartier, roturier mais marin expérimenté – sans qu'on en sache plus – et cousin du procureur des revenus de l'abbaye.

Né en 1491 à Saint-Malo dans une famille de marins pêcheurs morutiers – qui ont peut-être navigué jusqu'à Terre-Neuve –, Jacques Cartier a probablement suivi le classique apprentissage des matelots avant de faire, en 1520, un mariage avantageux avec la fille du connétable de Saint-Malo. Ce qui lui a permis de tisser des liens précieux avec la bourgeoisie locale et la petite aristocratie malouine, auxquelles il prête son concours dans les cérémonies religieuses mais aussi les affaires judiciaires, portant notamment sur les conflits entre gens de mer. Cet entregent et son sens de la médiation l'ont fait remarquer par Le Veneur et recommander à Duprat puis à l'amiral Philippe Chabot, amiral de Brion, proche de François Ier et partisan des expéditions vers les « terres neuves ».

Cette fois, les choses vont très vite : le 19 mars 1534, Cartier reçoit le titre de « capitaine et pilote pour le roi ayant charge de voyager et d'aller aux terres neuves […] et pays où l'on dit qu'on doit trouver grande quantité d'or ». À cette époque férue de mythologie et prompte à l'enthousiasme, on se met vite à parler dans l'entourage du roi du navigateur malouin comme d'un nouvel Argonaute.

Le roi de France et les milieux maritimes français attendent-ils vraiment de cette expédition davantage que des précédentes ? Son financement exclusif – pour la première fois – par la Couronne peut le faire penser.

Préparant son expédition, Cartier veut tirer la leçon des échecs précédents en empruntant une route nouvelle. Il sait qu'au nord de Terre-Neuve s'ouvre un bras de mer, déjà surnommé « détroit des châteaux » en raison de la forme des rochers qui y plongent dans la mer. Puis, au-delà, une immense nappe d'eau sans limites apparentes qui s'enfonce à l'intérieur des terres, ou bien débouche sur une fissure continentale : la voie tant espérée vers l'Asie des épices.

En dépit, ou plutôt à cause du viatique royal, Cartier éprouve quelques difficultés à recruter ses équipages : les armateurs de Saint-Malo redoutent que l'expédition ne préfigure l'instauration d'un monopole de la pêche sur le banc de Terre-Neuve, une pratique administrative solidement ancrée dans les mœurs de la couronne de France. Il faut, pour mettre fin au blocus des matelots, une décision de justice de la cour de Saint-Malo que Cartier, grâce à ses appuis, obtient le 23 mars 1534 : l'arrêt interdit toute sortie du port avant celle de l'expédition voulue par le roi. En trois semaines, les équipages sont constitués : soixante et un hommes répartis sur deux navires de soixante tonneaux chacun, soit une taille moyenne pour l'époque, tous deux armés à Saint-Malo mais dont on ignore les noms. Le premier est commandé par Cartier lui-même, le second par le capitaine Jean Garnier, dont l'histoire semble n'avoir rien retenu.

Ayant mis à la voile à l'aube du 20 avril, les deux navires prennent si bien les vents qu'ils atteignent le 10 mai le cap Bonavista, sur la côte orientale de Terre-Neuve. Là, confrontée à des glaces tardives, la flottille attend presque un mois avant de s'engager dans le « détroit des châteaux », aujourd'hui le détroit de Belle-Isle. Le 11 juin, elle fait escale au havre de Brest, déjà nommé ainsi par les pêcheurs de morues, où, en l'absence de prêtre, les marins « ouissent » la messe, c'est-à-dire lisent des prières et entonnent les chants de l'office divin.

Au-delà de cette limite, on s'aventure en terre inconnue ; on ne sait même pas si Terre-Neuve est une île, un archipel ou un cap continental. D'où la surprise, quelques jours plus tard, de croiser un navire français, *La Marguerite-Antoinette*, ainsi nommée en hommage à la quatrième et dernière fille de François Ier, née en 1523. Son capitaine, Guillaume Le Gatz, était parti de La Rochelle vingt-sept jours avant Cartier, sans qu'on sache à l'initiative de qui. Mais il s'était égaré et, selon le capitaine malouin, il dut lui indiquer comment sortir de « la grande baie », c'est-à-dire du golfe du Saint-Laurent.

Un peu plus loin au sud, vers l'estuaire du fleuve, des Amérindiens en canot pêchant le loup marin ne semblent pas étonnés de croiser la petite escadre, apparemment accoutumés à de telles rencontres avec des Européens. Les rives n'offrant là qu'un paysage « de pierres et de rochers effarables », c'est-à-dire effrayants, Cartier en conclut qu'il doit s'agir de « la terre que Dieu donna à Caïn ». Après avoir bifurqué vers le sud-est, l'expédition rencontre plusieurs îles, dont celles de la Madeleine, puis accoste à celle du Prince-Édouard. Contrastant avec les terres continentales entrevues au nord, les terres insulaires semblent beaucoup plus accueillantes, avec « des pois en fleurs, du blé sauvage et quantité de raisin », ce qui pourrait confirmer la thèse du Vinland.

Le 3 juillet, les deux navires entrant dans la baie des Chaleurs, qui s'enfonce profondément dans la côte du Nouveau-Brunswick, Cartier croit avoir afin trouvé le fameux passage du Nord-Ouest. Mais une exploration en barque le détrompe. Malgré la déception, on s'exclame devant une « terre belle et bonne [...] avec abondance de fruits et de beaux arbres ». Accourent alors au-devant des Malouins des Micmacs dansant et chantant, offrant aux voyageurs des plats de poissons déjà cuits, troquant leurs fourrures contre haches, couteaux et autres outils. Cartier en conclut que « ces gens seront faciles à convertir en notre sainte foi ».

Rebroussant chemin, l'expédition fait halte, le 16 juillet, dans la baie de Gaspé où, cette fois, ce sont des Iroquoiens (à ne pas confondre avec les Iroquois de la région du lac Champlain), venus de Stadaconé (Québec) pour pêcher le maquereau, qui s'empressent autour des marins avec la même joie et les mêmes désirs de troc. En leur présence, Cartier fait élever, le 24 juillet, une croix à l'entrée de la baie, sur l'actuelle pointe de Penouille, d'une hauteur de 30 pieds (environ 9 mètres), portant un écusson à trois fleurs de lys et un écriteau proclamant : « Vive le Roy de France ! » Étonné par cette cérémonie, le chef des Indiens, Donnacona, commence par émettre une protestation, mais finit par accepter de confier aux visiteurs deux de ses fils, Domagaya et Taignoagny, pour qu'ils découvrent le lointain pays de France et en reviennent avec quelques richesses vaguement promises par ces étranges étrangers.

Les bateaux longent ensuite l'île d'Anticosti mais ne peuvent en faire le tour complet, se trouvant, le 1er août, bloqués par des vents contraires et un violent courant de sens opposé. Opiniâtre, Cartier en déduit qu'une telle force du flot ne peut résulter que du déferlement d'eaux océaniques et donc du probable passage du Nord-Ouest, à travers un détroit qu'il baptise Saint-Pierre. Mais, après avoir consulté ses lieutenants, il estime la saison trop avancée – on est alors le 5 août – pour se lancer dans son exploration et décide de retourner en France. Après un voyage de cent trente-sept jours, les deux navires entrent dans le port de Saint-Malo.

La relation du voyage, aussitôt transmise à François Ier et à Duprat, les persuade de procéder à une exploration plus approfondie. Surtout après que les deux Iroquoiens, ayant appris quelques mots de français, ont assuré que leur terre renferme « grande quantité d'or et de cuivre rouge ».

Le 30 octobre, Cartier reçoit de l'amiral Chabot, avec la somme de 30 000 livres (environ 6 millions d'euros), l'ordre de monter une deuxième expédition, plus étoffée. Le capitaine choisit donc les trois meilleurs navires de Saint-Malo : *La Grande Hermine*, de cent vingt tonneaux, placée directement sous ses ordres, *La Petite Hermine*, de soixante tonneaux, commandée par Macé Jalobert, beau-frère de Jacques Cartier, et *L'Émerillon*, de quarante tonneaux, confié à Guillaume Le Breton qui, trente ans plus tard, traduira en français les mémoires d'Hernán Cortés. Aux cent dix hommes d'équipage, recrutés cette fois sans la moindre critique des armateurs, et aux deux Iroquoiens, qui ont appris le français et vont servir de premiers interprètes, se joignent plusieurs gentilshommes curieux du grand large et rêvant de conquêtes. Parmi eux : Claude de Pontbriand, échanson du dauphin François, duc de Bretagne ; Charles de La Pommeraye, neveu du chanoine de Saint-Malo ; et Jean de Gouyon, riche seigneur breton. Enfin, eu égard à l'importance de l'affaire, Cartier se voit flanqué d'un commissaire de bord, Jean Poullet, sire de Dol, également chargé de rédiger le futur rapport au roi.

La flottille s'ébranle le 19 mai et, du fait de vents moins favorables que lors de la première traversée, n'entre dans le golfe du Saint-Laurent que le 15 juillet. Elle rallie ensuite l'île d'Anticosti à l'endroit où Cartier avait cru deviner la présence toute proche d'un déversoir d'océan. Mais rien ne confirme ses impressions initiales. Le 10 août, jour de la célébration du martyre de saint Laurent, supplicié sur un gril en 258 à Rome, il baptise ainsi la baie, aujourd'hui Johan-Beetz, à partir de laquelle il s'engage résolument dans le cours du fleuve. Aucun doute ne subsiste à ce sujet : Cartier est bien le premier navigateur européen à remonter le Saint-Laurent au-delà de son estuaire.

Dans l'ignorance des éventuels dangers du fleuve et avec le souci d'observer au mieux ses rives, il navigue lentement. Le 7 septembre, la flotte s'amarre devant une île qu'on baptise « de Bacchus » en raison de ses nombreuses vignes (l'actuelle île d'Orléans). Le Vinland des Vikings ? Le lendemain, dirigées par Donnacona, plusieurs barques d'Indiens viennent les visiter.

Neuf jours plus tard, on jette les ancres aux abords d'une petite rivière, aussitôt baptisée Sainte-Croix (aujourd'hui Saint-Charles), en face du village de Stadaconé. Une nouvelle rencontre avec les mêmes Iroquoiens se déroule moins bien que précédemment. Domagaya et Taignoagny refusent de se réembarquer pour servir de guides. Ils semblent craindre que la découverte par les Européens d'autres peuples indiens ne nuise à leurs bonnes relations.

Désireux de poursuivre prudemment son exploration, Cartier décide de laisser les deux *Hermine* sur place et de s'aventurer plus au sud avec le seul *Émerillon* escorté par deux barques, en compagnie des gentilshommes et de cinquante hommes d'équipage.

Le 2 octobre la petite troupe atteint l'île d'Hochelaga, du même nom que le fleuve et que la bourgade dont Cartier estime la population à environ 3 000 âmes. Un quartier du centre-ville de Montréal porte encore ce nom. Les explorateurs la contournent par le sud et se trouvent soudain empêchés d'aller plus loin par « des sauts d'eau impétueux ». Une légende veut que Cartier aurait alors déclaré quelque chose comme : « Ce n'est pas par là qu'on atteindra la Chine. » D'où le nom actuel de rapides de Lachine.

Les Européens retournent alors vers l'île où ils mettent pied à terre, le dimanche 3 octobre 1535. La population se presse à leur encontre et les invite à entrer dans la bourgade, composée de maisons en bois de belle allure, où les attend son chef, l'*agouhanna,* sur la place centrale. Celui-ci, vieil homme impotent et aveugle, demande à Cartier de le toucher, puis, l'imitant, de nombreuses femmes viennent faire de même avec leurs enfants dans les bras, dont beaucoup paraissent souffrants. Très impressionné par cette cérémonie improvisée ressemblant de façon troublante au toucher des écrouelles par le roi thaumaturge après son sacre de Reims, le capitaine français donne une lecture publique de l'Évangile de Jean, fait le signe de croix sur la tête des Indiens les plus proches et prie le Seigneur qu'il leur accorde ultérieurement la grâce du baptême. En échange des cadeaux offerts par les marins – des couteaux et des haches, ainsi que de petits bijoux, notamment des bagues –, l'*agouhanna* remet à Cartier une dizaine de pépites d'or. Débordant alors d'espoir, les explorateurs grimpent jusqu'au sommet de la colline qui surplombe Hochelaga afin de disposer d'une vue panoramique sur le fleuve et ses environs. Tout ce qu'ils voient les enchante, depuis les douces montagnes du lointain jusqu'à la majesté et la puissance du fleuve, en passant par la vaste plaine, « la plus belle qu'il soit ». Cartier décide de baptiser l'endroit « Mont royal ». Nom qui lui est resté jusqu'à nos jours mais soulève une question quant à l'origine du nom de Montréal. On a longtemps prétendu que celui-ci n'était simplement que la déformation de « Mont royal ». Une explication acceptable si l'on oublie que Claude de Pontbriand, possédant déjà une brillante position à la Cour, et plus brillante encore si le dauphin montait demain sur le trône, est aussi le fils et l'héritier du sire de Montréal. Tout le monde a intérêt à le flatter. Comment dès lors croire à un simple hasard et ne pas conjecturer que la métropole montréalaise (de près de 4 millions d'habitants) descend directement de la petite bastide d'Armagnac (1 200 habitants) aujourd'hui dans le département du Gers ? Dont le nom provenait, lui, effectivement, de la déformation de « Mont royal », ce que le compagnon de Cartier savait parfaitement. C'est donc bien dès le départ qu'il y eut un « Mont-Royal » pour y planter une croix et un « Montréal » pour baptiser ce qui n'était encore qu'un « poste ».

Rebroussant chemin vers Stadaconé, Cartier fait halte dans l'île de Saint-Quentin, à hauteur de la ville actuelle de Trois-Rivières, car il juge l'endroit particulièrement propice pour y édifier « une belle grande croix », visible de loin et marquant la prise de possession de la vallée du Saint-Laurent par le royaume de France. Il nomme « rivière de Foix », ici encore en hommage à une noble famille française, l'affluent du grand fleuve.

Il semble que durant le déplacement de Cartier à Hochelaga les relations entre marins français et autochtones se soient un peu dégradées à Stadaconé. Les hommes du camp de base ont en effet dressé sur le rivage, devant les navires, une solide palissade hérissée de canons. Par ailleurs, Domagaya et Taignoagny, ayant un peu appris la valeur des objets en France, auraient indiqué à leurs compatriotes que les cadeaux reçus étaient de peu de prix. Toujours prudent, Cartier fait fortifier l'enceinte, l'entourant d'un fossé avec pont-levis. Ce qui pousse Donnacona à venir s'expliquer et à chercher le rétablissement des bons rapports initiaux. Les Bretons observent alors que les rites religieux des Indiens, notamment leur croyance en un dieu unique appelé Cudowagny et en la survivance des esprits dans un lieu enchanteur, ainsi qu'un geste sacré ressemblant à un signe de croix effectué avec deux doigts, rappellent sensiblement la foi chrétienne. Ils en concluent que la conversion des « sauvages » en sera facilitée d'autant.

En recoupant plusieurs informations fournies par les Indiens sur les richesses du Saguenay et dans l'ignorance de la réalité du climat – Trois-Rivières se situe à peu près à la même latitude que Nantes –, Cartier décide d'hiverner sur place, disposant d'assez de vivres et de tout le matériel nécessaire pour attendre le printemps. Mais les grands froids apparus dès le début de novembre surprennent les Français et, surtout, combinés à une hygiène alimentaire rudimentaire, provoquent chez eux une maladie encore inconnue, le scorbut. En avril 1536, vingt-cinq hommes en sont déjà morts et plus de la moitié des autres en sont atteints. Cartier tente d'abord de cacher la réalité aux Indiens puis, organisant une procession devant un arbre symboliquement dédié à la Vierge Marie, se trouve contraint d'avouer la vérité. Utile procession puisqu'elle incite Domagaya à indiquer un remède aux marins : l'application d'une décoction de feuilles de cèdre blanc, dont les résultats se révèlent magiques. En huit jours, la plupart des hommes sont rétablis, mais l'expédition demeure trop faible pour continuer sa mission. La décision est alors prise de rentrer au pays en abandonnant *La Petite Hermine*, faute d'équipage suffisant.

Après avoir, le 3 mai, ordonné l'érection d'une deuxième croix aux armes du roi de France, et désirant consolider l'espoir de celui-ci dans les terres nouvelles, Cartier fait – davantage par ruse que par force – enlever Donnacona, ses deux fils et deux autres dignitaires afin qu'ils témoignent en France des richesses potentielles de leur pays.

Le 16 juillet 1536, *La Grande Hermine* et *L'Émerillon* arrivent en vue des remparts de Saint-Malo. Désormais, la noblesse de France va davantage s'intéresser à l'outre-mer.

7

Réaction nobiliaire

Le retour de Cartier survient encore à un mauvais moment pour inciter le roi de France à aller plus loin dans les investigations d'outre-Atlantique. La guerre a repris contre Charles Quint au début de juillet 1536 et l'armée française se trouve en fâcheuse posture près de Turin.

Il faudrait donc, une fois de plus, que les dirigeants du royaume détournent un peu leur regard de l'Italie pour qu'on puisse leur reparler d'Amérique. D'autant que la mort du dauphin François, le 10 août 1536, entraîne la disgrâce de Claude de Pontbriand. Personne n'a plus intérêt à mettre en avant l'hommage au sire de Montréal, ce qui explique peut-être le long oubli de l'origine du nom de la ville.

Mais, en mai 1537, après avoir remis les pépites réputées aurifères, Cartier soumet à Duprat l'ébauche d'un programme de colonisation. Qui demeure sans réponse pendant deux ans. Puis, se réveillant brutalement selon son habitude, François Ier décide de lui donner suite. Le 17 octobre 1540, il nomme le Malouin « capitaine général et maître pilote [...] d'une expédition aux pays de Canada et Hochelaga jusqu'en la terre de Saguenay [...] faisant un bout de l'Asie [...] dans l'intention de convertir leurs peuples à la foi chrétienne ». Il le met pour cela à la tête d'une flotte de six navires. L'argument religieux vise principalement à séduire le Saint-Siège en cas de contestation espagnole ou portugaise. De ce fait, Charles Quint s'inquiète vivement des rumeurs relatives à une entreprise française d'envergure. Le Canada, réputé de peu de valeur et n'entrant pas dans les limites espagnoles, ne peut-il devenir, une fois occupé par les Français, une base de départ pour une attaque contre les Indes (occidentales s'entend) ? Aussi le roi d'Espagne saisit-il le pape Paul III de la question. Or celui-ci, escomptant l'appui du roi de France dans sa politique de contre-réforme religieuse et sa création de la Compagnie de Jésus, ne se presse pas de répondre. Ce qui favorise l'émergence d'une doctrine nouvelle, que François Ier expose alors lui-même à l'ambassadeur d'Espagne : découvrir ou traverser des terres jusqu'ici inconnues n'implique pas d'en devenir possesseur de droit ; pour cela il convient d'exercer sur elles une occupation effective. Ainsi se trouve formulée pour la première fois la philosophie de la colonisation moderne.

Mais, si en cette première moitié du XVIe siècle, il paraît admissible de confier une mission de découverte à un roturier, il en va différemment pour une prise de possession territoriale. Administrer une région, commander une armée, attribuer des fiefs et déléguer des droits de justice ne peut revenir qu'à une personne issue de la noblesse. Cartier doit donc s'effacer au profit d'un homme de plus haute lignée. Tandis que le Malouin, ignorant ce qui se trame, s'affaire à monter sa troisième expédition avec des moyens et une autorité bien supérieurs à ceux des deux premières, au Louvre on recherche la perle rare à qui le roi pourra déléguer ses prérogatives souveraines. Derrière l'apparente réaction nobiliaire qu'alimentent les préjugés de la Cour, se dessine également une préoccupation financière : la guerre a encore épuisé le Trésor royal. Duprat conseille donc au roi de recourir à la vieille formule féodale consistant à commettre un vassal pour administrer la colonie pour le compte de son suzerain mais sur ses seules ressources.

Au terme de deux mois de chasse de têtes, le choix se porte sur Jean-François de La Roque, sire de Roberval.

Issu de la petite noblesse du Valois, né au château de Roberval, près de Senlis, vers 1495, ou peut-être à Carcassonne, où sa famille possède aussi des terres, huguenot, il s'est signalé par sa bravoure lors des guerres d'Italie et surtout par sa formation d'ingénieur civil spécialisé dans les fortifications. Un de ses arrière-petits-neveux, Gilles Personne de Roberval, figurera parmi les fondateurs de l'Académie royale des sciences, après avoir inventé, en 1669, la fameuse balance à deux fléaux qui porte son nom…

Compagnon de chasse de François Ier, ami des frères Du Bellay, alors très influents, il s'est trouvé du bon côté des intrigues et des disgrâces qui ont agité la Cour durant l'automne 1540.

Le 17 janvier 1541, le roi signe la commission le nommant « lieutenant général et gouverneur dans les pays de Canada et d'Hochelaga ». Il reçoit ainsi « pleine autorité d'entrer en pays étrangers, par voie d'amitié ou sinon par force d'armes, d'instituer des cadres militaires et juridiques, et d'exercer tout pouvoir exécutif et législatif ». Une fois le pays occupé, le délégué du roi se chargera de l'aménager et de le peupler, en édifiant « villes et forts, temples et églises ». Il lui revient aussi de nommer les personnes aux charges et emplois requis pour la bonne fin de sa mission. Pouvoir lui est enfin reconnu de distribuer des terres « en fief aux gentilshommes et autres gens d'excellente vertu ou industrie, et à charge de redevances annuelles à ceux de moindre condition ». Les profits de la colonisation se répartiront en trois parts égales entre le lieutenant général, ses compagnons et la Couronne. Une formule qui reprend largement le modèle espagnol du conquistador gouverneur et qui traduit la mutation des voyages d'exploration en expéditions coloniales.

La commission royale ne fait aucune mention de la mission antérieurement confiée à Cartier ; on ne sait rien des relations de celui-ci avec Roberval. Seules certitudes : la mauvaise coordination de leurs préparatifs et une équation financière délicate. Après le relatif désengagement du Trésor royal, l'introduction d'un encadrement militaire entraîne un surcoût considérable. On l'estime néanmoins indispensable pour le cas où les Amérindiens seraient tentés de submerger la colonie, comme cela s'est produit en 1525 quand les Incas, en grand nombre, ont presque anéanti les hommes de Pizarro. Enfin, la décision d'embarquer une cinquantaine de prisonniers afin de réaliser sur place les tâches les plus pénibles suscite bien des craintes chez les hommes libres.

Il en résulte que si Cartier, à Saint-Malo, avance convenablement l'équipement de cinq vaisseaux, dont deux lui appartiennent en propre, Roberval éprouve des difficultés, d'une part à rassembler l'artillerie et les munitions nécessaires, d'autre part à recruter les artisans relevant des différents corps de métiers indispensables à l'édification et à l'entretien de la future colonie. Rencontrant au surplus la méfiance des marchands et des banquiers, il doit investir dans l'entreprise une bonne partie de sa fortune personnelle. De sorte que le départ, initialement prévu pour le 15 avril, doit être retardé. Impatient, le roi ordonne à Cartier de mettre à la voile sans attendre Roberval.

Le capitaine général prend finalement la mer le 23 mai 1541, avec cinq navires, *La Grande Hermine, L'Émerillon, Le Saint-Brieuc, Le Georges* et un morutier au nom inconnu réquisitionné au dernier moment. Environ 1 500 hommes, dont un tiers de marins et deux tiers d'artisans, de soldats, de prisonniers libérés et d'aspirants colons ; des vivres pour trois ans, dont des vaches, des moutons, des chèvres, des cochons… et cent tonneaux de cidre.

Ayant mis cette fois près de deux mois à traverser l'Atlantique, effectué une longue halte à Terre-Neuve et attendu Roberval en vain, Cartier ne veut plus accumuler les retards. Connaissant la dureté de la saison froide à venir, il engage sa flotte dans l'estuaire du Saint-Laurent en empruntant la route du nord déjà explorée lors de son précédent voyage. Le 23 août, il jette de nouveau l'ancre devant Stadaconé et, comme sept ans auparavant, les marins français sont accueillis par des transports de joie. Au nouveau chef, Agona, on apprend la mort en France de Donnacona, ce qui ne semble guère affliger son successeur. En revanche, on lui cache qu'à l'exception d'une jeune fille mariée à un Malouin, ses autres compatriotes ont tous disparu. On rapporte même qu'ils vivent désormais en France comme des seigneurs : premier mensonge d'envergure délivré aux Amérindiens, il y en aura d'autres…

Cartier choisit de s'installer durablement à l'entrée de la rivière du Cap Rouge (dont le nom provient de la couleur d'un promontoire de schiste), car le lieu est fait de bonnes terres, et de nommer l'établissement Charlesbourg-Royal, en l'honneur du troisième fils du roi. Enfin, il fait élever deux forts, l'un sur la rive du fleuve, l'autre sur une falaise, reliés entre eux par un escalier. À peine ces aménagements sont-ils réalisés et les premiers champs labourés que Cartier s'empresse, début septembre, de remonter le fleuve avec deux barques et une vingtaine d'hommes en vue de vaincre cette fois les rapides de Lachine. Il franchit le premier saut mais échoue devant le deuxième et perd une barque. Poursuivant à pied, les Français arrivent au village de Tutonaguy qui semble avoir remplacé Hochelaga selon l'usage local d'abandon des lieux après épuisement des sols. Les Amérindiens rencontrés confirment, une fois encore, qu'au-delà des derniers rapides, toujours vers le sud-ouest, on atteint le riche pays de Saguenay. Mais ne sachant toujours pas comment les franchir en bateau, Cartier se voit contraint de revenir à Charlesbourg. Où le miracle espéré se produit enfin : près du fort, sur la falaise, on découvre « une bonne quantité de pierres », que l'on prend pour des diamants, puis, près de la rive du fleuve, « une belle mine du meilleur fer qui soit au monde », enfin, sur le bord de l'eau, « certaines feuilles d'un or fin aussi épaisses que l'ongle ». Les hommes remplissent frénétiquement dix tonneaux de métal et entassent sept quintaux d'« étincelantes pierreries ».

Le capitaine général décide aussitôt de renvoyer en France *Le Saint-Brieuc* et *Le Georges*, afin d'abord d'annoncer au roi la grande nouvelle, assortie d'échantillons à faire analyser plus sérieusement, ensuite d'aller chercher les vivres et le matériel nécessaires au développement de la colonisation qui s'impose, enfin de s'enquérir du sort de Roberval dont on demeure toujours sans nouvelles.

Tandis qu'à Charlesbourg on s'apprête à hiverner, Roberval continue de se débattre au milieu des mille difficultés à mettre sur pied son expédition. À tel point qu'à la Cour, où toujours les langues sont impitoyables, on commence à se moquer du « roi de Nulle Part ». En réalité, ce nouveau retard résulte aussi du contexte européen : depuis l'automne 1540, les relations franco-espagnoles se sont dégradées et l'on pressent une reprise de la guerre.

En juillet 1541, Roberval a enfin réussi à équiper, à Honfleur, trois navires : un trois-mâts de cent tonneaux, *La Marie*, dont il fait son vaisseau amiral, et deux deux-mâts de quatre-vingts tonneaux, *La Sainte-Anne* et *La Valentine*. Mais au lieu de se lancer à travers l'Atlantique, la flottille se met à écumer les côtes franco-espagnoles, de la Bretagne jusqu'à la Galice, en quête de bateaux de commerce espagnols à arraisonner et à piller. Au surplus, les revenus tirés de cette piraterie vont alimenter le reste à financer de l'expédition transatlantique.

Roberval rejoint enfin La Rochelle en février 1542. Il lui faut alors réparer ses navires, compléter ses équipages (cent trente matelots), faire provision de vivres et embarquer, outre une centaine de soldats, environ deux cents candidats et candidates à la colonisation, dont une trentaine de « gentilshommes de qualité », une quarantaine de prisonniers, ainsi que des artisans, des agriculteurs, des ouvriers.

La flotte s'ébranle le 16 avril et parvient en vue de Terre-Neuve le 8 juin. Où elle croise celle de Cartier repartant pour Saint-Malo. Surprise mutuelle des deux capitaines : Cartier désespérant de voir arriver Roberval et brûlant de faire confirmer en France la nature des pierres et des métaux découverts à Charlesbourg ; Roberval étonné que le Malouin ait pris seul une décision qui relevait de l'autorité du lieutenant général. Aussi bien celui-ci ordonne-t-il à son subordonné de rebrousser chemin et de l'accompagner, comme prévu, dans l'entreprise de colonisation. Après avoir feint d'obtempérer, Cartier profite de la nuit pour lever l'ancre et pour cingler vers Saint-Malo, où il arrive à la fin du mois d'août.

On ne sait rien de la réaction de Roberval à la défection de Cartier, sinon qu'il n'engagera aucune poursuite contre lui, ce qui peut paraître étonnant de la part de l'homme à poigne dont il possède la réputation et qu'attestent les sévères mesures disciplinaires qu'il prend facilement, en mer comme à terre. On raconte ainsi qu'il aurait déposé dans une île une jeune femme, peut-être sa propre nièce Marguerite, coupable d'une liaison hors mariage avec un gentilhomme de l'expédition. Sa survie dans des conditions précaires a par la suite inspiré des nouvelles et des romans, faisant parfois d'elle la toute première héroïne québécoise.

De surcroît, la défection de Cartier porte un préjudice certain au projet de colonisation, privant l'entreprise d'une partie de ses ressources humaines, des connaissances déjà acquises sur le fleuve et la vallée du Saint-Laurent, de la pratique des Amérindiens, de l'expérience des hivers et du traitement du scorbut.

Quoi qu'il en soit, Roberval poursuit sa route en contournant Terre-Neuve par le sud et en s'inscrivant ensuite dans le sillage de Cartier. En juillet, il prend possession de Charlesbourg, qu'il rebaptise Francie-Roi, comme il rebaptise le fleuve Francie-Prime (pour François Ier). Il consolide les deux forts, ajoute des logements et des ateliers. En septembre, prévoyant une installation de longue durée, il renvoie deux navires en France avec mission de rapporter des provisions et du matériel. Comme son devancier, il connaît ensuite les rigueurs de l'hivernage, le scorbut, quelques désordres provoqués par des colons et des repris de justice récalcitrants, qu'il punit toujours sévèrement.

Au printemps de 1543, il reprend à son compte le même périple que Cartier vers le Saguenay en essayant de franchir en barque les rapides de Lachine et essuie le même échec. Les rapides vont longtemps garder leur secret ; ils donnent lieu aujourd'hui à un jeu touristique d'émotions fortes consistant à essayer de les franchir en barque collective et appelé « saute-mouton »...

Comme Cartier, Roberval regagne en juillet son camp de base sans qu'aucun progrès véritable n'ait été réalisé depuis le voyage de 1535. Mais la déception majeure est encore à venir.

8

« Faux comme un diamant du Canada »

Curieusement, aucune autorité en France ne semble étonnée du retour prématuré de Cartier ni ne songe à incriminer ce qu'il faut bien appeler sa désertion. Probablement pour deux raisons. D'une part, en juillet, la guerre a repris contre l'Espagne : la quatrième opposant François Ier à Charles Quint et la neuvième en Italie. Elle menace également d'éclater contre l'Angleterre d'Henri VIII. Le gouvernement royal a donc la tête ailleurs que du côté de Saint-Malo. D'autre part, Cartier a rapporté avec lui tout ce qu'il avait pu récolter de diamants et d'or et a envoyé le tout à Paris en vue d'une seconde analyse par la Cour des monnaies : il reste sans nouvelles des premiers échantillons préalablement expédiés et piaffe de se rendre à Fontainebleau pour recueillir les félicitations de François Ier. Hélas, le résultat lui parvient en même temps qu'à toute la Cour et, par rumeur, à toute la France : l'or n'est que de la pyrite de fer et les diamants du cristal de quartz, depuis lors utilisé en bijouterie pour imiter le diamant.

Une chape de plomb s'abat alors sur tout souvenir de l'aventure canadienne, à l'exception d'une formule qui la tourne en dérision et qui servira longtemps de proverbe : « Faux comme un diamant du Canada. » Et, encore de nos jours, à donner un nom au cap situé à l'extrémité orientale de la colline de Québec : le cap Diamant.

À Saint-Malo, Cartier fait le dos rond et se redéploie dans ses anciennes activités municipales, tout en honorant difficilement les demandes de ses créanciers, la Couronne ne lui remboursant pas les sommes avancées et empruntées.

Il achète une ferme, à Rothéneuf, au lieu-dit Limoëlou, qu'il transforme en petit manoir, classé monument historique le 21 février 1940 et transformé en musée en 1984.

Vers 1550, le « sire de Limoëlou » est approché par François Rabelais pour lui servir de conseiller technique en vue de son prochain roman, *Le Quart Livre*. Demeuré fameux par la scène des « moutons de Panurge », celui-ci raconte le voyage de Pantagruel et de ses compagnons habituels à travers l'Atlantique Nord afin de rencontrer l'oracle de la Dive Bouteille qui leur permettra de découvrir le mythique Cathay. Parmi les nombreuses escales sur les îles imaginaires qui jalonnent leur parcours figure, au chapitre XXV, celle des Macrons, prétexte à une méditation sur la mémoire du monde et la mort des civilisations.

En 1557, une épidémie de peste frappe Saint-Malo et c'est probablement de ce mal que s'éteint Jacques Cartier, le 1er septembre de cette même année.

Quatorze ans plus tôt, François Ier, dépité de l'espoir déçu du Canada et sollicitant le renfort de tous ses lieutenants au moment où les forces coalisées de Charles Quint et d'Henri VIII menaçaient de fondre sur la France, avait fait équiper deux navires afin de rapatrier Roberval et tout le personnel de l'ex-future colonie. Qui débarquèrent à La Rochelle en septembre 1543. Roberval reprit immédiatement du service dans l'armée, avec la mission de défendre Senlis, dernière place forte protégeant Paris de l'invasion anglo-espagnole venue des Flandres.

Une mésentente entre Charles Quint et Henri VIII permit à l'armée française de reprendre l'initiative et de bousculer les Espagnols, ce qui déboucha sur une nouvelle trêve, signée à Crépy-en-Valois le 18 septembre 1544. La guerre se poursuivant néanmoins contre l'Angleterre, Roberval mit le siège devant Boulogne-sur-Mer. La ville se rendit et fut remise à la France par la paix d'Ardres, signée le 7 juin 1546. Il ne restait alors à François Ier que six mois à vivre.

Dès son avènement, le 31 mars 1547, Henri II rompit totalement avec la politique de son père, qu'il n'aimait guère, renvoyant notamment tous ses conseillers, dont Antoine Duprat. En revanche, il ne s'en prit nullement à Roberval, qui bénéficiait d'un assez grand prestige dans l'armée. Conscient de ses compétences techniques, il lui confia la mise en valeur des mines et des routes de France avec le titre de surintendant.

Le royaume de France, alors incapable de se concevoir ou de se projeter en dehors des guerres à répétition, remplaça peu à peu celles d'Italie par celles de Religion, qui n'étaient encore que des rixes – mais dont l'ampleur et le nombre allaient croissant. Roberval compta parmi leurs premières victimes : assassiné en sortant des obsèques d'un ami calviniste, le 18 avril 1560, à un angle du cimetière des Innocents, à Paris.

La France a oublié le Canada. Elle porte désormais ses regards plus au sud, mais sans grande ambition. Henri II désavoue hypocritement les actes de piraterie commis par des navires français à l'encontre des galions espagnols. Mais en 1555, une flotte française, commandée par le corsaire normand – et protestant – Jacques de Sores, s'empare par surprise de La Havane, avec seulement deux cents marins.

Le grand amiral de la flotte, Gaspard de Coligny, caresse l'idée – comme peut-être Roberval avant lui – de créer quelque part une colonie protestante en Amérique. Mais il néglige le Canada au profit des possessions espagnoles ou portugaises, notamment le Brésil. Deux expéditions sans lendemain puis une troisième en Floride font un instant rêver d'une « France antarctique » qui ne verra jamais le jour…

Charles IX a succédé à Henri II le 10 juillet 1559 et concentre toute son attention sur les moyens de mettre fin à la guerre des religions.

Dans le même temps, les pêcheurs bretons, basques et normands, que n'ont perturbé ni les ambitions initiales ni l'échec final des grandes expéditions régaliennes, continuent d'exploiter les eaux de Terre-Neuve et du golfe du Saint-Laurent, qu'ils appellent toujours « la grande baie ». Les explorations en amont effectuées par Cartier et Roberval ont même permis d'étendre les zones de pêche. La morue, alors surabondante autour de Terre-Neuve, tient, de loin, le premier rang de la consommation de poisson en Europe à une époque où les pays catholiques observent cent cinquante-trois jours de jeûne par an. Aisée à pêcher, à conserver, à stocker et à transporter, une fois vidée et salée à bord des bateaux, son exploitation prend une ampleur quasiment industrielle, entraînant le développement de toute une économie maritime et portuaire.

À partir des années 1560, les pêcheurs, surtout basques, diversifient leurs activités avec les débuts de la chasse à la baleine dans l'estuaire du Saint-Laurent. Une pratique très spécifique et très dangereuse qui nourrira longtemps la littérature puis le cinéma mondial – avec notamment le fameux roman d'Herman Melville *Moby Dick*, paru en 1851 et porté la première fois à l'écran en 1926.

L'essor des pêcheries est tel qu'on estime vers 1580 à une cinquantaine le nombre de ports français y participant activement et à environ cinq cents navires, dont une bonne moitié de français, les morutiers et autres baleiniers traversant régulièrement l'Atlantique.

Dans le même temps, Anglais et Bretons se spécialisent plutôt dans la chasse au morse, apprécié comme la baleine pour sa graisse mais fournissant en plus l'ivoire de ses défenses. Jusqu'ici la pelleterie ne constituait qu'une activité secondaire des pêcheurs, intervenant surtout dans leur troc avec les Amérindiens, et concernait principalement le castor. Mais dans le troisième tiers du XVIe siècle, porter de la fourrure – spécialement sur les chapeaux ou en étole – devient à la mode en Europe. On en conserve de nos jours la trace dans les costumes de la magistrature. Le commerce des poils, qui s'étend à la loutre et au renard, connaît alors une ascension fulgurante, autorisant des profits exponentiels.

C'est pourquoi, accédant au trône le 30 mai 1574 après la mort de son frère, Henri III ne néglige pas complètement la question canadienne, mais, tout logiquement, l'appréhende sous un angle exclusivement économique. Un ancien page de sa mère, Catherine de Médicis, du nom de Troilus du Mesgouez, sire de Kermoalec et marquis de La Roche, gouverneur de Morlaix depuis 1565, se présente à lui avec des projets plein la tête. En 1577, il obtient du roi une commission de « lieutenant et vice-roi des territoires de Terre-Neuve ne relevant pas d'un souverain étranger ». Mais ses préparatifs traînent en longueur et il ne s'embarque qu'en 1584, pour faire naufrage au large de Brouage, en Charente, là où vit alors un petit garçon du nom de Samuel Champlain.

Les dernières tentatives anglaises ne sont pas plus chanceuses : après avoir, en 1576, contourné le Groenland, qu'au passage il rebaptisa Nouvelle-Angleterre, Martin Frobisher, cherchant un passage vers la Chine par le Grand Nord, débarqua dans l'île Kodlunarn, au sud de la terre de Baffin. En ramenant des minerais qui pouvaient être pris, les uns pour du charbon, les autres pour de l'or, il relança une deuxième et puissante expédition en 1577, forte de quinze navires. Une tempête la dispersa tandis qu'à Londres on réalisait que les minerais ne présentaient aucun intérêt. On peut cependant regarder Frobisher, qui a donné son nom à une baie de la terre de Baffin, comme l'auteur de la toute première tentative anglaise d'installer une colonie en terre canadienne. On le crédite aussi d'avoir introduit le football, devenu soccer, en Amérique du Nord, grâce à un match organisé par ses marins avec des Inuits rencontrés sur la côte. Comme l'avait fait Cartier avec des Iroquoiens, il ramena en Angleterre trois d'entre eux, un homme, une femme et un enfant, dont on peut aujourd'hui contempler, au British Museum, les portraits dessinés à l'époque.

Les échos de son périple convainquirent cependant la reine Élisabeth, montée sur le trône depuis près de vingt-cinq ans, de s'intéresser enfin à la région. Elle décida ainsi, en 1581, de donner pleins pouvoirs à Humphrey Gilbert, un aventureux officier de marine, ancien gouverneur de l'Ulster, pour entreprendre une expédition en Amérique et fonder à Terre-Neuve un établissement constituant la première étape d'une colonisation plus vaste, éventuellement jusqu'en Floride.

Après avoir, lui aussi, essuyé bien des difficultés, notamment pour mobiliser les fonds nécessaires – car, à la façon anglo-saxonne, le financement du projet est entièrement privé –, Humphrey Gilbert ne quitta le port de Weymouth que le 11 juin 1583 à la tête de quatre puissants vaisseaux, dont l'un commandé par Walter Raleigh, le favori de la reine. Le 3 août, dans la rade de Saint-Jean, il prit symboliquement possession des lieux : c'était la deuxième fois que le drapeau anglais flottait sur une terre canadienne. Puis Gilbert poursuivit sa route vers le sud avec trois navires, dont deux firent naufrage. Il regagna finalement l'Angleterre sans qu'aucune suite, du moins à court terme, ne fût donnée à son aventure.

Reprenant le projet de Frobisher de rechercher un détroit interocéanique par le nord, John Davis effectua trois voyages successifs, de 1585 à 1587. Il s'enfonça loin dans le détroit qui porte désormais son nom et jusqu'à ce que les glaces lui barrent la route, probablement au point de latitude le plus élevé alors jamais atteint. Le caractère limité de ses découvertes interrompit pendant une quinzaine d'années les missions d'exploration anglaises.

En revanche, il rapporta à Londres une riche moisson de peaux de phoques et de fourrures troquées avec les Inuits.

Politiquement, le cœur n'y est plus, et les grandes ambitions colonisatrices, pour peu qu'elles aient pris quelque consistance, cèdent la place aux seules préoccupations commerciales. Pêcheurs et marchands de fourrures fréquentent de plus en plus les eaux et les terres canadiennes : les armateurs de Saint-Malo envoient chaque année depuis 1581 une flotte de trois à cinq navires qui remontent le Saint-Laurent jusqu'aux rapides de Lachine et en reviennent avec d'impressionnantes cargaisons, réalisant des profits pouvant atteindre 1 400 %. Bientôt les concurrencent d'autres navires marchands, en provenance de Dieppe, de La Rochelle et de Rouen. Les commerçants maritimes envisagent sérieusement d'installer des comptoirs permanents le long du fleuve et mettent en place à Tadoussac – dont le nom viendrait du montagnais *totouskak* signifiant « mamelles » en raison de la forme du paysage alentour – un embryon d'occupation permanente. C'est aujourd'hui l'une des destinations les plus prisées des touristes qui vont y contempler les baleines.

Il ne semble pas que, contrairement à une idée reçue, l'adoption en décembre 1582 du calendrier grégorien ait beaucoup perturbé le rythme des départs et des retours de navires ; cette réforme, largement surestimée, ne fit que décaler, et une fois pour toutes, le décompte des jours de onze fois vingt-quatre heures...

C'est ainsi que la pêche et la fourrure assurèrent, pendant près de vingt ans, le seul lien subsistant entre le Canada et les puissances européennes, principalement la France, alors engluée dans ce qu'on a appelé « la guerre des trois Henri » : Henri de Navarre, chef du parti protestant et héritier du trône, Henri de Guise, chef de la Ligue catholique, et Henri III, guerroyant avec le premier contre le second puis avec le second contre le premier, et ainsi de suite jusqu'en 1594. En janvier 1588 cependant, le roi de France consentit à un neveu de Jacques Cartier, Jacques Noël, et à son associé Étienne Chaton de La Jannaye, capitaine de marine, qui prétendaient avoir découvert une mine de cuivre à l'occasion de leur trafic de fourrures, le monopole de celui-ci. Le roi souhaitait aussi mettre fin aux rivalités entre traiteurs, qui se traduisaient régulièrement par de mini-batailles navales et des pertes humaines comme de marchandises. La largesse royale provoqua un tel tollé chez les armateurs bretons qu'elle fut annulée en juillet de la même année et la liberté du commerce intégralement rétablie. Plus personne ne souhaitait que l'État se mêlât de règlementer une activité florissante.

Le souverain s'en tenant donc désormais éloigné, le Canada devint une sorte de simple réserve de chasse et de pêche pour entrepreneurs privés. Les projets de colonisation paraissaient définitivement écartés, jusqu'au réveil du premier roi Bourbon.

9

Le réveil d'Henri IV

Malgré sa conversion au catholicisme romain en 1593, Henri IV éprouve bien des difficultés à instaurer une paix durable dans le royaume, troublé à la fois par l'amertume des protestants, la résistance des catholiques les plus intransigeants et les révoltes fiscales, telle celle des Croquants. L'agitation générale du pays se double en outre, en 1595, d'une reprise de la guerre contre l'Espagne. Tout aurait donc dû concourir à ce que, une fois de plus, le roi de France ne portât aucun regard vers l'Atlantique. Mais, à la différence de ses prédécesseurs, Henri IV nourrit des visions à long terme pour guider son action. Et s'entoure de conseillers qui partagent cette perspective, notamment Barthélemy de Laffemas.

Né en 1545 dans un petit village du Dauphiné, noble, protestant et pauvre, il devient tailleur de profession et parcourt la France, dont l'économie fonctionne alors au ralenti et provoque beaucoup de misère, à la recherche de commandes. C'est ainsi qu'en 1565 il rencontre à Agen Henri de Navarre qui, content de son travail, le recrute à demeure comme tailleur-valet de sa chambre. D'où il fait carrière : dix ans plus tard, le voici chef de l'argenterie du roi. Cette fonction, autrefois supprimée puis rétablie par Charles VII pour Jacques Cœur, ne consistait initialement qu'à fournir la table royale en argenterie puis, par extension, à s'occuper des bijoux, de l'habillement et du mobilier de l'hôtel du roi ; elle se transforma peu à peu en gestion des finances du monarque, donnant naissance aux termes d'argentier et d'argent pour qualifier la tenue du Trésor public et les moyens de paiement. C'est dire l'ascension du petit tailleur dauphinois. Encore dix ans et, menant ses propres réflexions sur la meilleure façon de redresser économiquement le royaume, il adresse à Henri IV, qu'il a suivi à Paris, un *Mémoire pour dresser les manufactures et ouvrages du royaume*. Ses idées sont proches de celles de Maximilien de Béthune, baron de Rosny (il deviendra duc de Sully en 1606) et surintendant des Finances : tous deux prônent une politique mercantiliste fondée sur le développement du commerce et des manufactures afin d'attirer, par les exportations de richesses, l'or et l'argent dont la France est dépourvue de mines. Mais si Rosny veut donner la priorité à la production nationale et aux droits de douane, Laffemas croit davantage aux échanges internationaux et aux colonies, aussi bien pour se fournir en matières premières que pour créer des débouchés dans des zones politiquement sous contrôle. Le débat entre protectionnisme et mondialisation ne date pas d'hier. Toutes choses étant égales par ailleurs, Laffemas défend auprès d'Henri IV une thèse analogue à celle plaidée par Duprat à François Ier. Mais lui n'est pas principal ministre.

Le roi n'en écoute pas moins ses conseils et, le 16 février 1597, bien qu'en pleine guerre contre l'Espagne, confirme le marquis de La Roche – qui entre-temps a combattu la Ligue catholique – comme « lieutenant des territoires de Terre-Neuve ne relevant pas d'un souverain étranger » : Henri IV ne veut pas s'aliéner le Saint-Siège qui considère le droit de premier occupant comme la contrepartie de la liberté des mers. En outre, le Canada demeure le seul endroit du monde où l'expansion coloniale ne se heurtera ni aux Hollandais, ni aux Espagnols, ni aux Portugais, tous occupés ailleurs.

Quant aux Anglais, ils demeurent marqués par les échecs des expéditions de Frobisher, de Davis et de Gilbert réalisées dix à quinze ans plus tôt.

La Roche prépare aussitôt une expédition composée de deux navires, *La Catherine*, commandée par Thomas Chefdostel, un marin très réputé, et *La Françoise*, commandée par Jean Girot. On ne sait rien du déroulement de leur voyage dont aucun récit n'est parvenu jusqu'à nous, mais on peut supposer qu'il fut jugé prometteur puisque, un peu moins d'un an plus tard, le 12 janvier 1598, Henri IV nomme La Roche « lieutenant général des pays de Canada, Terre-Neuve, Labrador et Norembègue [l'actuel Nouveau-Brunswick] », lui conférant une délégation de souveraineté sur le pays et le monopole de la traite des fourrures avec interdiction « à tous autres d'y trafiquer » sans son consentement.

Et, comme à Roberval, autorisation lui est donnée de lever des repris de justice pour les fins de son entreprise.

En effet, les voyages de Cartier et de Roberval, qui remontent à plus d'un demi-siècle et sont tombés dans un quasi-oubli, resurgissent brutalement du passé avec la publication, par l'éditeur rouennais Petit-Val, du récit de la première expédition, celle de 1534.

De plus, la perspective d'une paix prochaine avec l'Espagne et le prévisible aboutissement des négociations en vue du futur édit de Nantes redonnent des ailes aux entrepreneurs, spécialement aux armateurs. Alors que depuis les années 1560 les expéditions océanes se sont considérablement raréfiées, elles reprennent, à l'orée du XVIIe siècle, les couleurs de l'enthousiasme que les ports de l'Atlantique et de la Manche avaient connues dans les années 1530.

Toutefois, le pouvoir royal n'a pas encore arrêté de politique atlantique et moins encore de politique américaine. La mission confiée à La Roche répond donc toujours à l'idée de procéder à de nouveaux repérages et reconnaissances géographiques. Et, comme la seule chose tangible réside dans le commerce de la fourrure et de la pêche, si un privilège est accordé au missionnaire en ce domaine, c'est surtout pour ne pas avoir à mettre le Trésor royal à contribution. Le gouvernement se contente donc d'encourager les initiatives privées sans s'interroger vraiment sur leur finalité, purement commerciale ou éventuellement coloniale. En présence de cette alternative, le flou politique persiste encore. Si Philippe Hurault de Cheverny, chancelier de France depuis 1590, s'est rallié aux idées du contrôleur général du commerce Barthélemy de Laffemas et explicite dans ses « Discours » de 1598 l'intérêt pour la France de se constituer un empire colonial à l'instar de l'Espagne, le baron de Rosny demeure un continental et ne croit toujours pas à l'opportunité de l'expansion outre-mer. De ces contradictions au sein du gouvernement résulte une succession, sans souci de cohérence, de missions éparses et plus ou moins répétitives. Confiées à des navigateurs contre des concessions de monopole commercial pratiquement inapplicables et remises en cause au gré des contestations de leurs concurrents, elles ne débouchent que sur des embryons de colonisation sans lendemain. D'autant que Rosny prend le royaume à témoin par des notes adressées au roi mais qui circulent dans toute la Cour et dans les milieux dirigeants, dont la fameuse « Labourage et pâturage [...] vraies mines et trésors du Pérou ». Pourquoi donc se risquer si loin ? Surtout avec les coûts que cela représente au moment où le Trésor royal traverse de graves difficultés. Et le Canada, territoire peu avenant, ce n'est vraiment pas le Pérou.

Surnagent ainsi de cette période confuse qui caractérise le changement de siècle les noms de Michel Ragau, sire de La Hautière, un Breton s'engageant à conduire sept ou huit navires et 1 500 colons ; de François Dupont-Gravé (ou Gravé du Pont) et de Pierre de Chauvin de Tonnetuit, bénéficiaires en 1599 du monopole de la traite des fourrures, en parfaite contradiction avec celui déjà accordé à La Roche ; de Pierre de Guast, sire de Monts (ou Dugua de Mons), fondateur du comptoir de Tadoussac et autre titulaire d'un monopole des fourrures ; du vice-amiral Aymar de Chaste, à qui Henri IV confie en mars 1603, et sur sa suggestion, la création d'une colonie de « Nouvelle-France » à fondement religieux, mais qui meurt deux mois plus tard ; de Jean de Poutrincourt, parfois considéré comme le premier véritable colon du Canada puisqu'il fonda un domaine agricole d'envergure employant plus de cinquante artisans et laboureurs installés avec leurs familles.

Toutes tentatives qui, après une embellie parfois prometteuse, périclitèrent et disparurent, souvent dans des conditions douloureuses.

La Roche se sera montré particulièrement opiniâtre, ayant installé en 1598 un poste à l'île de Sable, baptisée par lui « île Bourbon », au sud-est de la Nouvelle-Écosse, et ayant pendant cinq ans ravitaillé chaque année la quarantaine de « gueux, mendiants valides, tant hommes que femmes », qu'il y avait débarqués avec la dizaine de soldats chargés de les encadrer. Finalement exaspérés par leur relégation dans cette île ingrate, ressemblant davantage à des déportés qu'à des colons, certains fomentèrent une révolte, massacrant leurs gardes et leur commandant. En 1603, on rapatria onze survivants.

Pierre Dugua de Mons, « lieutenant général en Amérique septentrionale », trouvant finalement Tadoussac inculte, froid et inaccessible en hiver, transporta en mai 1604 une colonie de cent vingt personnes en Acadie – la terre repérée et baptisée par Verrazzano, correspondant à l'actuelle Nouvelle-Écosse – accessible par mer en toutes saisons et dont il fut fait gouverneur. Il fonda Port-Royal (aujourd'hui un simple lieu-dit au sud-est de la Nouvelle-Écosse, mais classé « lieu historique national du Canada »), puis retourna définitivement en France, passant le relais à son lieutenant, Jean de Poutrincourt, un gentilhomme picard.

Ce dernier aussi crut longtemps à la durabilité de son entreprise. Après avoir obtenu, en 1605, le titre original, mais sans plus de conséquences que les précédents, de gouverneur de l'Acadie – rien n'exprime mieux la munificence des monarques que l'octroi de titres emphatiques –, il revint plusieurs fois en France afin de vendre ses fourrures, s'endetta lourdement après avoir perdu le monopole de celles-ci et fut jeté en prison.

Dans le même temps qu'elle colonisait la Virginie (ainsi nommée dit-on en hommage à la « reine vierge ») sous l'impulsion du roi Jacques Ier Stuart – qui a succédé à Élisabeth Ire en 1603 –, l'Angleterre relançait sa recherche d'un passage maritime par le Grand Nord. En 1602, George Weymouth avait reconnu le futur détroit d'Hudson. Après lui, John Knight en 1606 puis surtout Henry Hudson parvinrent plus au nord. Le second découvrit, le 3 août 1610, la baie qui porte maintenant son nom. Il en longea la côte est jusqu'à son point le plus au sud. Après plusieurs mois de navigation, il réalisa qu'il n'existait pas de passage vers l'ouest. Ayant dû hiverner dans les glaces, l'équipage du *Discovery* se mutina en juin 1611 et, voulant rentrer en Angleterre, abandonna son capitaine et quelques rares fidèles dans une chaloupe, dont on n'eut plus jamais de nouvelles.

Henri IV avait été assassiné un an plus tôt, le 14 mai 1610, sans avoir jamais défini de stratégie coloniale vers l'Amérique, mais ayant depuis quelques années personnellement soutenu et encouragé les initiatives de l'un de ses protégés, qui allait devenir le grand fondateur du Canada français.

10

Pont Champlain

Le 28 novembre 2014, le gouvernement fédéral canadien mettait fin à une polémique née trois ans plus tôt au sujet du nom du futur pont reliant Montréal à la rive sud du Saint-Laurent. Celui-ci devrait-il, comme le pont vétuste inauguré en 1962 qu'il est appelé à remplacer, porter le même nom de Champlain, ou bien celui de Maurice Richard, un célèbre joueur de hockey sur glace décédé en 2000 ? D'un côté, l'histoire et les racines, de l'autre, le sport populaire et la modernité. C'est le Premier ministre fédéral en personne, Stephen Harper, qui prit la décision : le pont ne changerait pas de nom car « jamais nous n'aurions voulu manquer d'égard à Samuel de Champlain, le père de la Nouvelle-France. Nous sommes le gouvernement qui a ajouté Champlain au passeport canadien et qui a célébré en grand le quatre-centième [anniversaire] de la ville de Québec ».

De l'enfance et de la jeunesse de Champlain, nous savons assez peu de chose. Sa date de naissance est inconnue : on la situe vers 1570, et probablement à Brouage (en Charente-Maritime) qui était à l'époque un port de commerce fortifié. Une chose est en revanche certaine : dans la société française extrêmement hiérarchisée de l'époque, la modeste famille Champlain, protestante, bénéficie d'une protection royale particulièrement appuyée. Le père de Samuel a obtenu le convoité brevet de capitaine de la marine royale, un cousin la charge de « picqueur de chiens de la chambre du roi », un autre profite de plusieurs commissions royales.

Cela suffit-il à faire supposer qu'Henri IV était le père naturel de Samuel ? Certains chercheurs en ont émis l'hypothèse, mais sans jamais pouvoir rien établir de tangible. Un faisceau d'indices conduit à se poser toujours la question. David Fischer, l'historien qui a le plus approfondi le sujet, estime qu'« un Champlain fils illégitime d'Henri IV expliquerait bien des choses : pourquoi, en dépit de nombreuses recherches, n'a-t-on jamais trouvé de document attestant sa naissance ou son baptême ? Pourquoi, dès son enfance, Samuel était-il considéré comme une noble personne alors qu'il était d'origine roturière ? Pourquoi sa famille bénéficiait-elle d'une haute protection et d'extraordinaires largesses royales, lui-même d'une pension personnelle qui lui fut versée jusqu'à la mort d'Henri IV ? Pourquoi, protestant, se convertit-il au catholicisme aussitôt après son roi ? Pourquoi disposait-il d'un accès toujours ouvert au cabinet de celui-ci et pourquoi en 1603, alors qu'il n'occupait qu'un rang secondaire dans son premier voyage au Canada, fut-il reçu directement par le monarque pour lui en faire le récit ? Pourquoi se disait-il à son égard « obligé de naissance » ? Pourquoi enfin, après 1610, aurait-il éprouvé quelques difficultés à conserver son rang, pâtissant de la froideur de la régente Marie de Médicis puis du dédain du cardinal de Richelieu ? Sans que celui-ci entravât pour autant son action.

Henri de Navarre a passé beaucoup de temps à La Rochelle et dans ses environs entre 1567 et 1570, où on lui a prêté de nombreuses aventures galantes, dont certaines au tour quelque peu sentimental. Ce qui rend la paternité possible. Mais non probable. Il existe désormais peu de chances que le mystère soit un jour levé. D'autant moins que d'autres zones d'ombre demeurent dans la première partie de la vie de Champlain.

Après une formation de marin, de navigateur et de cartographe acquise auprès de son père et de son oncle, tous deux capitaines de vaisseau, sa carrière prit une orientation militaire du fait des guerres de Religion sévissant dans sa région d'origine, où il se battit du côté d'Henri de Navarre. Puis, il participa dans les rangs de l'armée de celui qui était devenu roi de France aux dernières opérations contre l'Espagne et son alliée, la Ligue catholique, en Bretagne. Démobilisé par la paix de Vervins en 1598, il profita peut-être d'un accord secret entre Henri IV et Philippe II relatif à l'Amérique pour s'embarquer sur un navire espagnol à destination du Mexique et aller chercher des informations sur les colonies espagnoles afin de les rapporter à Henri IV. Ainsi aurait-il effectué la première des vingt-neuf traversées de l'Atlantique officiellement à son actif. Mais le *Brief discours* dans lequel Champlain a raconté son premier voyage ne fut publié qu'en 1859 et son authenticité mise en doute par plusieurs historiens qui, relevant de nombreuses et grossières erreurs de texte, l'ont soupçonné d'avoir voulu se mettre en valeur à une époque où les informations sur les colonies espagnoles étaient très recherchées. D'autres n'ont pas craint de voir en lui un espion d'Henri IV en Nouvelle-Espagne.

Il n'empêche que Champlain ne rêve que de grand large, qu'il se trouve en 1601 à Cadix, puis, bénéficiant de l'appui de son oncle, Guillaume Allène, dit « le capitaine provençal », qu'il s'embarque de Honfleur le 15 mars 1603 à bord de *La Bonne Renommée,* l'un des trois navires affrétés par l'amiral Aymar de Chaste à destination du Canada, avec la fonction de géographe.

Expédition écourtée par la mort de Chaste le 13 mai 1603, mais qui permet néanmoins à ses compagnons, désormais commandés par Dupont-Gravé, de s'enfoncer un peu dans la vallée du Saint-Laurent sans pouvoir toutefois s'aventurer plus loin que leurs prédécesseurs, se heurtant, eux aussi, aux rapides de Lachine. Cela pourrait devenir lassant si Champlain n'en profitait, d'une part, pour remarquer que les canots utilisés par les Amérindiens sont beaucoup plus efficaces que les esquifs européens et qu'il faut donc s'en inspirer, d'autre part, pour obtenir des autochtones des renseignements sur les régions situées au-delà de Montréal et deviner ainsi la géographie des Grands Lacs.

Depuis les voyages de Cartier et de Roberval, la physionomie de l'occupation des terres par les Amérindiens a beaucoup changé. Les Iroquoiens semblent avoir disparu de la vallée du Saint-Laurent : Hochelaga et Stadaconé ont été abandonnés. Mais à Tadoussac, Dupont-Gravé et Champlain rencontrent une tribu « faisant tabagie », c'est-à-dire célébrant une victoire sur un peuple ennemi. Ils découvrent alors l'existence d'alliances de peuples amérindiens contre d'autres, et notamment celle liant les Montagnais (appelés aujourd'hui Innus), les Algonquins et les Etchemins (ou Malécites), peuples nomades, contre les Iroquoiens, peuple semi-nomade. Les vainqueurs ne sont pas certains de le rester et l'appui des Européens leur serait précieux. Aussi les reçoivent-ils plus qu'aimablement et approuvent-ils avec enthousiasme l'idée de Champlain de conclure avec eux un traité à la fois de défense et de commerce. Celui-ci est finalement scellé le 24 mai 1603, à la pointe de Saint-Mathieu (actuellement pointe aux Alouettes à Baie-Sainte-Catherine, au confluent du Saint-Laurent et du Saguenay). C'est la toute première alliance, la « Grande Alliance » officialisée entre Amérindiens et Européens, inaugurant une politique à long terme dont les effets se feront sentir jusqu'aux premières années du XIXe siècle.

Fier de son succès diplomatique, à peine débarqué au Havre-de-Grâce, le 20 septembre 1603, Champlain se précipite à Fontainebleau pour faire part à Henri IV, avec cartes, journal et dessins, de ses observations et de ses suggestions. Trois idées majeures l'animent. En premier lieu, découverte, commerce et colonisation doivent progresser de concert, ce qui exige d'établir des ponts avec les nations indigènes afin d'obtenir d'elles ce qu'on appellerait aujourd'hui des transferts de technologie facilitant les explorations ; en deuxième lieu, le gouvernement royal doit définir une véritable politique américaine, reposant sur des installations stables, continuellement maintenues et développées ; enfin, il faut élire un site central, point de départ de toute colonisation solide, qu'il envisage déjà à hauteur de Québec, là où « le pays est uni et beau, où il y a de bonnes terres pleines d'arbres comme chênes, cyprès, bouleaux, sapins et trembles, et autres arbres fruitiers sauvages et vignes, qui fait qu'à mon opinion, si elles étaient cultivées, elles seraient bonnes comme les nôtres ». Puis il se hâte de rédiger et de publier le récit et les conclusions de son voyage : *Des sauvages* paraît ainsi le 15 novembre 1603, avec privilège royal.

En vérité, Champlain n'apporte aucune connaissance véritablement nouvelle par rapport à ses devanciers, mais, n'hésitant pas à minimiser leurs apports – il évoque à peine Cartier et Roberval –, il possède également l'art d'exposer clairement, de faire surgir des évidences et d'emporter les convictions.

Dès mars 1604, il repart pour le Canada, encore en position subalterne, comme géographe dans l'équipage de Dugua de Mons. Pendant trois années et demie, il réside à Port-Royal. Il expérimente des plantations, jardinant en compagnie d'un jeune botaniste du nom d'Étienne Brûlé, qui sera le premier Français à étudier sérieusement les langues amérindiennes. Mais Champlain consacre surtout son temps à des reconnaissances du territoire afin de préciser la cartographie de l'Amérique du Nord. Cabotant vers le sud, il procède aux relevés topographiques de la côte atlantique jusqu'à l'actuel cap Cod – un autre nom, local, de la morue qui abondait alors au large – dans le Massachusetts. Il espère toujours, ou feint d'espérer, un passage maritime vers la Chine. On peut en effet, dans ces premières années du XVIIe siècle, douter de la sincérité de ceux qui cherchent encore à « trouver le Levant », plus d'un siècle après Christophe Colomb, alors que des dizaines d'explorations n'ont donné aucun résultat et qu'existent des cartes, certes encore imparfaites, mais qui n'autorisent plus vraiment d'illusions. Il est probable que le prétexte, toujours valable pour des monarques obnubilés par des enjeux plus immédiats, fonctionne encore et justifie titres, monopoles et recommandations financières.

Durant l'hiver 1606-1607, Champlain, qui est aussi un bon vivant, crée l'ordre du Bon-Temps, tout premier club gastronomique et convivial d'Amérique. Il s'agit de passer le plus agréablement possible la longue saison froide en dégustant du gibier (oies, colverts, perdrix, orignaux, caribous…) apprêté de façon raffinée selon les dernières recettes à la mode en France et arrosé de bons vins de la mère patrie.

Après un nouveau séjour en France, de septembre 1608 à avril 1609, au cours duquel il obtiendrait – car aucun brevet ne l'atteste – le titre de « géographe et capitaine pour le roi en la marine », Champlain repart vers la Nouvelle-France, dont le nom est maintenant, avec l'approbation d'Henri IV, entré dans les usages de la Cour, à bord du *Don de Dieu*. Chargé d'une mission précise : préparer, avec l'aide d'une trentaine d'hommes, l'installation d'une colonie permanente en un lieu favorable du fleuve. Son deuxième passage devant Québec le confirme dans sa première impression et, le 3 juillet, la petite troupe de Champlain commence à édifier une « habitation » au pied du cap aux Diamants (aujourd'hui cap Diamant), extrémité orientale de la colline de Québec. L'établissement, qui doit servir à la fois de poste de traite des fourrures, de fort de défense et de logement pour les premiers colons, comprend, construits en bois sur des fondations de pierre, trois logis de taille modeste, comportant chacun deux étages, d'environ 6 mètres de longueur sur 5,5 de largeur ; un magasin d'environ 65 mètres carrés, surmontant une cave de même surface. Le tout entouré d'un fossé de près de 5 mètres de large et d'une palissade de pieux. Devenu mythique, cet embryon de colonie fera l'objet d'une reconstitution grandeur nature en 1908 à Québec pour commémorer le tricentenaire de la ville.

Les travaux à peine commencés, un complot ourdi par un petit groupe d'ouvriers vise à assassiner Champlain afin de vendre la place à des contrebandiers. Informé à temps, le « gouverneur » fait arrêter les traîtres et préside le premier procès de l'histoire de l'Amérique du Nord coloniale. L'instigateur est décapité, ses complices renvoyés en France pour y être pendus.

Le premier hiver à Québec manque de peu de sonner le glas de la colonie : une vingtaine d'hommes meurent du scorbut, ne laissant que huit survivants à l'arrivée du printemps de 1609. Mais Dupont-Gravé transfère alors une vingtaine d'hommes de Tadoussac à Québec, assurant la fragile survie de l'établissement.

Champlain peut alors reprendre ses voyages d'exploration, remontant en juin la rivière des Iroquois (aujourd'hui rivière Richelieu), affluent de la rive sud du Saint-Laurent, jusqu'au lac où elle prend sa source, logiquement baptisé lac Champlain.

Le 29 juillet, une première rencontre avec les Iroquois, réputés hostiles par les Montagnais et Algonquins avec qui Champlain a fait alliance, se traduit par quelques coups d'arquebuse et la fuite des Amérindiens. Inaugurant ainsi une longue phase d'hostilités entre Français et Iroquois, une autre « guerre de Cent Ans », mais aussi la longue alliance avec un autre peuple, celui des Hurons – Hurons qui, jusqu'ici, n'osaient s'approcher du Saint-Laurent de peur des Iroquois.

Revenu en France en octobre 1609, Champlain se rend une nouvelle fois auprès d'Henri IV à Fontainebleau pour lui présenter son rapport, en présence de Dugua de Mons, et en repart encouragé à « parachever les découvertes du Saint-Laurent ». Toutefois, l'ambiguïté subsiste quant aux intentions de la Couronne, qui oscille toujours entre commerce des fourrures, implantation coloniale et recherche d'une route maritime vers l'Asie. Un nouveau débat sur l'octroi d'un monopole de la traite se conclut sous l'influence du surintendant des Finances, le baron de Rosny devenu duc de Sully depuis le 28 février 1606 : l'arrêt royal du 6 octobre 1609 proclame la liberté du trafic pour tous les armateurs du royaume.

Au cours du voyage suivant – le quatrième selon son propre décompte –, d'avril à septembre 1610, Champlain renforce le poste de Québec, accroît sensiblement les surfaces agricoles, fait face à une offensive des Iroquois à l'embouchure de la rivière qui porte encore leur nom, les met en déroute avec l'aide de ses alliés traditionnels et revient à Québec pour apprendre l'assassinat d'Henri IV. Il décide aussitôt de s'embarquer pour la France et arrive à Honfleur le 27 septembre, dans un royaume en pleine incertitude où, encerclant la régente, prêtres, grands seigneurs et intrigants divers rêvent de revanche sur le règne écoulé. Aspiration rarement productive et souvent source de déconvenues.

11

Dans l'œuf du 14 juillet

Se présentant à la cour de France, Champlain réalise vite que le climat n'y est plus très favorable à la colonisation de l'Amérique. Si, en politique intérieure, Marie de Médicis semble vouloir poursuivre l'œuvre de son époux, il en va bien différemment en politique extérieure. La régente se rapproche de Rome et de l'Espagne, renvoie Dugua de Mons, s'entoure de conseillers italiens, dont son favori Concino Concini, qui ne se préoccupent que d'affaires continentales. Avides de connaître les orientations, si elles existent, du nouveau pouvoir, espions anglais, espagnols et hollandais prolifèrent. Vers quelque angle qu'on tourne les yeux, l'avenir de la Nouvelle-France paraît fort mal assuré.

Par ailleurs en butte à l'hostilité des marchands de Saint-Malo, qui ne réclament que privilèges de commerce des fourrures et craignent que toute colonisation n'entraîne un surcroît d'administration et d'impôts, Champlain se cherche des alliés dans deux milieux : celui des hauts fonctionnaires qui, toujours dans les temps de faiblesse ou de division du pouvoir politique, mènent seuls la barque de l'État, et celui des dirigeants de l'Église.

Dans le premier, a pris une grande importance un certain Nicolas Boullé, « huissier des finances du roi ». Protestant converti au catholicisme, autrefois partisan d'Henri de Navarre, il a connu Champlain à l'armée de Bretagne et son fils, Eustache, a accompagné celui-ci dans un de ses voyages au Canada. Bien que sa fille, Hélène, n'ait alors que douze ans, et soit très hostile à une union prématurée avec un homme de quarante ans, Boullé accepte de donner sa main à Champlain. Pendant deux ans, la jeune fille continuera de vivre chez ses parents, mais l'alliance ainsi conclue devrait permettre à son époux de se glisser une seconde fois au plus près du pouvoir et des milieux financiers parisiens. Le mariage est célébré le 30 décembre 1610 dans un lieu hautement symbolique : l'église Saint-Germain-l'Auxerrois, où Henri IV venait entendre la messe.

Sous la régence de Marie de Médicis, les grands de l'Église catholique ont considérablement accru leur influence politique. Et ils ont, jusqu'ici, vu d'un mauvais œil cette colonisation qui, bien qu'entreprise depuis longtemps, a constamment vécu sans direction spirituelle. Champlain décide donc de leur faire miroiter la perspective d'une évangélisation massive, mission noble entre toutes où la France pourrait, au regard du ciel, refaire un peu de son retard sur l'Espagne et le Portugal. Mais il faut, pour cela, naviguer habilement dans les méandres d'une hiérarchie ecclésiastique complexe. Ainsi, les Jésuites, chassés de France par Henri IV en 1594, puis de nouveau autorisés en 1603, comptent autant d'ennemis que de partisans et ont partie liée avec plusieurs clans de la haute aristocratie. Les intéresser à la Nouvelle-France revêt d'autant plus de signification que leur ordre vient d'engager – en 1609, au Paraguay – une expérience originale de colonisation reposant à la fois sur l'évangélisation et sur la libre collaboration des populations autochtones.

Ayant eu vent des idées de Champlain en faveur de la Nouvelle-France, la marquise de Guercheville, dame patronnesse des missions jésuites, s'enthousiasme et accapare le projet. Sans faire plus de cas du navigateur, elle finance, avec l'appui de la régente et de quelques amis, l'armement d'un navire destiné à fonder une mission en Acadie afin d'y créer un « Paraguay acadien ». C'est ainsi qu'au terme d'une traversée hivernale des plus éprouvantes les pères Énemond Massé et Pierre Biard sont les deux premières robes noires à débarquer en Nouvelle-France, le 22 mai 1611. Ils s'installent dans l'île des Monts-Déserts, sur la côte du Maine, depuis rendue fameuse par la longue résidence (de 1950 à 1987) de Marguerite Yourcenar. Où ils fondent une mission baptisée Saint-Sauveur.

La France agit ainsi en ordre dispersé, avec à chaque fois des moyens certes suffisants pour prendre pied, mais très au-dessous de ce qui serait nécessaire pour mener une véritable politique de colonisation. Alternant implication hautaine et détachement étourdi, accordant privilèges et monopoles pour ensuite les retirer puis les rétablir en faveur d'autres personnes, le pouvoir royal ne parvient toujours pas, près d'un siècle après l'adresse de Duprat à François Ier, à arrêter une politique américaine. Ce qui incite Champlain à agir désormais de sa propre initiative, tout en certifiant agir pour le compte du roi de France.

Sur le plan financier, ses nouveaux voyages bénéficient du concours de « partisans discrets de la Nouvelle-France », particulièrement de plusieurs marchands de Rouen convaincus des opportunités commerciales de l'outre-mer. Il peut ainsi non seulement armer de nouveaux navires, mais aussi recruter des artisans pour consolider et développer la petite colonie dont seule la croissance peut garantir la survie.

Champlain est donc reparti de Honfleur le 11 mars 1611, en dépit des conditions difficiles de la navigation en cette période de l'année, mais inquiet de ce que peut produire la mission des Jésuites. Il atteint Québec en même temps que les bons pères abordent l'Acadie. Ils n'auront aucun contact.

Remontant une nouvelle fois le Saint-Laurent à la recherche d'un site propice à un deuxième établissement, il choisit un endroit juste avant les rapides de Lachine – qu'il appelle Grand Sault Saint-Louis – et le baptise place Royale (c'est aujourd'hui le quartier Pointe-à-Callière de Montréal). Quant à la grande île à proximité dans le cours du fleuve, il lui donne le nom de son épouse, nom qu'elle conserve encore de nos jours : Sainte-Hélène.

Champlain séjourne ensuite en France, du 10 septembre 1611 au 16 mars 1613, afin d'obtenir un soutien plus actif de la Couronne, d'autant plus nécessaire que les marchands, déçus par les résultats de la traite des fourrures, lui ont retiré son appui. Seuls les grands seigneurs trouvant grâce aux yeux de Marie de Médicis, il parvient à intéresser à l'Amérique l'un des plus en vue, Charles de Bourbon, comte de Soissons. Cet ancien compagnon d'Henri de Navarre a combattu la Ligue catholique et a ensuite été élevé au rang de grand maître de France, puis nommé successivement gouverneur du Dauphiné et de la Normandie. Lorsque Champlain parvient à l'approcher, ses relations avec Marie de Médicis et Concini sont plutôt difficiles, sans que ces derniers osent pour autant s'attaquer à lui. Aussi voient-ils dans sa nomination comme gouverneur de la Nouvelle-France, le 8 octobre 1612, un moyen de l'éloigner. Cependant, après avoir fait de Champlain son lieutenant, il meurt, probablement de la vérole, le 12 novembre suivant. Tout est à refaire… Mais se refait rapidement : le neveu du défunt, Henri de Bourbon, prince de Condé, lui succède aussitôt et confirme Champlain dans ses fonctions, avec des attributions très larges, en vérité une quasi totale délégation de pouvoirs en Nouvelle-France, d'autant que le prince de Condé n'envisage nullement de quitter sa place à la Cour. Ayant obtenu, le 14 novembre 1613, un énième monopole de la traite des fourrures, mais seulement au-dessous de Québec, c'est-à-dire dans la zone la plus intéressante, et pour onze ans, il préside à la constitution de la Compagnie des marchands de Rouen et de Saint-Malo, dont Champlain assure la mise en place tout en améliorant sensiblement les résultats du commerce des fourrures.

Parallèlement, le gouverneur de fait poursuit ses explorations géographiques, estimant que la colonie doit se fortifier par une maîtrise aussi large que possible de l'espace alentour et ne doit pas se limiter à des installations, forcément fragiles, en bordure du fleuve.

Ayant enfin réussi, grâce à des embarcations conçues sur le modèle de celles des Amérindiens, à franchir, en mai 1613, les réputés infranchissables rapides de Lachine, il procède à une reconnaissance de la rivière des Outaouais, principal affluent du Saint-Laurent et voie de pénétration, à l'ouest, vers les Grands Lacs, au nord, vers la « mer du Nord », c'est-à-dire la baie d'Hudson.

Entre-temps, la marquise de Guercheville s'est fait octroyer à grand bruit par Marie de Médicis une immense concession territoriale, descendant de l'Acadie jusqu'en Floride, et en a délégué l'administration à l'un de ses favoris, René Le Coq de La Saussaye. Jacques Ier fait aussitôt savoir que l'Angleterre revendique le contrôle de la zone jusqu'au 45e degré de latitude septentrionale. Il a en effet en 1606 et 1607 concédé l'exploitation à deux compagnies maritimes de toute la côte du nord-est – englobant donc les postes occupés par les Français en Acadie. Aussi, durant l'été 1613, le tout récent gouverneur de la Virginie ordonne-t-il à Samuel Argall, marin intrépide pour les uns, sans scrupules pour les autres, de chasser les Français de la région. Son nom est passé à la postérité pour avoir, à peu près à la même époque, enlevé Pocahontas, la fille du chef des Powhatans, peuple autochtone de Virginie. L'attaque de Port-Royal constitue le tout premier conflit colonial entre l'Angleterre et la France. Et qui déjà se résout au profit de la première. C'est ainsi que, le 14 juillet 1613, une offensive maritime détruit la mission de Saint-Sauveur, puis une autre, en octobre, fait de même à Sainte-Croix et à Port-Royal. Les faibles protestations du gouvernement français, notamment celles de La Saussaye dépêché à Londres, permettent seulement d'obtenir le rapatriement des prisonniers détenus en Virginie, dont plusieurs prêtres missionnaires.

L'embryon de colonisation de l'Amérique illustre déjà cette différence d'approche de la gestion de l'État entre l'Angleterre et la France. Dans le premier royaume, chaque monarque s'applique à mener une politique qui poursuit la précédente ou qui, à tout le moins, ne la contredit pas. Dans le royaume des lys, au contraire, chaque roi après son avènement cherche à se distinguer de son devancier et à inverser les priorités de la politique royale précédente, quitte, le moment venu, à se la réapproprier, mais après avoir perdu un temps précieux dont ont su profiter les puissances concurrentes. C'est ainsi que, comme aurait pu l'écrire Jacques Bainville, on trouve « dans l'œuf » du 14 juillet (1613) et de ses suites, un condensé du face-à-face colonial entre les deux grandes puissances, la maritime, impitoyable quant à sa volonté de maîtrise exclusive du « grand large », et la continentale, inlassablement hésitante à l'égard de ses intérêts d'outre-mer. La première a fait sienne la devise du poète et explorateur Walter Raleigh : « Qui contrôle la mer, contrôle le commerce. Qui contrôle le commerce, commande le monde. » La seconde ne parvient pas à bâtir une doctrine.

Pour autant, et bien qu'ayant été mis sur la touche au temps de l'irruption de la marquise de Guercheville, Champlain ne désarme pas. L'échec de La Saussaye et des missions mariales sert finalement la cause qu'il défend : une colonisation rationnelle et réaliste.

Avec l'appui du prince Henri de Condé, qui déteste la régente Marie, Champlain reprend en quelque sorte la main au printemps de 1614 et s'engage résolument, avec le titre de lieutenant général, dans la mise en valeur du poste de Québec.

Durant l'année 1615, avec l'aide des Hurons, il explore une vaste zone au-delà de l'île de Montréal, vers le sud-ouest, réalisant ainsi un inventaire géographique relativement complet du bassin des Grands Lacs. En 1618, fort de la consolidation des postes qu'il a créés, des découvertes qu'il a poursuivies et des alliances locales qu'il a nouées, il adresse à Louis XIII un ambitieux mémoire en faveur du développement de la colonie. Alors que la plupart des Français déjà sur place se contenteraient de comptoirs de traite des fourrures, Champlain voit beaucoup plus loin : il envisage l'exploitation à grande échelle de pêcheries, de mines, de forêts, de surfaces agricoles. Il rêve de bâtir, au sommet d'une colline, une cité magnifique, que l'on nommerait Ludovica, qui rappellerait Paris et que défendraient trois cents soldats du roi. Pour que celui-ci puisse bénéficier de l'appui du Saint-Siège, toujours précieux dans une Europe qui peine à solder les conséquences des guerres de Religion, il propose d'évangéliser massivement les populations locales, origine de la formule « en masse » toujours en usage au Québec pour désigner une grande quantité. Lui-même a fait venir, dès 1615, des pères récollets – appartenant à une branche de l'ordre des Franciscains – qui, le 24 juin de cette année-là, ont célébré dans l'île de Montréal la première messe de l'histoire sur le sol canadien.

Mais, comme ses prédécesseurs, Louis XIII, dont l'organisation du pouvoir n'est pas encore parfaitement stabilisée, tarde à réagir aux propositions concernant l'outre-mer. Il nomme toutefois, le 25 février 1620, le duc de Montmorency vice-roi de la Nouvelle-France et, trois mois plus tard, écrit à Champlain combien il est satisfait de ses services. Sans beaucoup de traductions concrètes. Néanmoins, certain de disposer de l'appui royal à long terme, le fondateur de Québec fait alors édifier au sommet de la ville le fort Saint-Louis, qui lui sert également de résidence.

De son côté, l'Acadie change légèrement de statut en septembre 1621 : Jacques Ier Stuart, premier roi d'Écosse (sous le nom de Jacques VI) à être devenu également roi d'Angleterre, concède l'ensemble du territoire à l'un de ses courtisans, William Alexander, qui le rebaptise Nouvelle-Écosse. Alexander vit en bonne entente avec les Français qui continuent d'y pratiquer le commerce des fourrures, accorde aux deux principaux colons, les frères Claude et Charles de La Tour, le titre de baronnet et leur sous-concède une bonne partie de l'exploitation coloniale, créant ainsi une situation originale et insolite : une collaboration de bonne foi entre Britanniques et Français sur un territoire de fait en indivision en raison du désintérêt momentané des puissances nationales.

Les choses changent brutalement en 1625, sous l'incidence de trois événements majeurs pour la Nouvelle-France : le remplacement, en mars, de Montmorency par Henri de Lévis, duc de Ventadour ; l'attention que se met à porter à la colonie le nouvel homme fort du royaume, le cardinal de Richelieu, entré au Conseil du roi en avril 1624 ; enfin l'établissement des Jésuites à Québec. Avec les Anglais de nouveau en embuscade.

DEUXIÈME PARTIE

Grandeurs et misères de la Nouvelle-France

« Où donc était le chef de l'État dont le long règne serait célébré autrement qu'à coups de canon ? »

Peter HANDKE (1987)

1

Des pères, des seigneurs et des Anglais

En 1625, la population de Québec n'atteint toujours pas la centaine de personnes, dont seulement une douzaine de femmes, et l'établissement dépend toujours, pour son approvisionnement général, des populations autochtones comme des navires venant de France. On ne peut encore vraiment parler de colonie.

Malgré sa nomination, Lévis, âgé de 29 ans, grand seigneur francilien, n'entend pas quitter la cour de France. Il confirme donc la lieutenance et confère à son titulaire « plein pouvoir d'étendre l'autorité royale, de pousser l'évangélisation des indigènes, de nommer des officiers, d'établir des cours de justice et de supprimer la contrebande des fourrures ». Dès lors, Champlain ne se prive pas de gouverner le pays sans aucune restriction d'autorité. Mais il ne va pas rester longtemps seul.

Le 15 juin 1626 débarquent à Québec, avec l'agrément de Lévis, les pères jésuites Jean de Brébeuf (qui a donné son nom à l'un des principaux collèges privés de Montréal), Charles Lalemant et Énemond Massé, déjà missionnaire en Acadie quatorze ans plus tôt. Leur triple empreinte va sensiblement marquer l'histoire du Canada français. Les Jésuites s'intéressaient à la Nouvelle-France depuis une dizaine d'années et, notamment dans leur collège de La Flèche, cherchaient à susciter chez leurs élèves le désir de convertir « les sauvages ».

Attributaires d'un domaine sur la rivière de Beauport (aujourd'hui au milieu de la ville de Québec) et accompagnés d'une vingtaine de laïcs, les pères jésuites se mettent à défricher, à bâtir, à prier, à évangéliser et à enseigner avec une ardeur qui confine à l'acharnement. Les *Relations* de leurs activités, qu'ils enverront en France jusqu'en 1672, constituent le meilleur des vecteurs de propagande en faveur de la Nouvelle-France.

Parallèlement, le 29 avril 1627, le cardinal de Richelieu met sur pied la Compagnie des Cent-Associés de la Nouvelle-France. Il entend ainsi donner un tour nouveau, à la fois plus ambitieux et plus rationnel, à la présence française en Amérique. Réunissant cent marchands et aristocrates attirés par les aventures lointaines et, si possible, lucratives, la nouvelle compagnie, qui s'étend « depuis la Floride jusqu'au cercle arctique et depuis l'île de Terre-Neuve jusqu'aux Grands Lacs », bénéficie, comme ses devancières, du monopole de la traite des fourrures, mais dispose de moyens sensiblement plus importants et de la présidence personnelle de Richelieu. Elle doit aussi installer au Canada deux cents à trois cents immigrants par an, tous catholiques.

L'affaire s'annonce prometteuse mais, en juin de cette même année, l'Angleterre déclare la guerre à la France au motif de venir en aide aux huguenots de La Rochelle. Si la flotte du duc de Buckingham échoue dans cette entreprise, en revanche celle de David Kirke réussit à bloquer l'embouchure du Saint-Laurent, à prendre Tadoussac et à contraindre, en juillet 1628, quatre navires de la Compagnie des Cent-Associés, avec à leur bord quatre cents colons, à rebrousser chemin faute d'avoir disposé d'une escorte armée : étonnante négligence.

David Kirke, parfaitement représentatif de ces « aventuriers institutionnels » au service du roi d'Angleterre, né d'un père marchand londonien et d'une mère française huguenote réfugiée, excellent marin et homme de guerre, exige alors de Champlain qu'on lui livre Québec. Devant le refus de celui-ci et dans l'ignorance des forces dont dispose le poste français, il se retire afin de mieux préparer une seconde offensive : priver la colonie de ravitaillement par le blocus du Saint-Laurent, puis aller quérir des renforts en Angleterre. De sorte que, le 20 juillet 1629, Kirke et cent cinquante hommes en armes se rendent maîtres d'un Québec privé de munitions. Presque trois mois après la signature de la paix entre l'Angleterre et la France. Le marin de guerre anglais, se disant enchanté par le site et ses entours, fait observer qu'une colonisation anglaise se révélerait beaucoup plus efficace « par le travail et l'industrie de ses colons ». Humilié, Champlain est envoyé à Londres comme otage de courtoisie, puis, de là, les deux royaumes ne se faisant plus officiellement la guerre, il est autorisé à gagner Paris. Ne reste sur place qu'une vingtaine de personnes, dont Guillaume Couillard et sa famille, ancêtres de Philippe Couillard, Premier ministre du Québec d'avril 2014 à octobre 2018, et la veuve de Louis Hébert, considéré comme le premier agriculteur du Canada, mort en janvier 1627. Mais les ambitions de Kirke sont déçues : le traité de Saint-Germain du 29 mars 1632 restitue la Nouvelle-France et la Nouvelle-Écosse à la France.

Richelieu nomme aussitôt son ami Isaac de Razilly, alors chef d'escadre dans la marine royale, gouverneur de l'Acadie, qui retrouve en même temps son nom français et une certaine prospérité par la relance du commerce des fourrures avec l'Europe.

De son côté, Champlain revient à Québec en mai 1633, pour constater que tout est à refaire. Durant les deux années qui suivent, on reconstruit alors « l'habitation » Saint-Louis, on établit un fort à Trois-Rivières, ainsi nommé car on a cru que les trois chenaux de la rivière de Foix constituaient trois cours d'eau distincts – il s'agit de mieux contrôler la navigation, et les éventuelles incursions, sur le Saint-Laurent –, enfin on renoue l'alliance avec les Algonquins et les Montagnais. Une fois encore, Champlain réclame des hommes d'armes – cent vingt précise-t-il – afin de sécuriser la colonie et, une fois de plus, sa demande reste sans réponse. En octobre 1635, à soixante-huit ans, il est frappé de paralysie et meurt le 25 décembre, sans laisser de descendance. « Au jour de la naissance de Notre Sauveur sur Terre, monsieur de Champlain, notre gouverneur, prit une nouvelle naissance dans le Ciel », lit-on dans les *Relations des jésuites de la Nouvelle-France* qui clôturent l'année.

On l'inhuma dans la petite église de Québec, mais celle-ci ayant été détruite par un incendie en 1640, les restes du fondateur de la Nouvelle-France demeurent probablement perdus à jamais.

Richelieu désigne pour lui succéder Charles Huault de Montmagny, avec le titre de gouverneur général qui n'avait pas été attribué à Champlain du fait de sa trop modeste extraction, mais que porteront désormais tous ses successeurs. Issu d'une famille de la moyenne noblesse francilienne, élevé par les jésuites, chevalier de Malte, il a combattu les barbaresques d'Alger et de Tripoli. En 1632, il est devenu l'un des directeurs de la Compagnie des Cent-Associés. Laquelle se portait mal : alors que ses charges de fonctionnement couraient depuis huit ans, la guerre et le déclin consécutif de la colonie l'avaient privée des revenus sur lesquels son économie se fondait.

Entré en fonctions le 11 juin 1636, Montmagny allait conserver celles-ci pendant plus de douze ans et pouvoir mener une action à long terme. Sa première préoccupation fut d'assurer un peuplement substantiel de la colonie, qui jusqu'ici lui faisait défaut, la mettant sous la menace des Anglais et des Hollandais, bien plus nombreux à tenter l'aventure outre-mer et qui s'étaient beaucoup rapprochés de la Nouvelle-France au cours des dernières années.

En effet, après qu'Henry Hudson eut visité, en 1609, pour le compte de la puissante Compagnie néerlandaise des Indes orientales, le fleuve qui porte aujourd'hui son nom, et qu'en 1614 l'explorateur Adriaen Block eut parcouru le territoire des actuels New Jersey et Massachusetts, Maurice de Nassau, stathouder des Provinces-Unies, avait créé en 1621, sur le modèle de son aînée, la Compagnie néerlandaise des Indes occidentales, chargée à la fois du commerce des fourrures et d'organiser une implantation coloniale. Elle avait ainsi édifié deux postes : Fort Amsterdam (qui deviendra New York) et, un peu plus au nord, Fort Orange (qui deviendra Albany), tous deux sur les bords de l'Hudson. Dans le même temps, quelques Suédois se sont installés dans le Delaware.

De leur côté, les Anglais sont peu à peu remontés de la lointaine Virginie pour s'établir dans le Massachusetts, du nom d'une tribu algonquine avec laquelle ils ont fait alliance. Si on ne parle pas encore de Nouvelle-Angleterre, sa réalité commence néanmoins à se dessiner en filigrane. Le risque d'isolement de la Nouvelle-France – qui souffre d'un double déficit, côtier et démographique – à l'intérieur des terres pointe déjà à l'horizon.

Lors de l'arrivée de Montmagny, le Canada français compte deux cents habitants quand les colons anglais dépassent déjà les 20 000. Mais, à partir de 1635, chaque année voit débarquer un contingent d'une cinquantaine de personnes, essentiellement de Normandie, de Bretagne, d'Anjou et de l'ouest de l'Île-de-France. C'est encore trop peu mais c'est un progrès sensible. En dépit de la règle initialement fixée par Richelieu, une part importante de protestants se mêle aux immigrants, et Montmagny ferme les yeux. Des terres leur sont attribuées par la compagnie sous le contrôle du gouverneur général, système ambigu qui fait du colon un propriétaire partiel, dépendant à la fois du roi, nu-propriétaire du sol, et d'un organisme privé à but purement lucratif. Les concessions de terres portent le nom de « seigneuries », ce qui a parfois suscité des confusions avec le vieux système féodal européen. En vérité, l'octroi de parcelles n'emporte ni anoblissement ni création de droits seigneuriaux. Il génère cependant des impôts : sur le « seigneur » en contrepartie de sa concession, et en faveur du seigneur de la part de ceux qui travaillent sur ses terres.

La toute première concession est attribuée à Robert Giffard, un ancien apothicaire de la région du Perche. En bordure de Québec, elle s'étend sur une lieue de long et une demi-lieue de large (soit une surface d'environ 500 hectares) et sert de modèle aux suivantes qui, toutes, prennent la forme d'un rectangle (on dit alors « carré long ») donnant accès, sur sa largeur, au Saint-Laurent, indispensable voie de communication, et s'enfonçant dans les terres sur sa longueur. En une vingtaine d'années, les concessions vont ensemble occuper soixante-dix kilomètres le long du fleuve, en amont et en aval de Québec : la Nouvelle-France demeure lilliputienne. Au fur et à mesure de l'installation de nouveaux arrivants, les concessions s'étendent, traversant le Saint-Laurent et couvrant l'île d'Orléans au débouché du port de Québec. En même temps, elles se rétrécissent et s'allongent, d'une façon qui ressemble beaucoup à la colonisation des bords du Mississippi en Louisiane un demi-siècle plus tard.

La gestion des terres s'opère selon des règles fixées par la compagnie et approuvées par le gouverneur : le concessionnaire principal en exploite une partie (entre 20 et 50 %) pour son propre compte et sous-concède le reste à des locataires, ce qui l'aide à financer le prix de la concession dû à la compagnie. La main-d'œuvre est assurée par une troisième catégorie de personnes : les « engagés », de fait des salariés agricoles qui, après trois années d'« apprentissage » et d'économies, peuvent à leur tour devenir locataires, voire concessionnaires, et obtenir le titre d'« habitants », ce qui signifie alors davantage cultivateur que résident.

Afin de redresser les finances compromises de la compagnie, Richelieu accepte les propositions de Montmagny : les administrateurs, dont l'intendant général, alors Jean de Lauzon, natif de Rouen et ancien conseiller au parlement de Paris, ne toucheront aucun salaire et se rémunèreront par leurs propres concessions ; les profits, lorsqu'ils apparaîtront, seront mis en réserve, et les dividendes, qui ne seront versés qu'au bout de trois ans, ne seront distribués qu'à hauteur du tiers des profits.

Tandis que la situation économique de la colonie se redresse, les Jésuites continuent leur travail de colonisation spirituelle. Après les pionniers qui entouraient Brébeuf, débarquent trois Français « inspirés » par l'évangélisation du Canada : Jérôme Le Royer de La Dauversière, Pierre Chevrier, baron de Fancamp, et Jean-Jacques Olier.

Le premier, né en 1597 à La Flèche, puis élève de son collège royal, très tôt pénétré de mysticisme, a cherché toutes les occasions de servir l'Église et d'évangéliser son prochain. Il a reçu en songe, en 1635 ou 1636, la mission d'instituer, en l'honneur de saint Joseph, un ordre de religieuses hospitalières dans l'île de Montréal, désertée par les Français après que Jacques Cartier l'eut baptisée.

Pierre Chevrier, également élève du collège de La Flèche, dispose, par sa famille, de biens et de revenus importants, dont ceux de la baronnie de Fancamp en Picardie, qui lui permettent de financer l'achat de l'île de Montréal à Jean de Lauzon qui n'en faisait rien.

Le troisième, né en 1608, disciple et collaborateur de Vincent de Paul, très actif dans les missions rurales, puis fondateur de l'ordre des Sulpiciens, a rencontré le premier lors de son passage à Paris en 1639 à la recherche de soutiens politiques et financiers.

Tous trois se reconnaissant dans les mêmes aspirations, décident d'œuvrer de concert. Le 3 février 1641, « en la cathédrale Notre-Dame de Paris, des nobles dames, des seigneurs et des prêtres, ayant rêvé de fonder une ville du nom de Ville-Marie dans une île du Canada sauvage, assistent à une messe, présidée par M. Jean-Jacques Olier, fondateur des Sulpiciens, afin de mettre leur folle entreprise sous la protection de la Vierge Marie ». Ceux que l'on appelle alors les « Messieurs de Montréal » affrètent en juillet trois vaisseaux embarquant une cinquantaine de colons, dont une certaine Jeanne Mance, trente-six ans, animée du désir de servir Dieu en disciplinant « les sauvages pour leur plus grand bien ». Le commandement de l'expédition a été confié à « un chef de vingt-neuf ans, au nom sonore, Paul de Chomedey, sieur de Neufville, de Bourg-de-Partie, de Saint-Chéron et de Maisonneuve, qui rêvait de brandir à la fois la croix et l'épée ».

On passe l'automne et on hiverne à Québec, où Montmagny s'offusque du titre de « gouverneur de Montréal » dont se targue Maisonneuve sans dépendre de l'autorité de celui de la Nouvelle-France. Préséances, préséances… Le 17 mai 1642, une quarantaine de colons, qu'on appelle à Québec les « Montréalistes », abordent l'île. Le lendemain, la première messe est dite au sommet du Mont-Royal par le père jésuite Barthélemy Vimont, qui voit là « un grand dessein du Ciel » appelé à croître longtemps et à prospérer durablement. Maisonneuve, qui possède une carrure et une force colossales, y abat lui-même le premier arbre, comme on pose ailleurs la première pierre, et, un an plus tard, à la date anniversaire de la prise de possession, plante une croix qu'il a lui-même transportée sur ses épaules. Peu à peu dégradée puis disparue, cette première croix en bois sera remplacée en 1924 par une croix en métal de 31 mètres de hauteur. Depuis lors illuminée et soigneusement entretenue par la ville, elle en constitue l'un des principaux symboles.

Le site occupe une position stratégique, commandant à la fois les vallées du Saint-Laurent et de l'Outaouais, potentiellement aussi celle de la rivière des Iroquois. Il paraît aussi très exposé, cible facile d'un coup de main.

Le temps des grands navigateurs est révolu, celui des explorateurs va se réorienter vers la voie terrestre : celle des bientôt mythiques « coureurs des bois ». Vient alors le temps des porteurs de croix au nom du Dieu des chrétiens, et des militaires au nom de deux rois, de France et d'Angleterre. Sans compter les guerriers, plus ou moins forcés à affronter par les armes certains peuples amérindiens, au premier rang desquels les Iroquois.

2

Faire face aux Iroquois

À partir de 1641, les Iroquois, « redoutables » aux yeux des administrateurs et des militaires, « perfides » à ceux des missionnaires, donnent d'autant plus de « fil à retordre » – c'est l'origine de l'expression venue de ce peuple tisseur de fil de chanvre – que leur hostilité aux colons français ne semble pouvoir se négocier, ni leurs agressions devoir cesser malgré les victoires remportées sur eux.

On se souvient que la première escarmouche avec les Iroquois remontait à l'alliance conclue en 1609 par Champlain avec leurs ennemis, Algonquins et Montagnais. Après sept ans d'échauffourées plutôt que de véritables batailles, une sorte de paix armée s'était instaurée en 1615. Mais, à l'orée de la décennie de 1640, de nouveaux conflits entre différentes nations autochtones prennent un tour beaucoup plus sanglant. On peut en discerner principalement trois causes : les ententes entre certains peuples indigènes et colons, qui exaspèrent, chez d'autres, malentendus et jalousies ; le commerce des fourrures, qui suscite des rivalités économiques imprévues du temps où les Amérindiens n'en faisaient pas d'échanges lucratifs ; enfin la prolifération des armes à feu, introduites en grand nombre par les Hollandais. Commerçants avant tout, ceux-ci achetaient la paix aux Iroquois en flattant et en équipant leurs poussées belliqueuses contre les autres peuples amérindiens.

Dès lors, embuscades, guet-apens et coups de main se multiplient, n'impliquant jamais plus d'une centaine d'hommes à la fois, inaugurant ainsi ce qu'on nommerait plus tard une guérilla, « petite guerre » à laquelle les Français ne sont guère préparés. Armés d'une extraordinaire patience, les guerriers iroquois se révèlent capables de se cacher et de guetter leur proie pendant plusieurs jours, de fondre sur elle au moment propice et de disparaître avant qu'on ait pu réagir. Dans plusieurs de ses romans bien documentés, Fenimore Cooper a décrit avec précision leurs méthodes de combat et leur pratique du scalp (origine du mot), que les Européens découvrent avec ahurissement.

En face d'eux, alliés des Français, les Algonquins et les Hurons, quoique plus nombreux, ne font pas le poids. D'une part le gouverneur Montmagny a jugé sage de ne pas leur distribuer d'armes à feu, d'autre part, bien qu'aussi cruels, ils se révèlent beaucoup moins rusés, agiles et opiniâtres que leurs ennemis.

De 1640 à 1645, les incursions iroquoises s'enhardissent dans la vallée du Saint-Laurent, au point de contraindre les Français à se claquemurer dans trois forts, à Québec, Montréal et Trois-Rivières. Pour cultiver leurs terres, les colons sortent groupés et ne s'aventurent dans leurs champs qu'avec leur mousquet à portée de main. En 1642, Richelieu leur envoie un renfort de quarante soldats, qui permet à Montmagny d'établir un fort à l'embouchure du Saint-Laurent et de la rivière des Iroquois (sur l'emplacement de l'actuelle ville de Sorel-Tracy), que l'on rebaptise Richelieu. Mais la mort du « grand ministre » à la fin de la même année fait craindre une nouvelle phase d'indifférence à l'égard de la Nouvelle-France, d'autant que Louis XIII meurt à son tour, le 14 mai 1643.

Pendant ce temps, les Iroquois ont réorienté leurs raids vers Montréal. Ils exaspèrent tant les colons que le prudent Maisonneuve consent, le 30 mars 1644, à opérer, à la tête d'une trentaine d'hommes, une sortie contre une centaine de guerriers embusqués dans la forêt. Sans grand résultat. Le commerce des fourrures périclitant et les Jésuites ne cessant de réclamer des secours, la régente Anne d'Autriche, démentant les pronostics alarmistes, envoie durant l'été un nouveau contingent de soixante hommes. Ainsi renforcé, Montmagny parvient à conclure, le 20 septembre 1645, une paix qui, quoique dite générale, ne lie qu'une seule des cinq nations iroquoises, celle des Agniers, il est vrai les plus redoutables. Le gouverneur s'est taillé chez eux une réputation de grand chef de guerre et de sage, ce qui lui a valu le surnom d'« Onontio », qui signifie « grande montagne », et dont tous ses successeurs hériteront.

La paix dura à peine un an. Les nations alliées des Français souffraient de divisions internes : si certains Amérindiens voyaient dans la présence des colons et des missionnaires un espoir de survie, d'autres accusaient les Français d'avoir introduit de nouvelles maladies et provoqué des épidémies, d'avoir excédé les Iroquois et suscité leur férocité. Les attaques surprises reprirent de plus belle et une longue série de massacres aboutit à des pertes considérables chez les Hurons, les Ériés et les Neutres. Auprès d'eux, les missionnaires jésuites acceptèrent de se sacrifier pour le salut de leurs âmes, procédant à des baptêmes collectifs à l'approche de l'ennemi puis se laissant abattre ou torturer à mort. Pour leur part, les colons civils déploraient une certaine langueur de Montmagny, alors âgé de soixante-quatre ans : ayant persisté dans son refus d'armer les Amérindiens alliés, il laissa, faute d'hommes en nombre suffisant, le fort Richelieu à l'abandon, que les Iroquois incendièrent au début de 1648. Le 2 mars suivant, Mazarin désigna un nouveau gouverneur, le dynamique Louis d'Ailleboust, âgé de trente-six ans, qui avait déjà suppléé Maisonneuve pendant que celui-ci séjournait en France en 1645 et 1646.

Depuis le 6 mars 1645, la Compagnie des Cent-Associés a cédé, à l'initiative de deux colons désireux d'une plus grande indépendance à l'égard de la métropole, Pierre de Repentigny et Noël des Châtelets, son monopole des fourrures à une société purement canadienne, la Communauté des habitants de la Nouvelle-France. En contrepartie, celle-ci lui verse une redevance annuelle en nature (des peaux de castors), lui reconnaît les droits exclusifs de propriété, de seigneurie et de concession de terres, enfin promet de faire venir au moins vingt colons par an.

Sur le plan militaire, d'Ailleboust met en place un « camp volant », c'est-à-dire une troupe d'une quarantaine d'hommes patrouillant en permanence pour surveiller la navigation entre Québec et Montréal afin notamment de protéger le commerce des fourrures et les Hurons qui s'y livrent.

L'accalmie est encore de courte durée : de l'été de 1648 à l'automne de 1650, les violentes attaques iroquoises contre les bourgades huronnes où se tiennent aussi des missions jésuites – Saint-Ignace, Saint-Michel, Sainte-Marie, Saint-Joseph, Saint-Jean, Saint-Jean-Baptiste – débouchent sur une invasion générale et un massacre des populations huronnes généralement peu combatives : sur les 12 000 survivants à l'offensive iroquoise, 3 000 sont mis à mort ou capturés, 2 000 s'abandonnent à leur vainqueur, les autres s'enfuient et se dispersent dans le plus grand désordre, sous l'œil impuissant des colons de la Nouvelle-France.

Après avoir presque éliminé les Hurons, les Iroquois se tournent tout naturellement contre les Français. Désespérant de recevoir des secours de France, d'Ailleboust se résout à solliciter une alliance avec les colonies anglaises, déjà fortes de 40 000 âmes et qui forment, depuis 1643, les Colonies unies de la Nouvelle-Angleterre – Plymouth, Massachusetts, Connecticut et New Haven – avec Boston pour capitale. On y dépêche alors auprès du gouverneur Joseph Dudley le père jésuite Gabriel Druillettes afin de jeter les bases d'une coopération, dont le projet n'aboutit pas. Ce fut, hormis les trêves futures entre deux conflits, la première – et la dernière – tentative de rapprochement entre l'Angleterre et la France en Amérique du Nord.

La guérilla des Iroquois redoubla contre les postes et les colons français, toujours à coups d'embuscades et d'attaques isolées suivies de fuites rendant l'ennemi insaisissable. La Nouvelle-France vivait dans un état d'anxiété continuelle bien peu propice à son développement et à la possibilité d'attirer de nouvelles populations européennes. On envisagea un temps d'abandonner le site de Montréal, mais Jeanne Mance eut l'idée de renoncer aux fonds récoltés en France pour édifier un hôpital afin de les confier à Maisonneuve pour qu'il se rende en métropole et y lève des troupes de secours.

Après avoir, en juin 1651, affecté tous les hommes valides dans des escouades de garde et de défense, première ébauche d'une milice canadienne – qui rencontrerait, deux siècles et demi plus tard, un grand succès en France sous la forme de garde nationale –, d'Ailleboust quitta ses fonctions en octobre. Lui succéda Jean de Lauzon, installé en Nouvelle-France depuis 1636, grand propriétaire et ami des Jésuites, faisant figure, à soixante-sept ans, de grand seigneur expérimenté. En dépit de l'organisation du Conseil de Québec mis en place du temps de Montmagny et organisant une certaine collégialité du pouvoir, en y associant le supérieur des Jésuites, trois conseillers nommés par le roi et deux représentants des colons, une lettre de Mazarin du 8 mai 1652 conféra à Lauzon un statut de quasi-dictateur. La rumeur courait alors au Louvre que les déboires de la Nouvelle-France, notamment l'insuffisance du commerce des fourrures et la terreur exercée par les Iroquois, résultaient largement de la faiblesse du pouvoir local, dilué par un trop grand nombre d'intervenants.

C'est pourtant au Conseil de Québec que revint la décision, en septembre 1652, de créer le tout premier impôt canadien, un droit assis sur les ventes de peaux de castors aux magasins publics, au taux de 50 % – la plus élevée des TVA jamais imaginée.

L'éprouvante et démoralisante guérilla iroquoise se poursuivit jusqu'à l'été 1653, au cours duquel, coup de théâtre, l'une des cinq nations iroquoises, celle des Onontagués, exaspérée par l'insolence des Agniers, proposa un cessez-le-feu. Les Onneiouts leur emboîtèrent le pas. De leur côté, les Agniers, ayant subi un étonnant revers contre une bande de Hurons survivants qui avaient capturé plusieurs de leurs chefs, incarcérés à Québec, vinrent humblement demander leur libération contre une cessation générale des hostilités. Enfin, grâce à l'argent de Jeanne Mance et à celui récolté auprès de quelques grandes familles françaises, Maisonneuve était revenu d'Europe à la tête de cinq cents recrues, le plus gros contingent jamais débarqué en Nouvelle-France. Après échanges de prisonniers – chefs agniers contre missionnaires torturés – et de présents, la paix fut conclue le 9 novembre 1653. Il était temps : malgré la fiscalité nouvelle, la colonie était au bord de la faillite et un nombre croissant de colons projetaient de se rembarquer pour la France.

Pendant ce temps, profitant des difficultés de la Nouvelle-France et de l'abandon de l'Acadie aux rivalités entre trafiquants de fourrures – qui prirent parfois, entre 1650 et 1653, des allures de petite guerre civile –, l'Angleterre de Cromwell s'empara de nouveau de cette dernière en 1654, au motif de représailles contre des corsaires français : l'expédition dirigée par Robert Sedgwick, commandant en chef pour tout le littoral de la Nouvelle-Angleterre, ne rencontra guère d'opposition, dans la quasi-indifférence de Paris comme de Québec.

Au cours des deux années suivantes, la paix inespérée avec les Iroquois apporta son lot de satisfactions : la vigoureuse reprise du trafic des fourrures sur le Saint-Laurent, l'ouverture de nouvelles seigneuries et l'établissement définitif d'une bonne partie des recrues de Maisonneuve. La situation financière de la Communauté des habitants, lourdement débitrice à l'égard de la Compagnie des Cent-Associés, demeurait cependant fragile.

Tout aussi fragile, la paix n'empêchait nullement que des escarmouches et guet-apens se produisissent encore de-ci de-là. Le plus grave fut l'attaque, en mai 1656, des Hurons de l'île d'Orléans par des Agniers. La paix suscitait en outre des jalousies entre nations iroquoises, certaines d'entre elles, comme les Onontagués, menaçant de reprendre la guerre si la colonie n'établissait pas une habitation sur leur sol.

Fortement soupçonné d'abus de position dominante et de délit d'initié dans le commerce des fourrures, le gouverneur Lauzon dut, en mars 1657, quitter ses fonctions sur ordre de Paris et fut transitoirement remplacé par son prédécesseur, Louis d'Ailleboust.

Le 11 juillet 1658 débarqua à Québec le nouveau gouverneur titulaire, Pierre de Voyer, vicomte d'Argenson, trente-deux ans, célibataire, intelligent, brillant, très pieux, mais méfiant à l'égard des jésuites. Il fut immédiatement interpellé par la reprise des hostilités iroquoises : le lendemain de son arrivée, alors qu'il se disposait à passer à table, il entendit crier « Aux armes ! » et, sans doute heureux d'afficher sans délai sa bravoure, prit la tête d'une troupe de deux cents hommes afin de repousser une attaque surprise contre le centre même du pouvoir français à Québec, le fort Saint-Louis.

Procédant à une inspection complète de la colonie, il en conclut qu'elle manquait surtout de bras : « Il nous faut des travailleurs et non pas des soldats, parce que les habitants de ce pays deviennent bientôt soldats, mais les soldats ne deviennent jamais travailleurs. » Il identifia ensuite sa deuxième faiblesse : la trop grande dépendance à l'égard du commerce des fourrures et son corollaire, l'insuffisance de l'agriculture.

En l'absence de nouvelles attaques des Iroquois, le gouverneur eut à régler deux questions urgentes : le sort de la Communauté des habitants, acculée à une inévitable faillite, et les relations entre pouvoir civil et pouvoir religieux.

Le 18 octobre 1659, il décida de confier désormais la traite et le commerce des fourrures à une société « particulière », c'est-à-dire privée, que constituèrent aussitôt des marchands de Rouen. Son directeur, René Robineau de Bécancour, exerçait parallèlement les fonctions de grand voyer, c'est-à-dire d'officier de la Couronne chargé des routes, des alignements urbains et de l'aménagement des places publiques.

Dans le domaine religieux, le projet de création d'un évêché canadien, évoqué depuis quelques années déjà – la colonie relevait jusque-là de l'archevêché de Rouen –, aboutit le 16 juin 1659 avec l'arrivée à Québec de Mgr François de Laval de Montigny. Ce prélat exprimait une énergie hors du commun : trente-sept ans, œil de braise, front large et tête haute... du concentré de missionnaire. Bénéficiant de l'appui d'Anne d'Autriche et de la parfaite obédience des Jésuites, dont il était membre, il s'imposa rapidement comme deuxième personnage de la Nouvelle-France avec la tentation d'en devenir le premier, pointant déjà une autre faiblesse endémique du Canada français : les rivalités de personnes. Très vite les Jésuites firent grief à d'Argenson de vouloir diriger seul la colonie. Puis des questions de préséance opposèrent le gouverneur et l'évêque.

Malgré ces chicaneries, la paix profitait à la Nouvelle-France, qui accueillit de nouveaux colons et put aussi, sous l'impulsion de l'infatigable Jeanne Mance, engager la construction d'un hôtel-Dieu à Ville-Marie, un nom désormais en concurrence avec celui de Montréal.

Le 15 mai 1660, on apprit à Québec, d'un prisonnier iroquois capturé lors d'une récente échauffourée sans conséquence, qu'une armée de neuf cents hommes se préparait à fondre sur la colonie afin, cette fois, d'en venir à bout. D'Argenson ayant organisé une défense efficace, les premières offensives iroquoises furent partout repoussées. Le 21 mai, au pied des rapides du Long-Sault, sur la rivière des Outaouais, Adam Dollard des Ormeaux, à la tête d'une vingtaine de volontaires assistés d'une cinquantaine de Hurons, défit une colonne iroquoise de cinq cents guerriers. Tué dans l'affrontement mais ayant sauvé la colonie de l'invasion, l'histoire en fit l'un des héros nationaux du Canada.

Le gouverneur estimait alors qu'en doublant seulement le nombre de ses hommes il pourrait mener une contre-offensive décisive et garantir la paix pour longtemps. Mais les Iroquois reprirent prématurément l'offensive et menèrent de février à octobre 1661 la plus sanglante des guérillas. Elle fit une centaine de morts du côté français, quand la colonie ne comptait qu'environ 2 000 habitants. C'est au beau milieu de ce conflit que le gouvernement royal, sensible aux récriminations des Jésuites contre l'autoritarisme de D'Argenson, décida de le démettre.

Son successeur, Pierre Dubois, baron d'Avaugour, avait participé à plusieurs campagnes durant la guerre de Trente Ans sous les ordres de Turenne. Dès son arrivée, il se préoccupa d'accroître les moyens de défense de la colonie et obtint le renfort d'une centaine d'hommes alors qu'il en réclamait le triple. Obstiné, il envoya un rapport à la Cour, insistant sur les remarquables potentialités de l'économie locale, faciles à valoriser dès lors qu'on lui expédierait quelques centaines de travailleurs et de soldats. Son émissaire au Louvre, Pierre Boucher (futur fondateur de Boucherville), plaida l'urgence : malgré les contre-attaques de D'Avaugour, le harcèlement des Iroquois contre le poste de Montréal empêchait ses habitants d'ensemencer convenablement leurs terres, et ceux-ci risquaient de se trouver à bout de nourriture dès le mois de mai 1662.

Louis XIV vit dans le secours au Canada un des éléments d'affirmation de son autorité débutante. Il décida immédiatement, d'abord d'anoblir Pierre Boucher, le premier Canadien français à être ainsi honoré, puis d'envoyer une expédition sous les ordres d'un sieur de Mons chargé d'établir un état des besoins de la colonie. Enfin, il demanda à Colbert de lui proposer un plan d'ensemble pour conforter et développer la Nouvelle-France, avec deux priorités : reprendre en main son administration et assurer son peuplement. Parti en juin 1662 et revenu à l'automne après une sorte de tournée d'inspection, Mons se montra très enthousiaste : il y avait là-bas, dit-il, de quoi faire « un royaume plus grand et plus beau que la France ». De son côté, Pierre Boucher envoya à la Cour un ouvrage de réflexions allant dans le même sens et intitulé *Histoire véritable et naturelle des mœurs et productions du pays de la Nouvelle-France, vulgairement dite le Canada*. Ce document allait servir de référence au gouvernement royal pendant une bonne vingtaine d'années.

Le Canada français, hier au bord de la ruine, pouvait de nouveau espérer en son avenir.

3

Le peuplement selon Louis XIV

L'année 1663 débuta au Canada par des signaux climatiques inquiétants. Après que de mystérieuses stries lumineuses eurent traversé le ciel des premiers jours, effrayant les Amérindiens et intriguant les jésuites, le 5 février en fin d'après-midi, un violent tremblement secoua la terre pendant une demi-heure, faisant craquer les murs et sonner malgré elles les cloches des églises. Les habitants quittèrent les maisons, les malades furent évacués de l'hôpital de Ville-Marie. Puis de nouvelles, régulières mais faibles secousses se produisirent encore jusqu'au mois d'août. L'accident climatique eut cependant cela de bon que les Iroquois, totalement affolés, renoncèrent durant toute la période à harceler les colons.

Pendant ce temps, Colbert engageait la réorganisation de la colonie qui devait à ses yeux ne plus dépendre d'une quelconque compagnie d'économie mixte mais s'intégrer tout simplement dans le domaine royal. Criblée de dettes, affichant un bilan désastreux, la Compagnie des Cent-Associés s'empressa, le 24 février 1663, de remettre au roi tous ses droits de propriété. Elle couvrait alors soixante-neuf seigneuries, dont soixante-deux tenues par des personnes physiques et sept par des institutions religieuses.

Puis ce fut au tour du gouverneur d'Avaugour de devoir se retirer en raison de ses difficiles relations avec les jésuites : Louis XIV ne voulait plus entendre parler de dissensions à l'intérieur de la colonie quand tous les dangers venaient de l'extérieur. Vexé, il laissa en testament une lettre à Colbert dans laquelle il suggérait ni plus ni moins que l'invasion de la Nouvelle-Angleterre et de la Nouvelle-Amsterdam : « J'ose vous proposer un projet pour la conquête des bourgs habités par des Anglais et des Hollandais [...]. Ces gens qui sont tous des hérétiques [...] sont très riches [...]. Si le roi veut prendre leurs villes, il sera maître de la plus belle partie de l'Amérique, où les hivers ne sont pas aussi froids qu'au Canada. » Il précisait ensuite les moyens nécessaires pour assurer la conquête et faisait acte de candidature pour commander l'expédition : « Dix gros vaisseaux de guerre avec 4 000 hommes [...]. Je prendrai les villes de Boston et de Manhattan entre les mois de mai et de juillet, revenant par Orange [Albany], laissant des garnisons en toutes les villes pour tenir les peuples en subjugation. »

Sans doute d'Avaugour avait-il pressenti que la coexistence à terme de trois puissances coloniales, sans compter la Suède, dans un espace relativement restreint sous l'apparence trompeuse de l'immensité continentale, déboucherait inévitablement sur un conflit : autant donc prendre les devants. Son analyse était si juste que l'année suivante les Anglais envahiraient la Nouvelle-Amsterdam et, en 1674, l'incorporeraient à la Nouvelle-Angleterre, dès lors voisine immédiate de la Nouvelle-France. Mais le contexte diplomatique était défavorable à une telle entreprise : Charles II Stuart, rétabli sur le trône en 1660 après l'expérience républicaine de Cromwell, était l'allié et l'ami de Louis XIV ; de surcroît, après la signature du traité des Pyrénées avec l'Espagne, s'offrait à la France une perspective de paix avec ses deux puissants voisins, une situation quasiment inconnue depuis plusieurs siècles.

Le 15 septembre 1663 aborda donc à Québec, avec des instructions très éloignées des rêves de D'Avaugour, Charles-Auguste de Saffray, dit Augustin, sire de Mézy (ou Mésy). Le roi l'avait nommé sur le conseil de Mgr de Laval, avec le souci d'une bonne entente entre l'évêque et le gouverneur. De petite noblesse normande, revenu à la dévotion après une jeunesse réputée dissolue, il était devenu le disciple de Jean de Bernières, un profond dévot qui avait fondé l'ermitage de Caen et professait l'évangélisation des « sauvages » de la Nouvelle-France. Le nouveau gouverneur débarquait avec une centaine de familles, soit environ cinq cents personnes, défrayées pour un an par le Trésor royal avec l'espoir qu'elles fissent souche.

S'appuyant d'abord entièrement sur Mgr de Laval, notamment pour la composition du Conseil – dit désormais « souverain » et remplaçant l'ancien Conseil de Québec –, Mézy prit ensuite ombrage de ce que le prélat le traitait en subalterne.

On assista donc au renouvellement de la rivalité entre évêque et gouverneur, cette fois au net détriment du second, bien moins introduit dans la colonie que le premier. Parallèlement, Colbert changeait de politique coloniale : admiratif de ce que réalisaient les Hollandais, il décida de constituer, sur leur modèle, une Compagnie des Indes occidentales, formée en mai 1664, qui différait néanmoins de celle des Cent-Associés en raison de la détention par le Trésor royal des trois quarts de son capital. Recevant, pour quarante ans, la propriété de toutes les terres françaises des côtes de l'Atlantique, en Amérique comme en Afrique, et le monopole du commerce avec l'Amérique, on lui donnait pour mission de peupler le Canada et d'affecter au besoin à cet objectif les profits tirés de l'économie sucrière en plein essor dans les Antilles françaises, notamment en Guadeloupe et en Martinique, colonisées depuis 1635.

Pleinement conscient de l'effort militaire à fournir pour stabiliser et protéger le territoire, d'abord contre les Iroquois, Colbert lui envoya en juin 1665 le régiment de Carignan-Salières, qui venait de se « couvrir de gloire » dans un conflit contre les Turcs et qui comptait 1 300 hommes. C'était le premier apport militaire vraiment significatif depuis les origines de la colonisation et chargé d'une mission offensive.

Un mois plus tôt, Augustin de Mézy, de plus en plus marginalisé, était mort de maladie et n'avait pas été remplacé, la nouvelle de sa mort n'étant pas parvenue en France.

Commandé par Alexandre de Prouville, seigneur de Tracy, avec le titre de lieutenant général des armées du roi, le régiment, après une malheureuse campagne hivernale, fut rééquipé pour s'adapter au climat et au terrain. Repartant à l'attaque au printemps de 1666, avec cette fois à sa tête Pierre Roch de Saint-Ours (un village de la vallée de la Richelieu porte aujourd'hui son nom), il ne laissa aucune chance aux Iroquois, chez qui il sema la terreur, détruisant toutes leurs habitations et installations, apportant à la Nouvelle-France dix-huit ans de tranquillité. Après quoi, le gouvernement du roi offrit à ses soldats la possibilité de s'installer sur place en leur concédant d'intéressantes parcelles de terre. Un tiers de ces hommes décida de demeurer au Canada ; on estime aujourd'hui qu'environ 10 % des Québécois descendent de l'un d'entre eux, portant les noms de Bessette, Champagne, Coderre, Lapierre, Payette, Péladeau, Séguin, Sylvestre, Vigneault…

Le 2 septembre, débarquèrent ensemble de France Daniel de Rémy, sire de Courcelles, nouveau gouverneur, et Jean Talon, avec le titre d'intendant : en dédoublant la fonction, Colbert escomptait une plus grande efficacité administrative, qui se transforma vite en conflit sur le partage des compétences. Jean Talon, qu'on surnommerait longtemps au Canada le « grand intendant », ayant en charge la justice, la police et les finances, s'affirma indiscutablement comme le principal dirigeant.

Né en 1626 à Châlons-en-Champagne d'une famille de fonctionnaires qui comptait une célébrité en la personne d'Omer Talon, avocat général au parlement de Paris, il suivit des études au collège jésuite de Clermont, à Paris, puis travailla en tant que commis aux écritures auprès de Michel Le Tellier, secrétaire d'État à la Guerre. Intendant de l'armée de Turenne en 1653, il devint deux ans plus tard intendant du Hainaut (aujourd'hui en Belgique wallonne), soit à moins de trente ans, le plus jeune de France. Travailleur rigoureux et inlassable, incontestablement doué pour la chose administrative mais non dépourvu d'imagination, la ressemblance avec Colbert, son modèle et de sept ans son aîné, s'impose aux observateurs. Conservant le même poste pendant dix ans – une rareté à l'époque –, sa réputation d'excellent gestionnaire remonta jusqu'au roi qui le jugea digne d'occuper une fonction d'envergure mais délicate. À cela s'ajoutait, dit-on, l'agrément d'un homme de solide culture et de belles manières, excellent latiniste et versificateur à ses heures. Une de ses lointaines nièces, Zoé, serait la dernière maîtresse platonique de Louis XVIII.

Talon devait s'inspirer des principes mercantilistes commandant alors la politique économique de la France : « Prendre les mesures les plus appropriées pour l'augmentation de la colonie, de façon qu'elle subvînt bientôt à ses besoins et pût fournir certains produits nécessaires à la croissance de l'économie métropolitaine » ; parallèlement veiller à ce que « l'autorité spirituelle » de l'évêque et des Jésuites « soit inférieure à l'autorité temporelle » du roi.

Talon fit d'abord réaliser un recensement, établissant que la population d'origine européenne s'élevait à exactement 3 173 personnes.

Il fit également dresser un état permettant d'évaluer « les richesses industrielles et agricoles de la colonie, la valeur des ressources forestières et minérales, ainsi que le nombre d'animaux domestiques, de seigneuries, d'immeubles publiques et d'églises ».

Son premier objectif visa à augmenter sensiblement la population de la colonie. Or, attirer des Français, peuple plus enclin à « vivre de quelque office protégé que de tenter l'aventure au-delà des mers », selon le mot du théoricien du mercantilisme Antoine de Montchrestien, n'allait pas de soi. Les démobilisés du régiment de Carignan-Salières ayant montré la voie en répondant à une incitation matérielle, Talon demanda à Colbert de procéder de même avec des civils. Le ministre confia donc à la Compagnie des Indes occidentales le soin de recruter et de transporter des volontaires contre une gratification de 100 livres par personne (environ 2 000 euros) ainsi qu'un lopin de terre à mettre en valeur. De 1665 à 1668 parvinrent ainsi au Canada environ 1 500 colons. La majorité des navires partant de Dieppe ou de La Rochelle, la plupart de ces apprentis pionniers venaient de Normandie, d'Île-de-France, de l'Aunis (actuelle Charente-Maritime), du Poitou et de la Saintonge, campagnards pauvres prêts à affronter le grand large pour échapper à leur condition souvent misérable. Mais bien vite Talon se plaignit de l'envoi de vieillards et de garçonnets, impropres au travail, comme de l'insuffisance de jeunes femmes aptes à assurer l'expansion démographique. On décida donc de ne sélectionner que des hommes entre seize et quarante ans et de faire appel à des jeunes filles destinées à les épouser après qu'ils auraient défriché et commencé d'exploiter leur terre.

Ce furent « les filles du roi », dont l'appellation n'apparut qu'une trentaine d'années plus tard, sous la plume de Marguerite Bourgeoys, fondatrice de la congrégation de Notre-Dame de Montréal et souvent considérée comme la première organisatrice de l'enseignement en Nouvelle-France. On estime leur nombre total entre 732 et 961, arrivées de 1665 à 1673. Âgées de quinze à vingt-neuf ans, issues de toutes les couches de la société mais très majoritairement de la bourgeoisie urbaine, surtout parisienne, elles avaient perdu tout lien avec leur famille. Un tiers d'entre elles provenaient de l'hôpital général de la Salpêtrière où elles avaient trouvé refuge pour indigence ou avaient été placées par mesure de sûreté : filles perdues, déclassées, abandonnées, mais non prostituées comme on l'a parfois affirmé à tort. Un certificat de « sage conduite » leur était d'ailleurs délivré. Pupilles du roi, une dot variant de 50 à 200 livres (soit environ de 1 000 à 4 000 euros) était offerte à celles qui, remplissant certains critères de robustesse et de bonne santé, se portaient volontaires pour prendre un époux en Nouvelle-France, où les colons célibataires représentaient 60 % de la population.

Talon instaura des mesures natalistes, telles que – ancêtre des allocations familiales – le versement de primes aux familles nombreuses (comptant plus de dix enfants) et aux mariages précoces (avant l'âge de seize ans pour les femmes et vingt ans pour les hommes). Il infligea parallèlement des pénalités à l'encontre des célibataires prolongés. Sans être spectaculaires, les résultats furent encourageants, la population de la Nouvelle-France atteignant en 1673 près de 7 000 personnes, soit plus d'un doublement depuis l'arrivée de Talon.

Hélas pour sa politique, la paix que l'on avait crue établie en France pour au moins quelque temps, fit long feu. Louis XIV ne cachait pas que sa jeunesse, son ardeur et son souci de gloire lui faisaient « souhaiter un peu plus d'affaires au-dehors ». Profitant du conflit entre l'Angleterre et la Hollande, la France, alliée de la seconde, déclara la guerre à la première en janvier 1666, sans raison véritable. Le conflit ayant rapidement épuisé des belligérants désargentés, surtout les Anglais, la paix conclue à Breda le 31 juillet 1667, grâce à la médiation de la Suède, rendit l'Acadie à la France – Cromwell la lui avait enlevée en 1654. Ce qui ne corrigea pas l'endémique indifférence du royaume des lys à l'égard de cette région : il faudrait attendre encore trois ans pour que lui soit envoyé un nouveau gouverneur, en la personne d'Hector d'Andigné de Grandfontaine, précédemment capitaine d'une compagnie dans le régiment de Carignan-Salières. Accompagné de soixante colons et de trente soldats, il échouerait cependant à asseoir son autorité sur les quatre cents Acadiens qui, depuis longtemps, avaient pris l'habitude de s'administrer eux-mêmes.

Après avoir fait la paix avec l'Angleterre, Louis XIV ambitionnait de prendre des provinces aux Espagnols à la suite de la mort de leur roi Philippe IV et de sa succession par Charles II, un enfant de six ans, rachitique et réputé moribond. Le roi de

France faisait valoir qu'en cas de décès de celui-ci, revenait à son épouse Marie-Thérèse un droit dit de « dévolution » sur les biens de son père. Une analyse juridique que toute l'Europe contestait et qui déboucha sur une nouvelle guerre.

La lettre de Talon à Colbert sur les besoins de la Nouvelle-France afin de défricher ses forêts, d'ouvrir des chemins, de lancer de nouvelles cultures (chanvre, lin, orge, blé), d'importer du bétail et des chevaux, d'édifier de nouveaux villages, d'établir des brasseries et des pêcheries sédentaires... ne tombait donc pas au meilleur moment pour celui qui s'efforçait de contenir l'emballement des dépenses du royaume. Et le ministre, qui ne craignait pas les changements d'orientation, répondit à son intendant, le 20 février 1668, qu'il ne pouvait « entretenir de grandes armées » en même temps que « de grandes colonies ». Il préconisait toutefois une politique d'intégration des indigènes, source de main-d'œuvre et d'expansion démographique, allant jusqu'à lui donner pour objectif final « que par la succession des temps, n'ayant plus qu'une même loi et un même maître, ils ne fassent plus ainsi qu'un même peuple et qu'un même sang ». Si une telle politique avait été appliquée, on ne parlerait plus de problème autochtone dans le Canada d'aujourd'hui...

Talon, renonçant alors à faire venir de France les techniciens dont la colonie avait besoin, lança néanmoins une politique d'industrialisation en s'appuyant sur trois types de ressources locales : l'artisanat domestique, les petites manufactures et l'exploitation du sous-sol car on venait de découvrir du minerai de fer près de Trois-Rivières, ainsi que de cuivre et d'argent en Gaspésie. L'intendant se vanterait ainsi, trois ans plus tard, de « pouvoir se nourrir et s'habiller de la tête aux pieds avec des produits poussés ou manufacturés au pays ».

Pour les mercantilistes, l'autarcie, étape nécessaire, devait ensuite se transformer en capacité d'exporter. Mais quoi et vers qui ? Ce qu'on a appelé le « pacte colonial » – dit aussi « régime de l'exclusif » – constituait un système d'échange imposé par les pays européens à leurs colonies, celles-ci ne pouvant importer que des produits provenant de la métropole tandis qu'elles ne devaient exporter que vers celle-ci. En outre, selon une judicieuse division du travail, la colonie ne devait produire que des biens qui ne fissent pas concurrence aux produits de la métropole.

Grâce au commerce triangulaire entre le Canada, les Antilles et la métropole, Talon put développer l'économie locale tout en respectant ces principes.

Enfin l'intendant regardait au-delà des frontières de la Nouvelle-France : à ses yeux, l'exploration du continent américain demeurait encore très insuffisante et il ne doutait pas que des opportunités nombreuses apparaîtraient à la suite de nouvelles expéditions. Le rêve d'une Amérique française ne cessait de le hanter.

4

Le rêve d'une Amérique française

En avril 1668, Jean Talon demanda son rapatriement afin de venir plaider la cause du Canada directement devant le roi. Il fut alors transitoirement remplacé par Claude de Bouteroue d'Aubigny, auparavant conseiller à la Cour des monnaies et auteur de la première étude connue sur l'histoire de la monnaie dans le royaume de France. Celui-ci laissa comme principale trace de son passage l'édit du 26 juin 1669 interdisant la vente d'eau-de-vie aux Amérindiens, qui en supportaient mal la consommation et se livraient, sous son empire, à toutes sortes d'exactions.

L'intervention de Talon à Versailles, où Louis XIV venait juste de s'installer, fut décisive. Il repartit avec une nouvelle mission d'intendant et des moyens accrus : le traité d'Aix-la-Chapelle du 2 mai 1668 avait mis fin à la guerre de Dévolution au bénéfice de la France, et Colbert, ministre des Finances, de la Marine et des Colonies, de l'Agriculture, des Travaux publics, des Beaux-Arts et du Commerce, revenait à son orientation initiale en faveur d'un vigoureux développement de la Nouvelle-France. On résolut donc d'envoyer des colons en plus grand nombre, ainsi que des capitaux et des savoir-faire pour exploiter le bois abondant des forêts dans le cadre d'un vaste plan de constructions navales… Avec deux missions supplémentaires pour l'intendant : reprendre l'exploration du continent nord-américain, dont de vastes zones demeuraient encore inconnues et où la France pourrait peut-être se tailler un empire ; modérer l'autorité des Jésuites, grâce notamment à la venue de pères récollets.

Revenu dans celle que l'on commençait à appeler « la Belle Province » en août 1670, Talon s'appliqua principalement au développement économique interne de la colonie et à son expansion géographique. Dès le 10 octobre, il écrivait à Louis XIV :

« Depuis mon arrivée, j'ai fait partir des gens de résolution qui promettent de percer plus avant qu'on n'a jamais fait, les uns à l'ouest et au nord-ouest du Canada, les autres au sud-ouest et au sud ; tous ces aventuriers doivent faire des journaux [...] ; en tous lieux ils doivent prendre possession, arborer les armes du roi, et dresser des procès-verbaux pour servir de titres. »

De ces « aventuriers », l'histoire a principalement retenu six noms, dont les trois premiers figurent aujourd'hui au panthéon canadien : Robert Cavelier de La Salle, Louis Jolliet, le père Jacques Marquette, Simon François Daumont de Saint-Lusson, le père Charles Albanel et Paul Denys de Saint-Simon.

De nos jours, à Québec, les statues de Marquette, en soutane et long manteau, et de Jolliet, en soldat conquérant, pistolet à la ceinture, l'un le bras, l'autre le menton tendus vers l'horizon, ornent la façade du parlement provincial ; à Washington, une autre statue de Marquette voisine avec celle d'Abraham Lincoln dans les locaux du Capitole. Cavelier de La Salle, lui, n'a de statue monumentale qu'à Chicago, où elle fut érigée en 1889.

Le 10 novembre 1670, Talon écrivait encore à Colbert : « Ce pays est disposé de telle sorte que par le fleuve on peut remonter partout à la faveur des lacs [...] ouvrant le chemin au nord et au sud [...] qu'on peut espérer de trouver quelque jour l'ouverture du Mexique et que nous avons envoyé, M. de Courcelle et moi, le sieur de La Salle [...] tandis que sur un autre endroit j'ai fait partir le sieur de Saint-Lusson, pour pousser vers l'ouest avec ordre de rechercher soigneusement s'il y a par lacs ou rivières quelque communication avec la mer du Sud qui sépare ce continent de la Chine. »

Les hommes de Talon comptaient de nombreux prédécesseurs, « coureurs des bois » et aventuriers, agissant pour leur propre compte ou encouragés par l'administration coloniale. Plusieurs d'entre eux avaient déjà poussé leurs explorations jusqu'aux Grands Lacs, mais toujours de façon discontinue, sinon anarchique, sans stratégie d'ensemble et, de ce fait, le plus souvent sans lendemain. Désormais l'improvisation et l'exploit solitaire faisaient place à une politique visant à étendre la France américaine jusqu'à – pourquoi pas – une Amérique française.

Robert Cavelier de La Salle, né en 1643, ancien élève des Jésuites en France, était arrivé au Canada en 1666 et s'était installé à Montréal par une concession des Sulpiciens. Animé d'un vif désir d'exploration, il ambitionnait de diriger une expédition empruntant les rivières vers le sud et le sud-ouest afin d'atteindre la « mer Vermeille » (l'océan Pacifique par la Californie), ouvrant ainsi une nouvelle route maritime vers la Chine.

Ayant déjà, de juillet 1669 à août 1670, remonté le Saint-Laurent, avec neuf canots, jusqu'aux lacs Ontario puis Érié, qu'il traversa pour descendre l'Ohio jusqu'aux rapides de Louisville, il était revenu à Montréal à peu près en même temps que Talon arrivait de France. Celui-ci lui proposait aussitôt de repartir et de prolonger encore son exploration. On sait peu de chose de son deuxième voyage, sinon qu'il atteignit en 1671 le pays de l'Illinois mais non le Mississippi.

Saint-Lusson partit de Québec en septembre 1670 et s'aventura jusqu'au fond du lac Supérieur. Ayant réuni là, le 14 juin 1671, des représentants de quatorze nations indiennes, il fit planter une croix et un poteau de cèdre au nom du « grand *onontio* des Français » (roi, gouverneur ou intendant mêlés dans cette unique appellation amérindienne) et prit symboliquement possession des territoires alentour, sans en mesurer la dimension ni en repérer les limites. Enchanté du succès de cette mission, Talon en présenta une relation emphatique à Colbert puis confia à Saint-Lusson une seconde tâche, celle de dresser un pont avec l'Acadie.

Jusqu'ici, le statut de ce territoire demeurait brumeux, entre colonie indépendante possédant son propre gouverneur, mais laissée à elle-même dans une relative indifférence du gouvernement royal, et province annexe de la Nouvelle-France, dont Talon estimait indispensable de clarifier la situation. Il y voyait un intérêt d'autant plus stratégique que le Canada français souffrait d'un enfermement continental derrière la Nouvelle-Angleterre maîtresse du littoral. L'établissement d'une voie terrestre directe vers l'Acadie permettrait donc un désenclavement de la colonie.

Arrivé en août 1670 à Pentagouet, le fort qui tenait lieu de capitale à l'Acadie (aujourd'hui Castine, dans l'État du Maine), Grandfontaine avait, du moins sur le papier, partout rétabli l'autorité du roi de France auprès d'une population qui ne comptait que sept cents à huit cents personnes. En se rendant auprès de lui, Saint-Lusson traversa des établissements anglais qui l'impressionnèrent, d'abord par la qualité de leur tenue et leur relative opulence, profitant de belles plaines bien exploitées, ensuite par l'accueil, plutôt chaleureux, qu'il y reçut. La perte de l'Acadie ne semblait pas peiner les Anglais ; ils manifestaient au contraire la volonté de collaborer efficacement avec les Français et leur reprochaient seulement de se montrer trop méfiants à leur égard. Rapportée à Talon, cette attitude l'engagea à dépêcher Saint-Lusson en France afin qu'il en fît part directement à Colbert. L'intendant projetait de se rendre lui-même en Acadie au printemps de 1672 pour affiner son projet de continuité territoriale avec Québec, en accord avec Grandfontaine qui partageait le même souci que lui : établir une succession de postes, échelonnés à intervalles à peu près réguliers le long des rivières Penobscot et Kennebec, qui formeraient à la fois une voie de circulation et une ligne de contrôle de la Nouvelle-Angleterre permettant de ne pas négocier avec elle en situation de faiblesse.

Vers le nord et la baie d'Hudson, il envoya en août 1671 le père Charles Albanel, jésuite, et Paul Denys de Saint-Simon, un jeune gentilhomme enthousiaste. Ils atteignirent le lac Saint-Jean, puis la baie James en juin 1672. Ayant réussi à rassembler de nombreux Amérindiens, le père Albanel leur prêcha l'Évangile puis planta des croix en plusieurs lieux, arrêtant là les limites du royaume de France. Mais il lui manquait un bateau de tonnage suffisant pour traverse la baie et trouver ce passage du Nord-Ouest qui préoccupait tant l'intendant. Ce serait pour l'année prochaine.

Enfin, la plongée la plus marquante vers le sud fut celle du père Marquette et de Louis Jolliet qui, au printemps de 1673, découvrirent le Mississippi et le descendirent pendant plus de 1 000 kilomètres jusqu'à la hauteur de l'actuelle ville de Memphis. Ils baptisèrent le fleuve « Colbert » : la route du golfe du Mexique par l'intérieur du continent venait d'être trouvée et déboucherait sur la fondation de la Louisiane.

Entre-temps, Talon, à bout de forces et souffrant de divers problèmes de santé, avait, comme Courcelles, demandé son retour en France, qu'il réalisa en novembre 1672. Afin de le récompenser de ses services, le roi l'anoblit en le faisant baron des Islets puis comte d'Orsainville. Il vécut encore une vingtaine d'années et mourut le 23 novembre 1694 à Paris. Lui qui avait tant fait pour peupler la Nouvelle-France en encourageant nuptialité et natalité était demeuré célibataire et n'avait pas eu d'enfants.

Son successeur au Canada, Louis de Buade de Frontenac, né en 1622 au château de Saint-Germain-en-Laye, dont son père, Henri, était alors le gouverneur, avait embrassé le métier des armes et s'était distingué à plusieurs reprises au cours de la guerre de Trente Ans, ce qui lui avait valu le grade de maréchal de camp (équivalent aujourd'hui de général de brigade). Sa famille venait d'Aquitaine. Son grand-père, Antoine, ami personnel et écuyer d'Henri IV, avait négocié le mariage de celui-ci avec Marie de Médicis. Leur nom réapparaîtrait trois siècles plus tard sous la plume de François Mauriac, avec *Le Mystère Frontenac*.

Menant grand train, il avait accumulé les dettes et, plus grave, n'avait pas laissé indifférente Athénaïs de Montespan, dont il fut l'amant avant que Louis XIV ne « prît le siège », comme on disait à l'époque. Est-ce pour cela que le roi saisit l'occasion du remplacement de Talon pour éloigner Frontenac de la capitale ? Nommé le 7 avril 1672, il arriva à Québec en octobre, cumulant dorénavant les fonctions de gouverneur et d'intendant, probablement par simple oubli ou négligence du gouvernement royal : la veille de sa nomination, la France avait déclaré la guerre aux Provinces-Unies, pour des raisons si difficiles à comprendre que les historiens en débattent encore. Ce nouveau conflit européen risquait donc, une fois de plus, de détourner le royaume de sa colonie américaine et d'inciter Colbert, toujours terrorisé par les « grandes et prodigieuses dépenses », à changer encore de cap.

Impulsif et autoritaire, moins rationnel et, surtout, moins attentif aux questions économiques que son prédécesseur, Frontenac partageait néanmoins avec lui l'ambition d'une Nouvelle-France puissante et vaste, aux frontières repoussées aussi loin que possible, sans crainte d'empiéter éventuellement sur des territoires relevant d'autres souverainetés européennes. En outre, il était compréhensif avec la psychologie amérindienne, ce qui engagea certains historiens à établir une comparaison entre lui et Hubert Lyautey : même sens de la grandeur, même goût de la mise en scène, même habileté à jouer à la fois de la démonstration de force et de la rondeur diplomatique. Enfin, la durée tout à fait exceptionnelle – jusqu'en 1682 – de son gouvernement de la Nouvelle-France procurait l'occasion d'une vision à moyen terme, nonobstant les coups d'accordéon donnés depuis Paris, le dernier en date supprimant, le 11 décembre 1674, la Compagnie des Indes occidentales et la remplaçant par une administration fiscale du marché de la fourrure, porteuse de pénuries et de spéculations.

Dès son arrivée, Frontenac décida de faire édifier un fort sur le lac Ontario, à l'embouchure de la rivière Cataracouy (sur l'emplacement de l'actuelle ville de Kingston), fort destiné à afficher sa détermination militaire, aussi bien vis-à-vis des Anglais que des Iroquois. Pendant que d'Artagnan se faisait tuer sous les murailles de Maastricht, la pose de la première pierre, le 12 juillet 1673, donna lieu à une cérémonie propre à marquer les esprits : tambours battant aux champs, troupes défilant en tenue d'apparat, installation d'une tente luxueuse pour abriter monsieur le gouverneur, distribution de cadeaux aux Amérindiens, notamment aux femmes et aux enfants, qui se pressaient en foule, mus par la curiosité et la promesse de ces présents.

Cependant, peu doué pour l'ordinaire administratif, Frontenac se vit adjoindre, en juin 1675, un intendant en la personne de Jacques Duchesneau de La Doussinière et d'Ambault, jusqu'ici général des finances (fonction comparable à celle de trésorier-payeur général) en Touraine et réputé excellent gestionnaire. Mais au lieu de se répartir les tâches, les deux hommes entrèrent en conflit, ce qui perturba durant près de sept ans l'aménagement et le développement de la colonie.

Désœuvré depuis son retour de l'Illinois et séduit par le panache du gouverneur, Cavelier de La Salle vint lui offrir ses services et lui faire miroiter la perspective d'un empire français d'Amérique dont ils seraient les fondateurs. Mais au lieu de l'envoyer sonder les profondeurs du continent, Frontenac le dépêcha d'abord auprès de Louis XIV pour plaider avec conviction la conquête de l'Amérique après que fut signée la paix de Nimègue, le 10 août 1678. L'ambassadeur se montra convaincant. Tout à la joie des conquêtes territoriales qu'il venait de faire sur l'Espagne, notamment l'annexion de la Franche-Comté, le roi de France approuva les ambitions américaines, encourageant la découverte de toute la partie ouest du continent et de la partie sud jusqu'au golfe du Mexique.

Deux nouveaux voyages, en août 1679 à bord d'un navire de haut bord, *Le Griffon,* premier à naviguer sur les grands lacs, puis en décembre 1681, cette fois en canot, furent nécessaires à La Salle pour atteindre enfin l'embouchure du Mississippi et le golfe du Mexique, le 6 avril 1682. Trois jours plus tard, tandis que Louis XIV, sa cour et son gouvernement commençaient de s'installer à Versailles, l'explorateur royal prenait possession de l'immense territoire remontant jusqu'à la Nouvelle-France et lui donnait le nom de Louisiane. Tout le long de sa route, à l'aller puis au retour, il fit établir une suite de fortins censés baliser et protéger les terres conquises.

Revenu à Québec au début de 1683, Cavelier de La Salle y apprit la disgrâce de Frontenac – pour des abus d'autorité qui avaient accumulé les mécontentements –, son remplacement, le 1er mai 1682, par Joseph-Antoine Lefebvre de La Barre, le rappel de Duchesneau six mois plus tard, et son remplacement par Jacques de Meulles. Le premier, ancien intendant d'Auvergne puis gouverneur des Antilles françaises, n'était pas un mauvais choix *a priori.* Mais déjà âgé de soixante ans, et malgré une carrière administrative plutôt réussie, il manquait d'envergure comme de caractère et, surtout, d'ambition pour la Nouvelle-France. Le second, nettement plus jeune puisque né vers 1650, avait surtout pour lui sa parenté avec Colbert, dont il avait épousé la fille du cousin germain de son épouse... Il semble qu'à l'époque cela suffisait pour tisser des liens de solidarité porteurs de carrière.

Pourtant, sans trop se préoccuper de leur présence, Cavelier de La Salle, peut-être légèrement enivré par ses récents succès, fit rapidement voile vers la France afin de proposer à Louis XIV ni plus ni moins que la conquête de la Floride et du Mexique, possessions espagnoles, à partir des comptoirs et des bases qu'on établirait en Louisiane. Ainsi toute l'Amérique du Nord deviendrait française, à l'exception de la Nouvelle-Angleterre qui, coincée entre l'océan et un si vaste empire, ne résisterait pas longtemps à son absorption.

La France étant de nouveau entrée en guerre contre l'Espagne le 23 octobre 1683, Louis XIV encouragea Cavelier de La Salle à préparer cette vaste entreprise, lui donnant le titre de gouverneur de la Louisiane et lui accordant les moyens de lever une flotte de quatre vaisseaux embarquant plus de trois cents personnes : soldats, artisans, commerçants, missionnaires, ainsi qu'une douzaine de femmes et d'enfants. Bientôt, personne ne pouvait plus en douter, toute l'Amérique parlerait français. C'était compter sans la sourde mais pragmatique poussée britannique qu'il convenait d'endiguer sans plus attendre.

5

Endiguer la poussée britannique

La charte octroyée par le roi d'Angleterre Charles II en 1670 à la Compagnie des aventuriers de la baie d'Hudson trouve son origine dans le trafic des fourrures organisé au cours de la précédente décennie par deux colons français, et aussi beaux-frères, Pierre Esprit Radisson et Médard Chouart des Groseillers. Pour eux, l'avenir de la traite se situait, non dans la vallée du Saint-Laurent et les Grands Lacs, mais autour de cette immense baie, où la chasse se révélait plus facile en l'absence de peuples indiens hostiles comme celui des Iroquois et le transport maritime vers l'Europe également plus aisé par le détroit d'Hudson.

La Compagnie de la baie d'Hudson constitue encore l'un des symboles les plus marquants de l'Amérique, tant française qu'anglaise. La plus ancienne personne morale du continent encore en exercice dresse aujourd'hui sa façade de solides briques rouges sur la place centrale la plus commerçante de Montréal, affichant la réussite tranquille d'un centre commercial dont l'Europe adopta finalement le modèle dans la seconde moitié du XXe siècle, et incarne la réconciliation des doubles racines du Canada.

Radisson et des Groseillers, « coureurs des bois » depuis 1659, avaient rapporté à Trois-Rivières une impressionnante quantité de fourrures en provenance des abords du « grand lac salé » (la baie d'Hudson). N'ayant pu sensibiliser l'administration de la Nouvelle-France à l'intérêt de ces ressources, ils se tournèrent vers les autorités anglaises de Boston. Forts de leur appui, ils dirigèrent en 1668 une expédition maritime vers la baie d'Hudson en passant par le nord, achetèrent des terres aux Amérindiens, y construisirent un fort, le fort Charles, et en revinrent avec une importante cargaison de peaux de castors. L'année suivante, ils obtinrent une charte royale officialisant et protégeant leur trafic, créant la Compagnie de la baie d'Hudson, dont Charles II confia la gouvernance à Rupert du Rhin, duc de Cumberland, qui avait contribué au financement des explorations, gouvernance assortie de trois missions : l'exploitation des fourrures, la prospection de minéraux et la recherche du toujours hypothétique passage maritime vers l'ouest. Au cours des nombreux allers-retours qu'ils effectuèrent entre 1670 et 1685, Radisson et des Groseilliers créèrent plusieurs postes et prirent possession de terres au nom de la couronne britannique. Grâce à eux, celle-ci possédait désormais une tête de pont renforçant sa présence en Amérique et susceptible, si elle s'agrandissait, de prendre en tenaille la Nouvelle-France.

Dans le même temps, au sud, le colonel Thomas Dongan, gouverneur de New York, tentait de s'allier avec les Iroquois et de les réexciter contre les Français. Pressentant qu'ils s'apprêtaient à déterrer la hache de guerre, La Barre décida en juillet 1683 de monter une expédition contre eux après en avoir informé Dongan pour qu'il se s'en alarme pas : la France et l'Angleterre étant officiellement alliées, le gouverneur français ne pouvait soupçonner la moindre traîtrise de son vis-à-vis. Or celui-ci s'empressa secrètement d'avertir les Iroquois et de leur communiquer le plan d'attaque français dont on l'avait naïvement instruit. Faute d'une bonne reconnaissance du terrain et d'un ravitaillement approprié des troupes, l'opération fut un échec et les 1 000 hommes envoyés par La Barre durent se retirer des abords du lac Ontario.

À peu près au même moment, le 6 septembre 1683, « l'insubmersible et inoxydable » Colbert mourait d'épuisement à la tâche. Irremplaçable, son vaste portefeuille fut réparti entre plusieurs ministres. Le secrétariat d'État à la Marine et aux Colonies revint à son fils, Jean-Baptiste, marquis de Seignelay, qui assistait déjà son père dans les affaires de marine et qui allait poursuivre la tâche entreprise de doter la France d'une flotte puissante, celle-ci passant de dix-huit vaisseaux en 1670 à cent vingt-cinq en 1690.

Son premier acte d'autorité au Canada fut, en août 1685, le renvoi de La Barre et son remplacement par Jacques-René de Brisay, marquis de Denonville. Selon l'usage maintenant établi de ne pas dissocier le gouverneur de l'intendant, Jacques de Meulles fut remplacé, en juillet 1686, par Jean Bochart de Champigny.

Meulles laissa surtout en souvenir de son passage une tentative originale de résoudre le lancinant problème monétaire de la colonie. Jusque-là, les seuls instruments d'échange étaient les pièces métalliques, d'or, d'argent ou de cuivre, importées de France, provoquant un manque endémique d'espèces et, pour le pallier, le recours au troc, peu compatible avec une économie en expansion. L'intendant conçut alors l'idée – en avance sur l'assignat et le billet de banque – d'instaurer comme monnaie des cartes à jouer, découpées de différentes grandeurs en fonction de leur valeur nominale, revêtues de sa signature et de celle de son trésorier. Ces cartes ne représentaient que des avances et étaient remboursables en monnaie métropolitaine en fonction des arrivages de celle-ci ou bien en traites payables sur le Trésor public. L'expédient fonctionna quelque peu et contribua, momentanément, à assainir l'économie monétaire de la Nouvelle-France (de nos jours, les collectionneurs recherchent passionnément ces cartes chez les antiquaires).

Soldat de carrière, officier de dragons s'étant illustré dans la guerre de Hollande, élevé au rang de maréchal de camp, Denonville avait quarante-six ans en arrivant en Nouvelle-France, où il fut d'abord frappé de l'insuffisante défense de la colonie, en dépit de la militarisation des postes au cours des vingt dernières années et, surtout, de l'état de guerre larvée contre les Anglais en dépit de l'alliance de façade entre Versailles et Saint-James : les côtes d'Acadie subissaient de fréquents actes de piraterie, des négociants anglais s'acharnaient à débaucher les habituels pourvoyeurs de fourrures aux Français et continuaient de fournir des armes à feu aux Iroquois. Denonville réagit sans attendre, d'une part en renforçant le poste de Niagara, considéré comme stratégique aux portes de la Nouvelle-Angleterre dont il constituait une sorte de verrou, d'autre part en solennisant deux actes de possession sur les lacs Érié et Huron. L'année suivante, il envoya une colonne armée d'une centaine d'hommes prendre le contrôle de la baie d'Hudson. Tous les forts anglais furent enlevés, en dépit des véhémentes protestations de ces « alliés » de la France. Encore un an et le projet d'une nouvelle expédition contre les Iroquois visant, cette fois, à les éliminer tous ensemble se heurta au veto de Versailles : on ne procéderait pas au génocide des « sauvages ». Non par humanisme, mais parce que Louis XIV tenait à son alliance avec Jacques II et – une fois n'est pas coutume – misait tout sur l'action diplomatique. En novembre 1686, il signa même un curieux traité de neutralité en Amérique stipulant qu'en cas de guerre européenne la Nouvelle-Angleterre et la Nouvelle-France demeureraient en dehors du conflit. Qui pouvait croire à une telle fiction au regard des événements récents, survenus « en pleine paix » ?

Champigny, fringant gentilhomme de quarante et un ans, avait apporté dans ses bagages un buste en bronze de Louis XIV qu'il fit installer sur la place du marché de Québec afin que les Canadiens pussent connaître le visage de leur lointain souverain. Il orne toujours le centre de ce qui est devenu la place Royale de la ville.

Sa bonne entente avec Denonville favorisa quelque temps l'administration de la colonie. Ainsi créèrent-ils dans chacune des « habitations », comme on disait encore, de Québec, de Trois-Rivières et de Montréal, un bureau des pauvres accordant des aides et proposant du travail en contrepartie de l'interdiction de la mendicité.

En novembre 1688, la conjoncture internationale se retourna radicalement avec le changement de pouvoir en Angleterre : ce que l'on a appelé la « Glorieuse Révolution » anglaise chassa de son trône le roi catholique Jacques II Stuart, allié de Louis XIV, et le remplaça par le Hollandais et protestant Guillaume d'Orange, proclamé roi par un comité de parlementaires sous le nom de Guillaume III, fondamentalement hostile à la France. Au moins les choses devenaient-elles claires : les Anglais allaient très probablement aider ouvertement les Iroquois, et la Nouvelle-France, en face d'un ennemi qui n'avait plus à se camoufler, pourrait saisir l'opportunité de porter directement la guerre dans les territoires de la côte atlantique. L'histoire retint à tort le nom de première guerre intercoloniale : c'était oublier la prise de Québec en 1629.

Tout se ramenait à une question de rapport de forces. Persuadé que là résidait la meilleure stratégie, Louis Hector de Callières, gouverneur de Montréal et « faucon », proposa à Denonville et à Champigny, qui l'approuvèrent, un plan d'attaque combiné, par terre et par mer, contre Albany et New York. Selon lui, deux vaisseaux et 2 000 hommes suffiraient à assurer le plein succès de l'opération. On hésita. Puis, en août 1689, une offensive surprise de 1 500 Iroquois contre Montréal troubla les esprits ; elle fut repoussée mais demeura dans l'histoire de la colonie sous le nom de « massacre de Lachine ». On prit peur. Denonville et Champigny troquèrent leurs ambitions initiales contre une petite parade navale le long des côtes d'Acadie, qui n'impressionna guère les Anglais. Denonville fut rappelé en France, mais Champigny maintenu à Québec.

Seignelay manquant de candidats et s'inquiétant du renforcement continuel de la Nouvelle-Angleterre, proposa à Frontenac de reprendre ses anciennes fonctions, à soixante-sept ans, l'inscrivant dans la longue liste des hommes providentiels rappelés après avoir été rejetés.

En même temps que ses anciennes fonctions, Frontenac reprit le projet d'attaquer Albany et New York. L'Angleterre et la France étaient alors officiellement en guerre, Guillaume III ayant prétexté, pour la déclarer à Louis XIV, l'aide apportée par celui-ci à Jacques II qui fomentait alors une rébellion afin de reconquérir son trône.

Frontenac n'entendait pas seulement venger les vingt-quatre victimes de Lachine, pour la plupart tuées par des fusils anglais, et redonner ainsi du cœur au ventre aux colons et soldats français, mais bien conquérir le nord de la Nouvelle-Angleterre, l'annexer et, suivant les instructions mêmes de Louis XIV, n'y « souffrir que des sujets catholiques reconnaissant la souveraineté du roi de France ».

Mais la réalité du terrain démentit rapidement les rodomontades de la Cour. Non seulement Frontenac ne reçut pas les renforts nécessaires, mais la colonie dut avant tout se défendre contre de nouvelles incursions iroquoises pilotées par les Anglais. On épaissit les fortifications de Québec et de Montréal. Et, comme compensation de sa déception à l'égard de la métropole, Frontenac fit transformer le vieux fort Saint-Louis de Champlain en confortable et imposant château, enfin digne d'héberger un gouverneur. Les travaux durèrent jusqu'en 1700. Tous les successeurs de Frontenac, y compris britanniques, résideraient au château Saint-Louis de Québec jusqu'en 1834, où un incendie détruisit le bâtiment et contraignit à le raser.

La métropole envoya enfin de nouvelles troupes et en confia la direction générale à Philippe de Rigaud de Vaudreuil, jusqu'ici à la tête des seules – et bien maigres – troupes de marine. La Nouvelle-France disposait alors d'une armée régulière de 1 400 hommes appuyée par quelques centaines de miliciens et autant d'Amérindiens enrôlés plus ou moins sous la contrainte. Des forces suffisantes pour lancer, au début de 1690, trois séries d'offensives : contre un fort au nord d'Albany, puis contre deux villages et un fort au nord de Boston. Attaques organisées en s'inspirant des méthodes amérindiennes, jouant de la surprise, incendiant maisons et granges, ramenant des prisonniers civils dont on faisait des otages. Méthode peu glorieuse et en contradiction avec le panache des armes françaises dont on aimait se flatter à Versailles, mais surtout inefficace : ne permettant aucun gain de terrain et, surtout, suscitant une violente rancœur de l'ennemi, que l'on avait ainsi déterminé à se lancer dans une vigoureuse contre-attaque.

Les deux offensives prévues par William Phips, gouverneur du Massachusetts, en octobre 1690, échouèrent l'une et l'autre : la terrestre, à partir du lac Champlain vers la vallée du Saint-Laurent, par défaut d'intendance, épuisement des troupes et épidémie de variole ; la maritime, alignant trente-quatre voiles pour 2 300 combattants, ne put résister au feu des canons de Québec et dut rebrousser chemin après huit jours de siège fluvial. Les Anglais avaient perdu six cents des leurs, contre seulement six morts derrière les défenses de Québec. La ville édifia, sur les ruines de l'habitation de Champlain, une petite église consacrée à Notre-Dame-de-la-Victoire, depuis lors rebaptisée au pluriel. Dans l'euphorie du succès, Frontenac ne reçut pas les renforts réclamés pour éliminer définitivement les colonies anglaises mais, en consolation, une médaille commémorative « à Québec libéré ».

Après quoi, Anglais comme Français, qui avaient épuisé les ressources des deux colonies, s'abstinrent d'attaques massives. Tandis qu'à Versailles, Seignelay, mort d'un cancer généralisé à l'âge de trente-neuf ans, le 3 novembre 1690, était remplacé par Louis Phélypeaux, comte de Pontchartrain, plus intéressé semble-t-il par la Compagnie des Indes orientales, qu'il présidait, que par la froide Amérique du Nord.

Les colons anglais, toujours animés du souci d'occuper une position dominante, sinon exclusive, dans le commerce des fourrures, de plus en plus lucratif tant sa mode ne cessait de se développer en Europe, reprirent leur guérilla par Iroquois interposés. L'une de leurs incursions le long de la rivière Richelieu dota l'histoire du Canada français de l'une de ses héroïnes, Madeleine de Verchères. Ce jour-là, 22 octobre 1692, alors que ses parents étaient absents, la jeune fille âgée de quatorze ans, apercevant une bande d'Iroquois qui se faufilaient dans les champs, courut chercher des fusils, qu'elle distribua à deux domestiques, à trois filles de ferme et à ses deux frères, âgés de douze et dix ans. Se coiffant d'un chapeau d'homme et s'abritant derrière une palissade, elle fit continuellement bouger ses compagnons de façon que les assaillants se crussent confrontés à une véritable troupe. Dès lors, se contentant d'en faire le siège, ils furent mis en fuite trois jours plus tard par l'arrivée de vrais soldats.

De son côté, au printemps de 1693, Phips rassembla une petite armada forte de 3 000 hommes et de quatorze navires. Mais il dut renoncer à toute attaque, la majorité des marins et des soldats étant morts d'épidémies diverses durant la traversée.

Dans le même temps, Frontenac recevait enfin de France les secours demandés, notamment en matériel et en soldats – près de 500 en deux convois –, et les affectait aussitôt à une lutte d'envergure contre les Iroquois qui recevaient de plus en plus d'armement des Anglais de New York. En juillet 1696, une armée de 2 000 hommes, encore commandée par Vaudreuil, porta des coups décisifs aux nations iroquoises, repoussées au sud du lac Supérieur, ce qui valut à Frontenac la croix de l'ordre de Saint-Louis, l'une des deux plus prestigieuses décorations d'Ancien Régime, avec celle du Saint-Esprit.

Entre-temps, les Anglais s'étaient de nouveau rendus maîtres de la baie d'Hudson, mais Pontchartrain, qui tournait maintenant aussi ses yeux vers l'Atlantique, décida de les en déloger. Pour cela, il envoya une escadre de cinq navires, commandée par Pierre Le Moyne d'Iberville, marin français né à Montréal en 1661, parfaitement représentatif de ces colons de la deuxième génération dont le Canada était la terre maternelle et qui n'envisageaient plus de le quitter. Placé à la tête de l'escadre, il rendit en juillet 1697 tout le littoral de la baie d'Hudson à la Nouvelle-France. De façon parfaitement inutile : le traité de Ryswick du 20 septembre rétablissait dans ses clauses relatives aux colonies le *statu quo ante* de 1689, confirmant la possession de la baie d'Hudson par la France. Une paix qui durerait moins de cinq ans mais sous laquelle, le 18 novembre 1698, mourrait, après une forte aggravation de ses crises d'asthme, le comte Louis de Frontenac. Il repose depuis dans l'église des récollets de Québec.

6

Cinq années (presque) pacifiques

À quoi ressemblent-elles, la Nouvelle-France et la Nouvelle-Angleterre, à l'orée de ce siècle dont on devine qu'il va servir de cadre à l'exacerbation de leur rivalité ?

D'abord à des régions en voie d'apaisement. Après plus de deux années d'accalmie, la crainte des raids iroquois s'est estompée, le candide mais ingénieux héroïsme de Madeleine de Verchères est devenu légende, redonnant du cœur à l'ouvrage au cultivateur penché sur une terre encore plus basse qu'ailleurs ; on ne craint plus d'aller loin dans les champs, même si l'on emporte encore un fusil avec soi.

Frontenac disparu, le gouvernement royal a fait le choix de la continuité en nommant à sa place Louis Hector de Callières, jusqu'ici gouverneur de Montréal et partisan de la manière forte contre les ennemis de la colonie. C'est pourtant lui qui, en 1699, engage des négociations avec les Iroquois et les autres nations amérindiennes en vue de parvenir à une paix générale garantie de façon multilatérale. Ce qui est une innovation à l'époque. Son frère, François, bien qu'on ignore la nature de ses relations avec son aîné de trois ans (l'un est né en 1645, l'autre en 1648), membre de l'Académie française, possède la réputation d'être un fin diplomate : après de nombreuses missions en Europe, il fut l'un des trois plénipotentiaires désignés par Louis XIV pour conclure le traité de Ryswick. Il est probable que Louis Hector a pris conseil de lui avant de convoquer les chefs qu'une quarantaine de nations amérindiennes, qui jamais n'avaient eu l'occasion de se regrouper ainsi et de constituer un véritable congrès des nations indigènes. Ils mirent presque deux ans pour arriver à Montréal, après de nombreuses et répétées sollicitations bilatérales. Jusqu'en 1992, les historiens attachèrent peu d'importance à ce qui fut ensuite considéré comme l'un des tournants de l'histoire du Canada.

Ce n'était pas rien, en effet, de rassembler en un seul lieu, tenu par des colons, 1 300 ambassadeurs venant de régions parfois très éloignées, s'étendant de l'Acadie aux grandes prairies et de la baie d'Hudson jusqu'au Missouri, parlant une trentaine de langues plus ou moins voisines, se comprenant parfois, parfois non ou feignant de ne pas le pouvoir. Ce n'était pas rien non plus de circuler dans le labyrinthe des alliances et des inimitiés, dans certains cas éphémères, dans d'autres de longue durée, de devoir faire usage de psychologie dans un temps où cette notion n'existait quasiment pas, d'éviter les impairs et les contresens en face de personnes dont les méfiances et les susceptibilités n'étaient guère aisées à mesurer. Bref, on parvint à un accord global, dans la nuit du 4 août... 1701, après quatorze jours de discussions. Accord essentiel car garantissant la neutralité des nations iroquoises en cas de conflit avec l'Angleterre, que Callières estimait inéluctable. Accord d'autant plus miraculeux qu'il allait tenir bien plus longtemps que les trêves précédentes – jusqu'en 1754 – et qu'il ne serait pas remis en cause, sauf à la marge et de façon sporadique, en dépit des nouvelles tentatives anglaises de remonter les Iroquois contre les Français.

Eux-mêmes confrontés à des peuples amérindiens tout aussi réticents à leur égard, mais moins nombreux, moins organisés et moins vindicatifs que les Iroquois, les colons anglais avaient signé des traités de paix, notamment celui conclu en avril précédent par William Penn, gouverneur de la Pennsylvanie : inspiré par les puritains, moins prosélytes que les catholiques et plus respectueux des croyances ancestrales locales, il tentait de mettre plusieurs peuples amérindiens à l'abri de l'impérialisme iroquois.

Ensuite, ce qui frappe l'observateur des deux colonies est leur contraste croisé : la Nouvelle-France, immense mais déserte, la Nouvelle-Angleterre, étroite mais très peuplée. À la première l'espace, à la seconde le nombre.

La première s'est beaucoup agrandie en trois ans.

Mandaté par Pontchartrain immédiatement après la signature du traité de Ryswick, d'Iberville, parti de Brest en octobre 1698, avait contourné les côtes de Floride jusqu'à l'embouchure du Mississippi que Cavelier de La Salle avait atteinte en descendant le fleuve. Débarquant à Biloxi, où il fit édifier le fort Maurepas, il avait ensuite consacré cinq semaines à explorer la région et découvert le lac qu'il avait logiquement baptisé « Pontchartrain ». Revenu en France, on l'avait nommé gouverneur de la Louisiane, vers laquelle il avait accompli encore trois voyages entre janvier 1700 et juin 1702, établissant plusieurs forts et étendant vers l'ouest et le nord le territoire de la colonie. De sorte qu'au début du XVIIIe siècle, celle-ci s'étendait du détroit d'Hudson au golfe du Mexique et de Terre-Neuve jusqu'au Missouri, couvrant environ 8 millions de kilomètres carrés, soit seize fois la France européenne. Mais comptant moins de 20 000 habitants originaires du Vieux Continent, dont 15 000 vivaient dans la vallée du Saint-Laurent, exploitant à peine plus de 2 % du territoire. La plupart s'étaient établis à Montréal, Trois-Rivières et Québec, mais aussi dans des fermes dont l'implantation entre les trois villes formait une suite presque ininterrompue d'établissements.

Les onze colonies de la Nouvelle-Angleterre de l'époque – Virginie, Massachusetts, New Hampshire, Maryland, Connecticut, Rhode Island, Delaware, Caroline, New Jersey, New York et Pennsylvanie – s'étendaient pour leur part sur moins de 600 000 kilomètres carrés, mais comptaient près de 300 000 habitants et, surtout, bénéficiaient d'une longue façade côtière sur l'Atlantique, de près de 1 500 kilomètres, facilitant grandement les échanges avec l'Europe depuis les ports de Boston, New Haven et New York. Leur économie était beaucoup plus florissante que celle des régions intérieures car moins dépendante du commerce des fourrures, profitant pour son agriculture d'un climat plus doux, ayant réussi à se diversifier grâce à l'immigration de nombreux corps de métier, enfin s'appuyant sur des établissements d'enseignement – collège Harvard fondé à Boston dès 1636, Yale à New Haven en 1701 – beaucoup plus ouverts aux sciences et aux techniques que les établissements catholiques français souffrant encore du poids de la Contre-Réforme.

Le sous-peuplement du Canada résultait de plusieurs facteurs qui ont déjà été largement analysés. On l'a principalement imputé à la forte sédentarité des Français de l'Ancien Régime, que n'a pas permis de compenser une natalité pourtant très dynamique et qui le demeurerait longtemps. Au Québec, on aime à rappeler souvent que 10 000 pionniers, arrivés entre 1600 et 1700, auront été à l'origine de plus de 6 millions de francophones à ce jour, dont beaucoup se passionnent pour la recherche de leurs ancêtres.

Viscéralement attaché à sa terre, dont il était souvent propriétaire, en dépit du système des « seigneuries » et à la différence du paysan anglais, le paysan français répugnait à se déplacer, hormis sur de courtes distances – pour trouver femme, acheter du bétail et des outils, vendre ses productions.

En second lieu, le Canada pâtit longtemps d'une mauvaise réputation, totalement inverse de celle dont on le crédite de nos jours : l'opinion publique l'associait aux difficultés de la traversée – et on sait que les Français ne sont pas des mordus de la mer –, aux hivers longs et rigoureux dont ceux qui revenaient au pays dressaient des tableaux apocalyptiques, aux nuées de moustiques estivaux, à l'isolement et à l'ennui, enfin au danger iroquois. On jugeait aussi le pays moins évolué au plan des sciences que les contrées européennes ; bien à tort : au printemps de 1700, à Montréal, le chirurgien Michel Sarrazin procédait avec succès à l'ablation du sein cancéreux d'une religieuse, Marie Barbier. Une première mondiale, comparable à la première greffe du cœur opérée en 1967 par un médecin non pas d'Europe ou d'Amérique du Nord, mais d'Afrique du Sud, Christiaan Barnard…

En face, la riche économie sucrière, bananière et cafetière des Antilles, associée aux agréments du climat, attirait bien davantage les candidats au départ, qui furent près de 150 000 au cours du XVIIe siècle.

De surcroît, l'émigration française ne put se nourrir des persécutions religieuses, grande affaire des royaumes chrétiens, puisque, dès 1627, Richelieu avait interdit l'établissement de protestants ou de personnes ne professant pas la religion catholique romaine : le gouvernement royal craignait que la proximité des colons britanniques ne fît triompher la solidarité confessionnelle sur la solidarité nationale, devenue peu séduisante pour des proscrits. Et cette mesure fut maintenue tout le temps que dura la Nouvelle-France. Une décision d'autant plus dommageable que, sous le règne d'Henri IV, de nombreux protestants saintongeais avaient commencé d'apporter leur industrie au Canada naissant, et dans un esprit œcuménique qui ne portait nul ombrage aux perspectives de peuplement catholique. Ce qui fit dire en 1967 à Daniel Johnson, alors Premier ministre du Québec : « Ah !

Si Richelieu et Louis XIV avaient laissé les protestants français s'installer au Nouveau Monde, les premiers hommes sur la Lune auraient parlé français et non anglais. » Cinq cent mille protestants avaient en effet dû quitter leur pays sans avoir le droit de s'installer au Canada.

L'action de l'État s'était donc révélée nécessaire pour compenser ces faiblesses mais avait manqué de continuité, faute de moyens financiers suffisants, le Trésor royal n'étant que trop sollicité par les guerres en Europe, et faute d'une politique économique lisible qui aurait pu encourager les jeunes entrepreneurs : au lieu de cela, la formation puis la suppression de monopoles, de compagnies de commerce, d'agréments en tous sens, la multiplication de réglementations changeantes et de tracasseries administratives sur fond de corruption et de favoritisme dissuadèrent bien des bonnes volontés. D'autant que, contrairement à une idée longtemps reçue, les migrants se recrutaient beaucoup moins dans les populations rurales traditionnelles mais pauvres, que dans les secteurs les plus dynamiques de l'économie métropolitaine, les plus mobiles et les plus ouverts sur l'extérieur, comptant entre 40 et 60 % de citadins. Un flux qui se tarit après la disparition de Colbert.

Enfin, la grande majorité des migrants étant des hommes plutôt que des familles, l'absence de femmes constituait un facteur dissuasif supplémentaire, que ne parvint à compenser suffisamment, ni surtout assez longtemps, le mouvement des « filles du roi », favorisant au contraire une émigration temporaire : on estime que, durant ce même siècle, deux tiers des hommes de la colonie laurentienne retournèrent finalement en métropole. Visionnaire tardif mais instructif, Vauban, qui plaidait pour « l'accroissement ou plutôt la réhabilitation du Canada », écrivait en 1700 dans *Les Oisivetés* : « Il est sûr qu'au lieu de 13 000 à 14 000 âmes qu'il y a présentement dans le Canada, trente ans après, c'est-à-dire vers l'an 1730, il y en pourrait avoir 100 000, que si nous supposons tout ce monde-là marié, et le renouvellement des générations se faire de trente en trente ans, donnant seulement quatre enfants à chaque mariage, il se pourrait très bien sans miracle que deux cent quarante ans après, c'est-à-dire vers l'an 1970, il se trouverait plus de monde au Canada qu'il n'y en a jamais eu dans toutes les Gaules. » Les 100 000 arrivèrent effectivement, mais en Nouvelle-Angleterre…

Au surplus, la Nouvelle-France ne profita pas autant de ces cinq années de paix qu'elle aurait dû.

Une fois encore, la mésentente s'instaura entre gouverneur et intendant : Champigny n'avait pas caché qu'il aurait préféré avoir Vaudreuil comme gouverneur plutôt que Callières, et il avait même tenté d'empêcher sa nomination grâce à ses relations versaillaises. Ce dernier lui en tenait rancune et cherchait à s'en débarrasser après que de mesquines accusations réciproques de trafic de denrées et de polémiques administratives les eurent encore éloignés. Champigny obtint son propre rappel en juin 1701, mais en recevant l'ordre de demeurer encore à son poste durant quinze mois.

Le développement de la colonie était parallèlement troublé par l'affaire de la traite illicite des pelleteries.

Depuis la disparition de la Compagnie des Indes occidentales, le commerce des fourrures dépendait de l'administration royale, dite de la ferme du domaine d'Occident, selon un mécanisme artificiel refusant la loi du marché : la ferme fixait le prix des peaux et devait acheter, au même montant, toutes les fourrures qu'on lui présentait. Ce qui provoqua une nouvelle alternance d'excédents – le marché métropolitain se trouvant alors saturé – et de pénuries si le prix baissait trop, avec pour corollaires braconnage et marché noir. De sorte que les commerçants canadiens décidèrent de prendre leurs affaires en main, formant le 15 octobre 1700 une nouvelle compagnie par actions, dite du Canada ou de la Colonie, afin de racheter le monopole de la traite. Elle fut elle-même bien vite confrontée à des difficultés financières.

Parallèlement, depuis 1697, un édit royal ordonnait le retour des « coureurs des bois » pour se faire enregistrer : quarante-huit avaient obéi mais une bonne centaine demeuraient dans la nature et vendaient dorénavant en Louisiane une grande partie de leur chasse. Allant à l'encontre de la politique précédente, un édit royal de mai 1701 les amnistia au motif qu'il fallait peupler la Louisiane. Cette mesure de clémence relança le braconnage, de sorte qu'un nouvel édit, du 6 mai 1702, les condamnait… à la peine de mort. Sans grand résultat car le nouvel intendant, arrivé en août, François de Beauharnais (ou Beauharnois) de La Chaussaye – grand-oncle par alliance de Joséphine, future épouse Bonaparte –, était d'avis de « laisser faire et laisser passer ». Libéral avant l'heure, il s'attacha à assainir les finances de la colonie, structurellement déficitaires, et à diversifier son économie – on le surnomma « le petit Talon » – en encourageant les productions de bois, qui demeuraient très inférieures au potentiel du pays, les cultures du blé et du chanvre, ainsi que le redéploiement des pêcheries.

La paix de cinq ans fut enfin marquée par l'aventure individuelle d'Antoine de Lamothe-Cadillac. Arrivé en Acadie en 1683, alors âgé de vingt-cinq ans, il avait quitté la France pour échapper à des créanciers ou à la police et changé d'identité (il s'appelait auparavant Antoine Laumet) comme alors nombre de ses congénères. Son histoire, qui inspira plusieurs biographes, constitue l'une des plus belles illustrations du rêve américain incarné par un Français à l'époque classique. Après avoir obtenu des concessions de seigneurie puis de traite des fourrures, Cadillac se fit notaire, explorateur, officier de marine, cartographe. Ayant réussi à se faire nommer commandant en chef de tous les postes du « Pays-d'en-Haut », c'est-à-dire de la région des Grands Lacs, il revint en France en 1699 afin de persuader Pontchartrain de la nécessité de s'implanter plus solidement dans cette région et, pour cela, de créer un nouveau et puissant poste. Le ministre approuva son initiative et, le 26 juillet 1701, Cadillac inaugura le fort Pontchartrain, ainsi que la paroisse Sainte-Anne, sur la rive nord de la rivière Sainte-Claire, entre les lacs Huron et Érié, qu'il avait prise pour un détroit, d'où le nom qu'a conservé le lieu jusqu'à nos jours.

Dans le courant du mois de mai 1702, arrivèrent concomitamment en Nouvelle-France et en Nouvelle-Angleterre les dépêches annonçant la reprise de la guerre en Europe.

7

Le Canada dans la première guerre mondiale

Cela faisait près de trente-cinq ans que l'Europe entière retenait son souffle en guettant la mort prochaine de Charles II, le dernier Habsbourg roi d'Espagne. Monté sur le trône en 1665, déjà malingre, maladif et handicapé, fruit d'un abus de mariages consanguins, surnommé *El Hechizado* (« l'Ensorcelé »), il avait miraculeusement survécu malgré tous les pronostics mais n'avait pu avoir d'enfants. L'immense héritage de l'Empire espagnol passerait donc en mains étrangères, chez l'un des princes des autres familles souveraines qui avaient de longue date entrecroisé leurs arbres généalogiques, dont, au premier rang, la maison de Bourbon. Après de longues et nombreuses tergiversations, dont s'étaient mêlées toutes les chancelleries et aussi le Saint-Siège, Charles II avait enfin rendu, sinon l'âme, du moins son testament, le 2 octobre 1700 : il exigeait que la totalité des territoires espagnols échappassent au démembrement et reconnaissait pour successeur Philippe, duc d'Anjou, deuxième petit-fils de Louis XIV et de Marie-Thérèse, arrière-petit-fils de Philippe IV d'Espagne, dit le « Roi-Planète ». À Versailles, on hésita d'abord à accepter le testament : l'Angleterre, l'Autriche, les Provinces-Unies ne supporteraient pas que la France disposât ainsi d'une puissance écrasante, et un traité de partage de l'Empire espagnol permettrait de préserver la paix ; mais, d'un autre côté, outre que la paix n'était jamais sûre dans un temps où les rois se déclaraient la guerre aussi facilement que les gentilshommes gascons tiraient leur épée, l'occasion était trop belle d'allier solidement les deux plus grandes puissances traditionnelles de la chrétienté. Louis XIV, Mme de Maintenon et les princes tranchèrent donc en faveur de l'acceptation du testament. Charles II mourut le 2 novembre et Philippe d'Anjou devint Philippe V, roi d'Espagne.

Après dix-huit mois d'incertitudes, marquées notamment par les « provocations de Louis XIV », faisant occuper par son armée les places fortes des Pays-Bas espagnols, refusant d'admettre que, roi d'Espagne, son petit-fils dût renoncer à la couronne de France pour le cas où il viendrait à en hériter, enfin dirigeant, par délégués interposés et instructions envoyées, la politique et l'administration du jeune (il n'avait que dix-sept ans en 1700) et inexpérimenté monarque, les puissances européennes tierces conclurent une « grande alliance », le 7 septembre 1701, avec l'Angleterre pour chef de file, puis, le 15 mai 1702, déclarèrent la guerre simultanément à la France et à l'Espagne.

Celle que nombre d'historiens appelèrent déjà la « grande guerre » fut en effet la véritable première guerre mondiale : d'abord en raison de ses dimensions géographiques – elle s'étendit à presque tout le continent européen, hormis la Russie, et de Rio de Janeiro jusqu'à Terre-Neuve, ainsi qu'aux côtes d'Afrique. Ensuite par le volume des forces en présence : plus de 400 000 hommes furent mobilisés à son commencement. Enfin par l'ampleur de l'hécatombe : au moins 2 millions de morts, dont 1,2 million de soldats. Du jamais vu.

Les colonies, anglaises comme françaises, de même que leurs tuteurs métropolitains, se partageaient entre « colombes » et « faucons ». Du côté français, où l'on n'apprit l'ouverture du conflit qu'à la fin de juillet, Callières se montrait d'autant plus prudent qu'il tenait, avant tout, à préserver la paix toute neuve avec les Iroquois. Il obtint d'une délégation des Cinq-Nations, reçue le 29 août, la promesse de leur neutralité : « Ni tomahawk contre les Anglais, ni hache contre les Français. » Du côté anglais, on se montrait également prudent et circonspect. Les marchands de Boston et de New York, quoique ayant à se plaindre des freins que constituaient pour leurs approvisionnements en fourrures et en produits de la mer les Français d'Acadie, de la région des Grands Lacs et de la baie d'Hudson, ne souhaitaient pas qu'un conflit international perturbât à l'excès le développement de leurs affaires. Ils manifestaient déjà une certaine méfiance à l'égard de ces guerres européennes à répétition, un état d'esprit qui marquerait longtemps l'Amérique anglophone, et dont on mesurerait longtemps les prolongements, notamment en 1914 et en 1939. De sorte que les opérations militaires qui avaient commencé de ravager le Vieux Continent dès le mois de juillet 1701 en Italie, et qui impliquaient les trois puissances coloniales américaines, épargnèrent le Nouveau Continent jusqu'en août 1703.

Pourtant, un an auparavant, un pasteur de Boston, Cotton Mather, avait publié un livre qui fit grand bruit, *Magnalia Christi Americana*. Il y estimait que si l'Angleterre avait pris la tête de la grande coalition contre la France, c'était surtout par crainte de voir celle-ci s'emparer d'avantages commerciaux en Amérique du Sud et annexer la puissance navale espagnole. L'issue du conflit en cours déciderait donc qui, de l'Angleterre ou de la France, se hisserait au sommet de l'Occident. Avec une singulière clairvoyance, il affirmait que le Canada représentait non seulement le principal obstacle à l'expansion britannique, mais encore un danger mortel si on ne l'éliminait pas radicalement, transposant l'antique formule de Caton dans ses discours au Sénat romain : *Delenda est Carthago*. Le gouverneur de New York, Edward Hyde, lord Cornbury, joignait aussitôt sa voix à celle de l'imprécateur et préconisait une invasion du Canada afin de se rendre maître de Terre-Neuve. Son compatriote John Roope, ingénieur militaire et responsable de l'artillerie de la Nouvelle-Angleterre, préférait une attaque directe contre Terre-Neuve afin de fermer le Saint-Laurent et d'asphyxier ainsi la colonie française.

Malgré les discours guerriers qui enflaient du côté anglais, ce fut la France qui prit l'initiative de l'agression. Ayant remplacé le 1er août 1703 Callières, qui venait de mourir, Vaudreuil lança sans plus attendre une expédition contre Boston, avec l'appui des Abenaquis. L'opération se limita à ravager quelques villages, provoquant, d'une part, le désaveu de Versailles, d'autre part, une contre-offensive anglaise, qui frappa surtout les Amérindiens. Ceux-ci demandèrent le secours de Québec, et de nouvelles incursions eurent lieu contre d'autres villages tout au long de l'année 1704. De même, les Anglais allèrent piller quelques établissements français en Acadie. Donnant à ces conflits localisés l'allure d'une guerre picrocholine sans stratégie ni perspective pour qui que ce fût. De sorte qu'en mai 1705, Dudley et Vaudreuil décidèrent d'échanger leurs prisonniers et de négocier une trêve. Les discussions traînèrent en longueur, servant surtout de prétexte, par les allées et venues des ambassadeurs, à l'espionnage mutuel des deux colonies. Lassé de cette guerre qui n'en était pas une, Dudley fit savoir à Londres que, soit on lui envoyait « quatre ou cinq vaisseaux de guerre et des mortiers pour ruiner Québec », soit il signait la paix pour de bon. Il l'écrivit en 1706, le réécrivit en 1707, sans recevoir de réponse.

En octobre 1708, le colonel Samuel Vetch, qui avait servi de négociateur et d'espion, prit le relais, dans un mémoire auquel Saint-James se montra enfin sensible : il y exposait que ce que coûtait à la Nouvelle-Angleterre sa défense contre les Français et les Amérindiens, ajouté à la perturbation du commerce, conduisait immanquablement à la ruine de la colonie, et qu'il serait sensiblement plus économique de financer une conquête du Canada, assurant alors à l'Angleterre « la possession exclusive et paisible de toute l'Amérique du Nord, qui est assez vaste pour contenir quatre grands royaumes comme la Grande-Bretagne ». Les arguments de Vetch ébranlèrent la reine Anne, montée sur le trône à la mort de son beau-frère Guillaume III, le 19 mars 1702, soit très peu de temps avant l'entrée en guerre, et qui entendait attacher son nom à un décisif triomphe britannique.

L'année 1708 avait été plutôt faste pour les armes de la Grande-Bretagne et de ses alliées. La prise de Minorque, position stratégique en Méditerranée contre l'Espagne, la défaite des armées françaises en Flandre, la débandade d'Audenarde et la capitulation de Lille, les divisions et les cabales de la cour de France, dont toute l'Europe retentissait, enfin l'épouvantable hiver de 1708-1709, tout concourait à prévoir un recul français qui permettrait de redéployer des forces outre-mer. Aussi, le 1er mars 1709, la reine Anne annonçait-elle aux gouverneurs des différentes colonies américaines l'envoi d'une expédition au Nouveau Monde pour « délivrer les colons anglais du voisinage des Français du Canada [...] conformément aux propositions que nous a soumises notre fidèle et bien-aimé colonel Vetch ». Lequel reçut la promesse de devenir gouverneur du Canada après la réussite, dont personne ne doutait, de « la glorieuse entreprise ».

Flanqué de Francis Nicholson, un militaire qui fut aussi gouverneur de la Virginie puis du Maryland, il débarqua à Boston au début du mois de mai et envoya des messages à toutes les colonies afin qu'elles se missent sur le pied de guerre en attendant l'arrivée des navires d'Angleterre. L'attaque se ferait, comme celle de 1690, par voie terrestre depuis le lac Champlain et par voie maritime par l'embouchure du Saint-Laurent. On se mit à attendre la flotte, qui n'arrivait pas. Le 22 octobre, l'information parvenait enfin à Boston : il n'y aurait pas de flotte, celle-ci se trouvant mobilisée sur le théâtre européen où la situation militaire désespérée de la France s'était retournée, sinon en sa pleine faveur, du moins assez pour l'autoriser à résister solidement après la terrible bataille de Malplaquet du 11 septembre 1709.

Les forces anglaises se révélant donc insuffisantes contre Québec, Nicholson les redéploya contre l'Acadie. Port-Royal tomba et les Acadiens devinrent « prisonniers de la reine Anne ». Pour la première fois de l'histoire, la France abandonnait une colonie à l'Angleterre, et pour toujours.

Ce succès donna des ailes aux faucons qui ne doutèrent plus qu'un retour à meilleure fortune en Europe et qu'un engagement plus massif de toutes les colonies, dont la Virginie jusqu'ici réticente, déboucheraient vers une nouvelle opportunité de « réduire le Canada ». On reprit l'argument de la « Carthage d'Amérique ». Cette fois, ce fut Henry Saint John, le futur vicomte Bolingbroke, alors ministre des Affaires étrangères, qui se rendit à la raison des va-t-en-guerre du Massachusetts et persuada de même le nouveau Premier ministre, Robert Harley. L'ouverture de négociations à la fin de 1710 en vue d'un compromis européen entre la France et l'Angleterre offrait à celle-ci la possibilité de libérer des vaisseaux pour une opération d'envergure en Amérique au moment où Louis XIV semblait vouloir avant tout terminer la guerre en confortant son petit-fils sur le trône d'Espagne et se montrait pour cela disposé à d'importantes concessions. Or, l'échiquier européen apportait peu de perspectives à l'Angleterre, situation particulièrement regrettable pour la nation qui avait supporté le plus lourd fardeau dans le conflit. La conquête du Canada compenserait cette frustration. Saint John décida donc, en avril 1711, de mettre en branle une force considérable, et sans précédent sur un théâtre ultramarin. À l'amiral Hovenden Walker, il confia une escadre de quatorze navires alignant ensemble plus de 350 pièces d'artillerie et plus de 5 000 marins. Au général John Hill, qui commanderait les troupes terrestres, sept régiments aguerris, dont cinq prélevés sur l'armée de Marlborough victorieuse en Flandre, et malgré les vives protestations de ce dernier qui trouva bien des échos à Londres, au point que Walker, qui se serait bien dispensé d'une telle publicité, affirmait : « L'expédition du Canada fait autant de bruit ici que si le sort de toute la Grande-Bretagne y était suspendu. »

À la veille de prendre la mer, depuis Portsmouth, Hill fit imprimer une déclaration destinée aux Canadiens en vue de l'invasion de leur pays et qui traçait déjà les principes de liberté selon lesquels l'Angleterre annexerait le territoire : « Les habitants de la Nouvelle-France seront aussi bien sujets de la couronne de la Grande-Bretagne que s'ils étaient nés ou établis en Irlande ou en d'autres endroits des colonies de Sa Majesté [...]. Ceux des Canadiens qui se soumettront sans résistance seront favorablement reçus et traités en une douce et paisible possession de leurs terres, maisons et autres biens, et jouiront de la liberté, des privilèges et exemptions en commun avec le reste des sujets naturels de Sa Majesté, avec le libre exercice de leur religion [...]. Ceux qui préféreront passer en France en recevront les moyens [...]. En revanche, les Canadiens coupables de s'opposer aux Anglais seront traités en ennemis et leurs biens confisqués. »

Grandiose et ambitieux programme qui, dans la nuit du 2 au 3 septembre 1711, sous l'effet des vents et des brumes, se brisa en même temps que huit des quatorze navires de guerre, sur les roches granitiques de l'île aux Œufs, dans l'embouchure du Saint-Laurent. Huit cent cinquante marins et soldats se noyèrent, les autres firent demi-tour. Une défaite contre les seuls éléments naturels, sans que les Français eussent à tirer un seul coup de feu, une des pires débâcles maritimes qu'ait connues l'Angleterre dans son histoire, et source d'un adage depuis lors propagé dans toutes les marines du monde : « Un bon naufrage économise une bataille navale. » Les navires rescapés regagnèrent directement leur port d'attache et, comble de malchance, ou de malédiction, le vaisseau amiral de Walker, l'*Edgar*, explosa en arrivant à Portsmouth, avec presque tout son équipage à bord.

Apprenant la nouvelle, le général Hill donna aussitôt à ses troupes l'ordre de rebrousser chemin, avant même d'avoir atteint le lac Champlain.

Les colons anglais redoutèrent alors une offensive française qui, faute de troupes suffisantes, n'eut pas lieu, trouvant une nouvelle fois quelques ersatz dans des raids de harcèlement associant de petits détachements de soldats à des Amérindiens plus vindicatifs.

En octobre, les gouvernements du Connecticut, du Massachusetts, de New York et du New Hampshire réitérèrent leur demande d'envoi d'un nouveau corps expéditionnaire : la catastrophe de l'île aux Œufs n'avait aucune raison de condamner pour toujours une invasion du Canada. Mais il était trop tard : la guerre de Succession d'Espagne, qui avait ruiné l'Europe, approchait de son dénouement ; en décembre 1711, dans son message aux Chambres, la reine Anne proclamait sa volonté de parvenir à « une bonne paix », sans arrière-pensées ni équivoques, et annonçait le départ des plénipotentiaires anglais pour Utrecht, la ville hollandaise où se négocierait le traité.

En mai suivant, l'Angleterre faisait part de ses exigences en Amérique : conserver l'Acadie/Nouvelle-Écosse, qu'elle avait reprise, recouvrer sa souveraineté sur la baie et le détroit d'Hudson, obtenir la cession de Terre-Neuve. La France conservait toutefois Cap-Breton, qu'elle rebaptisa île Royale, et par là un débouché direct sur l'Atlantique par le détroit de Cabot.

Le 12 août, l'Angleterre et la France convinrent d'une suspension d'armes à laquelle se rallièrent les autres belligérants.

Signé le 11 avril 1713, le traité d'Utrecht satisfaisait les revendications britanniques. Louis XIV regardait ces concessions comme inévitables et secondaires par rapport à ce qui lui importait le plus : les Antilles, aux ressources bien plus prometteuses que celles du Canada, et la confirmation de son petit-fils sur le trône d'Espagne sans démembrement de son empire. Pour l'historien Pierre Chaunu, Utrecht se concluait ainsi : « À l'Angleterre la direction des Amériques "frontières", en un mot l'avenir, à la France les restes d'un bel aujourd'hui. »

LA COLONISATION DE 1697 À 1713

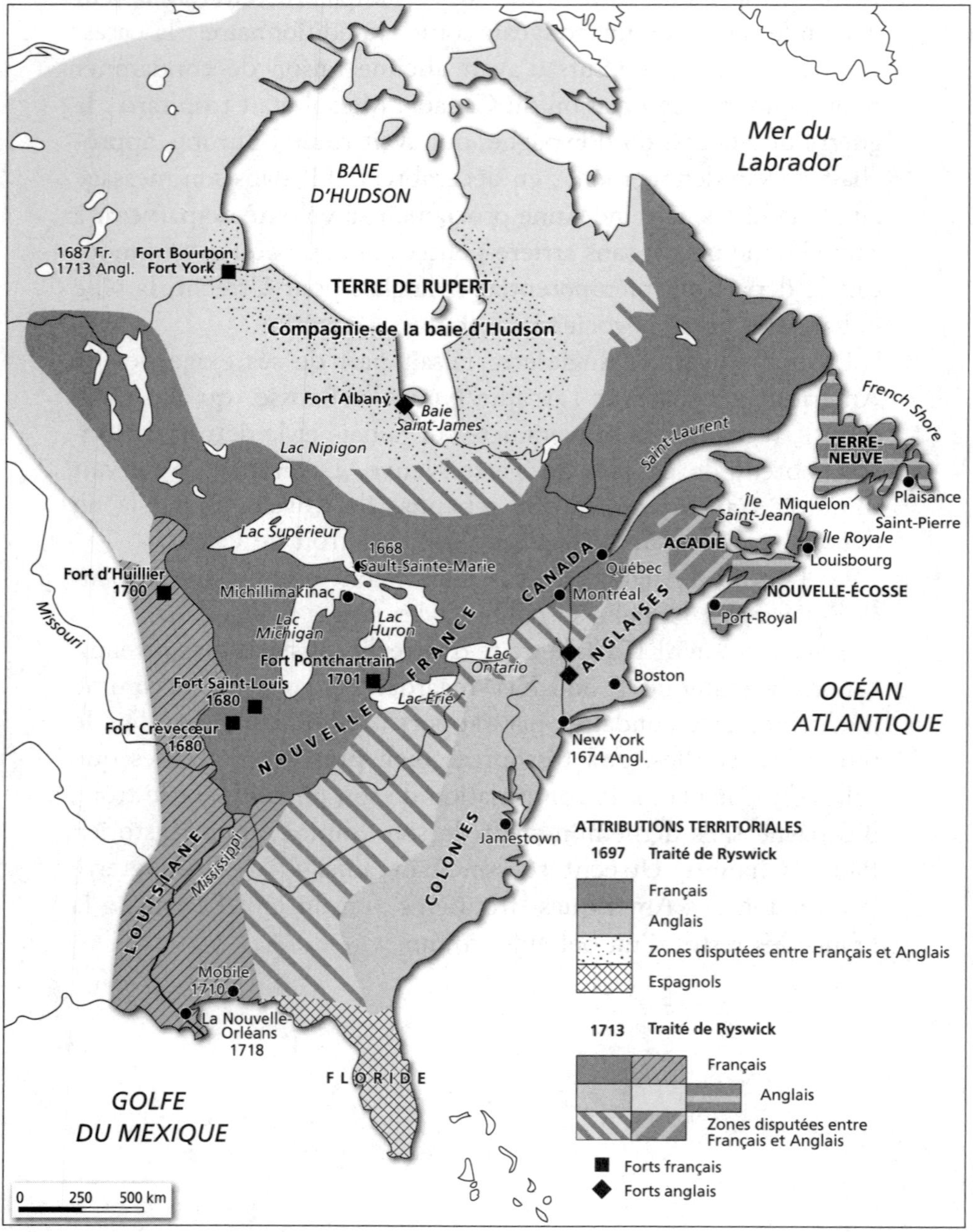

8

Conserver le « bel aujourd'hui »

Au lendemain du traité d'Utrecht, l'Angleterre entame sa longue marche vers la position de première puissance mondiale, sans en avoir vraiment conscience. Pays encore peu peuplé (entre 6 et 7 millions d'habitants quand la France en compte 20 millions), mais déjà le plus riche par habitant, les avantages internationaux qu'il vient d'obtenir vont produire leurs effets à long terme, pas nécessairement discernables dans l'immédiat. En Europe, les acquisitions de Minorque et de Gibraltar lui ont ouvert la porte de la Méditerranée. Mais c'est surtout en Amérique que les gains anglais sont les plus spectaculaires : d'abord la réattribution du monopole de l'*asiento,* ou navire de permission, que Philippe V s'était dépêché d'accorder à la France en 1701 et qu'avait, pendant douze ans, exploité une compagnie française dirigée par un financier, Antoine Crozat, parfois surnommé « l'homme qui possédait l'Amérique ». Mais, par-dessus tout, cette position géographique désormais stratégiquement dominante au bord de l'Atlantique et encerclant à demi le Canada français. Désormais fragilisé, celui-ci aurait plus que jamais besoin de continuité dans son administration et d'attention de la part de la métropole. La première va lui être accordée mais non la seconde.

Contrairement à la période précédente, marquée par la valse des gouverneurs, seul Vaudreuil aura occupé le poste, de 1703 à sa mort, le 19 octobre 1725. Premier gouverneur à avoir épousé – en 1690 – une fille de riche colon, Louise-Élisabeth de Joybert de Soulanges et de Marson, il était devenu authentiquement canadien. À ses côtés à partir d'octobre 1712, l'intendant Michel Begon de La Picardière était l'époux de Jeanne Élisabeth de Beauharnais, sœur de l'ancien intendant. Lui aussi allait conserver ses fonctions durant une assez longue période, jusqu'en 1726, et serait alors remplacé par son frère. On lui doit notamment l'instauration du premier réseau de distribution postale et de transport public de la colonie.

Après la disparition de Louis XIV, le 1er septembre 1715, le régent Philippe d'Orléans redoutait, en cas de mort du petit Louis XV, enfant fluet et fragile, la rivalité pour la couronne de son cousin Philippe V d'Espagne nonobstant la renonciation officielle mais contrainte de celui-ci. Il regardait donc l'Espagne comme potentiellement hostile et l'Angleterre comme un allié éventuel. De sorte que les mises en garde que lui adressait Vaudreuil contre les menées britanniques contrariaient ses propres visées. Jamais Québec n'avait semblé aussi loin de Paris. Livré à lui-même, le Canada – dont le nom remplace peu à peu, dans l'usage courant, celui de Nouvelle-France – ne s'en porta que mieux, tout au moins sur le plan civil. Débarrassé des interventions de la métropole, le plus souvent dans l'ignorance des réalités et des besoins locaux, Vaudreuil et La Picardière purent travailler plus sereinement et, partant, donner à la colonie une administration sérieuse, presque identique à celle d'une intendance en France. Ils dotèrent Québec d'une ceinture de défenses enfin dignes de ce nom.

La cession de l'Acadie, que les Anglais partagèrent aussitôt entre deux nouvelles colonies, du Maine pour la partie continentale, et de la Nouvelle-Écosse pour la partie insulaire, incita les Français à se tourner vers l'île Royale. Vaudreuil y installa garnison et administration, transformant le fort de Louisbourg en une forteresse pourvue pendant vingt-cinq ans du système de fortifications le plus sophistiqué du Canada et peut-être d'Amérique. Sur le plan stratégique, la place paraissait en effet essentielle à la protection de la Nouvelle-France : « Dunkerque de l'Atlantique », on la supposait capable d'interdire l'accès des Anglais à la vallée du Saint-Laurent. Une place forte insulaire risquait pourtant de demeurer impuissante faute de marine de guerre pour l'appuyer.

On érigea néanmoins la petite ville en capitale provinciale, bientôt peuplée de 2 000 habitants quand l'île en comptait 5 000, soit une rapide croissance due au développement de la pêche, enfin débarrassée de la menace des corsaires, et consécutivement d'un port qui en vint bientôt à concurrencer celui de Québec. Se mit en place une économie relativement autonome et fortement commerçante : les marchands de l'île Royale expédiaient de la morue en Europe et aux Antilles, notamment à Saint-Domingue et à la Martinique. En retour, ils recevaient du Vieux Continent des produits manufacturés, notamment de l'outillage et des étoffes, des îles du sucre, du café, des fruits exotiques et du rhum, dont ils revendaient une partie au « Canada de l'intérieur », mais aussi – le commerce ayant toujours raison de tout – aux colonies britanniques qui leur vendaient des bateaux, des denrées alimentaires, des matériaux de construction et du bétail.

L'Acadie fonctionnait un peu de même : ses habitants, conformément aux promesses britanniques consécutives au traité d'Utrecht, avaient pu conserver leur religion et leurs prêtres ; ceux qui souhaitaient entrer dans l'administration locale étaient dispensés du « serment du test », exigé depuis 1678 en Angleterre pour devenir fonctionnaire, afin d'exclure les catholiques : il leur suffisait de prêter serment d'allégeance à la monarchie britannique, comme cela se pratique encore de nos jours pour acquérir la nationalité canadienne. Entre 1713 et 1730, l'immense majorité des Acadiens se rangea à cette formule.

Les Acadiens se mirent en outre à vivre libres de tout impôt seigneurial comme de réquisitions par l'armée, et les rares colons anglais les laissèrent vaquer à leurs affaires. La colonie connut alors une expansion rapide, grâce à un sol fertile produisant de riches moissons et mis à l'abri, par un ensemble de digues, des marées de la baie de Fundy. La population acadienne s'accrut alors rapidement, passant de 2 000 personnes en 1700 à plus de 10 000 vers 1750, mais avec une part de mariages consanguins exigeant quelques dispenses. Enfin, elle obtint de l'administration britannique le droit de ne pas porter les armes contre les Français. Les Acadiens semblaient pouvoir vivre heureux sous la domination anglaise, une première en Amérique du Nord.

Pour autant, plus au sud, escarmouches et provocations n'étaient pas rares : faute d'instructions venues de leurs métropoles respectives, les deux colonies testaient leur réactivité mutuelle.

En 1717, redoutant une nouvelle alliance des Anglais et des Iroquois, Vaudreuil fit établir trois postes de traite des fourrures autour du lac Ontario afin de dissuader les autochtones de commercer avec les Anglais de New York et entreprit de renforcer considérablement le fort de Niagara. En riposte, les Anglais établirent un poste de traite à Oswego – aujourd'hui dans l'État de New York –, installèrent des postes de moindre importance au nord des Grands Lacs et créèrent une compagnie de commerce dont le nom même, Compagnie de l'Ohio, constituait une provocation puisque l'Ohio se situait en territoire français.

De son côté, La Picardière prétexta des imprécisions – consécutives au traité d'Utrecht – dans le tracé de la frontière entre les deux colonies pour tenter de la repousser un peu vers l'est. Il incita des colons à s'établir sur la rivière Saint-Jean, qui marque aujourd'hui les limites du Maine et du Nouveau-Brunswick, et fit édifier un fort à Crown Point, un lieu appartenant indiscutablement à la colonie anglaise. De leur côté, les Anglais poussaient vers les Grands Lacs avec l'idée de couper en deux les possessions françaises.

Malgré tout, le courant dominant était à la paix, une paix qui allait se prolonger pendant trente ans, soit, pour la France, la plus longue durée depuis la *pax romana*. Paix bientôt confortée par une alliance offensive contre un tiers : l'Espagne de Philippe V, à laquelle l'Angleterre et la France du Régent déclarèrent ensemble la guerre en janvier 1719. Guerre qui allait à l'encontre des intérêts stratégiques de la France, qui eussent justifié une coalition « bourbonienne » avec l'Espagne afin de se partager l'Amérique et d'en expulser, ensemble, les Anglais. Au lieu de cela, Iberville, gouverneur de la Louisiane, reçut l'ordre de s'attaquer aux possessions espagnoles de Floride ; on lui accorda pour cela l'appui d'une escadre de cinq navires venus de France. Ainsi la marine royale, qui avait tant renâclé dans le passé à dépêcher des renforts en Nouvelle-France, se faisait-elle l'exécutante des ordres de Saint-James quand l'Angleterre, dans son expansion coloniale vers le sud, cherchait à en chasser les Espagnols.

Le petit Louis XV, qui n'avait que neuf ans mais dont la santé ne suscitait plus guère d'inquiétudes, fit savoir qu'il réprouvait cette guerre faite à son oncle. L'abbé Dubois, en charge des Affaires étrangères et bras droit du Régent, convainquit donc ce dernier de ne pas amasser de contentieux avec son futur monarque. De sorte que, par un total retournement, le traité du 27 mars 1721 conclut un pacte défensif avec garanties réciproques des possessions territoriales des deux royaumes de France et d'Espagne. Il n'était que temps : sur le plan économique, le trafic maritime entre l'Espagne et ses colonies d'Amérique était français pour les quatre cinquièmes. Un commerce d'excellent rapport : avec des droits de douane espagnols de seulement 5 %, il revêtait une importance capitale pour les manufactures françaises.

Le gouvernement anglais n'apprécia guère la volte-face de Paris et à Londres, comme à New York et à Boston, la cote de ceux estimant qu'il faudrait tôt ou tard éliminer totalement les Français d'Amérique remonta.

Pour autant, la paix continuait de produire ses bénéfices, au premier rang desquels l'expansion démographique : les 15 000 habitants de 1700 sont devenus 18 000 en 1713, et 35 000 en 1730. Cet essor s'explique presque uniquement par l'accroissement naturel dû à un taux de natalité – de 50 pour 1 000 – particulièrement élevé. L'immigration française s'est en effet quasiment tarie depuis que la Régence a donné la priorité au peuplement de la Louisiane. Vue de Versailles, que la cour de France a réintégrée avec la majorité de Louis XV, cette colonie semblait bien plus prometteuse que le Canada, de nouveau abandonné à lui-même. Jusqu'en 1726. Le cardinal de Fleury devint alors le principal ministre de Louis XV et, à Québec, le nouveau gouverneur s'appelait Charles de La Boische, marquis de Beauharnais : son frère aîné, François, avait occupé le poste d'intendant de 1702 à 1705 ; et le nouvel intendant, Charles Thomas Dupuy, était un parlementaire chevronné qui connaissait bien les rouages administratifs. Le premier allait demeurer en fonction jusqu'en 1747 et le second jusqu'en 1728 seulement, alors remplacé par Gilles Hocquart, souvent considéré comme « l'autre » grand intendant de l'histoire du Canada, après Jean Talon. Auparavant commissaire à la marine, c'est-à-dire chargé de l'approvisionnement et de la gestion matérielle des navires de guerre, l'homme avait l'administration dans le sang et symbolisait de façon éclatante ce que fut un grand commis de l'État sous l'Ancien Régime. Son excellente entente avec Beauharnais contribua sensiblement au développement du pays.

Tous avaient reçu pour mission de faire du Canada une province à part entière du royaume de France, administrée en tant que telle. Car le pays ressemblait de moins en moins à un territoire encore en voie d'exploration et de plus en plus à une région comme les autres, certes immense, mais dont la société reproduisait à peu près toutes les caractéristiques et les diversités de celle de la métropole, avec ses prêtres, ses moines, ses gentilshommes, ses anciens officiers, ses marchands, ses médecins, ses chirurgiens barbiers, ses notaires, ses gens de justice, et naturellement ses maçons, ses charpentiers, ses artisans de toutes sortes, enfin et surtout ses paysans qui mettaient de mieux en mieux les terres en valeur après les avoir défrichées à un rythme très soutenu. L'agriculture connut une rapide accélération de ses rendements à partir des années 1730 et, sortant de la pure subsistance, devint un secteur commercial, surtout grâce aux exportations de blé. On estime que, sans être riche, le paysan canadien vivait un peu plus largement que son homologue métropolitain. Il sut aussi se diversifier dans l'exploitation forestière, Hocquart faisant construire une cinquantaine de scieries à eau qui contribuèrent à la naissance et au développement de la construction navale à Québec. Près de deux cents navires y furent lancés entre 1720 et 1740, dont une flûte de cinq cents tonneaux destinée au roi Louis XV en personne, bien qu'il fût personnellement peu sensible aux choses de la mer, n'ayant encore jamais vu les côtes de France.

Les voies de communication s'améliorèrent, d'abord par la mise en place d'un réseau de bacs sur le Saint-Laurent et la rivière Richelieu, dont certains demeurent en service de nos jours, ensuite par l'ouverture d'une route reliant Québec, dont la population croissante approchait les 6 000 habitants vers 1740, à Montréal (environ 4 000 habitants), en passant par Trois-Rivières (environ 2 500 habitants), et que Hocquart appela le « chemin du Roy ». Au début des années 1730, il était ainsi devenu possible de se rendre de la première à la deuxième ville en quatre jours et avec un seul cheval.

Si Montréal et Trois-Rivières conservaient encore une apparence de grands villages ruraux, avec leurs maisons en bois d'un seul étage et leurs palissades, Québec avait pris des allures de ville européenne, avec, au sommet de la colline, des bâtiments en pierre, dont le château Saint-Louis, le palais de l'intendant, situé dans la Basse-Ville, la cathédrale, le séminaire, les couvents et l'Hôtel-Dieu, fondé en 1636 par la riche duchesse d'Aiguillon, nièce du cardinal de Richelieu, et régulièrement agrandi depuis lors.

La nécessité de demeurer sur le qui-vive en face de la menace anglaise s'étant dissipée, les explorations du continent prirent une ampleur nouvelle. Au-delà du renforcement de la présence française en Louisiane et autour des Grands Lacs, qu'on appelait le pays des Illinois, on s'enhardit de plus en plus vers l'ouest. Pierre Gaultier de Varennes, sire de La Vérendrye – seigneurie de la vallée du Saint-Laurent un peu en amont de Montréal –, fils d'un ancien officier dans le régiment de Carignan-Salières, était revenu au Canada après avoir combattu en Europe durant la guerre de Succession d'Espagne. Longtemps exploitant agricole et trafiquant de fourrures, il se fit explorateur en 1731, décidé à trouver la côte du Pacifique. « Alors commencèrent douze années d'une des plus épiques expéditions de l'histoire du Canada français. » Financé sur ses seuls moyens, accompagné de ses trois fils, d'un neveu et d'une escorte de soldats, ou assimilés, d'une cinquantaine d'hommes, il franchit 2 000 milles (3 200 kilomètres) en deux années, traversant les paysages les plus divers, franchissant trois fuseaux horaires, édifiant des forts – huit au total – servant à la fois de balises de reconnaissance et de preuves de prise de possession du sol, recherchant l'amitié des Amérindiens. Ces derniers lui parlèrent d'hommes à barbe blanche habitant les contrées où il allait pénétrer. S'agissait-il de Russes qui, à la même époque, commençaient à descendre de l'Alaska et à se répandre, le long de la côte du Pacifique, dans l'actuelle Colombie-Britannique et vers l'actuel Oregon ? Ou bien des premiers Espagnols s'aventurant, en sens inverse, vers la Californie, où ils n'avaient dépêché jusqu'ici que des expéditions temporaires ? Varennes ne les rencontra pas et arrêta sa course en 1738 au niveau du lac Winnipeg (nom hérité du peuple des Cris), dans l'actuel Manitoba. Il donna alors son nom à une terre, aujourd'hui circonscription électorale de cette province.

Ses fils prirent la suite, bifurquant vers le sud-ouest. Ils traversèrent les actuels Minnesota et Dakota, puis, en 1743, s'avancèrent jusqu'à Yellowstone, à la lisière des actuels Wyoming et Montana. De là ils aperçurent une chaîne de montagnes enneigées et barrant l'horizon : probablement les Big Horn Mountains, premiers contreforts des montagnes Rocheuses. Personne n'était encore allé aussi loin vers l'ouest. Et il faudrait attendre 1805 pour que deux explorateurs américains, William Clark et Meriwether Lewis, à l'initiative du président américain Thomas Jefferson, atteignent la côte pacifique.

Prenant la direction du sud-ouest en 1739, les frères Paul et Pierre-Antoine Mallet s'engagèrent dans une autre partie inconnue du territoire américain avec l'objectif d'atteindre les colonies espagnoles et de frayer vers elle une seconde route commerciale, par voie de terre. Ils atteignirent Santa Fe mais y furent reçus en intrus, en dépit de l'alliance entre la France et l'Espagne. Une fois encore se vérifiait le décalage entre relations métropolitaines et relations coloniales, portant en germe les futures aspirations des colons à l'indépendance. Mais, ne se décourageant pas, les frères Mallet sillonnèrent ensuite l'Arkansas et, gagnant la Nouvelle-Orléans, reçurent les félicitations de Bienville, gouverneur de la Louisiane, pour leurs découvertes.

Enfin, plus au nord, en 1752, Jacques Le Gardeur de Saint-Pierre, également ancien officier, de marine puis de terre, s'aventura jusqu'à la haute vallée de la Saskatchewan où lui aussi établit un fort, Fort-la-Reine, marquant le point extrême des explorations françaises avant la perte du Canada.

La paix entre la France et l'Angleterre tenait bon, malgré le soutien occasionnel de la première à l'Espagne et quelques escarmouches au large de Saint-Domingue. En face de Fleury, très soucieux d'éviter un nouveau conflit, gouvernait à Londres Robert Walpole, lui aussi partisan de la modération en général, et de l'entente avec la France en particulier. Fleury mourut en 1743, au moment où en Angleterre Walpole était renversé et remplacé par Henry Pelham. Lui aussi du parti whig, mais appartenant à sa branche belliqueuse, surtout au regard des intérêts coloniaux, il se montrait décidé à impliquer l'Angleterre dans la guerre de Succession d'Autriche aux complexes ramifications et dans laquelle la France s'était engagée depuis juillet 1741, sans véritable intérêt à défendre ni efficacité sur le terrain.

Une guerre qui servirait de hors-d'œuvre à la suivante, la guerre de Sept Ans, et de prélude à la fin du Canada français.

9

Retour aux armes

En 1744, Louis XV décida de s'attaquer à l'Angleterre, alliée de l'Autriche. Versailles envisagea un débarquement outre-Manche, mais aussi de porter la guerre en Amérique. Soudain, on se souvenait du Canada, d'autant mieux que le père jésuite Xavier de Charlevoix, qui y avait passé trois ans, venait d'en tirer une somme sans précédent, en trois volumes, intitulée *Histoire et description générale de la Nouvelle-France*, qui connaissait un certain succès.

Convaincu de l'intérêt stratégique des colonies, le combatif secrétaire d'État à la Marine, le comte de Maurepas, persuada Louis XV de lancer au mois de mai, depuis Louisbourg, une attaque contre la Nouvelle-Écosse. Le gouverneur Beauharnais y était défavorable mais obtempéra, envoyant une petite troupe de miliciens et d'auxiliaires amérindiens s'emparer du modeste port de Canceau (aujourd'hui Canso), à l'extrémité nord-est de la péninsule. On s'arrêta là : les moyens mis en œuvre ne permettaient pas de prolonger l'offensive jusqu'à la capitale, Annapolis Royal, anciennement Port-Royal et rebaptisée en hommage à la reine Anne.

La population locale, qui n'avait pas à se plaindre de l'administration britannique, refusa son concours, conformément aux promesses échangées après 1713. Après quoi, une flotte armée par William Shirley, gouverneur du Massachusetts, et commandée par l'amiral William Pepperrell rendit la politesse aux Français en embarquant plus de 2 000 soldats et miliciens qui mirent le siège devant Louisbourg. Celui-ci dura quarante-six jours en dépit des faiblesses de la défense : une garnison trop faible et ivrogne, des remparts mal entretenus, voire inachevés, des batteries prévues mais non encore installées, des canons dont les calibres ne correspondaient pas aux boulets qu'on avait livrés.

Maurepas ne voulait cependant pas abandonner la partie, surtout après que la victoire de Fontenoy, le 11 mai 1745, eut donné des ailes aux armes françaises. On confia à l'amiral Louis de La Rochefoucauld, duc d'Anville, l'objectif d'éliminer la présence anglaise d'une bonne partie du littoral américain, au moins de Terre-Neuve jusqu'à Boston. Mais la marine de guerre avait été négligée au cours du ministère Fleury et les préparatifs durèrent plus d'un an. Enfin, le 22 juin 1746, de l'île d'Aix (à l'est de l'île d'Oléron), appareilla une flotte de soixante-seize bâtiments transportant 13 000 hommes, une des plus importantes jamais formée par la « Royale », qui embarquait aussi le marquis de La Jonquière, nouveau gouverneur du Canada.

Ayant essuyé une succession de tempêtes qui provoquèrent de nombreuses avaries, l'escadre arriva en piteux état le 21 septembre. Les navires et les troupes terrestres, comptant un millier d'hommes rassemblés par le colonel Ramezay sur ordre de Beauharnais, l'attendaient depuis trois mois. À peine leur jonction était-elle réalisée que le duc d'Anville mourut du scorbut et que, quelques jours plus tard, son second, le commandeur d'Estournel, complètement déprimé, tenta de se suicider puis démissionna. Tandis que les hommes de Ramezay mettaient le siège devant Annapolis Royal, La Jonquière prit le commandement de l'expédition principale. Confronté à une véritable hécatombe de ses marins et soldats, il décida finalement, le 24 octobre, de retourner en France, après avoir ordonné à Ramezay d'abandonner la lutte. Celui-ci eut toutefois le temps d'affronter victorieusement, lors de la bataille de Grand-Pré, des troupes envoyées par William Shirley. Puis il se retira, désespérant les quelques Acadiens qui avaient pris parti pour l'ancienne mère patrie. Mais le gouverneur de la Nouvelle-Écosse, Paul Mascarene, d'origine française et huguenote, leur accorda son pardon contre la promesse de ne plus jamais se soulever contre la colonisation britannique.

Versailles ne se découragea pas. La Jonquière regagnait le Canada à la tête de six navires de guerre et de quarante navires marchands destinés à l'approvisionnement de la colonie lorsqu'il rencontra le 14 mai 1747 une escadre anglaise au large des côtes espagnoles, au niveau du cap Ortegal (ou du cap Finisterre). Le convoi marchand parvint à s'échapper et arriva sain et sauf à

Québec, mais les bâtiments de guerre français furent capturés et La Jonquière fait prisonnier.

On n'alla pas plus loin : la paix signée à Aix-la-Chapelle le 18 octobre 1748 rétablissait le *statu quo ante*, c'est-à-dire le partage issu du traité d'Utrecht, au grand mécontentement des colons du Massachusetts et à l'étonnement du gouverneur du Canada par intérim, le comte de La Galissonière, qui forgea une expression appelée à quelque succès, « bête comme la paix ». Le 25 juillet 1749 il écrivait une longue lettre à Louis XV pour lui faire part de ses doutes et de ses craintes quant à la stabilité de la cohabitation entre deux colonies dont la rivalité suintait de toutes parts. Le roi de France examina la question avec intérêt…

Pendant que La Galissonière revenait à Paris afin de discuter avec les ambassadeurs anglais d'un point litigieux du traité d'Utrecht relatif aux frontières de la Nouvelle-Écosse, La Jonquière prenait enfin ses fonctions à Québec et faisait rapidement la même analyse que son prédécesseur quant à la menace britannique. Immédiatement illustrée par la fondation d'Halifax (Chibouctou pour les Français) comme nouvelle capitale de la province, ainsi nommée en l'honneur de George Montagu-Dunk, comte d'Halifax et président du Board of Trade (Bureau du commerce de Londres). On attribua immédiatement à la place une vocation militaire avec un fort contingent de soldats anglais sous le commandement d'Edward Cornwallis.

Le nouveau gouverneur français s'attacha donc d'abord à renforcer les défenses de la colonie dans ses points les plus névralgiques : le sud du lac Champlain, verrou de l'accès à la Nouvelle-Angleterre, le fort de Niagara, autre verrou, et la vallée de l'Ohio afin d'assurer une continuité protégée avec la Louisiane. Il fit édifier plusieurs forts supplémentaires, dont celui de Rouillé (nommé en l'honneur du ministre qui venait de remplacer Maurepas), sur l'emplacement de l'actuelle ville de Toronto. Il chercha par ailleurs à alimenter par Amérindiens interposés une guérilla contre les Anglais, principalement en Nouvelle-Écosse, afin d'éviter toute réconciliation entre les différentes populations de la région. Il utilisa à cet effet un certain abbé Le Loutre, trafiquant et espion, soldat et évangélisateur, prêchant aussi bien la révolte que la religion catholique auprès des Amérindiens. Manière d'agir un peu trop canaille aux yeux de Versailles qui entendait préserver la paix avec l'Angleterre, ce qui valut à La Jonquière son renvoi et son remplacement, le 17 mars 1752, par Michel-Ange Duquesne de Menneville, un officier de marine qui reçut néanmoins pour instruction de poursuivre le renforcement des défenses de la colonie, notamment par le contrôle complet de la vallée de l'Ohio.

Après avoir fait cesser les petites et inutiles incursions contre les colons anglais, il fit construire un fort puissamment armé au confluent de l'Ohio et de deux autres rivières, la Monongahela et l'Allegheny, sur l'emplacement de l'actuelle ville de Pittsburg, en Pennsylvanie. La tension ne cessait de croître autour de cette région revendiquée par la France et convoitée par l'Angleterre. C'est ici qu'éclata alors « l'affaire Jumonville ».

Le 11 mai 1754, un jeune officier anglais du nom de George Washington, qui s'était avancé en armes en territoire français, tua l'émissaire venu le lui faire poliment remarquer : un assassinat, dont la victime s'appelait Joseph Coulon de Villiers de Jumonville. Un mois plus tard, le frère de ce dernier, Louis, à la tête de quelques soldats et de trois cents miliciens, le vengea en détruisant le fort Necessity édifié par Washington, captura celui-ci et, après lui avoir fait avouer son crime par écrit (le texte aurait été rédigé en français et Washington l'aurait signé sans comprendre), le libéra élégamment au lieu de l'exécuter.

Considérant désormais comme inévitable un affrontement massif, le cabinet de Londres, dirigé par Thomas Pelham, qui avait succédé à son frère décédé le 16 mars précédent, décida de prendre les devants avec l'objectif de supprimer le Canada français, selon deux axes : une invasion planifiée de la Nouvelle-France et la déportation des Français de Nouvelle-Écosse.

Le plan d'invasion reposait sur l'envoi, depuis l'Angleterre, de deux régiments commandés par le général Edward Braddock et abondés par des miliciens. Ayant finalement rassemblé 2 200 hommes, Braddock se mit en marche, accompagné par George Washington, tout juste nommé colonel, et Benjamin Franklin, adjoint pour l'intendance. Il devait pousser sa colonne jusqu'au fort de Niagara, tandis que des soldats et des miliciens de Nouvelle-Angleterre, commandés par le général William Johnson, donneraient l'assaut au fort Saint-Frédéric (aujourd'hui Crown Point, dans l'État de New York), édifié en 1727 par Beauharnais et ainsi nommé en hommage à Maurepas. Prises en tenaille dans la haute vallée du Saint-Laurent, les troupes canadiennes ne pourraient que refluer vers Montréal puis remonter jusqu'à Québec au moment où une flotte anglaise venue du nord ferait sa jonction avec l'armée terrestre. Rien ne différenciait ce plan des précédentes tentatives contre la Nouvelle-France. Tout se passait, une fois encore, comme si chacune des puissances coloniales tentait de submerger l'autre sans y consacrer tous les moyens voulus, retenus pour l'essentiel par les affaires européennes et regardés comme superflus pour triompher de quelques colons misérables entourés de sauvages faméliques.

L'échec prévisible ne manqua pas le rendez-vous.

Partie le 29 mai 1755 du fort Cumberland, dans le Maryland, « l'expédition Braddock » rencontra très vite des difficultés logistiques, notamment pour le transport de lourds canons à travers d'épaisses forêts et sur des déclivités que l'on avait sous-estimées. Elle n'avançait que très lentement le long des deux cents kilomètres à parcourir pour atteindre d'abord fort Duquesne. Le commandant dudit fort, Jean-Daniel Dumas, qui faisait espionner la progression de la colonne ennemie, avait donc disposé de tout le temps nécessaire pour renforcer sa défense, notamment avec l'aide de la garnison du fort de Niagara commandée par Daniel Liénard de Beaujeu. Les deux commandants, qui surent se comporter en compagnons plutôt qu'en rivaux, décidèrent de tendre une embuscade à Braddock, à 15 kilomètres en avant du fort, lors de la traversée de la Monongahela par des hommes exténués. Ce qui advint le 9 juillet. Beaujeu fut tué dès le début de l'engagement, qui surprit moins Braddock qu'on ne l'avait escompté. L'embuscade se transforma alors en bataille rangée. Les Français et leurs alliés, connaissant bien le terrain, choisirent les positions les plus avantageuses. Braddock fit donner ses canons, impuissants entre les arbres, pendant que ses hommes se faisaient canarder sans comprendre d'où venaient les tirs. Plus d'un tiers d'entre eux y laissèrent la vie. Après trois heures de combat, le général anglais fut abattu et, suivant les Amérindiens pour qui la mort du chef signifiait la fin de la lutte, ses troupes se débandèrent.

Washington ayant réussi à replier l'arrière-garde en à peu près bon ordre en retira le qualificatif, assez peu justifié, de « héros de la Monongahela ».

La déroute anglaise sonna néanmoins le glas du plan d'invasion, d'autant que celui-ci, imprudemment emporté par Braddock dans ses fontes, fut récupéré par les Français et apporté à Duquesne qui le transmit à Versailles

De part et d'autre, l'honneur, la vanité, la raison, l'intérêt – toutes valeurs qui alors se cherchaient à l'ombre des Lumières – commandaient de ne pas en rester là. La cour de France, comme souvent, était divisée entre deux partis : ceux qui croyaient en l'Amérique, ceux qui n'y croyaient pas. Parmi les premiers : le roi lui-même, alternativement et selon les occasions ; l'ancien ministre Maurepas, mais il avait été disgracié le 23 avril 1749 pour avoir ironisé sur les « désagréments intimes » de Mme de Pompadour ; ses successeurs Antoine Louis Rouillé (de 1749 à 1754) et Jean-Baptiste Machault d'Arnouville. Les seconds étaient légion : le comte d'Argenson, secrétaire d'État à la Guerre et rival de Machault, Mme de Pompadour et par-dessus tout les « philosophes ». Membres de la « république des lettres », ils formaient une sorte de secte propriétaire exclusive de la pensée et qui avait notamment annexé l'Académie française. S'ils ne partageaient pas tous les mêmes idées, l'unanimité régnait au moins sur un point, l'inutilité et même le danger des colonies, avec Voltaire pour chef d'orchestre. Le Canada était tout spécialement la bête noire de ce dernier. Il le dénigra dans plusieurs de ses ouvrages, dont le *Précis du siècle de Louis XV* (1751), l'*Essai sur les mœurs et esprit des nations* (1756) et *Candide* (1759) : « Pays couvert de neiges et de glace huit mois de l'année, habité par des barbares, des ours, des castors et des jésuites [...] les dépenses de la guerre pour conserver ce pays coûtent plus qu'il ne vaudra jamais [...] débarrasser pour jamais du Canada le ministère de la France [...]. Je voudrais que le Canada fût au fond de la mer glaciale », etc.

Pour l'historien québécois Marcel Trudel, auteur en 1945 de *L'Influence de Voltaire au Québec*, il faut voir dans cette aversion presque obsessionnelle l'empreinte du baron de Lahontan, un officier de marine qui, dans ses *Mémoires de l'Amérique septentrionale*, tentait de montrer la supériorité de certaines des sociétés amérindiennes sur les sociétés européennes, particulièrement dans la médecine et les croyances religieuses. Ses idées semblent avoir inspiré une partie des Lumières, spécialement le mythe du bon sauvage et l'hostilité à l'égard des jésuites, accusés de maintenir l'obscurantisme partout où ils passaient. Lahontan aurait ainsi fait œuvre de propagande contre le Canada, et Voltaire lui aurait simplement emboîté le pas.

Louis XV, comme presque toujours, demeurait hésitant. Il décida cependant, en avril 1755, de modifier le gouvernement du Canada, en distinguant les fonctions de gouverneur général, confiées à Pierre de Rigaud, marquis de Vaudreuil, en remplacement de Duquesne, et de commandant des troupes régulières, attribuées au maréchal de camp Jean-Armand de Dieskau.

Fils de l'ancien gouverneur du début du siècle, né à Québec en 1698, le marquis de Vaudreuil devenait ainsi le premier – il serait aussi le dernier – natif du Canada à occuper ce poste. Il venait de passer dix ans comme gouverneur de la Louisiane, où il avait réussi à tisser des liens commerciaux très prometteurs avec les colonies espagnoles voisines et à développer considérablement les exportations de produits locaux, tels que le riz et le tabac. Le baron de Dieskau, né en 1701, ancien aide de camp du maréchal Maurice de Saxe, se trouvait aux côtés de ce dernier lors de ses principales victoires sur le théâtre européen.

Apprenant ces nominations et surtout que la flotte les transportant au Canada embarquait également six bataillons d'infanterie, George II donna ordre à l'amiral Edward Boscawen de les intercepter, ce qu'il fit partiellement au large de Terre-Neuve le 8 juin en s'emparant de deux des trois navires. Si l'Angleterre et la France étaient toujours officiellement en paix, il s'agissait vraiment d'une « drôle de paix ».

Arrivés au Canada, Vaudreuil et Dieskau, forts de la victoire française de la Monongahela, décidèrent de pousser leur avantage par une attaque d'envergure, engageant 3 000 combattants contre le fort Oswego, au sud-est du lac Ontario, afin d'éloigner les Anglais des Grands Lacs. Le colonel William Johnson se porta à leur rencontre, avec des forces à peu près similaires. Le choc eut lieu au niveau du lac George, au sud du lac Champlain, où Johnson avait hâtivement fait construire un fort. La bataille s'acheva par un match nul, chacune des deux troupes ayant mis fin à la progression de l'autre et retournant sur ses pas avec des pertes à peu près égales. Mais Dieskau, blessé, fut fait prisonnier par les Anglais, après que Johnson eut empêché un guerrier amérindien de lui fracasser le crâne de son tomahawk. Dix ans plus tard, le peintre Benjamin West en tirerait un tableau, devenu fameux, rendant hommage au geste chevaleresque de l'officier anglais (aujourd'hui exposé au musée de Derby, en Pennsylvanie).

En attendant la suite des événements, plusieurs forts français, au nord, faisaient face à autant de forts anglais, au sud, sans nouvelle tentative de part et d'autre de déborder l'ennemi : une petite « drôle de guerre » s'intégrait dans la grande « drôle de paix ».

Au même moment, une tragédie se préparait en Nouvelle-Écosse.

Bien que le protestantisme se voulût une religion basée sur la confiance, l'administration britannique nourrissait une persistante méfiance à l'égard de la population acadienne d'origine française. On soupçonnait nombre de ses ressortissants de n'avoir prêté qu'hypocritement serment au roi d'Angleterre, on reprochait aux prêtres catholiques, que l'on avait autorisés à continuer de pratiquer leur culte, de monter la population contre les protestants. On ne solidifie pas une colonie naissante dans un tel environnement.

Entré dans ses fonctions de lieutenant-gouverneur de la Nouvelle-Écosse le 21 octobre 1754, le colonel Charles Lawrence se persuada aussitôt que les Acadiens d'origine française n'étaient pas solubles dans la citoyenneté britannique et que leur statut de neutralité recelait des dangers de revirement en faveur de la puissance rivale trop proche. Il proposa donc à Thomas Pelham de suivre les préconisations déjà formulées par William Shirley depuis une quinzaine d'années : expulser les Acadiens catholiques de Nouvelle-Écosse, ne conserver que ceux voulant bien se convertir au protestantisme, remplacer les récalcitrants par des planteurs venus d'Angleterre, ou des colonies anglaises voisines, et les disperser dans les différents territoires de la Nouvelle-Angleterre afin qu'ils y fussent ultraminoritaires. Ce qu'on appela le « grand dérangement » fut ainsi mis à exécution en septembre 1755. On dépouilla 8 000 à 9 000 personnes de tous leurs biens, on détruisit leurs habitations, souvent sous leurs yeux, puis on les déporta par les soins, plutôt brutaux, des soldats britanniques qui les entassèrent, souvent en séparant les familles, sur quelques bateaux à destination du Massachusetts, des Carolines, de la Virginie, de la Georgie… Près de la moitié des déportés mourut en cours de voyage, du fait de maladies et de naufrages. Certains parvinrent à échapper aux rafles et à se réfugier en territoire canadien, où ils ne furent pas spécialement bien reçus. L'odyssée des uns et des autres a inspiré nombre de poètes, de romanciers, de musiciens et de cinéastes, notamment l'Américain Henry W. Longfellow, auteur en 1847 du poème *Évangeline* qui connut un immense succès aux États-Unis, et l'Acadienne Antonine Maillet, qui obtint le prix Goncourt en 1979 pour *Pélagie-la-Charrette*, premier auteur non européen à être ainsi récompensé.

La déportation des Acadiens choqua les Canadiens mais ne suscita aucune réaction en France : Louis XV, voulant maintenir la paix, préféra fermer les yeux. En outre, du simple point de vue juridique, il s'agissait d'une affaire interne au Royaume-Uni. Cette officielle indifférence pèserait longtemps sur le ressentiment des Français d'Amérique envers l'ancienne métropole.

En revanche, Rouillé, ministre des Affaires étrangères depuis le 24 juillet 1754, protesta auprès du ministre anglais de la Guerre, Henry Fox, contre le brigandage subi par la flotte française au large de Terre-Neuve, mais seulement le 21 décembre 1755, soit près de six mois après les faits. « Pathétique », la lettre ne comportait aucun ultimatum ni même de menaces de représailles.

L'urgence appelait néanmoins le remplacement de Dieskau. Le choix se porta, le 14 mars 1756, sur Louis Joseph de Montcalm. Un nom qui allait, jusqu'à nos jours, survoler l'histoire de la fin du Canada français, l'ériger en mythe, la transformer en remords, l'intégrer dans la légende du « mal français ». Le nom d'un homme pressé, peut-être trop pressé, en tout cas un homme sous pression.

10

Un homme sous pression

« Montcalm au Canada, Dupleix aux Indes » : longtemps les manuels d'histoire français associèrent les deux hommes, alors qu'il n'existe guère de points communs entre eux, si ce n'est que leurs deux noms escortent la perte du premier empire colonial français, non comme responsables de cette monumentale faillite, mais comme victimes de l'aveuglement, ou de l'incompétence, du gouvernement royal. Si Joseph François Dupleix, commerçant, administrateur et conquérant, passa près d'un quart de siècle en Inde, apporta à la France de vastes territoires et fut brutalement démis de ses fonctions en 1754 par un Machault d'Arnouville croyant ainsi amadouer les Anglais, Louis Joseph de Montcalm, marquis de Saint-Véran, ne demeura que trois ans au Canada, n'y exerça de fonctions que militaires et mourut au combat, le 14 septembre 1759.

Incarnation de cette noblesse d'épée provinciale encore importante au milieu du XVIIIe siècle, Louis Joseph ne prit guère que le temps de naître le 28 février 1712 au château parental de Montcalm, dans l'actuelle commune gardoise de Vestric-et-Candiac, d'y faire ses premiers pas et d'y recevoir ses premières leçons : dès l'âge de neuf ans, il fut nommé enseigne – c'est-à-dire porteur du drapeau – au régiment du Hainaut dont son père était lieutenant-colonel. À dix-sept ans, il reçut les galons de capitaine. À vingt-deux ans, il épousa Angélique Talon du Boulay, la petite-nièce de Jean Talon – signe du destin – dont il eut dix enfants. Participant à toutes les campagnes de l'armée française en Europe, cinq fois blessé, chevalier de l'ordre de Saint-Louis en 1741, colonel en 1743, brigadier (grade intermédiaire entre colonel et maréchal de camp) en 1747, présenté à Louis XV en 1748, qui l'honora par la création du régiment Montcalm-cavalerie : une carrière modèle. Alors que, grâce à la paix d'Aix-la-Chapelle, il prenait enfin quelque repos dans sa région natale, le voici convoqué à Versailles le 19 novembre 1755 : le comte d'Argenson voulait l'entretenir de la situation militaire au Canada. Satisfait de cet échange, le ministre le fit nommer, le 31 janvier suivant, maréchal de camp, avec une solde de 25 000 francs annuels (environ 200 000 euros), sensiblement supérieure à la moyenne car assortie d'une mission de grande ampleur : sauver la Nouvelle-France.

Il partit de Brest le 3 avril suivant à la tête de six navires, dont *La Licorne*, qui emmenaient également 1 200 soldats. Deux officiers l'accompagnaient : François Gaston de Lévis, commandant en second, compagnon d'armes avec qui il s'était lié d'amitié, et Louis Antoine de Bougainville, son aide de camp qui, vingt ans plus tard, accomplirait son fameux tour du monde.

Durant sa traversée, l'escadre essuya des tempêtes, croisa des icebergs, perdit une trentaine d'hommes de maladie mais ne rencontra pas de bâtiments anglais sur sa route. Elle atteignit Québec le 13 mai. Vaudreuil séjournait alors à Montréal, et ce fut l'intendant François Bigot, en fonction depuis 1748, qui accueillit le commandant en chef et son état-major. Le treizième et dernier intendant de la Nouvelle-France étonna Montcalm par sa légèreté et son goût du luxe, offrant un dîner de quarante personnes aussi élégant et raffiné que s'il se fût tenu à Versailles, ou peu s'en fallait. Magnificence qui contrastait avec la pauvreté des gens dans les rues et qui choqua le nouveau venu : « Quel pays, tous les marauds y font fortune et les honnêtes gens s'y ruinent [...]. Malgré la misère publique, des bals et un jeu effroyable », écrirait-il plus tard dans son journal.

Puis ce fut, le 26 mai à Montréal, la rencontre avec Vaudreuil, qui suscita instantanément la jalousie de celui-ci. Avant tout chef de guerre et s'attendant à l'imminence de son déclenchement, Montcalm se préoccupa sans attendre d'analyser l'environnement géographique et militaire. Là encore, il fut surpris : « Étonnantes campagnes, dont aucune guerre d'Europe ne donne l'idée. Pour théâtre des lacs, des fleuves, des forêts sans limites, succédant à d'autres lacs, à d'autres forêts, à d'autres fleuves. Pour adversaires des troupes où le highlander écossais et le grenadier de France qui porte la queue de pie et l'habit blanc combattent près de l'Iroquois et du Huron à la plume d'aigle. Tantôt la hache à la main, le fusil en bandoulière, les soldats de ces armées cheminent sous bois, tantôt ils portent à bras, au-delà des rapides écumants, les bateaux où ils se rembarquent, et l'hiver, des raquettes aux pieds, la peau d'ours sur le dos, ils suivent dans la neige des traîneaux de campagne attelés de grands chiens. Guerre remplie de surprises, de massacres, de combats corps à corps, dans laquelle les décharges de l'artillerie et le roulement des tambours répondent aux hurlements des Peaux-Rouges et au fracas des cataractes. » On était bien loin de Fontenoy.

La nouvelle de la déclaration de guerre, le 18 mai, de l'Angleterre à la France arriva enfin à Québec, ainsi que celle de la nomination par Londres d'un nouveau commandant en chef, le général John Campbell, comte de Loudoun, également gouverneur général de la Virginie.

Montcalm mesura vite que le rapport des forces était très défavorable à la France. De l'autre côté de la frontière, l'ennemi pouvait compter sur environ 25 000 soldats bien formés et bien armés, pour la plupart issus de régiments anglais et de la population coloniale militarisée. De ce côté-ci, les troupes régulières ne comptaient que 3 800 hommes, auxquels s'ajoutaient des miliciens et des alliés amérindiens, en nombre fluctuant mais ne dépassant pas 3 000 individus.

Vaudreuil et Montcalm s'accordèrent sur la priorité à donner au maintien de la communication entre le Canada et la Louisiane, c'est-à-dire à la maîtrise de la vallée de l'Ohio. Le commandant en chef décida alors d'une attaque éclair afin de prendre les Anglais de vitesse. Ce fut l'offensive contre le fort Oswego (Chouagen pour les Français), sur la rive est du lac Ontario, et un total succès : une opération de diversion ayant trompé les Anglais, le fort capitula le 21 août, abandonnant 1 700 prisonniers, les sept bâtiments de guerre de la flotte de l'Ontario et 170 pièces d'artillerie. Montcalm fit raser le fort. La rapidité de sa victoire impressionna si fortement les Iroquois des Cinq-Nations qu'ils vinrent prêter allégeance au général français et lui proposer leur aide pour combattre les Anglais, qu'ils appelaient les « corlars ».

Montcalm passa ensuite l'hiver à Québec, où il prépara une offensive de printemps destinée à prendre le contrôle de la zone située entre le lac Ontario et les lacs Champlain et George. Mais, dès le mois de mars, sans en avertir le commandant en chef et donc sans recourir aux soldats réguliers, Vaudreuil fit lancer une attaque dans la région afin de s'emparer du fort William-Henry, à l'extrémité sud du lac George. Mal dirigés, mal organisés, les miliciens échouèrent et retournèrent à Montréal.

Avril venu, Vaudreuil, un peu penaud, accepta la proposition de Montcalm de s'attaquer de nouveau au fort William-Henry, mais de façon plus rationnelle. Après une longue préparation, surtout de formation des milices et des Amérindiens, le commandant en chef put disposer à la fin de juillet d'une force cohérente d'environ 8 000 hommes, qui assiégea le fort à partir du 3 août. Celui-ci tomba le 9, livrant encore 2 300 prisonniers et quarante-trois pièces d'artillerie. Il fut également rasé. Mais Montcalm et Bougainville éprouvèrent les pires difficultés à empêcher les Amérindiens de massacrer les soldats anglais et en conçurent une grande inquiétude quant au maintien de leur alliance avec « de tels sauvages ».

D'un point de vue stratégique, le succès des armes menaçait directement le cœur de la Nouvelle-Angleterre, avec Albany et New York en point de mire. Lord Chesterfield, homme politique et écrivain très en vue, ami de Voltaire et de Montesquieu, déclarait alors à la Chambre des communes : « Les Français sont dorénavant maîtres de faire ce qui leur plaît en Amérique. »

Toutefois, l'approche d'un nouvel hiver rendait Montcalm pessimiste : il savait que les succès remportés l'avaient été à contre-courant du rapport de forces et que, faute de rapides renforts, la situation pourrait se retourner en cas d'importante mobilisation des colons anglais, indépendamment du comportement de Londres.

Le bouillant William Pitt, qui venait d'entrer dans une coalition gouvernementale imposée par « l'union sacrée » et les récentes déconvenues britanniques, aussi bien sur le théâtre européen (l'invasion du Hanovre par la France et la perte de l'île de Minorque) qu'américain, limogea le comte de Loudoun et le remplaça par le général James Abercrombie – à ne pas confondre avec son contemporain le général Ralph Abercromby –, réputé plus combatif.

Les choses se répétèrent pourtant une troisième fois en faveur des Français. Abercrombie avait cru pouvoir rendre la politesse à Montcalm en menant une opération d'envergure, avec plus de 16 000 hommes, contre le fort français de Carillon, sur la rive ouest du lac George, un peu au nord de l'ancien fort William-Henry. Le génie de Montcalm, qui ne disposait que de 3 500 combattants, fut d'organiser la défense, non depuis le fort, mais au dehors, sur des emplacements particulièrement favorables pour voir arriver l'ennemi, par bateau depuis le lac, puis en rase campagne, et le bombarder à découvert. La bataille dura toute la journée du 8 juillet 1758 et fut la plus sanglante de la guerre qu'on appellerait plus tard la « guerre de conquête ». Pour les Anglais, ce fut un désastre : plus de 2 200 tués et près de 4 000 blessés ; les Français comptèrent seulement 104 morts et 248 blessés. Quand la nouvelle de la victoire de Carillon parvint à Versailles, Louis XV ordonna le chant d'un *Te Deum* dans toutes les paroisses de France, mais pas l'envoi de soldats supplémentaires.

Pourtant Vaudreuil reprocha à Montcalm de ne pas avoir poursuivi les Anglais dans leur déroute et demanda au duc de Belle-Isle, nouveau ministre de la Guerre (et petit-fils de Nicolas Fouquet), le rappel en France du commandant en chef. Tandis qu'André Doreil, commissaire chargé de l'intendance des armées, écrivait au même ministre pour lui suggérer de remplacer Vaudreuil par Montcalm…

C'est alors que William Pitt décida de réagir avec force : confiant l'essentiel du théâtre européen à son allié prussien, il réorienta vers le large une part significative de l'armée anglaise, prélevant 20 000 soldats sur le continent pour les envoyer vers l'Amérique, avec le quart de la Royal Navy.

Le 6 septembre suivant, la place de Louisbourg, assiégée depuis un mois, tombait aux mains des troupes du général James Wolfe. Ouvrant par là le Saint-Laurent aux Anglais et annonçant ce retournement de situation que redoutait tant Montcalm en butte à la passivité de Versailles.

Un mois plus tard tombait également le fort Frontenac, au nord du lac Ontario, que ne défendait qu'une garnison de soixante-dix hommes, puis le fort Duquesne, pour la même raison d'insuffisance des effectifs : le contrôle des Grands Lacs échappait à la France, faute de troupes pour avoir tenu la zone après les victoires de Montcalm, devenues inutiles. De surcroît, les succès anglais retournaient les Iroquois en leur faveur.

La France ne pouvait guère tabler que sur 5 000 hommes, quand les colonies anglaises en alignaient dix fois plus. Alors qu'elle demeurait la nation la plus peuplée d'Europe, avec un peu plus de 25 millions d'habitants, quand le Royaume-Uni n'en comptait pas 8 millions et consacrait à la marine près de la moitié de ses hommes sous les drapeaux. Pourtant Londres continuait d'envoyer des vagues de 2 000 à 3 000 hommes à ses colonies d'Amérique.

Après avoir écrit pour demander des renforts et n'avoir reçu en réponse que de vagues promesses, Montcalm dépêcha le 3 novembre deux émissaires de confiance à Versailles, Bougainville et Doreil. La réception qu'ils reçurent les stupéfia : congratulations pour les batailles gagnées, alors que l'on était en train de perdre les suivantes, dispendieux banquets en leur honneur, remise de décorations, dont la croix de Saint-Louis pour Bougainville, demande de transmission de félicitations à Montcalm, « dont tout le monde ici chante les louanges », évocation de l'éventualité de le nommer maréchal de France. Mais quand ils parlèrent moyens et effectifs, on devint évasif, on prit des airs gênés, on ne demanda pas de précisions, on n'avança aucun chiffre. Sentant que le sort du Canada se jouait peut-être dans ces moments-là, Bougainville insista, mais en réduisant ses demandes : juste un peu d'artillerie, de munitions, une escadre pour défendre le Saint-Laurent. « Les Anglais, dit-il, tiennent 350 lieues [environ 1 300 kilomètres] de côte ouverte à tout secours venant d'Europe. Ils auront au printemps sur la terre d'Amérique 80 000 hommes armés. Du côté français, il y a 3 400 soldats de l'armée régulière, 1 200 soldats de la marine, 6 000 miliciens manquant de tout, même de poudre, quelques bandes de sauvages qui, peut-être, sont prêts à trahir. Si les Anglais attaquent Québec, nous aurons de quoi tirer le canon pendant six jours. » Faisant probablement allusion à la sévère défaite de Rossbach du 5 novembre précédent et du recul des Français dans le Hanovre devant une armée anglaise pourtant inférieure en nombre, Nicolas Berryer, quatrième ministre de la Marine en dix-huit mois, lui aurait répondu : « Quand le feu est à la maison on ne s'occupe pas des écuries. » Et Bougainville – peut-être – de rétorquer : « Au moins, on ne vous reprochera pas, monsieur le ministre, de parler comme un cheval. »

Toutefois neveu d'un ami de Mme de Pompadour, « alors Premier ministre », écrit Bougainville, il décrocha une audience de celle que l'on disait très hostile aux colonies. Elle le reçut avec enthousiasme et l'écouta exposer l'idée d'un plan d'attaque de la Nouvelle-Angleterre en débarquant 4 000 hommes sur la côte de la Caroline. Elle lui promit 2 millions (18 millions d'euros) pour défendre et développer le Canada.

Pendant ce temps, de l'autre côté de l'Atlantique, la marine anglaise, après la prise de Louisbourg, mettait en place le blocus de Québec : aucun navire français n'entrait plus dans l'estuaire du Saint-Laurent, misère et famine s'installaient dans la capitale de la Nouvelle-France.

Le 19 février 1759, Belle-Isle écrivait à Montcalm : « Je suis bien fâché d'avoir à vous mander que vous ne recevrez point de troupes de renfort. Outre qu'elles augmenteraient la disette que vous n'avez que trop éprouvée jusqu'à présent, il serait fort à craindre qu'elles ne fussent interceptées par les Anglais dans le passage ; et comme le roi ne pourrait jamais vous envoyer des secours proportionnés aux forces que les Anglais sont en état de vous opposer, les efforts que l'on ferait ici pour vous en procurer n'auraient d'autre effet que d'exciter le ministre de Londres à en faire de plus considérables pour conserver la supériorité qu'il s'est acquise dans cette partie du continent. » Il ne semble pas que Montcalm ait reçu ce courrier, qui signait par avance la capitulation française : en avril, il se plaignait dans une lettre à son épouse de demeurer huit mois sans nouvelles du gouvernement et disait les attendre « avec autant d'effroi que d'impatience ». Le 12 avril, il envoyait un véritable appel au secours à Belle-Isle : « À moins d'un bonheur inattendu, d'une grande diversion sur les colonies anglaises par mer, ou de grandes fautes de l'ennemi, le Canada sera pris cette campagne, et sûrement la campagne prochaine [...]. Le peuple est effrayé. La confiance diminue. » Selon certains historiens, ce défaitisme aurait finalement convaincu le gouvernement français de l'inutilité de renforcer une colonie déjà presque perdue.

Il est vrai que les lettres alors envoyées par Montcalm à sa famille traduisaient un moral au plus bas. Il confiait à sa mère son désir de rentrer en France, son rêve de retrouver les siens, de profiter de sa terre et des douceurs de Candiac. On lui avait confié une tâche impossible, et Versailles restait les bras ballants.

Le 10 mai, ayant réussi à tromper le blocus britannique, Bougainville arrivait à Québec avec tout de même 400 hommes de renfort, des munitions et des provisions. C'était mieux que rien. Surtout, il apportait un portrait en grand du roi de France, à installer dans la grande salle du château de Québec : à coup sûr de quoi repousser les Anglais. Et pourtant, cela parut dessiller enfin les yeux de Vaudreuil. Celui-ci lança un appel à la population, qui comptait alors environ 82 000 personnes : tous les hommes de seize à soixante ans étaient mobilisés pour la défense du Canada, soit 15 000 combattants supplémentaires. Sans expérience, sans formation, sans équipement, mais non sans enthousiasme : un vent patriotique souffla sur la colonie, on manifesta dans les rues, on dit des prières publiques dans les églises et sur leurs parvis, on chanta « merde au roi d'Angleterre qui nous a déclaré la guerre »...

Pendant ce temps, les Anglais mettaient la dernière main à leur plan d'attaque sur trois fronts à la fois : le Saint-Laurent, pour s'emparer de Québec, le lac Champlain, pour fondre sur Montréal, et Niagara, pour couper le Canada de la Louisiane. Quarante vaisseaux et frégates, 10 000 hommes d'équipage et 25 000 soldats étaient rassemblés dans ce but.

En face, les moyens dont disposait Montcalm demeuraient dérisoires. Il décida de les répartir ainsi : 300 hommes défendraient le fort de Niagara, tandis qu'en deuxième ligne on fortifierait Frontenac ; la défense des abords du lac Ontario serait confiée au colonel Luc de La Corne et à ses 1 200 hommes ; celle du lac Champlain aux 2 600 hommes du brigadier général François de Bourlamaque. Montcalm écrivit à chacun d'eux : « Votre besogne n'est pas de battre mais de ne pas être battu, de retarder par [vos] démonstrations, le plus que vous pourrez, l'ennemi. Ne vous retirez que pied à pied jusqu'à votre dernier point de défense où il vous faudra vaincre ou périr le plus tard qu'il sera possible. » Lui-même se réserva le poste le plus vulnérable, Québec. Ayant envoyé Bougainville à la tête de 2 500 hommes patrouiller le long du Saint-Laurent afin de protéger la liaison avec Montréal et l'arrivée des convois de ravitaillement, il rassembla 3 200 soldats et 7 500 miliciens, mobilisés grâce à la conscription de Vaudreuil, fit édifier un camp retranché et une série de redoutes en avant des murailles de la ville, espérant tenir ainsi jusqu'à la fin octobre et l'arrivée de l'hiver, qui sauverait peut-être la colonie pour une année de plus.

Après avoir, le 27 juin, débarqué des troupes sur l'île d'Orléans, ce fut le 30 juin, à 6 heures du matin, sous les ordres du général

James Wolfe, nommé en remplacement d'Abercrombie, qu'une armada de vingt-deux vaisseaux de ligne, trente frégates, une multitude d'embarcations légères, 27 000 soldats et 2 000 pièces de canon s'approcha de Québec, où l'on n'avait plus rien reçu de France depuis le retour de Bougainville. Denys de Vitré, capitaine de frégate français fait prisonnier par les Anglais, leur avait servi de guide. Montcalm en regretta d'autant plus amèrement le refus que lui avait opposé Vaudreuil, deux mois plus tôt, d'installer une batterie de canons au cap Tourmente, à une trentaine de kilomètres en aval de Québec.

Avec le plus gros de ses troupes, Wolfe prit position près des chutes Montmorency, à 14 kilomètres de la ville, en descendant le Saint-Laurent. Il fit en même temps installer sur la rive droite du fleuve, à la pointe de Lévis, d'imposantes batteries. Ironie de l'histoire, le lieu portait – et porte encore – le nom de famille du second de Montcalm, en l'honneur de son aïeul, Henri de Lévis, gouverneur de la Nouvelle-France de 1625 à 1627. Ce saillant permettant de bombarder à faible distance le cœur de la cité, on s'est étonné que Montcalm n'ait pas songé à le fortifier. Incompréhensible négligence, erreur d'appréciation, démoralisation, manque de moyens et de temps ? Aucune hypothèse ne l'emporte mais il demeure que ce fut là une grave erreur.

Tous les ressorts de la tragédie se trouvaient dès lors réunis.

TROISIÈME PARTIE

D'une colonisation à l'autre

« Penna glavium superat. »

CICÉRON (45 av. J.-C.)

LES ÉTABLISSEMENTS FRANÇAIS : XVIIe-XVIIIe siècles

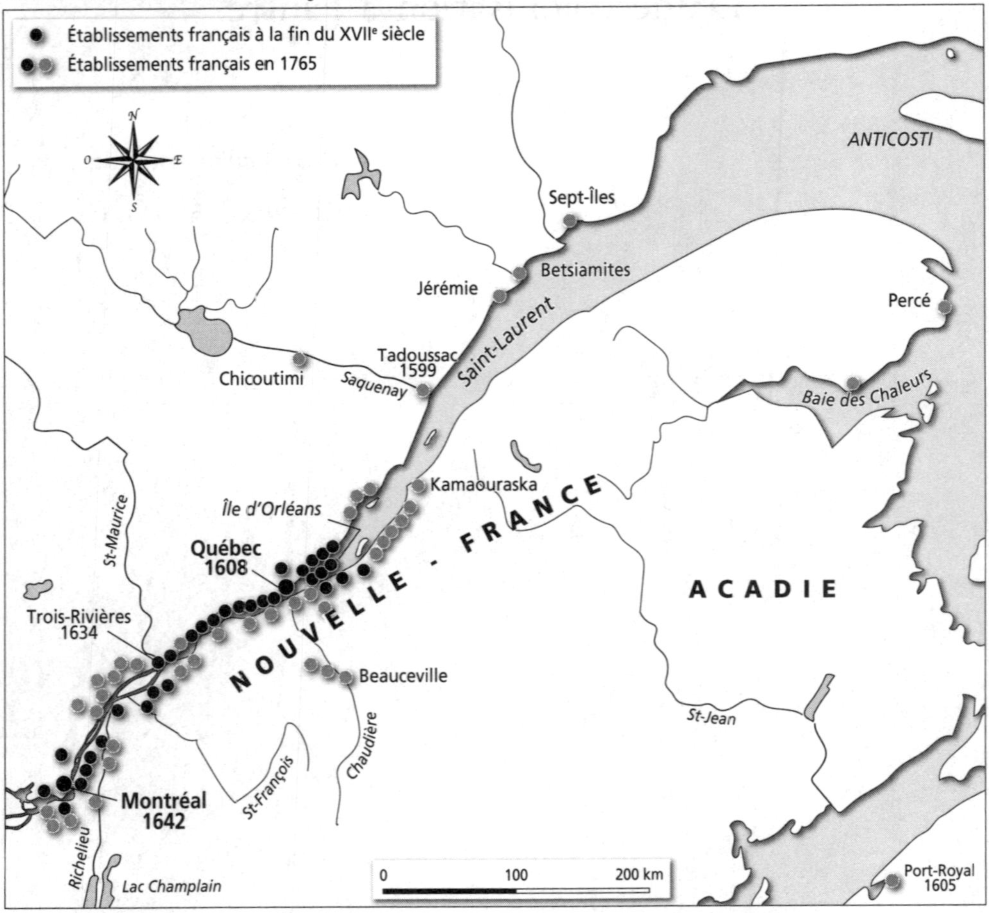

1

Abraham, mornes plaines

Matthieu Asselin, dirigeant bancaire québécois et descendant de l'une des « filles du roi », ne peut rencontrer un historien ou un homme politique français sans l'interpeller de la même façon : « Après la bataille des plaines d'Abraham, vous les Français nous avez abandonnés alors que rien ne vous obligeait à le faire. » Un raccourci de l'histoire, mais qui montre que l'épisode a profondément marqué les Français du Canada.

La bataille des plaines d'Abraham constitue en effet un point de fixation populaire alors qu'elle ne représente qu'un épisode parmi d'autres de la guerre dite « de conquête ». Mais un faisceau d'indices en fait un tournant décisif, un de ces repères du basculement de l'histoire qui condamne un avenir pourtant encore possible.

Abraham Martin, né en 1589 en Normandie, arrivé en Nouvelle-France vers 1620, un temps pêcheur et pilote sur le Saint-Laurent, reçut en 1635, de la Compagnie de la Nouvelle-France, douze arpents de terre plane sur les hauteurs de Québec. Après sa mort, en 1664, les Ursulines acquirent son domaine mais en conservèrent la dénomination devenue usuelle.

À quoi ressemblait Québec presque cent ans plus tard ? « Un étonnant assemblage de clochers en branle, de batteries en feu, d'esplanades verdoyantes, d'arbres séculaires, de dômes et de toits métalliques, réfléchissant la lumière comme autant de miroirs, ville couronnée par une citadelle aux bastions à pic, que domine à son tour un cap de mille pieds de hauteur, sortant tout droit du fleuve. Éblouissant tableau qui se reflète dans l'onde d'un bassin assez immense pour contenir cent vaisseaux de ligne à cent vingt lieues de la mer. C'était la capitale de la Nouvelle-France. » Ville d'un peu plus de 8 000 habitants, telle que vue par l'historien George Bancroft.

Dès qu'installé, Wolfe lança une proclamation destinée à terroriser les Québécois : « Le roi, mon maître, justement irrité contre la France, résolu d'en abattre la fierté et de venger les injures faites aux colonies anglaises, s'est enfin déterminé à envoyer en Canada un armement formidable. Il a pour but de priver la couronne de France des établissements considérables dont elle jouit dans le nord de l'Amérique. » Ajoutant qu'il traiterait les Canadiens insoumis « avec toute la sévérité des lois de la guerre ».

Le 12 juillet 1759, commença le bombardement de la ville depuis la pointe Lévis ; il dura deux mois, au cours desquels furent tirés 50 000 boulets, soit six par habitant, qui détruisirent les trois quarts de la ville.

Le 31 juillet, Wolfe ordonna une offensive depuis Montmorency contre la redoute française de Beauport qui protégeait Québec le long du Saint-Laurent. Au terme d'un violent combat, les Anglais furent repoussés et perdirent plus de sept cents hommes : la première bataille du siège de Québec marquait une nette victoire de Montcalm et des assiégés. Dont Wolfe se vengea en faisant dévaster les champs et les fermes alentour par les *rangers* (gardes forestiers) venus de Nouvelle-Angleterre. En même temps qu'il modifiait ses plans pour attaquer en amont plutôt qu'en aval, ce qui présentait aussi l'avantage de couper Québec de Montréal. Ce fut un nouvel échec : les troupes de Bougainville et de Bourlamaque empêchèrent les Anglais de débarquer entre les deux cités. Dès lors, Wolfe se résolut à une opération audacieuse en lançant l'offensive à un endroit inattendu, par un débarquement dans l'anse au Foulon, d'où un sentier étroit et abrupt, mal gardé, donnait accès aux plaines d'Abraham jouxtant les murs de la ville. *A priori*, l'opération ne présentait que des risques pour les Anglais, et l'on peut encore se demander si l'initiative de Wolfe, malade, déprimé et rendu fou de rage par ses précédents échecs, ne relevait pas de l'inconscience, voire d'une volonté suicidaire. Car après que les soldats auraient, péniblement, escaladé la falaise de près de 60 mètres, ils se seraient trouvés au mieux sans possibilité de retraite, au pire pris entre les feux des remparts et ceux de l'armée de Bougainville, qui continuait sa progression en amont du fleuve en direction de Québec. Après plusieurs informations contradictoires, Montcalm découvrit, le 13 septembre à 4 h 30 du matin, le surgissement des premières colonnes anglaises dans les plaines d'Abraham. Ce qui n'avait été rendu possible que par un défaut de surveillance de l'anse au Foulon, imputable à la négligence de l'officier de garde, Louis de Vergor, déjà réputé pour son incompétence et sa légèreté, mais peut-être aussi à la trahison de Jean-Baptiste Cugnet, un ancien coureur des bois qui aurait livré aux Anglais de précieux renseignements.

Rarement dans l'histoire une bataille rangée aura donné lieu à des analyses et à des interprétations aussi divergentes. Concernant d'abord les forces en présence : entre 3 200 et 4 800 combattants du côté anglais, entre 2 300 et 5 000 du côté français. Ensuite sa durée : entre trois quarts d'heure selon la version traditionnelle, et quatre ou cinq heures selon les études les plus récentes. Puis son bilan : des pertes disproportionnées selon certaines sources – environ 650 Français tués contre seulement 50 à 60 Anglais –, tout à fait équilibrées selon d'autres – entre 600 et 660 morts de chaque côté et à peu près le même nombre de blessés, environ 600. De même les choix tactiques des chefs : Montcalm comme Wolfe ont compté autant de laudateurs que de détracteurs, les premiers vantant leur audace, leur courage et leur détermination, les seconds déplorant leur imprudence, leur précipitation, leur manque d'écoute aux avis de leurs adjoints. Enfin ses conséquences : depuis la défaite déterminante qui allait contraindre Québec à capituler, jusqu'au « match nul » après lequel « tout était à refaire ». Qui croire ? Des éléments avérés, il ressort que l'effet de surprise recherché par Wolfe ne joua que faiblement : rapidement Montcalm rassembla des troupes en nombre suffisant pour opérer une sortie car il craignait que l'opération ennemie, contournant à terre Québec par l'ouest, combinée à une attaque par le fleuve, ne visât Beauport, place qu'il considérait comme indispensable à son dispositif général. Aurait-il dû attendre le renfort des 2 500 hommes de Bougainville, qui n'étaient plus qu'à 10 kilomètres au sud ? Il est probable qu'un temps de réflexion supplémentaire aurait peut-être dissuadé Montcalm de foncer tête baissée. C'est pourquoi l'historien québécois Guy Frégault put qualifier le 13 septembre 1759 de « journée des fautes ».

Faute effectivement de préparation préalable approfondie, la première phase de la bataille se résuma en un affrontement ligne contre ligne, une intense fusillade qui, dégageant rapidement une épaisse fumée, empêchait de voir l'ennemi et obligeait à tirer au jugé ; la violence de l'engagement fut totale et les chefs payèrent ardemment de leur personne : Wolfe fut tué de trois balles, son second, Robert Monckton, grièvement blessé, ainsi que Montcalm, évacué à l'abri de la ville. Les Français refluèrent derrière les remparts. Les Anglais, ne pouvant se retrancher, continuèrent d'avancer sous le feu des miliciens qui leur infligèrent des pertes importantes. Ils finirent par décrocher et se réfugièrent sur le coteau Sainte-Geneviève, un escarpement à l'ouest de la ville. Québec était sauvé.

Après quoi reprennent les incohérences : selon les sources, Vaudreuil serait venu renforcer les miliciens avec 1 000 ou 1 200 Canadiens et aurait ainsi contribué au retrait des Anglais, ou bien il n'aurait fait qu'une brève apparition, seul sur son cheval, avant de prendre la fuite… Quant à Bougainville, il aurait abandonné le combat en essuyant le feu de quelques canons anglais, ou bien en apprenant que la bataille était finie et qu'il n'y avait plus rien à faire…

Une chose est certaine : les affrontements cessèrent vers midi, ne laissant sur place ni vainqueur ni vaincu. Pourtant, dès cet instant, l'ambiance dans Québec tourna à la défaite. Transporté au couvent des Ursulines, avec plusieurs blessures, dont une au bas-ventre qui lui serait fatale, le défenseur de la ville dicta une lettre au brigadier général George Townshend, nouveau chef de l'armée anglaise après le décès de Wolfe. Commençant par cette étonnante formule : « Obligé de céder Québec à vos armes… »

Le lendemain, à 5 heures du matin, on sut que le marquis de Montcalm ne reverrait jamais Candiac. On l'inhuma dans la chapelle des Ursulines, où sa dépouille demeura jusqu'au 11 octobre 2001. Elle fut alors transférée dans un mausolée édifié au centre du cimetière de l'hôpital général de Québec. En 1828, le gouvernement canadien, soucieux de réconciliation symbolique et protocolaire, fit ériger une colonne devant la citadelle de Québec – aujourd'hui le château Frontenac – en hommage aux deux généraux, sans distinguer ni vainqueur ni vaincu. Si Wolfe ne conserve plus aujourd'hui de notoriété en Angleterre, le souvenir de Montcalm demeure en revanche en France auréolé des vertus du courage et de l'abnégation au service du bien commun.

Rien, en effet, le 14 septembre 1759, n'obligeait à abandonner Québec : les Anglais ne bougeaient plus. Vaudreuil tint un conseil de guerre au cours duquel on envisagea une offensive que rendait tout à fait possible le nouveau rapport des forces mais à laquelle les officiers qui avaient combattu la veille s'opposèrent. Tout se passa comme si la mort de Montcalm n'avait pas seulement décapité l'armée, mais également ôté à la colonie toute volonté de se défendre. « Jamais, a écrit un des témoins les plus sérieux des événements, Jérôme de Foligné, alors jeune officier de marine, je ne me serais imaginé que la perte d'un général pouvait causer une déroute que j'ose dire sans exemple : tant qu'il était debout, la fortune demeurait indécise, quand il est tombé, ce fut l'écroulement. » À telle enseigne que les chefs militaires restants, dont on a voulu oublier les noms, décidèrent, sans se soucier de l'autorité de Vaudreuil, de quitter la ville, d'abandonner Beauport et de se retrancher derrière la rivière Jacques-Cartier, au nord-ouest de Québec.

Encore faut-il préciser à la décharge des défaitistes que, d'une part, on voyait depuis les remparts de Québec les Anglais renforcer considérablement leur appareil de siège, notamment en installant, en trois jours, plus de cent vingt pièces d'artillerie supplémentaires sur les Buttes-à-Neveu – la partie des plaines d'Abraham la plus élevée –, d'autre part arrivaient de mauvaises nouvelles du front du Sud : le 25 juillet précédent, le général William Johnson avait investi le fort de Niagara et, quelques jours plus tard, La Corne avait échoué à déloger les Anglais du site de l'ancien fort d'Oswego. Puis le fort Frontenac tomba à son tour. L'envoi de Lévis et de 900 soldats n'avait rien pu changer, d'autant que la plupart des alliés amérindiens, sentant le vent tourner, l'avaient abandonné. Tout le lac Ontario passait ainsi aux mains des Anglais, et le Canada se trouvait complètement coupé de la Louisiane.

Du côté du lac Champlain, Bourlamaque, conformément aux instructions de Montcalm, avait progressivement reculé devant les troupes du général Jeffrey Amherst, lui aussi un ancien de Fontenoy, qui avait succédé à Abercrombie. Après avoir évacué Carillon, puis Saint-Frédéric le 31 juillet, l'officier français avait pris position aux abords du lac afin de bloquer l'accès à la rivière Richelieu et d'attendre l'assaut de l'ennemi, trois fois supérieur en nombre.

Déconfit, Vaudreuil donna à Ramezay, chef de la garnison de Québec, instruction de hisser le drapeau blanc dès qu'il manquerait de vivres. Curieusement, il partit ensuite rejoindre l'armée et demanda à Lévis, alors près de Montréal, qu'il désigna comme successeur de Montcalm, de joindre ses troupes à celles de Bougainville afin de marcher sur Québec. Le 15 septembre, plusieurs notables de la ville, sous la conduite de l'un d'eux, François Daine, faisant inévitablement penser aux célèbres bourgeois de Calais, se réunirent en assemblée délibérante. Laquelle demanda à Ramezay de discuter sans plus attendre des conditions d'une capitulation. Se déroula alors une course de vitesse entre, d'une part, Ramezay et ceux qui le poussaient à capituler, d'autre part, Lévis et Bougainville qui accouraient au secours de la ville. Quand ces derniers arrivèrent près de ses murs, ils apprirent que la veille, 18 septembre, elle s'était rendue à l'ennemi. Lévis fulminait : « Il est inouï que l'on rende une place sans qu'elle soit ni attaquée ni investie. » Le 20 septembre, les Anglais entrèrent dans une cité en ruines et commencèrent l'évacuation de la garnison pour son rapatriement en France. Le clergé se précipita pour saluer le vainqueur : « Le roi d'Angleterre étant maintenant, par conquête, souverain du Québec, on lui doit tous les sentiments dont parle l'apôtre Paul », déclara l'évêque, Mgr de Pontbriand. Selon lui et sa hiérarchie, le ciel donnait raison au canon. Tout à coup, le protestantisme des nouveaux maîtres ne soulevait plus de problèmes aux sourcilleux contre-réformés. Les ursulines se mirent à confectionner des bas de laine pour voiler l'indécente nudité des jambes des soldats écossais, et aussi les protéger des frimas...

Les 11 et 12 octobre, la flottille française du lac Champlain commandée par d'Olabaratz, lui-même placé sous les ordres de Bourlamaque, se saborda pour échapper à la flotte d'Amherst. Toutefois, la place de l'île aux Noix – qui commandait la rivière Richelieu – étant demeurée intacte, Vaudreuil lui envoya Bougainville en renfort afin de continuer de protéger la route de Montréal.

Comme désinhibé par la disparition de Montcalm, Vaudreuil affirmait chaque jour son caractère combatif et s'ingéniait à préparer, en bonne entente avec Lévis, la reprise de Québec. Pour cela, il fallait, avant tout et comme toujours, des renforts de la métropole : 4 000 hommes, des vivres, des munitions et cinq ou six vaisseaux. Comme Montcalm avec Bougainville un an plus tôt, il envoya le 22 novembre un émissaire à Versailles, le chevalier François Le Mercier. Qui ne rencontra pas davantage de succès. Berryer, toujours en fonction, lui accorda chichement 400 hommes, à acheminer par des navires marchands mais aucun bâtiment de guerre, « détestable méthode des petits paquets ». Et, cette fois, totalement inutile : les bateaux partis de Bordeaux, et seulement en avril 1760, furent soit capturés par des frégates anglaises, soit se perdirent, soit furent incapables de franchir l'estuaire du Saint-Laurent, complètement bloqué par la Navy.

Ces renforts seraient de toute façon arrivés trop tard pour participer à l'offensive lancée par Lévis, avec 7 000 combattants, à partir du 25 avril, en vue de reprendre Québec. Il y eut une seconde bataille des plaines d'Abraham, cette fois dans une configuration exactement inverse de celle de l'année précédente : à l'intérieur de la ville, les Anglais, qui avaient beaucoup souffert de l'hiver et perdu un millier d'hommes du scorbut ; à l'extérieur, les Français, en position d'assaillants sur un théâtre d'opérations voisin du précédent, près du village de Sainte-Foy. Comme Montcalm, le général écossais James Murray, nommé gouverneur en octobre 1759, opéra une sortie, mais lui fut sévèrement battu : deux heures de combat, 1 200 tués et la perte de tous les canons qu'il avait fait sortir de la ville. Lévis entreprit aussitôt l'organisation d'un siège, mais la flotte anglaise amena des renforts en grand nombre à partir du 9 mai. Bientôt menacé d'encerclement, Lévis dut lever le camp, ulcéré de l'impéritie du gouvernement de Versailles : « Une seule frégate, écrivit-il à Berryer, arrivée avant la flotte anglaise, eût décidé la reddition de Québec. » Et peut-être du sort du Canada français…

Sa retraite forcée après sa victoire porta au moral de l'armée, comme à celui de la population de Québec, un coup encore plus dur que la mort de Montcalm : on pouvait compter sur des Français, on ne pouvait pas compter sur la France.

À partir de ce moment, le reliquat des troupes, démuni de presque tout appui flottant dans le Saint-Laurent, se mit à errer sur ses bords, résigné à ne plus rien entreprendre de décisif. Ainsi, malgré quelques coups d'éclat, Montréal, le 8 septembre, puis Trois-Rivières, vingt jours plus tard, tombèrent à leur tour. Le 29 novembre, le dernier fort français en Amérique, Pontchartrain, sur l'emplacement de l'actuelle ville de Detroit, rendait les armes. Faute de navires, faute de munitions, faute de combattants, faute de politique américaine à Versailles, faute d'un État qui sût se distinguer de la Cour.

L'année 1760 s'achevait sur un triomphe presque complet des armes britanniques et resterait dans les mémoires comme celle du miracle anglais, « *annus mirabilis* » disait-on à Londres. Une petite île relativement peu peuplée mais située au cœur des terres émergées avait imposé sa loi sur trois continents. Certaines puissances l'y avaient aidée, d'autres s'en étaient tenues à l'écart, une en fut la principale victime : la France de Louis XV. Sa passivité en Amérique laissa longtemps les historiens perplexes. Celui de *L'Expansion de l'Angleterre*, John Robert Seeley, put écrire : « On dirait que nous avons acquis et peuplé la moitié du globe dans un moment de distraction et d'absence d'esprit de nos ennemis. »

La Nouvelle-France était bien morte, de même que le premier empire colonial français, même si tout cela se discuterait, *in fine*, entre diplomates.

2

Maudit traité, maudits Français

De 1760 à 1763, l'armée britannique administre le Canada en tant que territoire occupé et non comme colonie anglaise. Une occupation qui pourrait aussi bien déboucher sur une annexion que sur un retour à la situation antérieure, comme cela s'est déjà produit deux fois, par le traité de Ryswick en 1697 et par celui d'Aix-la-Chapelle en 1748. Tout dépend des futures négociations qui, un jour ou l'autre, concluront nécessairement la guerre de Sept Ans. Ainsi la convention signée le 8 septembre 1760 par Vaudreuil et Amherst pour la reddition de Montréal stipule-t-elle son caractère provisoire : « Toutes choses rentreraient dans leur premier état si l'on apprenait que la paix était faite entre les deux métropoles et que par le traité la France conserve la colonie. »

Le « régime militaire » s'exerce d'abord à Québec, à compter de septembre 1759, sous l'autorité du général Murray. Ce quinquagénaire d'origine écossaise qui s'est illustré sur un grand nombre de théâtres d'opérations cumule des habitudes de soldat et des aspirations d'administrateur. Comme soldat, il a retrouvé sa superbe avec l'arrivée des renforts et les ultimes victoires anglaises. Comme administrateur, il doit faire face à un énorme problème monétaire et financier consécutif à la décision prise le 15 octobre par le Conseil d'État du roi de France de ne plus honorer les lettres de change des colonies. Or, toute l'économie financière de la Nouvelle-France a jusque-là reposé sur ces lettres de change que, chaque année, l'intendant recevait l'autorisation de tirer sur les comptes des trésoriers généraux de la marine à Paris. Système bancal et inadapté à une économie en expansion, mais dont les Canadiens se contentaient faute de mieux. Y mettre brutalement fin peut s'expliquer sous un angle politique, puisque le Canada n'est plus sous administration française. Il n'empêche qu'une telle décision risque d'entraîner la banqueroute et la ruine des affaires. Là réside la véritable dette de Louis XV. Dès lors, l'occupant britannique se trouve en état de secourir l'économie canadienne en mettant à son service un vrai système monétaire et financier, gagé sur les réalités et incitant les colons à gagner de l'argent dans un contexte assaini. Murray ne se prive pas de l'aubaine, assurant aux Québécois qu'abandonnés financièrement par la France, ils ne le seront pas par leurs nouveaux maîtres. La livre sterling devient donc la seule monnaie d'échange, au pouvoir libératoire illimité et à la convertibilité assurée par la Banque d'Angleterre. On peut dater de ce moment la formation de la réputation, qui traversera les siècles, de l'incompétence économique et financière française au Canada, assurant la suprématie anglaise et, consécutivement, l'infériorisation des francophones en la matière…

La presse de Londres se délecte de ce mauvais tour joué aux Canadiens par le gouvernement de la mère patrie. Elle ajoute à la liste des faillites celle d'un « nommé Louis le Petit, de la ville de Paris, fauteur de guerre, marchand et colporteur ».

Toutefois, George II étant mort le 11 octobre 1760, son petit-fils et successeur, George III, remplace le gouvernement du belliqueux William Pitt par un cabinet que dirige John Stuart, comte de Bute, lequel n'entend pas poursuivre la « guerre sanglante et coûteuse de son prédécesseur ». Il propose donc l'ouverture de pourparlers dans un relatif esprit de compromis. En avril suivant, on échange des plénipotentiaires : François de Bussy, agent de la diplomatie secrète, se rend à Londres ; Hans Stanley, diplomate plus officiel, à Versailles. Afin de mettre dans la balance un renforcement militaire de la France, le duc de Choiseul, qui vient de remplacer Berryer et s'impose comme l'homme fort du gouvernement, initie un nouveau pacte de famille, conclu le 15 août 1761 entre Philippe V et Louis XV. Le 4 janvier suivant, l'Espagne entre en guerre contre l'Angleterre. Sans autre résultat que de relancer les offensives britanniques et de leur offrir la prise de la Dominique, des îles françaises de Sainte-Lucie et de la Martinique, qui rejoignent ainsi la Guadeloupe, conquise en mai 1759, enfin des Philippines espagnoles. La France et l'Espagne réalisent ensemble, mais un peu tard, qu'on ne relance pas un conflit en état d'infériorité collective.

On reprit donc le chemin de la table des négociations à la fin de l'été 1762. En Angleterre, deux partis s'étaient formés au sein du gouvernement : celui qui entendait annexer le Canada, et celui qui préférait le rendre à la France et conserver la Guadeloupe. Longtemps, les seconds, emmenés par le duc de Bedford, lord du Sceau privé, et le comte de Hardwicke, lord chancelier, parurent l'emporter. Leurs arguments tenaient en trois points : la supériorité incontestable des ressources économiques des Antilles sur celles des froides étendues du Nord ; la crainte que, à l'exemple de l'Espagne, le Royaume-Uni ne s'affaiblît à force de se surcharger d'immenses colonies ; enfin la méfiance à l'égard des dirigeants de la Nouvelle-Angleterre, de plus en plus arrogants et qui regardaient déjà le Canada comme leur revenant de droit. Quelque temps auparavant, James Murray avait confié à un ancien aide de camp de Montcalm, le comte de Malartic : « Si nous sommes sages, nous ne conserverons pas le Canada. Il faut que la Nouvelle-Angleterre ait un frein à ronger, et nous lui en donnerons un qui l'accaparera en ne gardant pas ce pays-ci. » Débarrassés de la menace française, les « Bostoniens » commençaient en effet à se demander à quoi leur servait le gouvernement de Londres, sinon à leur soutirer des taxes pour financer des guerres en Europe dont ils n'avaient que faire : l'isolationnisme américain se dessinait déjà.

Première surprise des négociateurs britanniques à leur arrivée à Versailles, le 10 septembre 1762 : le gouvernement du duc de Choiseul ne tient pas plus qu'eux à conserver le Canada et lui préfère de loin les îles à sucre, à tabac, à banane et à cacao, ce dernier produit connaissant une mode faramineuse, alors que celle des fourrures est en plein déclin. Il faut savoir qu'à cette époque la population de Basse-Terre, capitale de la Guadeloupe, est supérieure à celle de Québec et celle de Saint-Pierre, à la Martinique, le double de celle de Montréal.

Envoyé parallèlement à Londres, le duc de Nivernais, arrière-petit-neveu de Mazarin, confirme la position française. Voici donc le Canada et ses ressortissants dans une situation plutôt dégradante : si l'on considère que les traités de paix tiennent à la fois du contrat de mariage et de la convention de divorce, non seulement les parents ne se disputent pas la garde de l'enfant, mais ils cherchent au contraire à s'en débarrasser sur l'autre partie. On pourrait conjecturer qu'à ce jeu, c'est l'Angleterre, en position de force, qui va l'emporter. Mais seconde surprise : c'est elle qui consent à rendre « les îles » et à conserver le Canada.

Ce revirement résultait d'un changement d'état d'esprit à Londres lorsqu'on avait réalisé que la victoire obtenue en Amérique ne pouvait se solder par la reconstitution, même partielle, de l'Empire français. Cela faisait sept ans que le royaume britannique se trouvait engagé dans deux guerres ruineuses : une continentale, qui n'avait que très peu servi ses intérêts, et une maritime, où il avait triomphé si largement que ce serait un gâchis de ne pas en tirer toutes les conséquences avantageuses. Dans ces conditions, l'Angleterre demanda à annexer l'essentiel des possessions françaises en Amérique, soit tout le territoire au nord et à l'ouest de ses colonies, jusqu'au Mississippi. À partir de ce retournement, la question de la Guadeloupe et de la Martinique s'effaça devant « le grand réalisme ». Mais la France n'était pas à ce point à genoux qu'on pût se dispenser de lui offrir quelques compensations. C'est là que joua le poids du duc de Bedford, déterminé à obtenir une paix durable, donc bien équilibrée, avec la France. On consentit donc symboliquement au vaincu la possession de l'archipel de Saint-Pierre-et-Miquelon et, surtout, la conservation de ses droits de pêche au large de Terre-Neuve, en dépit de la vive opposition des milieux maritimes anglais. Autorisant l'historien québécois John A. Dickinson à écrire : « La Nouvelle-France redevenait ce qu'elle avait été au XVIe siècle : une grande pêcherie qui assurait la prospérité des armateurs malouins tout en demeurant la pépinière de la marine. »

Ainsi fut conclu le traité de Paris du 10 février 1763.

À cette nouvelle, on illumina dans les deux capitales. L'Angleterre célébrait l'extension sans précédent de ses possessions : devenue, avec le contrôle des Indes et celui de la moitié de l'Amérique du Nord, la première puissance coloniale *ex aequo* avec l'Espagne, on pressentait qu'elle ne tarderait pas à occuper seule cette place et déjà on parlait d'Empire britannique. La France célébrait la paix, la récupération des îles à sucre et à cacao, feignant d'ignorer que cette dernière denrée provenait essentiellement d'Afrique. Voltaire en rajoutait en écrivant au ministre de la Marine : « Je suis comme le public, j'aime beaucoup mieux la paix que le Canada et la France peut être heureuse sans Québec. » Cinq ans plus tard, au moment où la France s'apprêtait à acheter la Corse, le duc de Choiseul réitérait sa conviction : « La Corse est plus utile à la France de toutes les manières que ne l'était ou ne l'aurait été le Canada. » Mais en 1763, l'opinion publique semblait plus partagée : le bon sens populaire comprenait que la puissance française venait de subir une lourde amputation et la « gloire » de Louis XV, symbolisée par l'érection de sa statue équestre sur la place portant son nom, provoqua pamphlets et railleries.

C'est en Nouvelle-Angleterre que la liesse éclata le plus vivement : personne ne doutait que la conquête de la Floride et du Canada revenait bien plus aux treize colonies, dont le nombre allait ainsi s'accroître de trois ou quatre unités, qu'à la lointaine Angleterre. Benjamin Franklin, directeur de journal, homme des Lumières, franc-maçon et membre de l'Assemblée de Pennsylvanie, alors âgé de cinquante-sept ans, ayant beaucoup milité en faveur d'une union générale des territoires, commençait à s'imposer comme le théoricien d'une Amérique indépendante. Pour les « Bostoniens », l'intégration et l'assimilation du Canada français dépendraient d'une politique de peuplement qui s'appuierait moins sur une immigration en provenance des îles Britanniques que sur la « vitalité américaine », contraignant la population d'origine française « à se mêler et à s'incorporer à notre peuple à la fois quant à la langue et quant aux mœurs ». Il suffisait d'ailleurs de regarder les chiffres : à l'échec global du peuplement du Canada, qui ne comptait alors que 80 000 Français, répondait le dynamisme du peuplement des treize colonies, où vivaient désormais près de 3 millions d'anglophones, une disproportion insurmontable.

La réaction des Français du Canada se fit en revanche beaucoup plus discrète : n'ayant pas été spécialement maltraitée par l'occupant durant le régime militaire, du moment qu'elle ne prenait pas les armes contre le vainqueur, la population se montrait attentiste. On ne notait pas de volonté massive de retour en métropole, sauf dans la frange aristocratique, peu nombreuse et qui n'envisageait pas d'autre état que le service du roi de France.

C'est seulement au siècle suivant qu'on instruisit, surtout au Québec, le procès du gouvernement français, faisant valoir qu'on ne cède pas un pays et un peuple comme une simple marchandise et relevant que, même si cela n'appartenait guère à la culture politique du temps, personne ne songea à recueillir l'avis des intéressés. Quant à l'expression populaire « maudits Français », dont l'apparition ne date que de la fin du XIXe siècle et d'une vague d'immigration française au Québec, elle rétroagit alors en se référant au traité de 1763, dont elle réveilla, et modela, le mauvais souvenir.

Vaudreuil, Bigot et Lévis étaient retournés en France après la reddition de Montréal. Une partie de l'opinion publique grondant un peu, le gouvernement royal voulut la satisfaire en désignant des responsables à la perte du Canada. Faciles boucs émissaires, l'ancien gouverneur fut embastillé en novembre 1761 et l'ancien intendant en mars 1762. On les accusa de malversations, ce qui n'était pas tout à fait faux pour le premier et parfaitement exact pour le second.

Vaudreuil fut acquitté un mois plus tard et mourut à Paris en 1778. Bigot fut condamné à rembourser 1,5 million de livres (environ 12 millions de nos euros), mais réussit à s'enfuir en Suisse, où il mourut huit mois avant Vaudreuil. Lévis continua son métier de soldat, combattit avec succès dans l'armée du Rhin jusqu'à la fin de la guerre et acheva sa brillante carrière avec le titre de maréchal de France et le rang de duc héréditaire. Il mourut à Arras en 1787. Toute sa vie il exprima son admiration pour Montcalm et la tristesse d'avoir perdu son meilleur ami. Un des rares hommes de l'histoire dont le parcours, tant privé que public, ne suscita jamais que des éloges et ne fut entaché d'aucune ombre. Sa statue de bronze figure depuis 1884 sur l'hôtel du Parlement de Québec, et un monument a été élevé en son honneur en 2013.

Le traité avait rétabli la paix entre les trois grandes puissances européennes, dont deux seulement demeuraient coloniales en Amérique, mais non la paix avec les Amérindiens, auxquels on n'avait nullement songé au cours des négociations diplomatiques. Aussi bien, trois mois plus tard éclatait la rébellion de Pontiac.

Une partie des peuples du « Pays-d'en-Haut », vaste zone couvrant à peu près la région des Grands Lacs et la vallée de l'Ohio, avait conclu avec les Français un *modus vivendi* qui se trouva remis en cause par l'occupation britannique. Ils ressentirent d'autant plus vivement le changement qu'aucune explication ne leur fut fournie et que le général Amherst décida d'abandonner la pratique des présents aux chefs de tribu qu'avaient instaurée les Français. Sa suppression fut ressentie comme une injure et interprétée comme une volonté de domination sans merci. À ceci s'ajouta l'arrivée de colons en grand nombre afin de défricher et d'exploiter des terres où, jusqu'ici, les Français s'étaient montrés beaucoup plus rares et discrets. Enfin, une série d'épidémies fut imputée à la présence des Européens. De sorte que se produisit un réveil religieux afin de venir à bout de ces malédictions et qu'il prit les colons pour cibles.

Mais l'unité faisait défaut aux différentes tribus. Tandis que l'une fomentait une révolte, une autre en informait les Anglais. Jusqu'à l'apparition d'un chef de guerre, en la personne de Obwandiyag, du peuple outaouais, dont les Anglais déformèrent le nom en « Pontiac ». Religieusement inspiré par Neolin, prophète amérindien de la vallée de l'Ohio prêchant un redressement spirituel de son peuple, il réussit à former une coalition « panindienne » et mena plusieurs attaques de forts avec succès, dont le premier fut celui de Detroit en mai 1763. Sans qu'il y eût de plan d'ensemble ou même de coordination entre les tribus, la nouvelle des victoires de Pontiac propagea la rébellion au sud des Grands Lacs et jusqu'en Pennsylvanie. D'autant plus facilement que des rumeurs se mirent à courir d'un retour des Français pour aider les rebelles : des guerriers amérindiens brandissaient des drapeaux fleurdelisés et appelaient au retour d'Onontio. Certains Canadiens installés dans la vallée de l'Ohio aidèrent effectivement les insurgés en les approvisionnant. Deux forts, de Vincennes et de Chartres, servirent, avec la complicité d'officiers « retardataires », de bases arrière à quelques groupes de combattants. Mais rien qui fût, même en sous-main, piloté par une quelconque autorité française.

L'armée anglaise se montrant insuffisante pour protéger les colons, ceux-ci s'organisèrent en milices de défense, les *Paxton Boys*, initialement originaires de la ville de Paxton. Leur traque des Amérindiens fut des plus violentes. La sauvagerie s'accrut de part et d'autre. On massacra des civils, sans distinction d'âge ni de sexe, à petite comme à grande échelle. On usa des armes chimiques de l'époque : la propagation de maladies, dont la petite vérole, qui fit des ravages chez les Amérindiens.

Amherst, à la fois trop dur et trop peu efficace, fut limogé et remplacé par le major général Thomas Cage. Plusieurs expéditions militaires, tout au long de 1764 et 1765, réduisirent les dimensions de la révolte, mais la paix ne fut véritablement rétablie qu'en juillet 1766, avec un traité formel conclu entre William Johnson,

« surintendant des Affaires indiennes pour les colonies du Nord », et Pontiac, qui lui-même voulait mettre fin à cette « sale guerre » qui avait fait de nombreuses victimes : environ 2 000 colons tués ou capturés, 400 à 500 soldats britanniques morts au combat ou faits prisonniers et torturés à mort, autant de guerriers amérindiens et un nombre inconnu de victimes civiles.

En dépit de la convention, Pontiac subit la vindicte de certains colons, qui le firent assassiner par un mercenaire autochtone, le 20 avril 1769. Il entra alors dans la légende : des Français résidant encore dans la haute vallée du Mississippi le surnommèrent « Vercingétorix des Indiens ». Une municipalité porte aujourd'hui son nom dans la province de Québec, ainsi qu'une ville dans l'État du Michigan et une marque d'automobiles fondée en 1906 mais disparue depuis. Surtout, Pontiac demeure un symbole des revendications identitaires des premières nations et de leur possible réussite, son soulèvement armé étant le seul de l'histoire qui ne s'acheva pas par une totale défaite autochtone.

Une frontière étanche fut établie en 1766 entre d'une part les treize colonies et les territoires anciennement français, d'autre part les territoires amérindiens situés au sud des Grands Lacs et à l'est du Mississippi, au lieu que se poursuive l'extension engagée autrefois depuis le Canada. Les atrocités commises dans les deux camps provoquèrent chez les Anglais un certain mépris pour ces colons contaminés par la sauvagerie du pays, et chez les colons une rancœur à l'égard des Anglais qui n'avaient pas su les protéger. Apparaissait, là encore, un ferment du futur soulèvement américain contre la métropole.

Le calme enfin revenu, l'administration britannique s'occupa d'organiser ses nouveaux territoires en vue de leur stabilisation politique et de leur développement économique : on s'apprêtait à façonner une société nouvelle fondée sur le principe d'assimilation, mais non sans hésitations sur les moyens de le mettre en œuvre. La Nouvelle-France n'était plus, ce qui allait la remplacer n'existait pas encore. Le Canada jouait les disparus, avant de jouer les revenants.

3

Le Canada disparaît et ressuscite

Par la proclamation royale du 7 octobre 1763, l'Angleterre substituait au régime militaire et provisoire appliqué jusque-là un statut territorial définitif, qui entra en vigueur le 10 août 1764. Le nom de Canada disparaissait au profit de ceux de trois provinces : Québec, Nouvelle-Écosse et Terre-Neuve. On créait parallèlement deux territoires : celui de la Compagnie de la baie d'Hudson et une vaste zone mal définie s'étendant, au sud des Grands Lacs, des Appalaches au Mississippi – zone pour le moment abandonnée aux Amérindiens.

À quoi ressemblait le Canada à la veille de sa disparition sémantique et de son changement de maître ?

Le plus frappant demeure la faiblesse de son peuplement et sa concentration dans la vallée du Saint-Laurent, la modestie de ses villes – 8 000 habitants à Québec, 4 500 à Montréal, 800 à Trois-Rivières – et, corrélativement, le poids des zones rurales, où vivent plus de 80 % des Canadiens.

Sa capitale, dont la périphérie n'est plus qu'un champ de ruines après le siège de 1759, a cependant conservé son centre presque intact, aux rues étroites et tortueuses, aux maisons de pierre grise, dont les murs massifs et bas, les toits d'ardoise pentus et percés de lucarnes évoquent les bâtisses de Bretagne et de Normandie. Montréal présente un aspect plus ouvert, plus aéré, avec des avenues larges et droites, des maisons de bois à la décoration plus fantaisiste, ornées de nombreux pignons et de frontons sculptés. Elle se veut plus moderne et plus commerçante : c'est ici, plutôt qu'à Québec, que se sont installés les riches marchands, spécialement de fourrures, qui forment la véritable classe dirigeante, davantage que les seigneurs ruraux.

Partout l'Église fait sentir son omniprésence. Les très nombreux hameaux se regroupent en paroisses, identifiées par la hauteur et la forme du clocher central, dirigées par un triumvirat de fait : le seigneur, de moins en moins influent, le chef de la milice locale, peut-être appelé à disparaître avec la *pax britannica*, et le prêtre, aspirant à dominer seul. Le clergé catholique structure en effet la société québécoise en se mêlant de tout, depuis la surveillance des familles dans leurs activités laborieuses comme intimes, jusqu'à l'éducation des enfants dont les établissements religieux détiennent le monopole. Contrairement à une idée reçue, moines et moniales ne représentent cependant qu'une assez faible partie des habitants : on en recense seulement 375 en 1760, soit seulement 0,5 % de la population, un taux inférieur à celui de la France métropolitaine. C'est l'officiant de campagne qui, ayant conservé sa vocation de missionnaire et de convertisseur des âmes, détient l'essentiel de l'influence spirituelle. Celle-ci se trouve amoindrie à Québec et à Montréal : comme partout, l'atmosphère citadine allège un peu la chape religieuse. La vie quotidienne y est plus libre et plus profane, surtout dans la haute société où, dès avant l'occupation anglaise, on festoyait abondamment, on tentait de reconstituer, autour du gouverneur, une brillante vie de cour et de mondanités, où l'on faisait jouer en cachette les pièces de théâtre auxquelles l'Église avait opposé son veto.

Sur le plan strictement intellectuel, la colonie n'a quasiment rien produit, ne comptant ni écrivain, ni philosophe, ni scientifique marquant. Le niveau d'éducation de la population est pourtant comparable à celui de la métropole, avec un taux d'alphabétisation même légèrement supérieur, de l'ordre de 75 %. On cultive néanmoins le beau langage, aussi bien en ville qu'à la campagne ; on s'applique aux tenues vestimentaires élégantes, la pauvreté se camoufle et presque toutes les classes sociales s'adonnent à l'art de la chanson populaire, destiné à rester, jusqu'à nos jours, un des traits majeurs de la culture québécoise : une façon de s'identifier mais aussi de résister en douceur à l'autorité de l'Église qui, du moins officiellement, n'admet que la musique sacrée. Cela nous est connu grâce au *Manuscrit Berthelot*, un document (aujourd'hui archivé au grand séminaire de Québec) répertoriant, sous la plume de Charles Berthelot, marchand mélomane qui vécut à Québec de 1726 à 1760, parmi trois cents pièces musicales de diverses provenances, un nombre appréciable – mais difficile à chiffrer – de chansons canadiennes dont les auteurs sont restés anonymes.

Il semble enfin que, sur le plan physique, la population canadienne se soit particulièrement bien portée, comme l'atteste de nombreux témoignages de l'époque louant la belle taille, la bonne mine et la longévité des personnes rencontrées en différentes circonstances et localités.

Au moment de l'annexion britannique, six à sept générations de Français se sont déjà succédé et, hormis les fonctionnaires et militaires qui ne séjournaient que provisoirement, le peuple canadien a acquis une personnalité indiscutable. C'est pourquoi, très prudemment, la déclaration royale de 1763 se garde bien de lui attribuer un statut complet et se limite, pour le moment, à deux points : le droit au départ et la liberté religieuse.

Les Français de l'ancien Canada disposent de dix-huit mois pour quitter librement leur pays à la condition d'avoir vendu leurs biens à des ressortissants anglais, venus de métropole ou des treize colonies. On barre ainsi toute possibilité de nouveaux établissements français.

Une émigration inversée s'ensuivit, de l'ancienne colonie vers la métropole, mais elle ne toucha qu'une petite minorité de la population : on estime entre quatre cents et cinq cents seulement le nombre de personnes ayant exercé leur droit au départ et dû, ainsi, brader leurs avoirs. Soit bien moins que celui de l'exode consécutif aux redditions de 1760 et 1761, évalué à environ 3 500 individus. Dans le délai fixé par la déclaration royale, partirent surtout des fonctionnaires et des militaires qui n'avaient plus rien à faire sur place, de riches notables, marchands et hommes de lois, ainsi qu'un tiers des membres de l'aristocratie rurale. Ces derniers, plutôt que de vendre leurs biens fonciers, les abandonnèrent le plus souvent aux paysans qui, du coup, restèrent massivement sur les terres qu'ils exploitaient déjà et dont ils devinrent propriétaires de fait. D'autres revinrent quelque temps en France pour réaliser qu'ils s'étaient désaccoutumés de la mère patrie et retournèrent sur les bords du Saint-Laurent. Les « seigneurs » restants, souvent nourris des Lumières, portaient sur l'Angleterre un regard favorable et comptaient sur le *fair-play* britannique pour vivre en bonne entente. Ils envoyèrent une délégation à Londres, conduite par le chevalier de Léry, dont l'épouse, célèbre pour sa beauté, charma George III, qui la complimenta en français : « Si toutes les dames canadiennes vous ressemblent, j'aurai, en vérité, fait une magnifique conquête. » Le bombardement de Québec, la mort pathétique de Montcalm et l'héroïsme de Lévis paraissaient tout à coup appartenir à une autre ère...

La liberté religieuse se trouvait garantie sous réserve de respecter « les lois de la Grande-Bretagne », ce qui interdisait tout prosélytisme et toute propagande antianglaise du haut des chaires. De même, la dîme, principale ressource de l'Église, devenait facultative. Au reste, la déclaration royale mentionnait explicitement l'exigence de favoriser la religion protestante, notamment par la construction de temples, afin que tous les habitants fussent graduellement conduits à rejoindre le nouveau culte. Ainsi l'accès à la fonction publique exigeait-il de prêter préalablement le serment du test. Enfin, aucune juridiction « émanant du siège de Rome » ne serait reconnue. Une liberté religieuse très encadrée, donc, mais qui instaurait cependant un régime plus tolérant que sous l'ancienne loi française, toujours soumise à l'édit de Fontainebleau du 18 octobre 1685 qui avait abrogé l'édit de Nantes. Ces restrictions, souvent ressenties comme vexatoires, rapprochèrent les habitants de leur religion maternelle. Par cet effet *serendip*, bien connu des Anglais, elles renforcèrent encore le pouvoir de l'Église catholique sur ses ouailles, et cela durant deux siècles.

Dans le domaine juridique privé, l'ensemble des lois anglaises, civiles et pénales, devenait immédiatement applicable à toutes les affaires postérieures au 1er janvier 1764. En revanche, rien n'était dit sur la question de la langue. Mais comment aurait-on pu imposer aux Québécois de ne plus s'exprimer en français quand cette langue faisait les délices du roi George III qui affectait presque de ne pas en parler d'autre !

Sur le plan des institutions publiques, l'administration de chaque province serait confiée à un gouverneur, assisté de deux lieutenants gouverneurs et d'un conseil de huit membres nommés par le roi, dit Conseil exécutif. « Dès que les conditions le permettraient », une assemblée parlementaire serait élue.

Demeuré en fonction à Québec, James Murray appliqua la déclaration royale avec pragmatisme : persuadé depuis le début qu'il fallait gagner la confiance des Canadiens et non les braquer contre leurs nouveaux maîtres, il se montra d'abord conciliant avec la hiérarchie ecclésiastique. Ainsi voulut-il bien donner suite à la demande du clergé qu'on pourvût enfin à la succession de

Mgr de Pontbriand, l'évêque de Québec décédé le 8 juin 1760 et non remplacé depuis lors. Afin de s'assurer de l'accord de Londres, il y envoya son principal collaborateur, Hector Theophilus de Cramahé, d'origine française et huguenote, qui recommanda d'accepter la nomination d'un évêque disposant des attributions ordinaires en vigueur dans les pays catholiques. Piquante situation : voici l'ancienne colonie française, autrefois interdite aux protestants français, faisant défendre sa tradition religieuse catholique par l'un d'eux du fait de la domination britannique. Toutefois, l'homme choisi par le Saint-Siège pour devenir évêque, Étienne Montgolfier, suscita des réserves du gouvernement britannique. Aussi bien l'oncle des frères inventeurs du premier aérostat, la montgolfière de 1782, préféra-t-il se retirer en faveur du vicaire général du diocèse, Jean-Olivier Briand, qui reçut à la fois l'aval de George III et la confirmation du pape Clément XIII. Il demeura en fonction jusqu'en novembre 1784.

Bien que militaire de carrière, le gouverneur se préoccupa beaucoup du développement économique de la province. Il encouragea la culture de la pomme de terre, interdite en France depuis 1748 car soupçonnée de transmettre la peste – Antoine Parmentier parviendrait à faire lever l'interdiction en 1772 en s'appuyant notamment sur l'exemple québécois. Murray s'attacha également à une exploitation plus rationnelle du bois comme matériau de construction et à utiliser les abondantes ressources en eau pour accroître le nombre de minoteries et de tanneries.

Déçu par la faiblesse de l'immigration britannique – un an après le traité de Paris, le nombre d'Anglais établis au Québec dépassait à peine les deux cents – et irrité par le comportement de certains de ses concitoyens qui se comportaient en conquérants abusifs, il adopta une politique de conciliation de plus en plus résolue envers les Canadiens français. Ainsi persuada-t-il son gouvernement d'assouplir les règles concernant le fonctionnement de la justice afin que, dans les procès entre Canadiens français, aucun membre du jury ne fût anglais et que leurs avocats pussent plaider en français sans avoir prêté le serment du test.

Mais l'esprit d'ouverture du gouverneur subit les critiques de colons anglais qui entendaient assurer leur domination sans partage et sans concession. Murray dut venir s'expliquer à Londres en 1766 mais convainquit son gouvernement du bon sens de sa politique et fut confirmé dans ses fonctions. Son exemple illustre l'une des difficultés auxquelles se heurterait longtemps la société québécoise : si les autorités publiques anglaises comprendraient souvent la nécessité de composer entre deux peuples de langue et de culture différentes, il en irait différemment des gens ordinaires, dont l'étroitesse d'esprit retarderait longtemps l'assimilation voulue par Londres, de même que de certains administrateurs à courte vue.

Ainsi, à Terre-Neuve, le gouverneur et commandant en chef nommé en 1764, Hugh Palliser, s'ingénia à dresser des obstacles à l'exercice du droit de pêche concédé aux Français par le traité de Paris.

En Nouvelle-Écosse, déjà anglaise depuis 1713 mais largement dépeuplée et presque ruinée par l'exode des Acadiens, la déclaration royale de 1763 autorisa ces derniers à revenir dans leur pays, à condition de ne pas reprendre leurs anciennes terres et de s'installer ou bien dans des zones désignées à cet effet, ou bien librement ailleurs ; c'est cette dernière formule que choisirent la plupart des 2 000 nouveaux « réimmigrés ».

À Québec, succéda à Murray, en avril 1766, d'abord comme suppléant, puis à compter du 24 septembre 1768 en tant que gouverneur de plein exercice, Guy Carleton. Né en Irlande en 1724, officier de carrière, compagnon d'armes de Wolfe ayant participé au siège de Québec, où il fut blessé, il comprit, comme Murray, la nécessité de bien s'entendre avec la majorité francophone de la population. D'autant que, contrairement à ce qu'avait prévu Benjamin Franklin, l'immigration au Canada des treize colonies de Nouvelle-Angleterre ne se produisait qu'au compte-gouttes.

La question linguistique ne se posait pas encore : l'élite anglaise parlait français ; *La Gazette de Québec*, le premier journal de la province, hebdomadaire fondé le 21 juin 1764 par William Brown et Thomas Gilmore, des imprimeurs venus de Philadelphie, était publiée dans les deux langues – devenue *The Quebec Chronicle-Telegraph*, c'est aujourd'hui le plus ancien journal d'Amérique du Nord ; les pièces de théâtre continuaient d'être jouées en français et de plus en plus de comédiens anglais venaient se produire au Canada pour montrer leur bonne connaissance de la langue de Molière…

Le premier souci de Carleton fut de prolonger l'action de son prédécesseur dans le fonctionnement de la justice, préoccupation importante durant cette époque particulièrement procédurière. Il installa une cour des plaidoyers communs, plus facile d'accès et sensiblement moins coûteuse que les tribunaux ordinaires, dès lors qu'elle ne traitait que d'affaires privées sans qu'interférât l'intérêt de la Couronne.

Voulant aller plus loin, il proposa à Londres une refonte de la déclaration de 1763 afin de mieux l'adapter à la nature du peuple québécois – terme qu'il fut le tout premier à employer. Les « seigneurs », avec qui l'entente était déjà cordiale, lui demandèrent en septembre 1766, par la voix du Montréalais Hertel de Rouville, l'autorisation de s'assembler et de suggérer des changements dans la législation. Il y consentit, recueillit leurs revendications, qu'il jugea en grande partie raisonnables, et décida de leur donner une suite.

Pour ce faire, il partit en Angleterre en août 1770 afin de mieux défendre ses convictions, tandis qu'il confiait l'administration de la province à Hector Theophilus de Cramahé : difficile de faire plus consensuel.

Quatre années de discussions se révélèrent nécessaires pour parvenir à un projet que le ministre des Colonies, le comte de Dartmouth, fit voter et promulguer le 22 juin 1774, soit six semaines après la mort de Louis XV et l'avènement de Louis XVI. La « loi relative aux dispositions plus efficaces pour le gouvernement de la province de Québec en Amérique du Nord » – sobrement résumée comme « Acte de Québec » –, qui devait entrer en application à compter du 1er mai 1775, donnait largement satisfaction aux revendications que les notables canadiens français avaient soumises à Carleton.

En premier lieu le rétablissement, ou à peu près, des frontières antérieures à 1763 : la province de Québec retrouvait le contrôle de la région des Grands Lacs et du territoire situé entre l'Ohio et le Mississippi, celui-là même qui avait été abandonné aux Amérindiens huit ans plus tôt.

En deuxième lieu, un certain nombre de lois et d'usages français se voyaient rétablis : la dîme de l'Église, du moins dans les paroisses « homologuées » par l'administration britannique, redevenait obligatoire ; l'essentiel du droit civil français était remis en vigueur ; le régime seigneurial se voyait confirmé pour ceux qui en bénéficiaient déjà. En revanche, le droit pénal, plus libéral que le français et très apprécié des Canadiens, spécialement au titre de l'*habeas corpus*, demeurait anglais.

En troisième lieu, le serment du test était aboli, ouvrant ainsi les portes des fonctions publiques aux Canadiens français quelle que fût leur confession.

Enfin, les anciens droits de douane, principale ressource de l'ancienne administration, étaient supprimés et remplacés par une taxe sur les boissons alcoolisées – ancêtre du système encore en vigueur de nos jours géré par la Société des alcools du Québec (SAQ).

Les habitants d'origine française obtenaient donc gain de cause sur presque toute la ligne, tandis que la seule demande vraiment pressante des Anglais, à savoir une Assemblée législative élue, était renvoyée à plus tard sans autre engagement. La loi prévoyait à sa place un « Conseil législatif » de vingt-trois membres, tous nommés par le roi – de fait par le gouverneur – et chargés d'élaborer avec celui-ci, mais sous le veto de Londres, la législation de la province. De retour à Québec en octobre, Carleton fit nommer huit catholiques parmi les conseillers.

Pour nombre d'observateurs, « la Nouvelle-France venait de ressusciter », de surcroît administrée par un lieutenant-gouverneur d'origine, de culture et de langue françaises, un comble… En tout cas, les Canadiens français échappaient à l'humiliation des vaincus et reprenaient espoir en l'avenir.

L'Acte de Québec provoqua donc des remous, d'abord en Angleterre, dans les milieux populaires et violemment antipapistes comme dans les milieux d'affaires virulemment antifrançais, mais plus encore en Nouvelle-Angleterre. Non seulement le Canada ne lui avait pas été annexé, comme le souhaitaient ses élites, mais après la guerre de Pontiac, dont on soupçonnait toujours les Français de l'avoir instrumentalisée, ses frontières reformaient un chemin de ronde autour des treize colonies. Les publicistes de Boston, de New York et de Philadelphie se déchaînèrent, invoquant le sang versé pour rien lors de la « guerre de conquête ». Un groupe de notables envoya une « adresse au peuple de Grande-Bretagne » pour dénoncer ce cadeau au catholicisme, « qui a répandu l'impiété, la bigoterie, le meurtre et la persécution dans toutes les parties du monde ». George Washington, qui avait alors quitté l'armée pour se consacrer à son activité de planteur en Virginie et pour se lancer en politique, élu à la Chambre des bourgeois de la colonie, haussait le ton davantage que ses collègues, évoquant « un plan diabolique » de la vieille Angleterre contre la Nouvelle.

Un quotidien de Londres, le *New Daily Advertiser*, estima dans un article du 29 juin 1774 que le gouvernement de Sa Majesté, de plus en plus méfiant, voire hostile, à l'égard des colons anglo-américains, après leur avoir imposé de nombreuses mesures impopulaires, couronnait celles-ci en essayant de faire de la province de Québec un port d'accueil pour l'envoi éventuel de troupes contre les treize colonies. Car, et bien plus vite que Murray ne l'avait subodoré, on se trouvait alors au bord d'une guerre dans laquelle le Canada à peine pacifié se voyait impliqué bien malgré lui et la France engagée sans mobile apparent.

L'AMÉRIQUE DU NORD DE 1763 À 1774

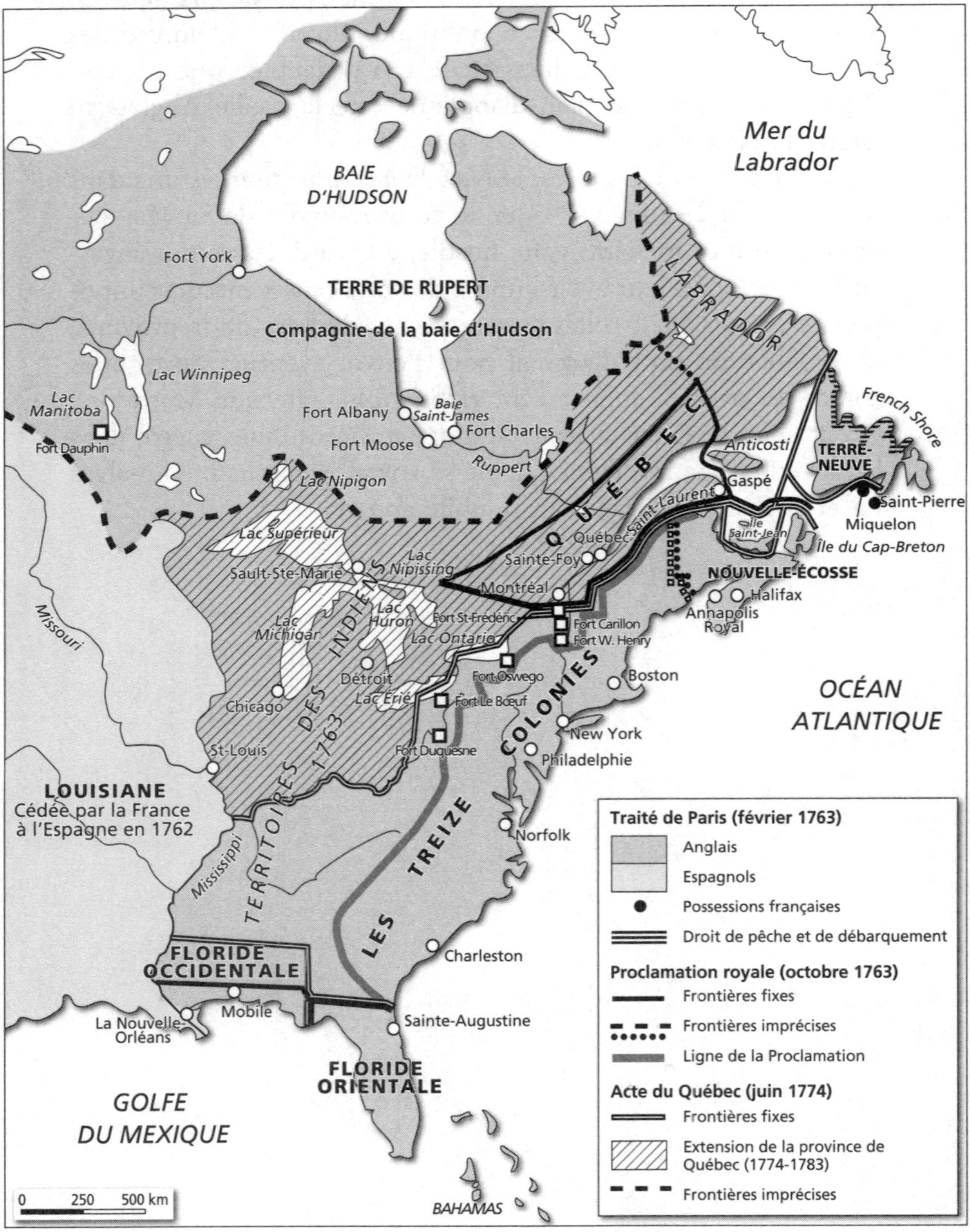

4

Vers le second abandon français

Le contentieux accumulé entre les treize colonies britanniques et leur métropole résultait essentiellement de questions fiscales et douanières que le gouvernement de Londres avait traitées avec beaucoup de maladresses, de volte-face et de contradictions depuis une bonne quarantaine d'années. La coupe pleine déborda avec le vote du *Tea Act* en mai 1773, permettant à la Compagnie anglaise des Indes orientales, alors en difficulté financière, d'écouler plusieurs de ses produits – dont le thé – dans les colonies américaines sans acquitter de taxe, quand les importateurs privés y demeuraient assujettis. La contestation qui s'ensuivit provoqua le fatal engrenage de la répression et de la surenchère des mécontentements. En mai 1774, la loi martiale était déclarée. Thomas Cage, ancien gouverneur militaire de Montréal puis chef des troupes qui luttèrent contre la rébellion de Pontiac, devenu gouverneur du Massachusetts, procéda à de nombreuses arrestations de « meneurs ».

Un congrès des assemblées parlementaires de douze colonies (la Géorgie ne s'y associa pas) se réunit en septembre à l'initiative de celle du Massachusetts, la plus combative. On y dressa la liste des griefs contre la métropole et l'on adopta des résolutions en conséquence. Celle concernant l'Acte de Québec figurait parmi les plus virulentes : envers les concessions faites à la religion catholique, le retour des lois françaises et le refus d'instaurer une assemblée représentative des seuls protestants.

Le congrès vota ensuite trois adresses : une au roi pour lui demander un changement de politique, une au peuple de Grande-Bretagne pour expliquer ses prises de position et une aux Canadiens pour les inviter à se joindre aux Anglo-Américains afin de défendre les droits qu'ils avaient en commun : « Saisissez l'occasion que la Providence elle-même vous présente. Osez être libres. Nous connaissons trop bien les sentiments généreux qui distinguent votre nation pour croire que la différence de religion vous détourne de faire alliance et amitié avec nous. » Ce tout premier congrès américain réalisait-il l'énormité de sa contradiction ? Il n'empêche : les Canadiens ne voyaient aucun intérêt à s'associer aux Américains compte tenu de l'attitude de l'administration britannique à leur égard et, surtout, alertés par leur clergé, ils n'ignoraient rien de la violence des attaques de leurs voisins contre le catholicisme. Dans le conflit qui se dessinait, ils ne pourraient que demeurer neutres, voire se ranger aux côtés des Anglais. Ils savaient d'expérience que les colons de la Nouvelle-Angleterre les détestaient et, comme l'a souligné l'historien Robert Lacour-Gayet : « En quoi la position des Canadiens eût-elle été plus forte au sein d'une Confédération américaine, où ils se seraient trouvés dans une proportion de 3 %, que sous une domination britannique où ils représenteraient encore la majorité ? » Mgr Briand et derrière lui l'ensemble du clergé choisirent donc le loyalisme. « La religion ici est parfaitement libre, écrivait le premier au Saint-Siège, j'exerce mon ministère sans contrainte. » Il mettait aussi ses ouailles en garde « contre les faux prophètes : n'écoutez pas les séditieux qui cherchent à étouffer dans vos cœurs les sentiments de soumission à vos légitimes supérieurs ». De même témoignèrent les « seigneurs », qui se méfiaient des « agités de Philadelphie », se sentaient en communauté d'esprit avec les fonctionnaires et officiers anglais, et se portaient déjà volontaires pour défendre de leur épée la province de Québec. Quant au reste de la population, il redoutait surtout d'être entraîné dans une guerre malgré lui : d'abord parce que dans l'hypothèse d'un conflit armé, il était bien rare que les théâtres d'opérations ne débordassent pas, ensuite parce que les Anglo-Américains contestaient la nouvelle frontière de la province de Québec à l'ouest, enfin parce que l'Angleterre utiliserait probablement le territoire de celle-ci comme base arrière et solliciterait peut-être le concours de ses hommes.

Comme lors de la rébellion de Pontiac, la rapidité du soulèvement armé prit de court l'armée britannique. Ayant depuis longtemps, de même qu'au Canada, constitué des milices citoyennes, d'abord pour se défendre contre les raids de certaines tribus amérindiennes, puis pour servir d'auxiliaires aux troupes régulières, enfin pour assurer la sécurité générale de la population, les Anglo-Américains possédaient chez eux, ou dans des entrepôts collectifs, des armes de guerre légères – fusils et pistolets – qui, bien avant la ruée vers l'Ouest, sont à l'origine de cet attachement des Américains à la détention privée d'armes à feu – et à l'origine aussi des polémiques conséquentes.

C'est pourquoi, le 14 avril 1775, Thomas Cage reçut l'ordre de désarmer les foyers susceptibles de s'insurger, ce qui hâta l'insurrection contre les *redcoats*, les « tuniques rouges » ou « dos de homards », sur le versant canadien. La guerre d'Indépendance américaine venait de commencer et ne s'achèverait que huit ans plus tard.

En face d'une armée anglaise déboussolée d'avoir à combattre des hommes qu'elle regardait comme des concitoyens, situation inconnue depuis la guerre des Deux-Roses (1455-1485), les colons révoltés furent baptisés « insurgents » par les Britanniques, « patriots » chez les Anglo-Américains et « Bostoniens », ou encore « Bastonnais », par les Canadiens. Les milices américaines se transformèrent rapidement en une véritable armée qui obtint de remarquables succès dans les premiers mois du conflit. Encerclé dans Boston, Thomas Cage demanda à Carleton de lui envoyer des renforts. Tandis que les insurgents prenaient d'assaut, entre septembre et novembre 1775, les forts canadiens de Ticonderoga (anciennement Carillon), de Crown Point (anciennement Saint-Frédéric) et de Saint-Jean aux abords du lac Champlain et le long de la rivière Richelieu. C'était, à n'en pas douter, une amorce d'invasion : Montréal n'était plus qu'à 40 kilomètres. Nombre de combattants avaient déjà, douze à quinze ans plus tôt, participé à la même campagne contre le Canada français, pour le compte de l'Angleterre contre laquelle ils se retournaient maintenant en empruntant les mêmes routes.

Devant l'urgence de la menace, Carleton employa l'essentiel des soldats qu'il lui restait – moins de 3 000 – pour former un camp retranché pourvu d'artillerie au sud de Montréal. Il accepta cependant qu'un commando de quatre-vingts volontaires tentât de reprendre Saint-Jean. Mission quasiment héroïque, qui échoua et ne put même empêcher, quelques jours plus tard, la prise du fort Chambly en aval de la Richelieu : Montréal n'était plus qu'à 30 kilomètres.

Pendant que les hommes du rang donnaient leur sang, les députés américains – on ne disait déjà plus anglo-américains – dissertaient. Le deuxième congrès de Philadelphie, ouvert en mai 1775, lança un appel généralisé aux armes, désigna George Washington comme commandant en chef de « l'armée continentale » et envoya une seconde adresse aux Canadiens, cette fois franchement menaçante : le ralliement ou la guerre. Ne croyant guère au premier, le congrès adopta en même temps un plan d'invasion de la province de Québec. Faute de pouvoir, comme au temps des Anglais, organiser une attaque maritime par l'embouchure du Saint-Laurent, on prévit deux offensives terrestres simultanées : tandis que le général Richard Montgomery, ancien officier britannique rallié aux insurgents – mais aussi descendant du Montgomery qui avait, par inadvertance, blessé à mort le roi de France Henri II et ascendant du commandant en chef des troupes britanniques en 1944 –, descendrait la vallée de la Richelieu vers Montréal, le colonel Arnold remonterait par l'est les vallées du Kennebec, dans le Maine, et de la Chaudière, rivière qui se jette à Lévis, presque en face de la ville de Québec. Là, les deux armées se rejoindraient pour une attaque concertée.

L'avancée américaine provoqua des retournements d'opinion, non seulement chez quelques aventuriers du style des coureurs des bois, mais aussi dans la population civile des zones prises par les insurgents et, phénomène plus grave, dans certaines unités militaires anglaises, tentées de fraterniser avec d'anciens compagnons d'armes. De telle sorte que le plan d'invasion américain se déroula d'abord à peu près comme prévu : Montréal puis Trois-Rivières tombèrent à la fin de novembre 1775. Tout s'arrêta devant Québec, tenu par une garnison composée à peu près à égalité de soldats anglais et de miliciens canadiens. À l'aube du 31 décembre, Montgomery et Arnold crurent, malgré ou à cause d'une tempête de neige, forcer le destin là où Wolfe et Lévis avaient tour à tour échoué. Le siège de la ville dura jusqu'au 6 mai 1776 et fut levé par l'arrivée en renfort de 8 000 soldats britanniques. La troisième bataille de Québec – après celles des plaines d'Abraham et de Sainte-Foy –, première défaite de l'histoire des futurs États-Unis, signala le reflux des troupes américaines. Mais non l'effort de propagande des Bostoniens : leur ambassadeur idéologique, Benjamin Franklin, fit une tournée de la « Belle Province » afin de convaincre sa population de rallier la révolution américaine au nom de leur liberté commune. Mais il ne rencontra que des silences gênés ou des reparties hostiles.

Confrontés désormais à un ennemi supérieur en nombre et en formation, parfaitement fidèle à la Couronne et complété par un contingent d'environ 15 000 auxiliaires mercenaires recrutés en Allemagne, dans le duché de Hesse, les insurgents rebroussèrent chemin vers le sud et furent sévèrement battus lors de la bataille navale de l'île Valcour, sur le lac Champlain, le 11 octobre 1776. Plusieurs « seigneurs » ou fils de « seigneurs » français combattirent aux côtés des Britanniques : Québec était de nouveau libre. Carleton ne jugea pas utile de pourchasser les Américains sur le territoire des treize colonies, dont le congrès de Philadelphie venait de proclamer l'indépendance, le 4 juillet 1776.

L'implication du Canada dans la guerre ne prit pas fin pour autant. Londres reprocha à son gouverneur de ne pas avoir profité de sa victoire et le remplaça par le général John Burgoyne. Une autre armée anglaise, de 15 000 hommes, commandée par le général William Howe, l'ancien adjoint de Wolfe qui, le premier, avait escaladé la falaise pour déboucher sur les plaines d'Abraham, débarqua dans le Maryland et envahit la Pennsylvanie. Le 11 septembre 1777, Howe battit Washington à la bataille de Brandywine. Le glas de l'Amérique indépendante parut alors bien près de sonner. Mais la situation se retourna complètement au profit des insurgents avec la victoire de Saratoga, le 7 octobre suivant.

Cette défaite à la fois spectaculaire et inattendue de l'armée anglaise fit alors douter les autres puissances de l'issue du conflit. Hormis le duc de Choiseul qui, en signant le traité de Paris, avait prédit que la révolution américaine, sans l'imaginer si proche, « remettrait l'Angleterre dans l'état de faiblesse où elle ne serait plus à craindre en Europe », bien peu de responsables politiques européens auraient misé un seul écu sur une défaite anglaise en Amérique. La voyant poindre, certaines puissances projetèrent de voler au secours de la victoire, la France en tête et, à sa suite, l'Espagne de Charles III, qui escomptaient l'une et l'autre tenir là quelque revanche.

Louis XVI, fidèle au principe de légitimité royale, se montra d'abord peu enclin à soutenir des sujets révoltés contre leur monarque. Mais il en allait très différemment dans l'esprit d'anciens officiers ayant combattu pour le Canada, ou contre l'Angleterre, durant la guerre de Sept Ans. Ainsi que dans celui de jeunes nobles attirés par une chevaleresque et exotique aventure. L'Amérique attirait aussi opportunistes et affairistes, dont le plus ardent s'appelait Augustin Caron de Beaumarchais. Il fut le premier à faire vaciller la position de Louis XVI en exposant, dans un mémoire intitulé *La Paix ou la Guerre*, que si la France n'intervenait pas, l'Angleterre pourrait être tentée de compenser ses déboires ou au contraire de profiter de ses succès pour s'emparer des îles à sucre. À Versailles, la cause des insurgents devint furieusement à la mode. De même, l'opinion publique applaudissait au soulèvement américain et manifestait un nationalisme agressif, tourné contre l'Angleterre et « l'odieux traité » de 1763. Benjamin Franklin, venu à Paris activer la propagande des insurgents, rencontra durant son séjour en 1777 un énorme succès dans tous les milieux, qui contrastait fortement avec son échec de l'année précédente auprès des Québécois.

La France changea donc radicalement d'attitude et, le 6 février 1778, signa un traité d'alliance avec les rebelles américains, ce qui valait déclaration de guerre à l'Angleterre. Allait-on, ce que beaucoup crurent à ce moment-là, faire d'une pierre deux coups : aider les Américains à rejeter les Anglais hors d'Amérique et récupérer le Canada, toujours peuplé, parmi les Européens, de 95 % de francophones ? La France pourrait alors présider à une triple alliance entre elle-même, les États-Unis et l'Espagne, dessinant un partage du Nouveau Monde excluant totalement et définitivement l'Angleterre. Perspective exaltante mais bien trop simple à l'heure où l'on n'aimait rien tant que la diplomatie secrète et la subtilité des arrangements paradoxaux. Tandis que l'amiral Charles Henri d'Estaing, chef de l'escadre envoyée auprès des treize colonies, émettait depuis Boston, le 28 octobre 1778, un appel aux « Français d'Amérique », c'est-à-dire du Canada, les assurant de la « protection » et de l'« appui » de la France s'ils se soulevaient, Vergennes adressait à son ambassadeur auprès du congrès de Philadelphie, Alexandre Gérard, des instructions secrètes allant en sens inverse. Elles indiquaient que le Canada devrait demeurer anglais « afin de constituer dans le voisinage des États-Unis une menace permanente qui les contraigne à rester fidèles à l'alliance et permette à la France de jouir des fruits de son assistance politique et militaire » : une analyse décalquée de celle faite, près de vingt ans plus tôt, par Murray et par le duc de Bedford pour conseiller le maintien du Canada dans l'orbite française. Versailles et le Tout-Paris philosophe demeuraient fidèles à la conception des « quelques arpents de neige » dont l'auteur, Voltaire, venait de mourir à Paris, le 30 mai précédent, auréolé d'une popularité sans précédent pour un homme de lettres.

Dans le même temps, La Fayette effectuait des allers-retours entre Philadelphie et Versailles, préconisant une aide de la France aux insurgents pour qu'ils envahissent le Canada et que celui-ci devienne, au nom de la liberté, le quatorzième État des États-Unis. Sa conception de la liberté des peuples n'allait cependant pas jusqu'à les consulter. On dispose hélas de peu d'éléments tangibles sur les aspirations populaires de la province de Québec à ce moment-là. Son nouveau gouverneur, Frederick Haldimand, avait pris ses fonctions en juin 1778. Autrefois mercenaire suisse, francophone, entré au service de l'Angleterre et ayant gravi tous les échelons de l'armée, il avait, en qualité d'adjoint de Carleton, beaucoup contribué à la modernisation économique de la province, notamment par le développement des forges Saint-Maurice, premier établissement industriel au Canada qui produisait de la fonte et de l'acier. Comme son prédécesseur, il s'appuya sur ce que les Anglais commençaient à appeler le *french party* et renforça les défenses de la province dans la crainte d'une nouvelle tentative d'invasion américaine. Persuadé que les Canadiens avaient tout à perdre en se ralliant aux insurgents qui feraient d'eux une sorte de colonie, il semble avoir recueilli l'assentiment global de la population québécoise. Il essaya, mais en vain, de détacher le Vermont des rebelles, ayant observé que ses ressortissants pâtissaient aussi du mépris et de la morgue des Bostoniens. Dans l'ensemble, les Canadiens s'interrogeaient sur les véritables intentions françaises.

À considérer les incohérences et la fausse habileté de ses manœuvres florentines, on aurait pu croire que, selon une formule galvaudée, la France voulait tout et son contraire. En vérité, elle ne voulait rien et son contraire : ni récupérer le Canada ni l'abandonner aux Américains, mais le laisser croire dans certaines circonstances, et affirmer l'inverse dans d'autres. Rarement la subtilité diplomatique aura atteint un tel degré de sophistication, avec son corollaire : l'échec sur toute la ligne.

L'invasion du Canada, avec ou sans l'aide des Français, envisagée et projetée à plusieurs reprises entre 1779 et 1782, chaque fois remise à plus tard, fut finalement oubliée.

Les victoires militaires en rafales des insurgents et de leurs alliés français, espagnols et hollandais acculèrent le gouvernement britannique, la mort dans l'âme, à engager des pourparlers de paix. Qui donnèrent lieu à d'interminables marchandages. Un armistice fut conclu le 20 janvier 1783, et le traité de paix signé à Versailles le 3 septembre suivant.

Cet accord, sanctionnant la première décolonisation de l'histoire, n'apportait à la France que la promesse de pouvoir commercer librement avec les États-Unis, la récupération de Dunkerque et de quelques comptoirs aux Indes. C'était bien peu. Le Canada demeurait britannique mais, outre le partage, au détriment de la Nouvelle-Écosse et de Terre-Neuve, de droits de pêche avec son nouveau voisin, il cédait à celui-ci d'importants territoires : toute la région au sud des Grands Lacs, couvrant à peu près les actuels États de l'Ohio, du Michigan, de l'Indiana, de l'Illinois et du Wisconsin, soit environ 750 000 kilomètres carrés, plus du quart de la superficie de la province.

Les Canadiens pouvaient légitimement se sentir abandonnés une seconde fois par la France : non seulement la victoire de celle-ci sur l'Angleterre avait paradoxalement réduit les dimensions et les droits de leur pays, mais l'indépendance américaine allait provoquer sur leur territoire l'immigration d'environ 40 000 loyalistes anglais (ainsi que de 3 000 à 4 000 Mohawks) avec, à la clé, l'amorce d'une dépossession de leur société et de leur culture ; à tout le moins la perspective d'une cohabitation problématique contenant en germe les tensions nationales encore perceptibles de nos jours et inaugurées par la division du Canada en deux colonies.

5

Le Canada se dédouble

Étrange situation : au lendemain du traité de Versailles, continuant, quoique de façon moindre, à dominer les mers, un gouvernement anglais et protestant n'administrait plus guère en Amérique du Nord que des populations d'origine française et de confession catholique. À Londres, après le temps de l'humiliation, vint celui des hésitations.

L'humiliation avait commencé avec les défaites américaines de septembre et d'octobre 1781, qui avaient provoqué la chute du cabinet de Frederick North et le retour à une certaine instabilité : trois Premiers ministres se succédèrent jusqu'à la fin de 1783. George III, si déprimé par la situation qu'il avait un temps songé à abdiquer et à se retirer à Hanovre, fit appel à William Pitt, dit le Jeune – car effectivement c'était le plus jeune chef de gouvernement de l'histoire britannique et même de celle de tous les pays européens : il n'avait que vingt-quatre ans. Second fils de William Pitt, ainsi devenu « l'Ancien », dont on se souvient qu'il avait occupé le même poste de 1766 à 1768, il dut d'abord régler la question des colons anglais fidèles à la Couronne et ne souhaitant pas devenir citoyens des États-Unis. Les nouveaux maîtres du pays leur faisaient durement payer ce qu'ils considéraient comme une collaboration avec l'ennemi : insultes, brimades et même confiscation de biens se multipliaient. La mère patrie ne pouvant les abandonner à leur sort, Pitt et son ministre des Affaires étrangères, Thomas Osborne, duc de Leeds, firent sortir Carleton de sa retraite et l'envoyèrent à New York, avec l'accord du Congrès américain, pour organiser le départ des loyalistes : 300 000 à 350 000 personnes, sur les 2 millions d'habitants que comptaient les treize colonies. Certains désiraient gagner l'Angleterre, d'autres la Floride, d'autres les Antilles. Cinquante mille choisirent le Canada. La majorité d'entre eux, environ 30 000, opta pour la Nouvelle-Écosse, les autres se répartirent entre la région située au nord des lacs Érié et Ontario, encore très faiblement peuplée, et la vallée du Saint-Laurent. Les plus riches s'installèrent à Montréal : hommes d'affaires expérimentés, ils tablaient sur l'opportunité de l'exil pour développer le commerce des fourrures, désormais plus proche géographiquement. Activité alors détenue par le monopole de fait de la Compagnie de la baie d'Hudson, certes réputée puissante, mais susceptible de subir la concurrence d'une seconde entité plus jeune et plus dynamique. C'est dans cet esprit que fut créée, le 12 novembre 1783, la Compagnie du Nord-Ouest, avec pour premiers associés, non pas des loyalistes comme ils en avaient l'intention, mais des Canadiens déjà installés, tels que Benjamin Frobisher, natif d'Halifax, Simon McTavish, officier écossais demeuré sur place après la guerre de Sept Ans, George McBeath, venu de Mauricie – une petite région au nord de Trois-Rivières –, et Peter Pond, le seul Américain du groupe, tous totalement indifférents aux problèmes politiques de la province, laissés aux « hommes en redingote » et aux tergiversations du gouvernement anglais.

Celles-ci portaient alors sur les modifications à apporter au statut de la province de Québec eu égard à ces nouveaux arrivants dont le flot était certes modeste, mais qui avaient l'orgueil britannique chevillé au corps et étaient désireux de poursuivre l'œuvre colonisatrice au service de Sa Gracieuse Majesté. Plutôt méprisants à l'égard des Québécois, à qui ils reprochaient de surcroît leur neutralité durant la guerre d'Indépendance, ils découvrirent à leur arrivée qu'ils auraient à obéir à des lois françaises, ce qui leur parut insupportable : la formation des États-Unis commençait par élargir le fossé des divergences entre populations d'origine anglaise et d'origine française, de sorte que le Canada se trouvait écartelé entre trois types d'aspirations : celles des francophones qui désiraient simplement le *statu quo* ; celles des nouveaux arrivants dans la vallée du Saint-Laurent qui, rejoignant les Anglais déjà installés après 1763, réclamaient comme eux la substitution des lois anglaises aux lois françaises ; et celles des pionniers de l'Ontario qui revendiquaient la création d'une province nouvelle, elle aussi régie par le droit anglais.

William Pitt estima qu'il ne pouvait proposer de décision à son Parlement sans avoir étudié soigneusement le contexte local. Il procéda alors, méthode assez originale pour l'époque, à une mission d'expertise qu'il confia à Carleton – anobli pour l'occasion en lord Dorchester – assisté de l'ancien juge en chef de la colonie de New York, William Smith. Le moins qu'on puisse dire est qu'ils prirent leur temps. Arrivés en novembre 1786, ils n'étaient toujours pas parvenus à une conclusion deux ans plus tard, même s'ils avaient émis quelques idées éparses. Le dossier fut alors transmis à William Grenville, président du Board of Trade, qui l'instruisit pendant encore deux ans. Il fallut attendre le 10 juin 1791 pour que, après adoption par le Parlement, le roi sanctionnât le nouvel Acte constitutionnel du Canada. Entre-temps, la Révolution avait éclaté en France et tourné les regards davantage vers le Vieux Continent que vers l'outre-mer. C'est d'ailleurs au cours de la discussion du projet d'Acte qu'Edmund Burke, député de Bristol à la Chambre des communes, fit entendre ses virulentes critiques à l'encontre des événements français et fut, depuis lors, considéré comme l'initiateur de la pensée contre-révolutionnaire. Au même moment, en France, l'Assemblée constituante débattait de la future Constitution royale qui ne fut promulguée que le 3 septembre 1791, soit avec deux mois de retard sur l'Acte constitutionnel canadien.

Ce dernier enregistrait l'impossibilité de placer sous une même administration la majorité francophone et la minorité anglophone.

Entre le premier exode des loyalistes américains et la promulgation du nouveau statut, la démographie de la région avait beaucoup évolué, sous l'effet de nouvelles vagues d'immigrants anglophones, mais surtout d'une fécondité galopante chez les francophones. Comme si ces derniers éprouvaient le besoin de se multiplier rapidement pour demeurer majoritaires. C'est à cette époque que fut forgée la fameuse formule de la « revanche des berceaux ». La population du Canada atteignait ainsi 160 000 personnes en 1791, dont 138 000 francophones.

Le nouveau statut divisait donc la province de Québec en deux parties : de Montréal à l'estuaire du Saint-Laurent, le Bas-Canada ; du nord des Grands Lacs au sud-ouest de Montréal et au territoire de la baie d'Hudson, le Haut-Canada, la rivière des Outaouais servant de frontière. La Nouvelle-Écosse perdait sa partie continentale au profit d'une province supplémentaire, le Nouveau-Brunswick, créé en 1784 et ainsi nommé en l'honneur du duc Adolphe Frédéric de Brunswick-Lunebourg, sixième fils de George III. L'île du Prince-Édouard (frère de George III) devenait également une province (l'Île-du-Prince-Édouard) par elle-même et prenait pour capitale Charlottetown, ainsi nommée en hommage à l'épouse de George III.

Toutes les provinces se voyaient cependant appliquer le même régime politique, inspiré des institutions anglaises, considérées comme un indépassable modèle : « Le gouvernement, déclara lord Grenville, a voulu faire bénéficier les sujets du roi au Canada de la bénédiction que représente la Constitution anglaise, qui est la meilleure du monde. » Et William Pitt d'enchérir : « Nous laisserons les Canadiens maîtres de choisir leur orientation, persuadés qu'en mettant entre leurs mains la liberté du choix, ils seront entraînés vers notre objectif par la supériorité des institutions qui ont fait notre prospérité éclatante, notre puissance et notre gloire. » Paroles purement incantatoires car il n'était pas question de consulter la population sur les nouvelles institutions.

Comme précédemment, selon l'Acte de Québec, le pouvoir exécutif appartenait au gouverneur général, assisté d'un conseil, formant désormais « gouvernement », et dont tous les membres étaient nommés par le roi. Principale innovation, le pouvoir législatif prenait la consistance que l'on avait repoussée à plus tard dix-sept ans auparavant : sur le modèle de la Chambre des communes, dont les députés étaient élus au suffrage censitaire de circonscription, uninominal à un tour, on formait une assemblée représentative, dite Assemblée législative, d'au moins cinquante membres dans le Bas-Canada, et seize dans le Haut-Canada. Mais aux pouvoirs strictement encadrés : le gouverneur convoquait les sessions de l'Assemblée législative et les inaugurait par un « discours du trône » exprimant les volontés du souverain britannique ; il pouvait la proroger ou la dissoudre à son gré ; il disposait d'un droit de deuxième lecture et d'un droit de veto ; enfin une partie du budget, dite liste civile fixée depuis Londres pour la durée du règne, servant notamment à la rémunération des fonctionnaires, échappait au contrôle de la Chambre, de même que les droits de douane, eux aussi déterminés par la métropole. Sur le modèle de la Chambre des lords, on instaurait un Conseil législatif, composé d'un minimum de quinze membres, mais que le gouverneur pouvait augmenter à sa guise afin de le pourvoir d'un « nombre suffisant d'hommes prudents et compétents », en outre nommés à vie, certains d'entre eux pouvant même l'être à titre héréditaire sur décision de la Couronne, ce qui jamais ne se produisit… Le Conseil disposait d'un pouvoir absolu de blocage des décisions de la Chambre basse.

Ainsi se trouvait-on, en dépit des apparences juridiques, bien plus en présence d'un régime colonial que d'un authentique régime parlementaire, d'autant que la responsabilité ministérielle, clé de voûte de l'équilibre des pouvoirs en Angleterre, ne figurait pas dans l'Acte.

Compte tenu du poids prépondérant du Bas-Canada, Carleton cumulait les fonctions de gouverneur général de l'Amérique du Nord britannique et de lieutenant-gouverneur du Bas-Canada. Les autres provinces étaient placées sous l'autorité d'un lieutenant-gouverneur.

On envisagea un moment la création d'une noblesse canadienne, idée à laquelle s'opposa Carleton, par crainte du ridicule et de l'arrogance de certains riches commerçants anglais.

Enfin, sur le plan administratif, l'Acte constitutionnel prévoyait le découpage des provinces en comtés.

En matière civile et commerciale, le droit anglais s'appliquerait à partir du 1er janvier 1792 dans toutes les provinces, sauf la plus importante, le Bas-Canada, qui conservait le statut juridique résultant de l'Acte de Québec. Une fois encore, le pragmatisme anglais avait fourni la preuve de son sens du compromis, dans un climat général poussant à la détente : le commerce avait vigoureusement repris avec les États-Unis, tandis que la France ne bénéficiait d'aucun des gains économiques qu'elle avait espérés de son aide aux insurgents. À telle enseigne que Louis XVI regretterait bientôt d'avoir embarqué son royaume dans l'aventure américaine : au cours de ses derniers mois de règne, en 1792, il confierait à Bertrand de Molleville, ministre de la Marine et des Colonies, à qui on proposait un plan pour chasser les Anglais de l'Inde : « Ceci ressemblerait beaucoup trop à l'affaire de l'Amérique à laquelle je ne pense jamais sans regret. On a trop abusé de ma jeunesse en ce temps-là ; nous en portons aujourd'hui la peine. »

La publication de l'Acte constitutionnel provoqua des transports de joie aussi bien chez les francophones que chez les anglophones, qui se réunirent dans de nombreux banquets destinés à afficher une fraternisation bon enfant. Pour la « petite histoire », le duc de Kent, quatrième fils de George III né en 1767 (et futur père de la reine Victoria), commandant en chef des troupes britanniques, fit plus que fraterniser avec une belle Canadienne française, Alphonsine de Fortisson, dite « Mme de Saint-Laurent », laquelle exerça sur lui une influence d'autant plus puissante que le prince, par son rang, avait, de fait, supplanté un Dorchester vieillissant (il était né en 1724) et un peu las. Leur liaison devait durer vingt-sept ans et la jolie baronne, qui suivit le duc dans ses différentes affectations ultérieures, fut logiquement surnommée la « Pompadour canadienne ».

Les premières élections à l'Assemblée législative se tinrent en juin et juillet 1792. Pouvaient y participer tous les hommes et – formidable innovation peu souvent signalée – toutes les femmes, âgés d'au moins vingt et un ans, dès lors qu'ils (ou elles) disposaient d'un revenu annuel d'au moins 40 livres sterling (environ 35 000 euros). Ce qui permettait à toute la classe des propriétaires mais aussi à l'essentiel de la classe moyenne de voter. Les mêmes conditions s'appliquaient aux électeurs et aux éligibles. Sur les cinquante députés élus pour quatre ans par vingt-sept districts électoraux, les candidats du « bloc français » obtinrent une large majorité de trente-quatre sièges. L'Assemblée se réunit pour la première fois le 17 décembre au palais épiscopal de Québec et porta à sa présidence, avec le titre d'orateur, repris du *speaker* de la Chambre des communes, Jean-Antoine Panet, avocat et homme d'affaires. Puis elle décida que, dans ses débats, l'anglais et le français seraient employés à égalité. Le français comme langue maternelle et identitaire, mais non par référence à la France contemporaine, pays devenu étranger et dont les événements à venir allaient un peu plus détacher les Canadiens.

6

Une France dont on se détache

Il ne semble pas que la Révolution française ait provoqué, à ses tout débuts, beaucoup de remous ni même d'émotions au Canada. Toutefois, l'adoption, le 12 juillet 1790, de la Constitution civile du clergé entraîna la venue au Bas-Canada d'une cinquantaine de prêtres réfractaires, qui dressèrent un tableau diabolique de la situation en France. Puis, sous le régime de la Terreur, on vit arriver plusieurs centaines de Français. Ils cherchaient refuge en une contrée lointaine, sensibles aux origines du Canada après avoir souvent transité par Londres en guerre contre la République. Jusqu'ici, la minorité qui suivait l'actualité européenne se divisait, mais de façon sereine, entre ceux qui voyaient la France évoluer constitutionnellement vers un système à l'anglaise et ceux, moins nombreux, qui partageaient l'ostracisme des penseurs contre-révolutionnaires.

La nouvelle du régicide du 21 janvier 1793 mit plus de trois mois à traverser l'Atlantique. Le 2 mai, sous le titre « Mort tragique du roi de France », *La Gazette de Québec* publia un article, avec une gravure à l'appui, parlant de barbarie et d'assassinat. Plusieurs ouvrages contre-révolutionnaires, notamment ceux de l'abbé Augustin Barruel, *Mémoires pour servir à l'histoire du jacobinisme*, et de Louis-Marie Prudhomme, *Histoire générale des crimes commis pendant la Révolution française*, connurent un important succès au Canada. La population, toutes classes sociales et origines nationales confondues, semblait atterrée : la Révolution contribuait à cimenter une certaine unité canadienne. Certains, comme William Smith, ont même alors regardé la conquête de 1763 comme un événement providentiel qui aurait par avance sauver l'ancienne colonie française des affres et des horreurs de la Révolution métropolitaine.

Plusieurs prêtres, autour de l'évêque, Mgr Jean-François Hubert, qui avait succédé à Mgr Briand en 1788, puis Mgr Pierre Denaut à partir de 1797, ainsi que de simples curés de campagne offrirent un accueil et une consolation aux réfugiés de la Révolution et les incitèrent à témoigner des sévices subis. On ne sait si les événements de France provoquèrent une réaction inverse de sympathie dans une partie de la population. L'historien canadien Desmond Morton estime qu'« à n'importe quel moment entre 1792 et 1812, des régiments français, porteurs du drapeau tricolore ou des aigles, auraient été accueillis avec enthousiasme par une considérable proportion des habitants ». Rien ne permet de le confirmer. De nombreux historiens ont plutôt considéré que le rayonnement des idéaux de 1789, en outre teintés d'américanisme, ne toucha que très peu les Canadiens français. Néanmoins, de l'autre côté de la frontière, le premier ambassadeur de la République française aux États-Unis, Edmond-Charles Genêt, cherchait à les persuader, notamment par la diffusion clandestine de brochures, de se soulever, en 1793, contre le joug britannique. On tint quelques réunions secrètes pour discuter de l'appel de Genêt, puis on s'en moqua en surnommant ses manifestes « le nouveau catéchisme ». Finalement, personne ne bougea, et George Washington, premier président américain, finit par demander à la France le rappel du trublion, dont on ne sut jamais vraiment s'il avait agi de sa propre initiative ou sur ordre du Comité de salut public.

Dorchester quitta définitivement ses fonctions et retourna en Angleterre le 9 juillet 1796, où il mourut douze ans plus tard, en *gentleman farmer*.

Son successeur, Robert Prescott, venait lui aussi de l'univers militaire et avait de même participé à la guerre de Sept Ans. Également pragmatique, il chercha – et réussit – à utiliser l'influence de l'Église catholique pour soutenir le gouvernement. Il eut surtout à démêler l'extrême confusion qui régnait alors dans la concession des terres à la suite de règlementations successives pas toujours cohérentes, souvent mal appliquées et qui soulevaient des mécontentements comparables à ceux que feraient naître, dans la France des années 1960, la politique de remembrement des exploitations agricoles.

La deuxième Assemblée législative, issue des élections tenues en juin et juillet 1796, conserva la même majorité, quoique légèrement réduite à vingt-neuf députés, et le même président, Jean-Antoine Panet.

En 1797, se propagea la rumeur de la prochaine arrivée d'une flotte française, commandée par l'amiral Justin Morard de Galles, qui débarquerait des troupes, commandées par Lazare Hoche, afin d'envahir le Canada et de le rapatrier dans son historique giron. En réalité le projet du Directoire visait l'Irlande catholique, alors en rébellion contre l'Angleterre. Puis Bonaparte fit détourner le regard des Thermidoriens de l'Atlantique vers la Méditerranée : à ses yeux il fallait frapper l'Angleterre en Orient pour la couper de sa route des Indes. Ce fut l'expédition d'Égypte et, le 2 août 1798, la défaite d'Aboukir. Les aventures navales n'étaient plus de saison…

On s'est demandé comment les soldats français auraient alors été accueillis par les Canadiens, à la fois catholiques et – presque – réconciliés avec les Anglais : deux obstacles sérieux à un rapprochement. Il est probable que la population se serait divisée, voire déchirée. Joseph Quesnel, premier dramaturge et poète canadien français reconnu, usa de sa prolifique plume non plus pour dénoncer la Terreur, mais pour railler la République, particulièrement à travers une pièce satirique qui fut jouée à Québec et à Montréal, *Les Républicains français, ou la Soirée au cabaret*. Sur le versant politique, le gouverneur Prescott, moins confiant que son prédécesseur, chercha à resserrer encore les liens avec le clergé français. Il assura celui-ci que, malgré la nomination, intervenue en 1793, d'un évêque anglican pour la population de confession protestante – Mgr Jacob Mountain –, aucun des privilèges de l'Église catholique, spécialement sa direction de l'enseignement secondaire, ne serait remis en question.

En 1800, l'Espagne, alliée forcée de la France de Bonaparte, Premier Consul, lui restitua la Louisiane. On crut alors à nouveau à une possible attaque du Canada anglais par cette base arrière, mais une fois encore les moyens navals firent défaut. Le 25 mars 1802, la signature de la paix d'Amiens entre l'Angleterre et la France éloignait encore plus toute velléité d'intervention française en Amérique. Talleyrand, qui se flattait de voir au-delà des événements immédiats, et qui devinait une paix très précaire, profita de cette détente pour demander à l'ambassadeur de France à Londres, le général Antoine François d'Andréossy, de se renseigner sur les sentiments des Canadiens pour le cas où… « Informez-vous quel est l'esprit public au Canada, si les habitants sont encore attachés à la France, et si recevant du secours en armes et en argent, il y aurait quelque perspective que dans une guerre future ils se mettraient en insurrection et secoueraient le joug britannique. » Il ajoutait une motivation à sa demande d'enquête : « Ceux qui émigreront à la Louisiane y seront accueillis et jouiront de la même protection et des mêmes privilèges que les citoyens français, et l'un des motifs du Premier Consul en faisant restituer cette colonie a été d'offrir un asile aux Français vexés et opprimés au Canada. » Sa demande demeura sans suite.

Le clergé, dans la ligne de l'évêque, Mgr Pierre Denaut, ne se départit jamais de son hostilité à Napoléon, même si la signature du Concordat de 1801 signala une modération dans les mandements épiscopaux. *La Gazette de Québec* ne manquait jamais de rappeler le caractère illégitime du régime napoléonien, le refus de Louis XVIII en 1803 de renoncer au trône, la protestation solennelle de celui-ci, en 1804, contre l'élévation au titre d'empereur des Français, la honte de l'assassinat du duc d'Enghien… Mais le rejet de Napoléon ne réglait pas par lui-même les problèmes de la société canadienne qui, en ce début du XIXe siècle, étaient à la fois de nature économique et politique.

Sur le plan économique, les mauvaises récoltes successives des années 1802 à 1806 révélèrent la trop grande dépendance à l'égard de l'agriculture, spécialement de la culture du blé, devenue la principale ressource des Canadiens français depuis que le marché de la fourrure leur avait progressivement échappé dans les territoires perdus en 1783 : au profit des Américains, de la puissante Compagnie de la baie d'Hudson et des négociants anglais qui avaient peu à peu supplanté les Français, particulièrement avec le développement de Montréal.

Sur le plan politique, Haut-Canada et Bas-Canada, logés à la même enseigne, souffraient d'un déficit de démocratie imputable à la limitation des prérogatives des Chambres qui ne pouvaient ni contrôler véritablement les finances publiques ni mettre en cause la responsabilité du gouverneur, alors que celui-ci disposait du droit de les dissoudre à sa guise. Des cercles de réflexion et des clubs de pensée, plus ou moins liés à la franc-maçonnerie, se formèrent pour agiter des idées nouvelles. Dans cet esprit fut lancé, le 22 novembre 1806, le premier numéro du premier journal quotidien exclusivement en français, *Le Canadien*, avec pour ambitieuse devise *Fiat justitia ruat caelum* (« Que justice soit faite, même si le ciel doit tomber »). Son initiateur, Pierre Stanislas Bédard, avocat, élu dès 1792 à l'Assemblée législative, était devenu le chef de file du Parti canadien, francophone mais militant pour des institutions politiques à l'anglaise, où le gouvernement serait responsable devant le Parlement. Paradoxalement, son vis-à-vis, le Parti bureaucrate – ou Parti britannique –, surnommé la « clique du château » car supposé avoir l'oreille du gouverneur, défendait le *statu quo*, c'est-à-dire un gouvernement autoritaire de la province, à la française. Composé d'environ deux cents riches marchands anglais, il représentait l'équivalent de ce qu'on appelait dans le Haut-Canada *« the Family Compact »*, sorte de réseau informel tissé par les personnes influentes détenant la réalité du pouvoir. Du reste, le goût et la pratique du « réseautage » marqueraient jusqu'à nos jours la société canadienne.

À Québec, le Parti bureaucrate disposait également, depuis deux ans, de son propre organe de presse, *The Quebec Mercury*, mais qui paraissait seulement deux fois par semaine. Son fondateur, Thomas Cary, avait commencé sa carrière dans l'édition en créant en 1797 la première bibliothèque de prêt de l'Amérique du Nord. Selon l'historien canadien anglophone Arthur Lower, son journal incarnait « la quintessence du torysme anglais avec son intolérance sans bornes, son manque d'imagination, son petit univers fermé d'idées et d'institutions, sa vision étriquée du monde ». Il aurait donc contribué à entretenir une animosité artificielle entre anglophones et francophones, qu'avaient jusqu'ici combattue tous les gouverneurs précédents. Mais pas le suivant…

Les tensions s'aggravèrent en effet avec l'arrivée, en octobre 1807, de James Henry Craig, natif de Gibraltar, officier ayant combattu contre les insurgents américains pour défendre le Canada, mais qui ne possédait pas le sens politique de ses prédécesseurs. Cassant, hautain, quelque peu méprisant à l'égard des francophones, il trancha en la défaveur de leurs députés, et donc de la majorité, une question fiscale débattue au sein de l'Assemblée législative. Il s'agissait de choisir entre taxes indirectes, qui auraient pénalisé les commerçants, notamment les riches Montréalais, et impôt foncier, qui aurait désavantagé les ménages modestes, essentiellement francophones. Devant les protestations parlementaires, Craig prononça la dissolution de la Chambre, une première fois en 1809, une seconde en 1810, espérant toujours une victoire du Parti britannique, ce qui se révéla un mauvais calcul : dans l'Assemblée élue en mars et avril 1810, le Parti canadien renforça sa majorité, passant à trente-neuf membres.

Excédé par les critiques du journal *Le Canadien*, l'irascible gouverneur fit saisir un numéro qui lui déplaisait et arrêter ses principaux rédacteurs, accusés de sédition. Enfin, il prétendit exercer son droit, en vigueur en Angleterre mais passé sous silence par l'Acte constitutionnel canadien, de nomination des prêtres. Ses prédécesseurs, animés du souci de bonne entente avec la hiérarchie catholique, s'en étaient toujours abstenus. Joseph-Octave Plessis, qui avait succédé à Pierre Denaut en 1806, s'y opposa avec détermination. En vain. Craig fit appel à Londres, écrivant au Premier ministre, Spencer Perceval, une lettre rendue publique qui heurta vivement les Canadiens : « Sur 250 000 âmes, il y a ici 230 000 Français. Je me sers du terme à dessein parce qu'ils sont, par leur langue, leur religion, leurs mœurs et leurs affections, complètement français [...]. Ils ne sont attachés à nous par aucun lien [...]. Ils nous regardent avec des sentiments de défiance et de jalousie et je ne crois pas aller trop loin en disant, avec haine [...]. Il n'y a pas ici une seule personne qui puisse être décrite comme un gentleman. » Craig concluait en demandant le retour au régime de la déclaration royale de 1763, donc la suppression de la distinction entre Haut et Bas-Canada, sans toucher toutefois aux autres provinces de la Couronne. Il préconisait enfin d'accroître fortement l'immigration anglaise afin de « noyer la population canadienne sous des protestants ».

Le cabinet de Saint-James demeurait fidèle à sa politique consensuelle, d'autant plus que, dans sa guerre contre l'Angleterre, Napoléon ne comptait aucun partisan notable au Canada. Ainsi de nombreux Canadiens français, au premier rang desquels les frères sulpiciens, contribuèrent-ils financièrement, en 1809, à l'élévation à Montréal de la colonne Nelson, en l'honneur du vainqueur de Trafalgar.

Trop rigide dans un contexte qui tendait au contraire à l'assouplissement, Craig fut rappelé en mai 1811 et remplacé par un homme susceptible d'apaiser les tensions, George Prévost, d'origine suisse francophone et jusqu'ici lieutenant-gouverneur de Nouvelle-Écosse. Il fit libérer les journalistes emprisonnés, supprima l'interdiction du *Canadien*, rassura Mgr Plessis sur la nomination des prêtres. Mesures d'autant plus indispensables qu'une nouvelle menace venait peser sur le Canada : la tentation croissante des États-Unis d'en faire une dépendance, voire de l'annexer, à tout le moins d'exercer par son intermédiaire une forte pression sur l'Angleterre et sa politique maritime.

7

La guerre de dépendance américaine

C'est bien à tort qu'on a parlé de « deuxième guerre d'indépendance américaine ». D'abord parce que personne ne remettait alors en question l'indépendance des États-Unis, ensuite parce la guerre déclenchée par ces derniers avait pour objectif de placer le Canada dans leur dépendance.

L'Angleterre de 1811 se trouvait dans une situation délicate. L'Empire français à son apogée ne comptait plus autour de lui que des États alliés, vassaux ou soumis. La résistance britannique semblait alors bien proche de céder sous les coups du Blocus continental, du coût du maintien de troupes en plusieurs endroits et de la légitimité presque enfin conquise par Napoléon, ami du tsar et gendre de l'empereur d'Autriche. Président des États-Unis depuis deux ans, James Madison crut ainsi au prochain effondrement britannique et, le 2 mars 1811, fit droit à la proposition de Napoléon de rejoindre le Blocus continental en interdisant désormais les relations entre son pays et le Royaume-Uni. Celles-ci s'étaient déjà détériorées au cours des dernières années : avec, en 1803, la cession de la Louisiane, qui contribuait à activer l'appétit de domination des Américains sur un continent largement dépourvu de frontières naturelles ; avec les débuts de la marche vers l'Ouest qui se heurtait au territoire du Haut-Canada ; avec la concurrence de plus en plus dure entre marchands de fourrures de part et d'autre de la frontière ; avec l'enrôlement de force, dans la marine de guerre britannique, de déserteurs devenus citoyens américains et capturés lors de l'arraisonnement de navires en pleine mer ; avec, enfin, le reproche plus ou moins justifié adressé par les Américains aux Canadiens d'encourager l'animosité des Amérindiens à leur encontre.

Ce dernier grief trouva à se concrétiser en novembre 1811 lorsque les tuniques bleues du général William Harrison massacrèrent les guerriers – et leurs familles – de la région de l'Indiana, soulevée par Tecumseh – « Étoile filante » –, chef shawnee charismatique qui, après sa défaite, trouva refuge au Canada et prêta serment d'allégeance à George III.

Les motifs de conflit s'étant ainsi amoncelés, le Congrès américain, installé à Washington depuis 1787, déclara la guerre à l'Angleterre, c'est-à-dire en fait au Canada, le 18 juin 1812. De même que, cinquante ans plus tôt, les Anglais avaient profité d'un considérable déséquilibre démographique en face des Français, la disproportion jouait cette fois contre eux : le Canada comptait, toutes provinces confondues, moins de 500 000 habitants, quand les États-Unis – maintenant au nombre de dix-sept États – en recensaient plus de 7 millions.

L'Angleterre se trouvant hors d'état, au vu de la situation en Europe, d'envoyer d'importants renforts, les dirigeants américains étaient persuadés d'une victoire rapide, en outre facilitée par le probable ralliement d'une partie de la population canadienne aux idéaux de démocratie, de liberté et d'affranchissement colonial véhiculés avec l'armée *yankee* – selon le terme employé par les Amérindiens de la région des Grands Lacs. Et peut-être aussi par l'anglophobie supposée d'une partie importante des Canadiens français. Aucune de ces prévisions n'allait se réaliser.

Les Canadiens, anglophones comme francophones, ressentirent l'opération américaine comme une agression pure et simple, tandis qu'aux États-Unis, surtout dans les anciennes colonies historiques de la Nouvelle-Angleterre, la population réprouvait cette guerre. Les soldats et miliciens américains, mal entraînés et mal commandés, bien que supérieurs en nombre – environ 35 000 furent mobilisés – firent face à des troupes canadiennes composées de 6 000 soldats anglais, bien formés et disciplinés, et de 10 000 volontaires, issus aussi bien du Haut que du Bas-Canada, moins bien organisés mais fortement motivés. Enfin, le chef de l'armée canadienne, le général Isaac Brock, s'affirma vite comme un stratège et un tacticien bien supérieur à son homologue américain, le brigadier général William Hull, entré en campagne par une déclaration maladroite au peuple canadien : « Les États-Unis vous offrent la paix, la liberté, la sécurité ; préférez-vous la guerre, l'esclavage, la destruction ? »

Avant même que Hull ait disposé ses troupes pour lancer une attaque depuis Detroit et une autre depuis Niagara, afin de prendre le Haut-Canada entre deux feux, Brock déclencha une offensive surprise sur Michilimakinac, à la jonction des lacs Huron et Michigan. Puis, avec l'aide de Tecumseh et de ses guerriers shawnees, il se porta rapidement sur Detroit, qu'il investit facilement, contraignant Hull à capituler. S'avançant ensuite à la rencontre de troupes américaines venant en renfort, il fut tué au cours d'une charge de cavalerie, le 14 octobre 1812. Malgré cela l'armée canadienne remporta d'autres victoires, facilitées par les nombreuses désertions des miliciens américains, et repoussa l'envahisseur au-delà des Grands Lacs.

On aurait pu en rester là. C'était compter sans l'orgueil national de la jeune république. Madison révoqua son secrétaire d'État à la Guerre, William Eustis, un ancien médecin totalement ignorant de la chose militaire, et le remplaça par John Armstrong, chargé d'élaborer une véritable stratégie. Du côté canadien, George Prévost jugeait cette guerre absurde. Mais, devant l'impossibilité de discuter avec le gouvernement de Washington et ne désirant pas procéder à la poursuite des soldats américains débandés, il se contenta de prescrire des mesures défensives, maintenant l'armée en alerte, recrutant aussi 2 000 miliciens supplémentaires, dont la plupart venait du Bas-Canada.

Au début de 1813, une nouvelle offensive américaine s'empara de Detroit, puis, le 27 avril, de la petite ville d'York, dans le Haut-Canada – la future Toronto –, qui fut incendiée, pendant qu'une autre armée se dirigeait vers la vallée de la Richelieu. Une contre-offensive, dirigée par un officier d'origine française, le colonel Antoine de Salaberry, l'arrêta à Châteauguay le 26 octobre, bien que ses voltigeurs combattissent à un contre trois. Le Haut-Canada demeurait toutefois envahi. Ses « libérateurs » incendièrent de nombreux villages, européens comme amérindiens.

Bien qu'occupé à combattre l'Europe de nouveau liguée contre lui après le cuisant échec de la campagne de Russie, Napoléon voulut bien considérer la situation en Amérique du Nord, pour finalement s'en détourner. En revanche, pour Mgr Plessis, souvent regardé comme le véritable chef de l'opinion publique canadienne à cette époque, l'Empereur était le seul responsable de la tentative d'invasion américaine, qu'il avait suscitée en vue d'affaiblir l'Angleterre et de s'attaquer à l'Église catholique, si respectée au Canada...

Il devenait de plus en plus évident, à la fin de 1813, que le conflit entre les États-Unis et l'Amérique anglaise ne déboucherait sur rien, sinon sur des morts inutiles. Six des dix-sept États américains – le Connecticut, le Maine, le Massachusetts, le Vermont, le New Hampshire et Rhode Island, soit la Nouvelle-Angleterre historique – menacèrent de faire sécession. Les Américains de Washington avaient espéré un éclatement du Canada : c'était leur pays qui risquait de se disloquer. La Russie, nouvelle première puissance en Europe continentale et, de ce fait, plus active sur la scène diplomatique, proposa sa médiation, refusée par l'Angleterre. À l'approche de Noël, Madison se dit prêt à négocier. Les discussions s'ouvrirent en janvier 1814, mais sans armistice. Les Britanniques, qui, en Europe, ne doutaient plus de l'imminence de la fin de la France napoléonienne, pouvaient maintenant redéployer d'importantes forces en Amérique du Nord et, compte tenu de la bonne résistance des Canadiens, n'avaient aucune raison de se montrer conciliants. Tandis que la Royal Navy organisait progressivement le blocus de tous les ports de la côte est et lançait quelques raids de bordure sans grandes conséquences, la cavalerie et l'infanterie britanniques, après avoir entièrement nettoyé le territoire de la colonie, chassèrent les Américains du lac Champlain, déferlèrent vers le sud sans rencontrer d'obstacles majeurs et atteignirent Washington le 24 août 1814. Sous les ordres du général John Coape Sherbrooke – qui a donné son nom à la plus longue rue de Montréal – et du major général Robert Ross, les troupes canadiennes incendièrent les principaux bâtiments publics, notamment celui du Congrès et la résidence du président de l'Union, la Maison-Blanche, achevée et inaugurée par John Adams en 1800. Mais, *fair-play* oblige, en épargnant les habitations privées : la seule invasion et la seule occupation de leur capitale jamais survenues, à ce jour, dans l'histoire des États-Unis. L'Amérique demandait grâce. Ses plénipotentiaires, conduits par John Quincy Adams – qui deviendrait président en 1825 – furent convoqués à Gand, aux Pays-Bas (depuis lors en Belgique). La paix, signée le 24 décembre, exprimait la lassitude des belligérants : on revenait strictement à la situation antérieure, ne changeant rien aux frontières. Pour leur tracé précis, dans certains cas controversé, on renvoyait à des commissions spécialisées ultérieures. Wellington, qui venait de refuser le commandement en chef des troupes anglaises outre-Atlantique – et qui n'aurait pas été présent à Waterloo s'il l'avait accepté –, intervint néanmoins dans les négociations, d'une part pour qu'on exigeât des Américains qu'ils cessassent leurs attaques contre les Amérindiens, d'autre part qu'on envisageât, dans les deux territoires, l'abolition de l'esclavage, comme cela avait été fait, dès 1810, dans le Haut-Canada sous l'impulsion de son lieutenant-gouverneur, John Graves Simcoe.

Dans l'immédiat, le conflit de 1812-1814 emporta trois séries de conséquences : le Royaume-Uni considéra désormais les États-Unis comme une vraie nation indépendante qu'il ne traiterait plus comme une ancienne colonie rebellée ; corrélativement, le nationalisme américain en sortit renforcé, et c'est pourquoi on qualifia là-bas cette guerre de « deuxième guerre d'Indépendance » ; mais son principal bénéficiaire était le Canada. Après que le Blocus continental eut retardé son industrialisation, la guerre avait accéléré son développement économique grâce, paradoxalement, à l'accroissement de ses échanges avec la France afin d'approvisionner les troupes britanniques, soit par contrebande, soit par tolérance de l'administration douanière. En deuxième lieu, la démographie du pays, structurellement sous-peuplé, recevait un coup de fouet sous l'effet de deux facteurs : l'immigration de loyalistes américains augmenta considérablement durant le conflit, et, à la fin de celui-ci, officiers et soldats britanniques dépêchés au Canada se virent offrir des terres appartenant à la Couronne, selon une formule comparable à celle employée du temps du régiment de Carignan-Salières. Ainsi la population du Bas-Canada atteignait-elle 335 000 habitants en 1815, Montréal comptant alors 18 000 citadins et dépassant désormais Québec, où l'on en recensait 16 000. Dans le Haut-Canada, la guerre changea radicalement le flux migratoire : le territoire, presque désert en 1783, avait d'abord bénéficié de l'apport d'Américains loyalistes puis d'Américains tout court, au total environ 50 000 personnes. Après 1812, cet apport disparut complètement et dut être relayé par une immigration en provenance des îles Britanniques, particulièrement de l'Irlande et de l'Écosse.

Enfin la guerre fit prendre conscience à de nombreux Canadiens de leur identité et de leur originalité. Naquit un début de sentiment national, provoqué par la résistance à un danger commun, résistance au cours de laquelle anglophones et francophones avaient défendu ensemble leur territoire et leurs libertés réelles. En dépit de leurs différences culturelles et linguistiques, de leurs divergences sociales et politiques, de leur séparation religieuse entre catholiques et protestants, ils savaient tous dorénavant au moins ce qu'ils ne voulaient pas : devenir des Américains.

Celles qu'on appelait les provinces maritimes, ou plus simplement les « Maritimes » – Nouvelle-Écosse, Nouveau-Brunswick et Île-du-Prince-Édouard –, ainsi que la Compagnie de la baie d'Hudson étaient restées, sinon totalement étrangères, du moins relativement éloignées du conflit, même si Halifax, capitale de la première, avait servi de relais atlantique et de point de départ à la Royal Navy dans ses expéditions contre les États-Unis.

Les Maritimes regardaient bien plus vers l'océan, dont elles tiraient, par la pêche, l'essentiel de leurs ressources, que vers l'intérieur du continent, avec lequel les communications demeuraient peu pratiques : faute de routes véritables, seule la navigation permettait de les relier à la vallée du Saint-Laurent, au prix d'un long détour par le nord de l'île du Cap-Breton. Aucun progrès n'avait été réalisé en la matière depuis que l'intendant Jean Talon avait projeté d'établir une liaison directe, à travers le fleuve puis par voie terrestre, entre la Nouvelle-France et l'Acadie. Isolées du reste de l'Amérique, les populations locales exploitaient paisiblement les richesses, en poisson et en bois, de leurs terres et de leurs côtes, selon le tryptique *wood, wind and water*. Un peu oubliées de l'Angleterre, elles resteraient administrées par les mêmes personnes durant de longues années.

Le premier lieutenant-gouverneur du Nouveau-Brunswick, Thomas Carleton, frère cadet de Guy, nommé en mai 1786, garderait son poste jusqu'à sa mort, en février 1817. Sa principale tâche aura consisté à organiser l'arrivée de loyalistes, sur lesquels Londres comptait pour peupler et aménager la province dont on entendait faire un « objet d'envie pour les États américains ».

En Nouvelle-Écosse, dont la majeure partie du territoire se couvrait encore de forêts, George Prévost avait assumé lui-même les fonctions de lieutenant-gouverneur à partir de 1808, faute pour le gouvernement de Londres d'avoir pu trouver ou même de s'être occupé de trouver un successeur à John Wentworth, en fonction depuis 1792 et qui, pas plus que ses prédécesseurs, n'avait laissé de souvenir marquant. Un lieutenant-gouverneur de plein exercice fut enfin nommé en août 1811. Militaire mais fin diplomate et administrateur, John Coape Sherbrooke, avant de combattre les États-Unis, comme on l'a vu, avait su développer le commerce avec eux, au point de faire d'Halifax non seulement une base stratégique, mais aussi un lucratif entrepôt commercial. Il serait récompensé de son efficacité, civile et militaire, en devenant, le 12 juillet 1816, gouverneur général de l'Amérique du Nord britannique et lieutenant-gouverneur du Bas-Canada.

Dans l'Île-du-Prince-Édouard, où immigrèrent de nombreux Écossais puis Irlandais, ce qui en fit une « citadelle des langues gaéliques » et, comme le Bas-Canada, une province de cohabitation entre catholiques et protestants, le lieutenant-gouverneur, de 1804 à 1812, fut un ingénieur militaire d'origine française, Joseph Frédéric Vallet des Barres, qui anglicisa son nom en Joseph Frederick Wallet-Desbarres. Encore en poste à quatre-vingt-neuf ans – un record absolu, du moins dans l'histoire des nations occidentales –, il fut remplacé dans la perspective de la guerre par un homme plus jeune et plus dynamique. Sa longévité lui permettrait cependant de passer à la postérité en 1977 en devenant un personnage du roman populaire et identitaire de Claude Le Bouthillier, *L'Acadien reprend son pays*. Son successeur, Charles Douglas Smith, prépara l'île dans l'éventualité d'une attaque américaine qui n'eut pas lieu.

Bref, les Maritimes, sans histoires autres que des chicanes entre administrateurs et dont rend bien compte le *Dictionnaire biographique du Canada*, n'étaient pas encore vraiment entrées dans l'histoire. Ce serait chose faite après 1815 et ce qu'on a appelé la « grande immigration britannique ».

Quant à la Compagnie de la baie d'Hudson, État quasi indépendant depuis 1670, elle mena sa propre guerre, non contre les Américains, encore bien trop éloignés de ses terrains de chasse, mais contre sa concurrente, devenue ennemie – car la conquête de l'argent est souvent plus féroce que celle de territoires –, la Compagnie du Nord-Ouest. Leur conflit latent n'avait jusque-là donné lieu qu'à des escarmouches isolées et disparates, en fonction d'initiatives individuelles ou de petits groupes de coureurs des bois luttant contre des trappeurs, c'est-à-dire des braconniers. Il prit de la consistance à partir de 1810 et déboucha sur de réels affrontements armés impliquant des troupes rémunérées pour cela. Les deux compagnies se livrèrent une véritable bataille rangée – encore qu'elle n'impliquât qu'une trentaine d'hommes de part et d'autre –, le 19 juin 1816, à La Grenouillère, au sud du lac Winnipeg. La Compagnie du Nord-Ouest en sortit victorieuse, temporairement…

Au sud, la paix enfin revenue, les grands périls écartés, aussi bien en Amérique qu'en Europe, le Canada britannique put alors s'adonner au charme des polémiques internes et des relations plus ou moins orageuses avec la métropole, comme il seyait aux colonies du début du XIXe siècle. Mais dans un climat relativement apaisé où la houle remplaçait enfin la tempête.

8

Quinze années de houle après les tempêtes

La guerre imposée par les Américains avait mis sous le boisseau la question, auparavant centrale dans les débats publics, de la responsabilité politique de l'exécutif, c'est-à-dire du gouverneur et de ses collaborateurs, de plus en plus souvent appelés « ministres », devant l'Assemblée législative. Depuis l'institution de celle-ci en 1791, et les premières élections de 1792, sept législatures s'étaient succédé, ressassant toujours ce même problème grandissant, notamment à travers le vote, maintenant acquis, du budget annuel et des principaux impôts. Ainsi, dans sa longue histoire, le Parlement britannique avait-il accru son influence jusqu'à l'adage forgé par on ne sait qui : « Il n'y a que deux choses impossibles aux Chambres : forcer à boire un âne qui n'a pas soif et retenir de l'eau avec ses doigts. » Les élites canadiennes entendaient bien s'en inspirer.

La huitième législature, élue en 1814 et ouvrant sa première session le 21 janvier 1815, porta à sa présidence, pour succéder à Jean-Antoine Panet, malade et qui mourrait quatre mois plus tard, un jeune homme de vingt-neuf ans, plein de dynamisme et d'ambition, Louis-Joseph Papineau. Comparable, dans sa carrière, ses responsabilités, ses retournements, son interminable présence sur la scène politique pendant plus de cinquante ans, et même son apparence physique, à son contemporain français Adolphe Thiers, qui lui servirait plus tard de modèle, bien qu'il fût son cadet de onze ans.

Né le 7 octobre 1786 à Montréal, d'un père notaire puis bientôt « seigneur » par l'achat du domaine de La Petite-Nation (aujourd'hui municipalité de Montebello, située entre Montréal et Ottawa), avocat, orateur brillant, élu député en 1808, comme l'avait été aussi son père, il progressa rapidement dans la hiérarchie du Parti canadien et en prit la tête lorsque Pierre Stanislas Bédard quitta la vie politique pour devenir juge à Trois-Rivières.

L'époque était aux transitions : après la mort prématurée (il avait quarante-huit ans) de George Prévost le 5 janvier 1816, le gouvernement de Londres nomma à titre intérimaire au poste de gouverneur général Gordon Drummond, qui s'était jusqu'ici surtout occupé du retour des militaires en Angleterre à la suite de la reprise du pouvoir en France par Napoléon en mars 1815.

Manquant de sens politique, il dissout en février 1816 l'Assemblée législative élue en 1815 en raison des accusations portées par celle-ci contre certains magistrats jugés francophobes, particulièrement le très impopulaire Jonathan Sewell. Ce dernier, se mêlant beaucoup de donner des avis politiques, préconisait une immigration massive d'Américains afin de minorer les Canadiens d'origine française.

Après un intérim de John Wilson, qui ne resta en poste que deux mois, John Coape Sherbrooke arriva à Québec le 12 juillet 1816 et s'efforça d'arrondir les angles avec la nouvelle Assemblée, toujours tenue majoritairement par le Parti canadien, qui s'était encore renforcé, et de nouveau présidée par Papineau.

Habile en politique et comprenant immédiatement la nécessité d'assurer la concorde en évitant que les habitants du Bas-Canada ne se sentissent déconsidérés par Londres et ses représentants, Sherbrooke proposa de mettre Sewell à la retraite, suggéra que l'Assemblée législative désignât un délégué auprès du gouvernement britannique et que son président fût désormais, de même que l'évêque de Québec – élevé avec son accord au rang d'archevêque –, associé aux délibérations comme aux décisions du Conseil exécutif. Les petites tensions s'apaisèrent, et l'Assemblée ouvrit sa session de janvier 1817 dans un climat de bonne entente. Toutefois, la question des finances publiques souleva de nouvelles controverses. Dans plusieurs pays d'Europe, où la chute de Napoléon avait entraîné la restauration des monarchies traditionnelles, le vent des Lumières, de la Révolution et un goût nouveau pour la modernité se traduisaient par une montée générale du parlementarisme. Les Chambres que l'on avait élues, généralement au suffrage censitaire, refusaient de plus en plus de se limiter à des débats sans incidence concrète sur la conduite des affaires publiques : après avoir obtenu le droit de voter *des* lois, elles réclamaient celui de voter *les* lois, de censurer le gouvernement et d'amender le budget en profondeur avant de l'adopter. La France de Louis XVIII présentait un bon exemple de cette tendance. On la connaissait aussi au Canada, et le Parti canadien, fort du modèle britannique, réclamait sans relâche l'exercice de nouvelles prérogatives, au premier rang desquelles l'adoption et le contrôle de ce qu'on appelait « les subsides », autrement dit le budget de fonctionnement des provinces.

Sherbrooke se trouvait pris entre deux feux : d'un côté les revendications d'une majorité de députés, qu'il comprenait, de l'autre la conception de lord Henry Bathurst, secrétaire d'État à la Guerre et aux Colonies (il avait à ce titre organisé la détention de Napoléon à Sainte-Hélène), qui, tout en laissant au gouverneur une large marge de manœuvre, considérait que les représentants d'une colonie ne pouvaient avoir les mêmes droits que ceux d'une nation souveraine. La minorité parlementaire, composée presque exclusivement d'anglophones regroupés dans le Parti bureaucrate, n'avait pas changé d'avis et préférait toujours l'autorité directe du gouverneur à un parlementarisme sous la coupe de francophones.

Juste avant de quitter ses fonctions pour des raisons de santé, en janvier 1818, Sherbrooke aura cependant obtenu l'accord de l'Assemblée sur le budget de la colonie pour l'exercice en cours et, globalement, décrispé l'atmosphère politique.

Son successeur, Charles Lennox, duc de Richmond, arrivait avec un cahier des charges relativement précis. Avant tout encourager la colonisation britannique, notamment au Bas-Canada, car, il le constata lui-même : « Les immigrants anglais arrivent par Québec et Montréal, mais refusent de s'établir au milieu des Canadiens français et gagnent aussitôt le Haut-Canada ou les États-Unis. » Dans ce but, il devait améliorer les infrastructures, spécialement de communication, en faisant percer de nouvelles routes et des canaux, rendre plus aisées les liaisons entre les provinces. Mais il mourut le 28 août 1819, après avoir été mordu par un renard qui lui transmit la rage.

Au cours de son bref intérim, James Monk, magistrat et doyen des conseillers législatifs protestants, n'hésita pas à dissoudre en février 1820 l'Assemblée législative jugée trop turbulente. Les élections reconduisirent la même majorité et le même président. C'était la dixième législature depuis 1792. La nouvelle de la mort de George III – qui souffrait d'aliénation mentale depuis cinq ans mais dont le règne de soixante ans était le plus long de l'histoire d'Angleterre –, survenue le 29 janvier, arriva à la veille de l'ouverture de la session, le 22 février. Louis-Joseph Papineau prononça son éloge funèbre avec une telle emphase et une telle conception des effets de la conquête de 1763 qu'on crut bien les Canadiens français encore plus attachés à la monarchie britannique que les Anglais eux-mêmes : « George III, souverain respecté pour ses qualités morales et son attention à ses devoirs, succède à Louis XV, prince justement méprisé pour ses débauches et son peu d'attention aux besoins du peuple, sa prodigalité insensée pour ses favoris et ses maîtresses. Depuis cette époque, le règne de la loi a succédé à celui de la violence ; depuis ce jour, les trésors, la marine et les armées de Grande-Bretagne ont été employés pour nous procurer une protection efficace contre tout danger extérieur ; depuis ce jour, ses meilleures lois sont devenues les nôtres, tandis que notre religion, nos propriétés et les lois par lesquelles elles étaient régies nous ont été accordées [...]. Maintenant la tolérance religieuse, le procès par jury, la protection contre l'emprisonnement arbitraire, le privilège de l'*habeas corpus*, le droit de n'obéir qu'aux lois adoptées par nos représentants, tous ces avantages sont devenus pour nous un droit de naissance et seront, je l'espère, l'héritage durable de notre postérité ! Pour le conserver, sachons agir comme des sujets anglais et des hommes indépendants ! » Succédait à George III son fils aîné, le roi George IV.

Le nouveau gouverneur général, George Ramsay, baron Dalhousie, ancien aide de camp de Wellington et précédemment lieutenant-gouverneur de Nouvelle-Écosse, arriva à Québec en avril 1820. Chargé de poursuivre la politique engagée par Richmond en faveur de l'immigration anglaise et de l'équipement de la province, il ajouta à ces objectifs le développement d'institutions sociales, culturelles, littéraires, scientifiques et historiques afin de combler le retard intellectuel des Canadiens en la matière, qu'il imputait en grande partie à « la tyrannie étriquée du clergé catholique ». Ce qui n'arrangea pas les relations avec Mgr Plessis, bien que tous deux eussent à cœur de préserver la bonne entente générale régnant à peu près dans la province du Bas-Canada.

Une nouvelle polémique s'enflamma, non plus sur le principe, maintenant acquis, du vote du budget par l'Assemblée, mais sur la façon de le voter : en bloc, par chapitres ou par articles (la France de la Restauration connaissait un débat comparable), désaccords aggravés par quelques malversations financières commises par certains fonctionnaires. On s'opposa ensuite sur le partage des droits de douane, principale source de revenus des colonies, entre le Bas et le Haut-Canada. Ce dernier, ne disposant d'aucun port de mer, se trouvait dans la dépendance du bon vouloir de la province voisine et souhaitait s'en dégager. Commencèrent alors à se faire sentir les inconvénients de la séparation des deux provinces et la nécessité d'une politique administrative, fiscale et économique unique pour la vallée du Saint-Laurent qui concentrait encore 90 % de la population du Canada. D'autant que, de l'autre côté de la frontière, les États-Unis se modernisaient à grande allure et recensaient près de 10 millions d'habitants.

Autre fait marquant du tournant de 1820, le rééquilibrage de la population canadienne en faveur de l'origine britannique : on comptait alors près de 300 000 francophones dans le Bas-Canada, pour 80 000 anglophones. Mais ces derniers peuplaient à peu près seuls le Haut-Canada (125 000 habitants alors que la région était quasiment déserte vingt ans plus tôt) ainsi que les Maritimes, qui avaient réalisé la plus forte progression des dernières années, avec environ 200 000 habitants, dont une toute petite minorité d'Acadiens revenus chez eux. Ainsi les deux communautés se trouvaient-elles presque à égalité, mais avec une progression, grâce à l'immigration, plus forte du côté anglophone. Le temps paraissait donc proche où celui-ci deviendrait majoritaire dans l'ensemble du Canada.

Enfin, une émigration, certes modeste, mais croissante, se tournait vers la baie d'Hudson, dont la Compagnie venait, par un oukase de lord Bathurst, d'absorber celle du Nord-Ouest et drainait vers sa région, appelée aussi Terre du prince Rupert, de plus en plus d'emplois liés à la production et au commerce des fourrures.

Les commerçants anglais de Montréal, appuyé par le Parti bureaucrate – ou parti tory, ou encore Parti britannique – et son quotidien, *The Quebec Mercury*, se montrèrent d'efficaces lobbyistes, obtenant le dépôt à la Chambre des communes, en

1822, d'un projet de loi unifiant au moins les deux Assemblées législatives, la nouvelle comprenant deux sections, de soixante députés chacune, une pour le Bas, l'autre pour le Haut-Canada. Ainsi les anglophones pourraient-ils disposer de la majorité des sièges. À l'appui de cette démarche, deux pétitions, dont on ignore le nombre de signataires, furent envoyées à Londres, la première émanant des « Britanniques de Montréal », la seconde des « *townships* », c'est-à-dire des milieux populaires, et pouvant se résumer en une phrase : « Faire du pays une colonie britannique puisqu'il en porte déjà le nom. »

Toutefois, le sentiment de la majorité de la population semblait partagé au Haut-Canada, où l'on pesait les avantages de la fusion – le désenclavement de la province – et ses inconvénients, la supériorité démographique du Bas-Canada. Tandis qu'il semblait presque unanime chez les francophones pour s'opposer au rapprochement : à leurs yeux, l'union « ferait renaître ces dissensions résultant de la différence de langage, de religion, de lois et d'intérêts locaux qui agitèrent la province de Québec (de 1763 à 1791) et que sa division en deux gouvernements séparés si heureusement a fait cesser ».

Louis-Joseph Papineau et son ami Wolfred Nelson, natif d'Écosse, directeur de *La Gazette de Québec* depuis 1793 et député du Parti canadien depuis 1818, se dressèrent contre le projet de toute leur verve et de toute leur plume : « La Grande-Bretagne n'a pas besoin d'autre anglicisation de cette colonie que celle qu'elle trouvera dans la loyauté et l'affection des habitants, ni d'autre race britannique que ses cosujets-nés et affectionnés. » Avec à leur tour une pétition, qui réunit 60 000 signatures, soit près de 15 % de la population francophone, ils se rendirent à Londres au début de 1823, en même temps que Dalhousie, et plaidèrent de façon complémentaire, le gouverneur ne s'opposant pas, lui, à l'idée de fusion des deux provinces, mais jugeant préférable de la remettre à plus tard : « L'union, disait-il, ne saurait avoir ni pour but ni pour effet d'enlever aux Canadiens français leur langue et leur religion qui sont d'excellents remparts contre les influences américaines. » Un argument encore inusité à l'époque mais appelé à un grand avenir, jusqu'à nos jours… Moyennant quoi, la Chambre des communes, d'accord avec le Premier ministre, lord Liverpool, rejeta le projet de loi.

Trois années passèrent sans événement majeur, puis les chicanes budgétaires entre l'Assemblée et le Conseil législatif, accusé de n'être que le faux-nez du Conseil exécutif, reprirent de plus belle, poussant le gouverneur, une fois de plus, à dissoudre l'Assemblée en juillet 1827. Étonnante décision puisque voilà vingt ans que les successives dissolutions n'avaient jamais permis de rapprocher les points de vue, bien au contraire. Et celle-ci parut bien être celle de trop. Le Parti canadien riposta par un appel au peuple, c'est-à-dire une pétition qui rassembla près de quatre-vingt-dix noms et qui dressa la liste des mécontentements : confusion entre Conseil exécutif et Conseil législatif, insuffisant respect des volontés des électeurs de l'Assemblée, coût trop élevé et piètre efficacité de l'institution royale chargée de l'instruction primaire avant que les institutions religieuses prissent le relais dans le secondaire, mauvaise administration des terres, livrée au favoritisme et à la concussion, malversations financières de la recette générale (l'administration en charge de la collecte des impôts et des droits de douane), rappel du caractère sournois et grossier de la tentative d'union de 1822… tout y passait. Le thème de la grande réforme institutionnelle revenait au premier plan.

9

Où l'on reparle de grandes réformes

La plus grande de toutes les réformes consisterait bien sûr dans l'indépendance du Canada. Pour prématurée que puisse paraître l'idée, elle n'était pas absente des réflexions menées à Londres un peu avant 1830. Trois éléments principaux y concouraient : l'alliance avec la France, la montée du séparatisme en Amérique latine et l'évolution des rapports avec les États-Unis.

Après la première chute de Napoléon, les deux grands « ennemis héréditaires » du Vieux Monde conclurent une alliance qui allait durer jusqu'à nos jours. L'épisode vite refermé des Cent-Jours, le congrès de Vienne et le second traité de Paris, du 20 novembre 1815, engagèrent l'Angleterre et la France à voguer désormais de conserve. Lorsque, le 20 octobre 1827, dans la baie de Navarin (aujourd'hui Pylos, au sud-ouest du Péloponnèse), une flotte franco-britannique défit une escadre turque afin de venir au secours des patriotes grecs, la presse canadienne rendit un large écho de cette grande première : une opération navale combinée entre les deux royaumes, ce que l'on n'avait pas vu depuis les croisades. L'Angleterre de George IV ne regardant plus la France comme une menace, en quelque lieu du monde que ce fût, ressentait moins l'exigence d'une présence impériale au Canada. Elle pouvait envisager des aménagements de son statut comme y incitaient le soulèvement des colonies espagnoles d'Amérique – qui avait débuté en 1806 – et l'évolution récente des rapports avec les États-Unis.

L'aide anglaise à la rébellion des colons espagnols s'opérait ouvertement depuis 1822 sous l'impulsion de George Canning, ministre des Affaires étrangères. Celui-ci s'était aussi rapproché des États-Unis au moment de l'édiction de la « doctrine Monroe » : provoqué par une tentative russe de s'étendre au sud de l'Alaska en 1821, un message du président James Monroe adressé au Congrès, le 2 décembre 1823, interdisait dorénavant aux puissances européennes toute entreprise coloniale, ou assimilable, sur le territoire « des Amériques ». En contrepartie, les États-Unis ne s'immisceraient pas dans les affaires européennes. L'Angleterre approuvait pleinement cette approche. Dix ans après la fin de la guerre anglo-américaine, le climat entre l'ancienne colonie et son ancienne métropole n'était plus seulement à la détente et à l'expansion commerciale, mais à la formation d'une solide alliance, que plus rien ne remettrait fondamentalement en cause jusqu'à nos jours.

Dans ce contexte international sensiblement transformé, qu'allait-on faire du Canada ? Ses élites, comme celles du reste de l'Amérique, lisaient alors avec beaucoup d'intérêt un livre paru en 1802 et demeuré confidentiel jusqu'à ce que l'actualité vînt l'éclairer : *Les Trois Âges des colonies*, de l'abbé Dominique de Pradt. L'auteur, brillant esprit qui avait été député à l'Assemblée constituante de 1789 puis aumônier du Premier Consul, y exposait que la période de trois siècles suivant la conquête de l'Amérique était en train de s'achever et que, partout, quels que fussent le régime politique et administratif, l'organisation sociale, la coexistence entre les races, enfin l'état d'esprit des populations des différents territoires, le continent, parvenu à maturité, ne manquerait pas de s'émanciper dans les toutes prochaines décennies. De nombreux hommes politiques anglais pensaient de même : « Le droit de rejeter une domination européenne a été si souvent revendiqué dans les deux Amériques que la révolte peut à peine y être estimée comme un geste honteux et déshonorant [...]. L'Amérique du Nord britannique ne peut considérer comme une situation enviable le fait de demeurer, dans le Nouveau Monde, la seule partie dépendante d'une métropole européenne. La fierté nationale et un sentiment d'importance ne jouent pas en faveur de la Grande-Bretagne. » Toutefois, chaque chose en son temps : « Il faut entrevoir l'indépendance comme un aboutissement, mais il ne faut pas céder devant une agitation qui affaiblirait l'Empire britannique. »

En Irlande, les catholiques réclamaient alors un gouvernement provincial, mais sans parler d'indépendance. De même, les réformistes canadiens s'en tenaient à préconiser une formule de *self-government,* c'est-à-dire un ministère émanant directement de Chambres élues et responsable devant elles. La presse canadienne, alors en fort développement, servait de principal support à ces idées, d'abord agitées dans les provinces à majorité anglophone : en Nouvelle-Écosse par la plume de Joseph Howe, directeur du journal *Novascotian* ; dans le Haut-Canada, par celles de Robert Baldwin, avocat et bientôt fondateur d'un parti réformiste, et de William Mackenzie, directeur du journal *The Colonial Advocate* publié à York. Au Bas-Canada on n'allait pas plus loin : la revendication de « l'autonomie intérieure » visait à obtenir que les conseillers exécutifs fussent choisis par les chefs des deux Assemblées, elles-mêmes élues par des scrutins « populaires », sans autre précision. À Québec aussi, les porte-parole de la réforme s'appuyaient sur les journaux. Augustin Morin, fondateur en 1826 de *La Minerve,* à Montréal, n'avait de cesse d'argumenter dans ses colonnes : « Il n'y aura jamais de paix ni d'affection tant que la métropole n'imitera pas le bon père de famille qui diminue son autorité à mesure que son enfant avance en âge. Nous sommes maintenant assez avancés en civilisation pour conduire nos affaires seuls. Point de milieu ! Si nous ne nous gouvernons pas, nous serons gouvernés. » De même, Étienne Parent, rédacteur en chef du *Canadien* et parfois qualifié de « premier intellectuel canadien français rêvant d'une nation indépendante », préfigurait Renan en parlant du sentiment national comme d'une « belle vertu sans laquelle les sociétés ne seraient que des assemblages d'êtres isolés, incapables de ces grandes et nobles actions qui font les grands peuples ».

Pas question pour autant de se priver de la protection britannique : « Le voisinage d'une nation puissante et entreprenante » la rendait indispensable. Au Canada, le souvenir de la guerre de 1812 demeurait beaucoup plus vivace qu'en Angleterre. Pour l'historien Maurice Séguin, « le but ultime, reporté à plus tard, était de prendre place parmi les nations et de devenir un État souverain allié utile de la Grande-Bretagne ».

Dalhousie se montrait néanmoins réfractaire à tout changement, recourant, comme Craig, à deux dissolutions successives, en 1827 et 1828, allant même jusqu'à récuser l'élection de Papineau à la présidence de la Chambre. Une nouvelle pétition, de 87 000 signatures, fut envoyée à Londres. Et, une nouvelle fois, le gouverneur fut désavoué après qu'un comité d'enquête de la Chambre des communes, animé par lord Stanley, sous-secrétaire d'État à la Guerre et aux Colonies, eut estimé fondées la plupart des revendications. Mais son rapport, rédigé en termes généraux, ne donnait prise qu'à peu de mesures concrètes, hormis le changement de gouverneur.

Le 8 septembre 1828, James Kempt, jusqu'ici lieutenant-gouverneur de la Nouvelle-Écosse, remplaça donc Dalhousie. En gage de bonne volonté, il adopta dès son arrivée deux mesures d'apaisement : la confirmation de Papineau comme président de la Chambre et l'acceptation d'une résolution de celle-ci sur le vote du budget. Ce qui permit l'adoption d'importants crédits d'équipement, spécialement pour les quais de Montréal, les canaux et les écoles primaires. On en sortait enfin ! Ne restait plus à l'écart du contrôle parlementaire que les rémunérations des cinq plus hauts fonctionnaires de la province, fixées à Londres. Puis Kempt procéda à un redécoupage de la carte électorale afin de la rendre plus juste, augmentant le nombre des districts et, partant, celui des députés, qui passa de cinquante à quatre-vingt-quatre.

La nouvelle de la révolution de juillet 1830 en France, qui arriva au Canada peu de jours après celle de la mort de George IV, survenue le 26 juin, connut un grand retentissement au Bas-Canada et donna des ailes au parti de Papineau. On chantait dans les rues les refrains de Pierre Jean de Béranger, le chansonnier et pamphlétaire parisien qui fit plusieurs séjours en prison du fait de ses provocations contre la monarchie et l'ordre établi. On brandissait le drapeau tricolore à la façon de La Fayette au balcon de l'hôtel de ville et devant le palais du gouverneur, on chantait *La Marseillaise* sans trop en connaître les paroles.

Kempt ne s'effraya pas de ces débordements, qu'il jugeait finalement bon enfant, et rentra chez lui comme il le souhaitait, en octobre 1830. Son successeur, lord Aylmer, voulut mener la même politique, mais il eut le malheur de déplaire à Papineau et à ses amis. Militaire sans aucune expérience de l'administration civile, de style très britannique bien que parlant parfaitement le français, il était soupçonné par la rumeur de venir rétablir le calme de façon autoritaire, ce qui était faux. Il proposa d'ailleurs de nouveaux assouplissements en faveur des prérogatives de la Chambre, mais sa voix fut noyée dans l'agitation verbale et sourdement revendicative du Parti canadien. Papineau pratiquait une surenchère à outrance, réclamant, lui qui avait autrefois dressé le panégyrique de la monarchie britannique, la liberté religieuse, qu'il prétendait menacée, l'éducation entièrement laïque, la séparation de l'Église et de l'État, et même, parfois, la république.

Aylmer, voulant rester fidèle à sa politique de conciliation, proposa aux deux chefs du Parti canadien, Papineau et Nelson, de siéger au Conseil exécutif. Ils refusèrent, arguant du principe de la séparation des pouvoirs. Le gouverneur modifia alors la composition du Conseil législatif afin d'y faire entrer douze nouveaux membres d'esprit modéré, dont huit francophones. Dans les rues, on les traita de « vendus ». Aylmer consentit à un dernier effort sur le vote du budget, n'excluant plus que la liste civile royale. Il essuya un nouveau refus : « Trop peu, trop tard. » Il eut toutefois la satisfaction de voir l'Assemblée législative s'accorder, le 31 mars 1831, sur le vote de la charte de la ville de Montréal, érigeant celle-ci en municipalité, désormais administrée par un conseil de seize membres élus par quartier et élisant eux-mêmes leur maire. Jusqu'ici la gestion des villes relevait de juges de paix nommés par le gouverneur. Le roi Guillaume IV, qui avait succédé à son frère George IV, sanctionna la charte le 12 avril 1832, pour une durée de quatre ans, et suggéra que des dispositions analogues fussent étendues aux villes de Québec et de Toronto – ainsi que l'on appelait depuis peu le regroupement d'York et des villages voisins pour former la capitale du Haut-Canada. Les premières élections municipales auraient lieu un an plus tard.

Entre-temps, une élection législative partielle, devant se tenir le 21 mai 1832 à Montréal, provoqua beaucoup d'agitation dans la ville : des militants du Parti canadien, que ses dirigeants n'actionnaient pas mais ne cherchèrent pas non plus à décourager, voulurent empêcher le scrutin de se dérouler au motif que le résultat en serait falsifié. La police chargea les manifestants, dont trois furent tués. C'était la première fois, depuis 1763, qu'un affrontement civil faisait couler le sang. Le retentissement en fut immense. Trois jours plus tard, 5 000 personnes se pressaient aux funérailles des victimes. D'invérifiables rumeurs se mirent à courir selon lesquelles des officiers anglais se seraient félicités d'avoir tué des patriotes canadiens et auraient regretté de ne pas avoir fait davantage de victimes dans leurs rangs. Papineau se répandit contre le gouverneur : « Son prédécesseur envoyait nos gens en prison, lui les assassine. » Et le Parti canadien devint le « Parti patriote ».

L'adage voulant qu'un malheur n'arrive jamais seul se vérifia avec la survenance, durant l'été, d'une épidémie de choléra, dont la province avait été jusqu'ici épargnée, et qui faisait des ravages en Europe (Casimir Perier, chef du gouvernement français, en était mort le 16 mai précédent). L'immigration connaissait alors des pointes sans précédent : environ 50 000 personnes en 1831 et à peu près autant en 1832 arrivèrent du Vieux Continent, dont une proportion encore faible, de l'ordre de 2 %, mais croissante, de Français. Plus de la moitié provenait d'Irlande, province britannique alors en proie à de grosses difficultés économiques et, elle aussi, à des tensions politiques croissantes. Absorber le flux de populations misérables et souvent malades n'arrangeait pas le climat général au Bas-Canada. Mais une bonne partie des arrivants, d'obédience catholique, trouva l'essentiel du réconfort auprès d'institutions religieuses, préexistantes aussi bien que créées de toutes pièces pour les recevoir. C'est ainsi que prit naissance une longue tradition canadienne d'accueil de réfugiés, toujours en vigueur à l'heure actuelle – mais n'empêchant pas l'exacerbation de tensions sociales propres à couver d'imminentes explosions.

10

La montée des périls

La distance, voilà le problème. Le deuxième, qui n'apparaîtra que plus tard, c'est l'espace.

Londres se situe à 5 000 kilomètres de Québec et à 5 700 de Toronto. Il faut entre trois et quatre semaines pour qu'un courrier expédié de la capitale anglaise parvienne au Bas comme au Haut-Canada. L'avocat et essayiste Henry Bliss, représentant depuis 1831 des provinces de la Nouvelle-Écosse et du Nouveau-Brunswick auprès du Parlement de Westminster, déplore alors que celui-ci ne se soucie guère du sort des colonies : « L'Empire est si vaste et nous sommes si loin, nos affaires ne sont [pour lui] qu'une corvée. » La gestion des affaires publiques emprunte, pour l'outre-mer, un circuit complexe dans lequel se combinent avec une insuffisante rationalité une pluralité d'autorités et d'institutions. Le poids respectif du roi, du Parlement de métropole, du gouvernement anglais et du bureau des colonies, du gouverneur général de l'Amérique britannique, des lieutenants-gouverneurs des provinces, de leurs conseils exécutifs, assemblées législatives et conseils législatifs paraît bien souvent difficile à mesurer. Surtout, l'entrelacs politique et administratif, à force de ne pas être clarifié, devient une source d'ambiguïtés, de contradictions, de malentendus et de discordes. Cet embarras général se double, au Bas-Canada, du fossé qui alors se creuse entre les communautés francophone et anglophone au fur et à mesure que la proportion de cette dernière augmente au sein de la population. Moins en volume – les anglophones ne représentent que 10 % des habitants du Bas-Canada en 1833 – qu'en valeur : l'essentiel de l'industrie et du commerce est détenu par des immigrants d'origine anglaise arrivés après 1783. Disposant de capitaux, de savoir-faire et d'un esprit d'entreprise qui faisaient souvent défaut à la population catholique, ils ont peu à peu pris les rênes du développement économique, monopolisé les institutions financières, tandis que la population d'origine française se voyait progressivement exclue des secteurs les plus lucratifs et cantonnée aux activités agricoles traditionnelles. Avec, de surcroît, de plus en plus de difficultés pour acquérir des terres, concédées au nom de la Couronne par un comité spécialisé placé auprès du Conseil exécutif et accusé d'encourager la spéculation foncière. Une situation de nature à provoquer des frustrations, des jalousies, une sensation générale d'injustice et d'inégalité. Souvent imputables à un sens des affaires indubitablement plus aigu dans la population protestante, mais également à la partialité de l'administration coloniale. Il est ainsi indéniable que celle-ci privilégiait la nomination de ses concitoyens aux postes de fonctionnaires les plus élevés et les mieux rémunérés : sur les quatre-vingts emplois supérieurs affectés par le gouverneur Aylmer, soixante-deux l'ont été à des personnes d'origine anglaise ou américaine.

Au même moment, Alexis de Tocqueville prolongeait son voyage d'études aux États-Unis (dont il tirerait quatre ans plus tard son fameux ouvrage *De la démocratie en Amérique*) d'une brève incursion – du 21 août au 7 septembre 1831 – au Bas-Canada. Jouant les ethnologues occasionnels, il y prend de nombreuses notes, qui ne seront publiés qu'en 1957 avec ses *Œuvres complètes*.

D'abord impressionné par la beauté des villages et par l'usage courant du français, il relève que « la population paraît heureuse et aisée », que « son sang est plus beau qu'aux États-Unis », enfin que « la race y est forte : les femmes n'ont pas cet air délicat et maladif qui caractérise la plupart des Américaines ».

Hélas, les Canadiens « sentent déjà très bien que la race anglaise s'étend autour d'eux d'une manière alarmante et qu'ils pourraient finir par être absorbés ». Ils ont donc « tort de se renfermer dans un rayon au lieu de s'étendre dans le pays encore libre [...]. Si les Canadiens ne sortent pas de leur apathie d'ici à vingt ans, il ne sera plus temps d'en sortir ». Pourtant, « il y a ici tous les éléments d'un grand peuple : les Français d'Amérique sont aux Français de France ce que les Américains sont aux Anglais ».

Et Tocqueville de déplorer l'absence d'un chef national : « Un homme de génie qui comprendrait, sentirait et serait capable de développer les passions nationales du peuple [...]. Il deviendrait bientôt l'homme le plus puissant de la colonie. »

Louis-Joseph Papineau a-t-il eu vent de ces réflexions ? On sait seulement que le visiteur français, à Québec, s'est longuement entretenu avec l'un de ses proches, Wolfred Nelson.

Le printemps de 1833 parut toutefois apaiser les tensions. Les élections municipales d'avril et mai se déroulèrent dans un climat relativement paisible, voyant le succès du Parti patriote, mais dans sa composante modérée. Le 1er mai, Elzéar Bédard devenait le premier maire de Québec et, le 5 juin, Jacques Viger celui de Montréal. Le premier, né en 1799, fils du fondateur du journal *Le Canadien*, séminariste et brièvement ecclésiastique, était ensuite devenu avocat et, depuis juillet 1832, député à l'Assemblée législative, réputé pour son pragmatisme et son goût de la conciliation. Le second, né en 1787, cousin de Louis-Joseph Papineau, avait combattu comme milicien contre les Américains lors de la guerre de 1812. Devenu ensuite inspecteur des chemins, il travailla à l'amélioration de la voierie sur laquelle il produisit plusieurs rapports – le Montréal d'aujourd'hui gagnerait à le voir se réincarner.

La présence de maires élus à la tête des grandes villes n'était pas faite pour simplifier le partage déjà confus des pouvoirs et des compétences. Elle accrut également l'importance de la classe politique et renforça le rôle des partis. En même temps qu'au Bas-Canada le Parti patriote se structure et s'organise comme un parti politique moderne, le Haut-Canada, dont la population s'accroît rapidement, dépassant les 300 000 habitants en 1833, soit environ la moitié de ce que compte le Bas-Canada, voit naître et se développer un parti comparable, dit Parti des réformes, majoritaire depuis les élections de 1828. Son chef, William Lyon Mackenzie, né en Écosse en 1795 et immigré au Haut-Canada en 1820, a souvent été comparé à Papineau : même entrain dans la mobilisation des foules, même aptitude au leadership au sein de l'Assemblée législative, même volonté de réforme affichée au profit des classes moyennes et en faveur d'un supplément de démocratie, même utilisation de la presse d'opinion – il a lui-même fondé un journal, *The Colonial Advocate*, qui sert de tribune aux partisans des réformes institutionnelles, à peu près de la même façon que *Le Canadien* et *La Minerve*.

À partir de septembre 1833, les deux partis préparent de concert un programme politique sous forme de revendications adressées à la puissance coloniale et prenant le peuple à témoin au-delà de sa représentation parlementaire. La finalisation du texte se traduit néanmoins par le dépôt, à la Chambre d'assemblée du Bas-Canada, le 17 février 1834, de quatre-vingt-douze résolutions, sous le timbre d'Elzéar Bédard ; ses principaux rédacteurs étant Louis-Joseph Papineau, Augustin Morin et Antoine-Charles Taschereau, député de Beauce (circonscription électorale située entre Québec et le lac Mégantic). Rédaction collective élaborée dans l'urgence durant six jours et six nuits de veille : il s'agissait, pour ses initiateurs, de profiter de l'examen annuel de l'état de la province suivant le « discours du trône » prononcé par le gouverneur le 15 février.

La lecture de ce document de vingt-huit pages a longtemps embarrassé les historiens, qui se sont toujours abstenus d'en proposer une analyse exhaustive, rebutés par la confusion des idées et des formules qui s'y bousculent sans ordre discernable. L'intégralité du texte n'a d'ailleurs été publié que deux fois, en 1834 et en 1869 ; et jamais depuis lors, bien que de nombreux historiens québécois aient beaucoup écrit sur le mouvement des patriotes. En réalité, les quatre-vingt-douze résolutions surprennent davantage par leur redondance, voire quelques obsessions, que par leur confusion. Mais derrière le style laborieux et ampoulé, la détermination des patriotes apparaît clairement.

Après avoir, dans les trois premières résolutions, réitéré leur attachement et leur fidélité à la couronne britannique, les auteurs déploraient l'absence de suite donnée au rapport Stanley de 1828 puis consacraient les résolutions 9 à 40 – soit le tiers du document – au Conseil législatif, dont ils préconisaient une profonde réforme du mode de désignation, le souhaitant désormais électif ou, à défaut, composé de personnalités vraiment indépendantes, et non de délégués du pouvoir exécutif ou de la « grande propriété ». Ils citaient un certain nombre d'exemples de membres qui se comportaient non en défenseurs de l'intérêt général de la colonie, mais en représentants de castes. Dans les résolutions suivantes (40 à 51), ils s'appuyaient sur le modèle des États-Unis pour y relever « une forme de gouvernement très propre à empêcher les abus de pouvoir et très efficace à les réprimer » et pour juger préférable de s'en inspirer plutôt que de vouloir imiter les institutions anglaises.

Les résolutions 52 à 54 dénonçaient la tendance récente des autorités coloniales à mépriser la langue française, à en faire « un prétexte d'injure, d'exclusion, d'infériorité politique et de séparation des droits et des intérêts ». Les complétant, les résolutions 77 et 78 signalaient la particulière gravité du phénomène dans les cours de justice.

Les résolutions 55 à 62 s'en prenaient à « l'acte des tenures », c'est-à-dire aux règles et aux modalités d'acquisition de la propriété du sol, notamment à titre agricole, héritées du régime seigneurial, mais modifiées en 1825 pour y introduire les lois civiles anglaises, en violation de l'Acte constitutionnel de 1791. Ces lois civiles anglaises, favorisant la spéculation du fait de la partialité des attributions, « priverai[en]t la masse des habitants de l'accès aux terres seigneuriales vacantes ». De surcroît, la British American Land Company, créée en 1832 à l'initiative de l'homme d'affaires d'origine écossaise John Galt et d'autres importants investisseurs, avait acquis plus de 3 200 kilomètres carrés de terres exploitables dans la partie est de la province afin de les recéder exclusivement à des immigrants britanniques. Elle continuait de le faire, privant ainsi de nombreux agriculteurs canadiens de la possibilité d'acquérir des terres ou d'accroître la surface de leur propriété.

Les résolutions 63 à 74 réitéraient, une fois de plus, la demande de l'instauration de la responsabilité de l'exécutif devant l'Assemblée législative, le vote par celle-ci de la totalité des instruments financiers publics – ressources comme dépenses – de la province ainsi que la suppression du droit de veto du gouverneur. Dans le même registre, les résolutions 79 à 83 réclamaient, par parallélisme avec la Chambre des communes, le droit pour l'Assemblée législative de procéder à l'audition de responsables publics, de diligenter des enquêtes sur leur gestion, d'adresser des motions et, le cas échéant, des injonctions au pouvoir exécutif. Les résolutions 75 et 76 exigeaient un rééquilibrage en faveur des francophones dans les nominations de fonctionnaires.

La résolution 84 dressait la liste des abus les plus criants : la composition du Conseil exécutif, où siégeaient des magistrats, violant ainsi le principe de la séparation des pouvoirs ; les honoraires exorbitants servis à certains fonctionnaires ; le cumul des emplois publics par des individus comme par des familles ; l'immixtion de conseillers législatifs dans les élections à la Chambre en vue de peser sur le scrutin populaire et dans les instances judicaires afin de favoriser une partie ; l'accaparement illégal de terres par des conseillers exécutifs et législatifs, ainsi que par des fonctionnaires et des magistrats ; le refus du gouverneur de répondre à des adresses de la Chambre et, en sens inverse, son refus de communiquer à celle-ci des documents d'intérêt public…

La résolution 85 concluait en demandant la mise en accusation du gouverneur devant la Chambre des communes selon la procédure de l'*impeachment*.

Les résolutions 86 à 91 réaffirmaient la confiance des Canadiens dans les institutions britanniques et leur espoir que cette nouvelle adresse persuade les dirigeants de la métropole de la nécessité de modifier considérablement l'administration de la province.

Enfin la résolution 92 censurait certains messages du gouverneur à l'Assemblée législative.

Parallèlement, et hors résolutions, la Chambre retirait le droit de vote aux femmes, au motif, à la suite de divers incidents, que les bureaux de vote étaient des lieux trop dangereux pour le sexe faible. En réalité, on leur reprochait de voter presque toujours du côté des conservateurs.

Si l'on admettait comme fondées une grande partie des observations ainsi formulées, nul doute que les institutions et la pratique politique du Bas-Canada eussent fait de celui-ci une république bananière avant la lettre. Mais la suppression du droit de vote des femmes faisait tache au milieu du catéchisme démocratique et populaire.

Il est hélas aujourd'hui impossible de trier objectivement ce qui relevait de la réalité, de ce qui résultait de l'exagération, voire de ce qui appartenait aux fantasmes. Nelson avait essayé d'adoucir certains propos, mais en vain : échauffée de sa propre audace, la machine à revendiquer ne pouvait refroidir si vite, et le comité de rédaction, tout à son enthousiasme, soumit telles quelles les résolutions au vote de la Chambre d'assemblée. Qui les adopta quatre jours plus tard, ici encore sans amendement, par cinquante-six voix contre vingt-cinq. L'unité du Parti canadien parut alors fortement cimentée par une vision unanime de la situation.

Moins de trois semaines après l'adoption des quatre-vingt-douze résolutions, le journaliste Ludger Duvernay, directeur de *La Minerve*, et quelques-uns de ses amis créèrent l'association « Aide-toi le ciel t'aidera », inspirée de celle fondée en France en 1827 par François Guizot et destinée à coordonner l'action des mouvements libéraux. S'étant donné pour objectif de stimuler le sentiment national des Canadiens et d'établir entre eux des réseaux de solidarité faisant pièce à ce que les Anglais avaient déjà formé à travers leurs clubs, elle entendait exercer des activités à la fois charitables, pédagogiques et de propagande. Dès le 24 juin suivant, elle devint la Société Saint-Jean-Baptiste de Montréal, proposant de faire de ce jour la fête nationale du Canada car, depuis 1606, les colons français la célébraient, faisant bénir par les prêtres le début des travaux agricoles d'été. Elle deviendrait fête nationale du Québec en 1977. Ce même 24 juin 1834, on chanta pour la première fois *Ô Canada ! mon pays, mes amours*, écrit et composé pour l'occasion par le jeune – il n'avait que vingt ans – George-Étienne Cartier, militant patriote issu d'une famille établie en Nouvelle-France depuis 1738 et vaguement apparentée au navigateur : puissant symbole. Un auteur anonyme dédia un poème à l'érable, « arbre sacré, arbre de la patrie », déjà emblème de la Société Saint-Jean-Baptiste, dont se souviendrait le Premier ministre Lester Pearson lors du choix, en 1965, d'un drapeau authentiquement national.

Un an plus tard, afin de ne plus dépendre exclusivement des institutions financières toutes gérées par des Anglais ou des Écossais, le député Jacob De Witt, d'origine hollandaise, instaurait, avec le soutien de Papineau, la première banque canadienne française, appelée Banque du Peuple. Elle avait aussi pour dessein de financer le mouvement patriote.

Derrière les griefs objectifs, on sentait en effet un malaise plus profond que celui appelant des correctifs techniques : la ligne de fracture entre les descendants des colons de la Nouvelle-France, qui seuls étaient appelés Canadiens, et les Anglais issus de la conquête de 1763, après avoir paru se résoudre dans les premiers temps du changement de métropole, s'était élargie avec l'immigration des vingt dernières années. Peu à peu, au fur et à mesure qu'ils saisissaient les principaux rouages économiques, bancaires, commerciaux et industriels, les Anglais avaient pris de l'assurance.

Maîtres des affaires et ressortissants de la puissance métropolitaine, pourquoi auraient-ils dû supporter un régime qui faisait la part trop belle à une population certes majoritaire, mais infériorisée ? « Bien que vivant au milieu des Canadiens, les Anglais de 1834, notait l'historien Gérard Filteau, ne les connaissaient nullement et, ce qui est pis, ne se souciaient pas de les connaître [...]. Il semble que ce soit une impossibilité morale pour l'Anglais de s'imaginer qu'il puisse exister d'autres façons de penser et de sentir que la sienne. » Alors que la cour de Saint-James se targuait de parler en français – la langue des philosophes –, les *businessmen* de Montréal affectaient de ne jamais l'utiliser et, surtout, réservaient le *fair-play* à leur milieu fermé. Vis-à-vis des autres populations, aucun coup bas ne pouvait les déshonorer. C'est du moins l'impression qu'ils donnaient à une proportion grandissante de Canadiens de souche. Et si rien dans le régime juridique de la province ne permettait d'incriminer un quelconque *apartheid*, si l'égalité des droits entre tous les sujets de Sa Gracieuse Majesté était parfaitement garantie, la pratique quotidienne des élites économiques et administratives anglaises semblait donner par avance raison à la fameuse formule de George Orwell : « Certains sont plus égaux que d'autres. » En cette année 1834, tout se passait comme si le voile rassembleur dont tous les gouverneurs anglais s'étaient jusqu'ici parés se déchirait pour faire apparaître la dure réalité : « Le roi est nu. » Et l'ouragan à l'horizon.

QUATRIÈME PARTIE

Désunion, union, réunion

« Les pays qui n'ont plus de légende
sont condamnés à mourir de froid. »

Patrice de LA TOUR DU PIN (1946)

1

Le printemps des patriotes

Lourdement mis en cause par les quatre-vingt-douze résolutions, le gouverneur Aylmer – qui avait subi un mois plus tôt un incendie apparemment accidentel détruisant sa résidence du château Saint-Louis, six mois avant que flambât à son tour le palais de Westminster – s'étonna de la virulence des propos parlementaires, qu'il mit sur le compte « d'une fermentation extraordinaire des esprits [...] bien éloignée de la modération et de l'urbanité si bien connues du caractère canadien ». À ses yeux, le peuple ne suivait pas. Il usa donc, le 18 mars 1834, de son droit de dissolution de la Chambre – la France de Charles X l'avait également utilisé en 1830, mais cela servait-il de leçon ? Une fois encore, la majorité que l'on voulait affaiblir en sortit renforcée : sur les quatre-vingt-huit sièges en jeu, le Parti patriote en remporta soixante-dix-sept, soit la plus écrasante majorité parlementaire de toute l'histoire du Canada jusqu'à nos jours.

Simultanément, au Haut-Canada, William Lyon Mackenzie, chef du Parti réformateur et récemment élu maire de Toronto, fit adopter un texte d'inspiration voisine de celui des quatre-vingt-douze résolutions, sous le nom de « Septième rapport du comité des remontrances ». Lui aussi réclamait l'élection du Conseil législatif et, bien que n'étant pas confronté au problème du mépris des Anglais pour la population canadienne, dénonçait de même le favoritisme dont jouissait une certaine oligarchie et la morgue qu'elle affichait. En d'autres termes, Haut comme Bas-Canada éprouvaient ce que François Guizot avait, déjà en 1828 dans son cours à la Sorbonne, baptisé « lutte des classes ». Avec, en fond de décor, les débuts américains de la révolution industrielle et les prémices de la formation d'un prolétariat ouvrier des manufactures.

Les quatre-vingt-douze résolutions circulèrent dans la population du Bas-Canada aux fins de se transformer en pétition, que signèrent 80 000 personnes. Puis les deux documents furent envoyés fin mars à Londres. Qui ne pouvait manquer de réagir.

Et le fit exactement comme en 1828 : Aylmer fut congédié et remplacé par un homme neuf, Archibald Acheson, comte de Gosford, en outre assisté par deux commissaires, Charles Edward Grey, un haut magistrat, et George Gipps, un officier de marine.

Homme d'ouverture, alors âgé de cinquante-neuf ans, membre de la Chambre des lords depuis 1807, Gosford avait plaidé avec constance en faveur du partage du pouvoir en Irlande, ce qui le prédisposait à comprendre aussi les problèmes du Canada. Ce qu'il réussit en partie. À son arrivée – un peu tardive –, en août 1835, il s'abstint de saluer son prédécesseur, s'empressa d'inviter à sa table Papineau et ses principaux adjoints, leur indiqua que son gouvernement ne l'avait pas missionné pour défendre les intérêts britanniques mais ceux de toute la province et afin d'agir comme médiateur entre les partis. Elzéar Bédard se laissa séduire et prit la tête des modérés. Mais Mackenzie et Papineau eurent connaissance, par une indiscrétion de Francis Bond Head, lui aussi nouvellement nommé lieutenant-gouverneur du Haut-Canada, d'instructions secrètes enjoignant au nouveau gouverneur général de rejeter, avec diplomatie, l'essentiel des demandes de la Chambre d'assemblée.

Gosford prit néanmoins sur lui de modifier la composition du Conseil exécutif et du Conseil législatif, le premier comptant désormais une majorité de Canadiens et le second une parité avec les Anglais. Mais les nouveaux membres appartenaient tous à l'aile modérée et aucun n'était un proche de Papineau. De sorte que les tensions ne diminuèrent pas et que Gosford souffla le chaud et le froid afin d'éviter d'attiser les mécontentements, d'abord en prorogeant la Chambre d'assemblée, puis en la réunissant en session spéciale en septembre afin de lui annoncer son accord pour que le Conseil législatif devint électif. Considérable avancée, mais qui heurta les milieux d'affaires anglais. À telle enseigne que des extrémistes apparurent dans leurs rangs. La presse publia leurs *Anti-Gallic Letters*, reprochant au gouverneur général de s'exprimer en français, « la langue des vaincus », et affirmant que « les Britanniques devaient écraser leurs oppresseurs ». Se forma un groupe paramilitaire du nom de Doric Club, dont Gosford exigea en vain la dissolution. Provoquant l'ironie d'Étienne Parent : « Nos Britanniques veulent singer les Américains : ils ont un embryon d'armée, bientôt ils auront un Congrès, il ne leur manque plus qu'un peuple. » Or, dans le même temps, Papineau s'attachait de plus en plus au modèle américain pour concevoir l'avenir du Canada ; déjà on chuchotait les termes de république et d'indépendance. On lisait avec passion *De la démocratie en Amérique*, publié en 1835, qui conduisait inexorablement à « l'égalité des conditions ». On en concluait : « Voilà ce qu'il nous faut faire, le chemin est tracé. » Tandis que Gosford et ses deux adjoints travaillaient au contraire à mieux ancrer la colonie dans l'Empire, au prix de quelques concessions aux Canadiens. Leur rapport ne fut transmis à la Chambre des communes que le 2 mars 1836 : ce trop long délai n'avait fait qu'attiser les méfiances. Pour la cinquième année consécutive, l'Assemblée législative du Bas-Canada refusa de voter le budget.

La détente voulue par Gosford s'éloignait d'autant plus qu'une conjoncture économique défavorable aggravait les tensions : depuis 1833, des printemps frais et des étés pluvieux avaient considérablement réduit les récoltes, surtout de blé, au point qu'il fallut en importer et que le spectre de la disette fit son apparition au Canada pour la première fois. De l'autre côté de la frontière, l'économie américaine subissait son premier krach financier, provoquant la « panique de 1837 » dont le point d'orgue serait atteint le 10 mai avec la cessation, par les banques américaines, de leurs paiements en espèces. S'ensuivraient cinq années de faillites et de chômage.

Lorsqu'elles furent enfin connues, les propositions Gosford-Grey-Gipps firent l'effet d'une douche froide. D'abord parce que le texte ne traitait que d'une partie des questions évoquées par les quatre-vingt-douze résolutions, mais surtout parce qu'il opposait un refus aux trois principales demandes : à l'élection du Conseil législatif, à la responsabilité de l'exécutif devant la Chambre, au contrôle complet par elle des finances publiques. Et s'il préconisait le remplacement de l'acte des tenures par une loi que voterait la Chambre d'assemblée, ce serait sans toucher ni au régime des terres de la Couronne, ni aux titres de la British American Land Company, ce qui revenait à maintenir ce qui était le plus contesté. Enfin, le texte contenait de véritables provocations à l'égard des Canadiens : il rejetait certes l'idée d'une réunion des Bas et Haut-Canada, mais en contrepartie il suggérait de modifier la loi électorale afin d'avantager l'élément anglais, par l'exigence d'un cens inférieur de moitié pour cette catégorie de la population ; et le texte s'achevait par des considérations morales quelque peu méprisantes : « Pour quelles raisons les Canadiens français seraient-ils mécontents de la protection britannique ? Entourés par le nombre supérieur d'une race d'hommes plus entreprenants qu'eux, il n'est guère possible de supposer que, si on leur retirait la protection du gouvernement anglais, ils ne pourraient éviter d'être engloutis [...]. Si le Canada était devenu, en 1776 ou en 1812, un État de l'Union américaine, il n'y a pas de doute qu'il fût devenu moins français qu'il ne l'est présentement. »

Gosford avait-il joué un double jeu depuis le départ ou avait-il reçu l'ordre de virer de cap et de se montrer moins ouvert aux revendications des Canadiens français ? Il est certain que, depuis son arrivée, l'oligarchie anglaise avait déployé une activité de lobbying de plus en plus vive auprès du Parlement et du gouvernement britannique.

À peine le Parti patriote s'apprêtait-il à réagir au rapport des commissaires, qu'à Londres John Russell, ministre de l'Intérieur, présentait à la Chambre des communes dix résolutions qui reprenaient exactement les conclusions du gouverneur et de ses adjoints. Elles furent adoptées à une écrasante majorité de cent quatre-vingt-huit voix contre seize. Pour les tories comme pour les whigs, les provinces du Canada devaient rester des colonies administrées par les délégués de Londres et il fallait couper court à toute évolution qui pourrait déboucher sur un processus à l'américaine. À la Chambre des lords, une seule voix s'éleva contre les dix résolutions, celle de lord Brougham, qui depuis vingt-cinq ans défendait les idées les plus libérales et réclamait, par exemple, l'abolition de l'esclavage. Francophile, il venait de lancer (en 1834) la mode des villégiatures sur la Côte d'Azur, spécialement à Cannes où il fit construire la toute première villa, la villa Éléonore-Louise (elle existe toujours).

Le Parlement britannique s'apprêtait donc, dans la seconde quinzaine de mai 1837, à transformer les dix résolutions en loi de la Couronne lorsque ses travaux furent suspendus par la maladie puis la mort, le 20 juin, de Guillaume IV. Lui succédait sa nièce, Victoria de Kent, qui avait fêté ses dix-huit ans moins d'un mois plus tôt.

Au Canada, les résolutions de Russell avaient provoqué une grande émotion, les colonnes des journaux s'en étant remplies, et Gosford, afin d'éviter une fronde parlementaire, avait dissous la Chambre le 26 avril.

Ce fut le début de l'escalade, d'abord pacifique et verbale, mais déjà lourde de menaces. La réaction anglaise paraissait d'autant plus déplacée et même illégitime que la métropole, elle-même confrontée à des difficultés économiques, n'envisageait pas, faute de ressources, d'apporter la moindre aide pour lutter contre celles qui sévissaient en Amérique. Pour se dire le maître, il faut savoir, en cas de besoin, porter secours à ceux que l'on prétend dominer. Ce qui n'était pas le cas...

Dès lors, les réformateurs du Haut comme du Bas-Canada décidèrent de riposter plus fermement à l'autoritarisme britannique.

Ne pouvant, suite à sa dissolution, utiliser la tribune de la Chambre, Papineau organisa des « assemblées populaires », dites aussi « anticoercitives », afin d'exposer à la population les enjeux des réformes demandées, le refus de l'autorité britannique d'y donner suite et la nécessité d'agir désormais par d'autres moyens. La toute première se tint le 7 mai 1837 à Saint-Ours, un village sur la rivière Richelieu, et, selon *La Minerve*, rassembla 1 200 personnes. C'est là qu'on décida, à l'instigation des députés patriotes présents, Wolfred Nelson et Cyrille-Hector-Octave Côté, délégués par Papineau, du boycott des produits importés d'Angleterre : on ne consommerait plus que des produits locaux ou arrivés en contrebande.

Une trentaine d'assemblées se tinrent ainsi durant l'été et le début de l'automne en dépit de leur interdiction par le gouverneur général soutenu par l'évêque de Montréal, Mgr Jean-Jacques Lartigue qui, une fois encore, illustrait le double langage de l'Église catholique : aux prêtres des campagnes la solidarité avec le petit peuple, à la haute hiérarchie le rappel évangélique de la soumission aux autorités civiles chez qui l'on va dîner. Ce qui ne fit qu'exaspérer les tendances anticléricales d'une partie des patriotes.

Le mouvement se donna un drapeau, tricolore, car inspiré de celui de la Révolution française, à trois bandes horizontales d'égale largeur et faisant référence aux différentes communautés dédaignées par le gouvernement colonial : le vert pour les Irlandais, le blanc pour les Canadiens français et le rouge pour les Canadiens anglais les plus modestes, déconsidérés par l'oligarchie britannique.

Le 5 septembre, ripostant au Doric Club, environ cinq cents jeunes patriotes fondèrent la Société des fils de la liberté, organisation à la fois politique et paramilitaire, directement inspirée de celle qu'avait créée Samuel Adams lors de la rébellion des treize colonies américaines en 1774. Son président, André Ouimet, était un avocat de vingt-huit ans décrit comme « fier, enthousiaste et fougueux ». Ses troupes, largement composées de jeunes travailleurs et d'étudiants, procédèrent à des parades et à des exercices militaires, se dirent partisanes d'une république, tandis que les militants du Doric Club fournissaient en armes la population anglaise de Montréal. L'affrontement physique, dont ne voulait pas Papineau, semblait inévitable.

Il se déclencha le 6 novembre, lorsque des membres du Doric Club attaquèrent des militants de la Société des fils de la liberté à la sortie de l'une de leurs réunions. Les premiers, qui avaient soigneusement préparé l'opération, mirent leurs adversaires en fuite, saccagèrent les locaux du journal patriote de langue anglaise *The Vindicator* et jetèrent des pierres contre la maison de Papineau. Les seconds quittèrent la ville et gagnèrent la vallée de la Richelieu, région particulièrement favorable à leur cause, afin d'appeler ses habitants à l'insurrection.

Excédé, Gosford obtint de Londres l'autorisation de suspendre l'*habeas corpus*, valeur par excellence des libertés britanniques, et de proclamer la loi martiale. Il chargea alors John Colborne, commandant en chef des armées des deux provinces canadiennes, de se tenir prêt à mater la rébellion par les armes. Puis il lança des mandats d'arrêt contre vingt-six chefs patriotes. La moitié d'entre eux, dont Papineau, réussirent à s'enfuir.

Colborne, qui s'était distingué vingt ans plus tôt lors de la bataille de Waterloo, décida de prendre en tenaille la vallée de la Richelieu, où se concentraient le plus grand nombre d'insurgés, ou supposés tels. Un détachement parti de Sorel, au nord, devait faire sa jonction avec celui parti de Chambly, au sud, à hauteur du village de Saint-Charles. Mais le 23 novembre, à Saint-Denis, les huit cent partisans dirigés par Wolfred Nelson contraignirent les trois cents soldats anglais du colonel Charles Gore, qui venaient d'effectuer une marche épuisante, de nuit et sous la pluie, à battre en retraite. Ce fut l'unique victoire des patriotes durant cet embryon de guerre civile fait d'affrontements qui étaient plus que des escarmouches mais moins que des batailles. Jules Verne en tirerait un roman publié en 1888, *Famille sans nom*.

Deux jours plus tard, à Saint-Charles, les quatre cents fantassins du colonel George Wetherall vinrent sans difficulté à bout des deux cent cinquante patriotes de Jean-Philippe Boucher-Belleville, journaliste et enseignant, retranchés derrière une barricade édifiée devant le manoir seigneurial. Les deux tiers d'entre eux y trouvèrent la mort. Puis ce fut, le 14 décembre, le bombardement de Saint-Eustache et une deuxième défaite des patriotes.

Leur pathétique soulèvement aurait pu ne s'achever que dans la tristesse, il s'acheva dans le drame : les soldats anglais se comportèrent avec une particulière brutalité, pillant ou incendiant les maisons et les églises – en tout une vingtaine –, expulsant de leurs foyers des femmes et des enfants, ruinés et livrés aux froidures de l'hiver, alors même que l'ordre public l'avait déjà emporté.

L'insurrection des patriotes toucha aussi le Haut-Canada, où elle fit long feu. Après avoir lancé le 31 juillet un manifeste en faveur de l'instauration d'une démocratie sociale et de la suppression des banques et des sociétés commerciales, Mackenzie tenta un coup de force depuis la mairie de Toronto, à la façon des proclamations révolutionnaires depuis l'hôtel de ville de Paris. Mais il manqua de troupes pour le suivre et s'enfuit aux États-Unis afin d'éviter de se faire arrêter. Une vingtaine de rebelles furent néanmoins exécutés.

Papineau et plusieurs de ses amis avaient également trouvé refuge derrière la frontière américaine. Ils caressèrent quelque temps le projet d'y mobiliser de nouveaux moyens et créèrent pour cela une nouvelle association armée, les Frères chasseurs, dont les quelques raids à travers la frontière se fracassèrent contre les soldats anglais. Désenchanté, Papineau prit alors ses distances avec le mouvement. On tint néanmoins des assemblées, à Washington, à Philadelphie, à New York, à Albany… Robert Nelson, médecin et député comme son frère aîné Wolfred – alors emprisonné à Montréal –, les présida et fit voter, le 28 février 1838, une déclaration d'indépendance du Bas-Canada, l'adoption de la république et sa propre élection comme président de celle-ci. Rêves vite évanouis par la décision du président Martin Van Buren de demeurer neutre, tout en dissuadant fermement les insurgés canadiens de générer de l'agitation sur le territoire de l'Union. La guerre des Patriotes était terminée. Vint le temps de la répression.

Si Colborne s'était comporté en implacable chef de guerre et avait couvert des actes qui, un siècle plus tard, auraient justifié l'accusation de « crimes contre l'humanité », Gosford essayait de son côté d'atténuer le plus possible la répression du mouvement patriote. Celle-ci connut donc deux phases relativement tranchées : jusqu'à son départ, le 30 mars 1838, usant d'expédients de procédure ou de son propre pouvoir discrétionnaire, le gouverneur général fit libérer les trois cinquièmes – soit trois cents sur cinq cents – des patriotes emprisonnés après les événements de 1837, et veilla à ce que les conditions de détention des autres fussent convenables. Mais l'oligarchie anglaise avait eu peur, et rien ne provoque autant la rage des milieux possédants que d'avoir senti une menace. À l'instar des ultras de 1815, la grande bourgeoisie montréalaise réclamait « des fers, des bourreaux, des supplices », mais d'abord le départ de Gosford et son remplacement par Colborne. Elle l'obtint d'un gouvernement londonien qui éprouvait le plus grand mal à comprendre ce qui se passait. Lord Melbourne, Premier ministre depuis 1835, homme sceptique et, s'agissant d'affaires d'outre-mer, surtout préoccupé des relations avec la Chine qui déboucheraient bientôt sur la guerre de l'Opium, désirait avant tout le maintien de l'ordre. Il décida ainsi de suspendre la Constitution de 1791 et de donner tous pouvoirs au nouveau gouverneur général, entouré d'un « conseil spécial » intégralement formé des plus gros entrepreneurs anglais de la province, ou de leurs délégués. Lord Glenelg, ministre des Colonies, qui avait nommé Gosford et demeurait favorable à une politique de conciliation, cherchait l'oiseau rare pour sortir de la crise de façon constructive et ne consentit à la nomination de Colborne qu'à titre transitoire. C'était une erreur. Durant cet intérim de deux mois, la répression, de modérée, devint féroce. L'armée se mit à traquer les présumés rebelles dans les habitations privées, surtout à Montréal, considéré comme le foyer initial de l'insurrection. Au moindre soupçon ou à la moindre dénonciation les soldats défonçaient les portes, brutalisaient les occupants, dévastaient les intérieurs à la recherche de caches d'armes, tabassaient les récalcitrants, menaçaient tout le monde de dures punitions. Quant aux prisonniers, jusqu'ici détenus dans divers endroits et parfois simplement assignés à résidence, leur nombre augmenta brutalement à la suite des rafles, pour avoisiner les huit cent cinquante. Ceux considérés comme les plus dangereux, environ trois cents, furent regroupés dans le pénitencier du Pied-du-Courant. On peut aujourd'hui en visiter les cellules en sous-sol, transformées en caves de vieillissement par la Société des alcools du Québec.

Pendant ce temps, le Parlement britannique avait inscrit la situation au Canada à son ordre du jour. L'ambiance des débats se révéla très différente de celle qui avait présidé à l'adoption des « résolutions Russell ». Plusieurs députés accusèrent le gouvernement Melbourne d'avoir, par ses négligences et son arbitraire ignorance, poussé les Canadiens à la révolte. Ils demandèrent aussi pourquoi on suspendait la Constitution de 1791 alors que la rébellion avait pris fin. Les représentants du pays qui avait réinventé les libertés publiques se réveillaient enfin. Comme un an auparavant, Brougham prononça un grand discours à la Chambre des lords en s'élevant au-dessus des contingences. Selon lui, on ne pouvait blâmer les Canadiens de s'être élevés contre un système malsain, d'autant qu'ils avaient imité le peuple anglais en de comparables circonstances.

L'urgence consistait donc à nommer un nouveau gouverneur qui saurait trancher le nœud gordien. La tâche paraissait malaisée. Lord Glenelg sortit alors de sa poche l'oiseau rare qu'il avait enfin trouvé en la personne de lord Durham. Choix qu'approuvèrent, le 30 mars 1838, Premier ministre et Parlement. Et qui allait provoquer des remous prolongés.

2

Durham avait-il raison ?

Grande figure s'il en fut. L'homme, alors âgé de quarante-six ans, gardait cette allure désinvolte et néanmoins appliquée des grands seigneurs anglais. Apparenté aux plus grandes familles du royaume, riche, érudit, imaginatif et charmeur, élégant et raffiné jusqu'aux portes de la perfection, libre d'esprit et progressiste, combinant traditionalisme et anticonformisme comme seuls savent le faire les membres les plus en vue de la *gentry*, il avait touché, sans nécessité autre que le goût désintéressé des affaires publiques, à une carrière diplomatique occasionnelle, n'aimant rien tant qu'éprouver sa sagacité à la solution des problèmes les plus entortillés. Ainsi, ambassadeur en Russie de 1835 à 1837, avait-il réussi à désamorcer une nouvelle crise polonaise à la satisfaction du tsar comme des dirigeants nationalistes de Varsovie. Pour autant, les glaces et les neiges d'un territoire lointain auquel il n'avait jamais prêté d'intérêt le rebutèrent d'abord, mais, jouant à merveille le rôle de celui qui sait se sacrifier à l'intérêt supérieur de l'Angleterre, il accepta la mission sans autre façon.

Homme de dossiers sous l'apparence affectée du dilettante, il commença par se plonger dans l'étude de la situation au Canada, à la fois par la lecture de tout ce qu'on avait pu écrire sur la question et par l'audition de toute personne susceptible de lui fournir un éclairage complémentaire. Le 24 avril, il s'embarqua pour Québec, où il ne débarqua que le 27 mai après une traversée éprouvante à bord du navire de guerre *Hastings*, qu'il avait lui-même choisi pour son nom qui évoquait la bataille de 1066 et la victoire de Guillaume le Conquérant, premier roi normand d'Angleterre. Faut-il préciser que Durham parlait un français soigné et possédait une culture française de très haut niveau...

Deux jours après son arrivée, et une fois qu'il eut pris ses quartiers avec une suite nombreuse de collaborateurs, dont six aides de camp, et de serviteurs en tous genres – à tel point que le palais du gouverneur, reconstruit par Haldimand sur l'emplacement de l'actuel château Frontenac, se révéla trop petit pour les loger tous –, Durham supprima le « conseil spécial » de Colborne et pria ce dernier de regagner au plus vite l'Angleterre. Un mois plus tard, après avoir procédé à de nombreuses consultations, il décréta une amnistie générale, choisissant pour cela le 28 juin, jour du couronnement de la reine Victoria. N'y échappaient que huit prisonniers, convaincus de plaider coupables pour des exactions effectivement commises, qui furent exilés aux Bermudes. Durham passa ensuite l'été à voyager afin de prendre le pouls des deux provinces dans toutes leurs composantes. Ayant appris qu'aux États-Unis, nation dont il se méfiait, se propageait la formule de la *Manifest Destiny* voulant que les Américains se rendissent, à plus ou moins long terme, maîtres de tout le continent, il organisa à Niagara une spectaculaire parade militaire montrant que l'Angleterre, première puissance mondiale, fixait quelques limites à la doctrine Monroe.

Pendant ce temps, ses adjoints – Charles Buller, député libéral de la Chambre des communes, Edward Wakefield, spécialiste de la question coloniale en Australie, et Thomas Turton, le juriste du groupe –, dont les deux premiers travaillaient déjà avec Gosford, préparaient un projet de plan d'ensemble pour l'avenir du Canada. Ils privilégiaient déjà l'idée de la réunion du Haut et du Bas-Canada en l'élargissant aux provinces maritimes, car celles-ci, notamment la Nouvelle-Écosse, présentaient des revendications similaires : une totale indépendance de la presse et une responsabilité de l'exécutif devant la Chambre d'assemblée.

Cette idée d'union, en avance de près de trente ans sur le cours de l'histoire, visait d'abord à éviter de heurter les Canadiens français qui s'étaient montrés très hostiles au projet de 1822 ; ensuite à tenir compte de ce qui se passait alors aux États-Unis : la formation d'une grande puissance à partir d'anciennes colonies. Durham estimait *a priori* que le risque d'indépendance serait ici bien moindre dans la mesure où le Canada rassemblait des communautés hétérogènes que cimentait la couronne britannique. Celle-ci devrait cependant se montrer ouverte et tolérante, plutôt que prisonnière du centralisme colonial et du clientélisme de certains milieux d'affaires anglophones.

Mais, en septembre, Durham apprit par la presse anglaise que sa politique d'ouverture suscitait de vives critiques à Westminster et dans la City. Vexé, il remit aussitôt sa démission. Son séjour au Canada n'avait duré que cinq mois. Il allait cependant marquer durablement le pays.

Décontenancé, le gouvernement anglais ne sut d'abord que faire. Le bon sens eût voulu qu'on nommât l'un des deux adjoints de Durham, Charles Buller ou Edward Wakefield. Mais le premier souhaitait retourner en Angleterre et le second, jugé bien trop libéral par le *Family Compact*, avait autrefois fait un peu de prison en Angleterre pour avoir enlevé de force à ses parents la jeune fille dont il était amoureux...

Londres ne trouva d'autre solution que de rappeler John Colborne pour un second intérim. C'était une nouvelle erreur, d'autant que la transition allait se prolonger pendant plus d'un an. Cette nomination provoqua une nouvelle tentative d'insurrection dans la région de Saint-Charles, vite réprimée. Aussitôt la chasse aux patriotes fut rouverte. Quatre-vingt-dix-neuf condamnations à mort furent sommairement prononcées et douze exécutées, dont celle, le 21 décembre 1838, du notaire et député Narcisse Cardinal qui avait fui aux États-Unis puis était revenu chez lui à la faveur de l'amnistie décidée par Durham.

Quoique démissionnaire de son poste, celui-ci n'entendait pas l'être de sa mission et, depuis Londres, rédigea ses conclusions, qu'il remit le 4 février 1839 à lord Melbourne, sous l'intitulé *Report of the Affairs of North America*. À peu près au moment où Papineau s'exilait en France et où le Néo-Écossais Samuel Cunard lançait la première ligne régulière de paquebots entre Halifax et Liverpool (ce qui fait aujourd'hui de la Cunard Line la plus vieille compagnie transatlantique en activité).

Bien qu'ayant voulu donner à son travail une dimension géographique plus vaste, la moitié des trois cents pages du document de Durham concernaient le Bas-Canada. Et fit entrer son auteur dans l'histoire. Ce que l'on n'appela plus de part et d'autre de l'Atlantique que le « rapport Durham » avait en effet de quoi remuer les esprits. Même ses détracteurs durent bien reconnaître la qualité de l'écriture, l'enchaînement des pensées, la franchise des observations : un travail d'homme libre et n'ayant aucun profit personnel à en attendre.

En tout premier lieu, il avouait son étonnement devant la fracture sociale canadienne : « Je m'attendais à trouver un conflit entre un gouvernement et un peuple : ce que j'ai trouvé, ce sont deux nations qui se font la guerre au sein d'un seul État ; ce que j'ai trouvé, ce n'est pas une opposition de principes, mais de races. » D'un côté, « les Français – qu'il est le premier à désigner ainsi – ressassent obstinément les plaintes que leur inspire le sort de leurs compatriotes, leurs villages brûlés, leurs propriétés détruites, leur ascendance menacée, leur nationalité humiliée ». De l'autre, « les Anglais, hantés par une appréhension croissante de conspirations secrètes, se croyant l'objet de desseins sanguinaires, et ne voyant de salut qu'en terrifiant systématiquement les Français, soit en les mettant hors d'état de nuire et en les empêchant d'avoir jamais la prédominance dans une branche quelconque de la législation ». Partant de ce constat, Durham se disait très sceptique sur la possibilité d'un rapprochement, aucune des deux races n'ayant le désir de franchir le premier pas : « Jamais la génération actuelle de Français ne se soumettra loyalement au gouvernement britannique ; et jamais leurs contemporains anglais ne les laisseront prendre de nouveau le contrôle de l'Assemblée. » En dépit de la révolte des patriotes, que Durham tendrait presque à considérer comme un épiphénomène, les Français du Canada « ne sont pas des violents ; ils sont bienveillants, économes, travailleurs, honnêtes ; ils aiment le contact d'autrui, leur caractère exprime la gaieté, ils se montrent naturellement hospitaliers, courtois et polis ». Point d'orgue, le compliment concernant les prêtres catholiques : « Je ne connais aucun clergé, au niveau des paroisses, nulle part dans le monde, qui pratique plus universellement les vertus chrétiennes. » Il n'en dit pas de même de la hiérarchie ecclésiastique, « toute bouffie de la quête d'honneurs ».

Pourtant, ce peuple éminemment sympathique souffre de deux faiblesses : d'abord d'avoir été vaincu sans encore comprendre ni comment ni pourquoi ; ensuite de demeurer arriéré. Dans un premier temps du fait de l'absolutisme de la monarchie française, qui maintenait ses peuples dans l'ignorance, par la suite du fait des clercs qui, bien que charitables, n'entendent pas davantage que leurs paroissiens soient instruits et ainsi capables d'esprit critique.

Les Français du Canada « se sont [donc] cramponnés à d'anciens préjugés, à d'anciennes coutumes, à d'anciennes lois, non parce qu'ils les croyaient meilleures, mais par la ténacité irréfléchie d'un peuple routinier et non éduqué ». Analyse qui débouche sur la fameuse phrase, encore objet de polémiques de nos jours : « Ils forment un peuple sans histoire et sans littérature. » Une phrase, écrite au moment du triomphe du romantisme, en Angleterre comme en France, qui allait profondément choquer les Canadiens français et occulter un peu les propositions concrètes de Durham.

« Les unes après les autres, a écrit Marcel Trudel, des générations ont hué à plaisir cette affirmation qu'elles concevaient comme chargée de mépris. » Mais était-elle fondée ? L'historien québécois a procédé à un inventaire de la production culturelle et artistique de la province en 1839 et a dû donner raison à Durham. Non seulement la littérature canadienne, qu'il s'agît de poésie, de roman ou de théâtre, se révélait totalement indigente, mais elle avait de plus subi l'étroite censure du clergé, y compris pour des textes qui ne présentaient guère de caractère sulfureux. Longtemps condamnées par l'Église, les représentations théâtrales, on l'a vu plus haut, n'avaient pu se jouer en public qu'après 1760 et l'occupation anglaise. Certes, la presse compensait un peu cette carence. Mais son contenu, forcément lié à l'actualité, ne laissait aucune place à ces feuilletons par lesquels les grandes œuvres romanesques françaises et anglaises débutaient alors leur publication.

L'indignation provoquée par cet aspect du rapport Durham allait donner un coup de fouet aux intellectuels régionaux. Au cours des années suivantes allait naître une véritable littérature canadienne de langue française. Si le tout premier roman québécois, publié deux ans plus tôt par Philippe Aubert de Gaspé, *Le Chercheur de trésors*, ne mérite pas vraiment qu'on s'y attarde, les suivants témoignent d'un bouillonnement intellectuel encore modeste mais cependant significatif. Avec, à titre d'exemples, Pierre-Joseph-Olivier Chauveau, qui publierait en 1846 *Charles Guérin, roman de mœurs canadiennes*, Georges de Boucherville, *Une de perdue, deux de trouvées* (1849), Philippe Aubert de Gaspé père, *Les Anciens Canadiens* (1863), souvent regardé comme le grand roman québécois du siècle, et Arthur Buies avec ses *Chroniques de « La Lanterne »*. Enfin, dans le domaine de la science historique, François-Xavier Garneau, déjà auteur de poèmes et de chansons pour les patriotes, ferait paraître dès 1845 son *Histoire du Canada français* en six volumes, une œuvre de référence qui conserve encore de nos jours toute sa pertinence.

Plus tard, la poésie québécoise connaîtrait également son envol avec Octave Crémazie, Louis Fréchette et, surtout, Émile Nelligan. Le dynamisme de la littérature québécoise n'a cessé depuis lors de s'intensifier...

Mais le rapport Durham avait surtout pour objectif de proposer au gouvernement anglais des orientations pour pacifier, consolider et développer les colonies du Canada.

Ses suggestions tenaient en trois points : admettre la responsabilité des exécutifs devant les Chambres ; réunir le Bas et le Haut-Canada ; préparer, à terme, une union plus vaste et plus autonome, la British North America.

La première proposition visait à satisfaire les revendications des députés canadiens tout en réparant une incohérence de la Constitution de 1791, qui avait instauré un gouvernement provincial et un Parlement représentatif sans en tirer la conséquence logique, pourtant à la base même du fonctionnement des institutions britanniques. Cet aménagement n'exigeait aucune modification formelle : il suffisait d'ordonner au gouverneur de s'entourer d'un Conseil exécutif bénéficiant de la confiance de l'Assemblée.

La réunion du Haut et du Bas-Canada mettrait les Canadiens français, alors au nombre de 450 000, en minorité en face des Anglais, qui comptaient 550 000 ressortissants dans la somme des deux provinces. On pourrait alors instituer une représentation juste, proportionnelle à la population, et ne plus chercher à la fausser au détriment de la majorité. Les Canadiens français conserveraient toutefois leurs lois civiles, leur langue, leur religion, mais s'assimileraient progressivement, sans éprouver d'injustice. Durham s'y montrait très attaché, ne voyant d'autre solution pour l'avenir de la province : seule et républicaine, elle serait, ou bien broyée par ses puissants voisins, ou bien rapidement annexée par les États-Unis, comme bientôt le Texas (la prévision se révélerait exacte en 1845). Dans tous les cas, le Canada français perdrait son identité : quinze ans plus tôt ses habitants avaient montré qu'ils ne voulaient pas devenir *yankees* ; seule la couronne britannique leur épargnerait cette dilution.

D'une façon plus générale, « l'énorme pression exercée par les États-Unis », qui comptaient alors près de 18 millions d'habitants, soit quinze fois plus que les provinces anglaises, y compris les Maritimes, rendait indispensable de rééquilibrer le continent nord-américain par la formation, à plus long terme, d'une union de toutes les provinces anglaises dans une fédération de plus en plus autonome, voire indépendante mais dans le cadre d'un *commonwealth* britannique. Comme son collaborateur Edward Wakefield, Durham estimait que plus les colonies jouiraient de libertés, plus l'Empire se consoliderait. « Car jamais on n'aime par contrainte. »

Pour accompagner et soutenir ces mesures institutionnelles, le rapporteur préconisait une politique d'immigration continue, ambitieuse et planifiée. Il fallait aussi freiner l'émigration de Canadiens français vers les États-Unis, qui allait bon train depuis la défaite des patriotes.

Enfin, dans la dernière partie de son rapport, un peu fourre-tout, l'ancien gouverneur général suggérait un grand nombre de réformes techniques visant le régime des concessions de terre (pour le simplifier), le système éducatif (pour le soustraire à l'obscurantisme catholique), la gestion des travaux publics (pour améliorer son efficacité et réduire la corruption), le fonctionnement des institutions municipales (pour les rendre plus transparentes), la résorption de l'énorme endettement du Haut-Canada, la rationalisation de la procédure financière… tous sujets qui avaient créé et alimenté les mécontentements mais que Durham regardait comme solubles dans quelques réformes de principe.

Ainsi avait-il voulu tracer la route. La balle passait désormais dans le camp du gouvernement et du Parlement britanniques.

3

Canada, État uni

Rentré en Angleterre malade – il luttait contre la tuberculose depuis son enfance –, Durham acheva son rapport dans les souffrances physiques. Épuisé, il se confina alors dans sa résidence de Cowes, sur l'île de Wight, où il mourut le 28 juillet 1840, à quarante-huit ans, non sans avoir connu la satisfaction d'avoir fait œuvre utile, sinon pour l'immédiat, du moins à long terme.

En effet, dès que son rapport fut entre les mains de lord Melbourne, celui-ci le fit globalement approuver par le cabinet puis chargea John Russell d'en tirer un projet de loi à soumettre au Parlement, projet quelque peu édulcoré... Oubliée la responsabilité de l'exécutif, jugée incompatible avec l'état de colonie, Russell préférant la formule de conseillers du gouverneur qui, par leurs compétences et leur indépendance à l'égard des partis, obtiendraient naturellement le respect de la Chambre – une vision héritée de la démocratie athénienne... Rejetée l'idée d'un représentation proportionnelle à la population : un Anglais valait au moins deux Français, pourquoi dès lors déroger à cette loi naturelle ?

Le projet, déposé le 8 mars, retenait en revanche la réunion des deux Canadas et l'approbation de celle-ci par les deux Chambres d'assemblée. Rien n'était prévu en cas de refus... Quant aux réformes techniques préconisées par le rapport, on en renvoyait le détail aux nouvelles institutions de la colonie. À l'exception notable de deux mesures financières : la confirmation d'une liste civile échappant au vote de l'Assemblée, et la fusion des dettes des deux anciennes provinces, alors que celles du Haut-Canada s'élevaient au décuple de celles de son voisin.

Alfred de Vigny séjournait alors à Londres pour des raisons familiales. Ayant assisté à une séance de la Chambre des lords qui examinait le rapport Durham, il nota dans ses carnets que « l'opération [consistant à] étouffer une nation française de 400 000 âmes était d'autant plus facile qu'on pouvait être sûr que la France ne s'agiterait pas, qu'elle n'étendrait même pas sa main pour demander quelque carte du globe afin de s'enquérir dans quel coin de l'Amérique du Nord s'est blottie cette tribu isolée »...

Pourtant, suivant encore Durham, Melbourne décida, sans attendre le vote final du Parlement, de renouer avec la politique d'apaisement interrompue par Colborne, en renvoyant celui-ci, le « maudit Anglais ». Mais il entendait surtout assurer solidement la domination anglaise sur l'ensemble du Canada. Il nomma pour cela Charles Poulett Thomson, pas encore baron Sydenham, qui venait de fêter ses quarante ans et faisait partie de cette nouvelle catégorie de doctrinaires anglais, plus théoriciens que partisans, mais plus pragmatiques que théoriciens et croyant par-dessus tout aux vertus du libre-échange. Frustré d'avoir vu lui échapper le poste de chancelier de l'Échiquier qu'il convoitait, il accepta les fonctions de gouverneur général du Canada comme un lot de consolation.

Arrivé à bon port le 19 octobre 1839, lui aussi s'abstint de saluer le départ de son soudard de prédécesseur. Sa situation n'était pas des plus aisées puisque, muni d'un viatique fort léger de lord Melbourne – *« wait and see »* –, toutes ses décisions se trouvaient suspendues à la conclusion des débats du Parlement britannique. Qui avait alors bien d'autres soucis : la guerre de l'Opium, opposant le Royaume-Uni à la Chine, battait son plein dans une ambiance colonialiste bien peu favorable à une réflexion sur l'émancipation des peuples lointains, même d'origine européenne ; le conflit entre la Turquie et l'Égypte interpellait les intérêts britanniques en Méditerranée ; les anciennes colonies espagnoles d'Amérique du Sud, toutes très endettées auprès des banquiers de la City, s'affrontaient dans d'interminables ressentiments pseudo-nationaux ; en Afrique du Sud, les colons anglais de la province du Cap demandaient à la métropole de s'opposer à l'indépendance de la république boer du Natal ; enfin, sur le plan interne, le mouvement chartiste, d'origine ouvrière, réclamait une démocratisation totale du régime politique de l'Angleterre... On comprend pourquoi, dans un tel contexte, le statut juridique du

Canada ne faisait ni la une des journaux ni la première conversation lors des *breakfasts* de la Chambre des communes, dont un nombre croissant de membres ambitionnaient pour leur pays en pleine ascension un rôle international bien plus que colonial. Ainsi, les relations avec la France se tendaient en raison de désaccords sur la question d'Orient, qui conduisirent presque aux portes de la guerre, bien plus que parce que Papineau y avait trouvé refuge depuis février et y avait publié, en mai, avec l'aide du socialiste Louis Blanc, son *Histoire de l'insurrection du Canada en réfutation du rapport de lord Durham*, qui faisait peser toutes les responsabilités sur le compte des provocations anglaises.

Le Parlement finit cependant par adopter le nouveau statut du Canada le 23 juillet 1840, pour une entrée en vigueur le 10 février suivant. Les deux provinces étaient fusionnées en une seule, dite « province du Canada », avec à sa tête un seul gouverneur, un seul Conseil exécutif, toujours irresponsable devant les Chambres, une seule Assemblée législative composée, à parité, de quarante-deux représentants de chacune des deux anciennes provinces, d'un Conseil législatif, également paritaire, dont les membres demeuraient nommés par la Couronne. L'ancien Bas-Canada, dorénavant appelé Canada-Est, conservait ses lois civiles, mais la langue française perdait son caractère officiel et ne serait plus utilisée dans les textes de l'administration. Québec voyait son rang de capitale contesté, le *Family Compact* proposant de la déplacer à Montréal, où résidait la majeure partie de l'oligarchie anglaise, et où Thomson choisit de s'installer, rompant ainsi symboliquement avec les attributs du pouvoir hérité de Champlain et de la Nouvelle-France.

Pour une fois, les protestations les plus vives émanèrent de la hiérarchie ecclésiastique, particulièrement de Mgr Lartigue et de Mgr Signay – archevêque de Québec –, qui envoyèrent une adresse au Parlement britannique. Sans aucun résultat. Après quoi, ils se rangèrent derrière le gouverneur, faisant placarder sans commentaires ses proclamations sur les portes des églises. Du côté civil, privés des anciens chefs politiques pour la plupart en exil, les Canadiens français semblaient en état d'apathie, de découragement, de prostration. Leurs journaux dénoncèrent les injustices du nouveau statut, mais sans provoquer de manifestation publique.

Malgré, ou à cause de la révolte des patriotes, et en dépit des propositions équilibrées de lord Durham, les Canadiens français faisaient donc figure de grands perdants de la réforme. Tandis que les Anglais semblaient « éblouis par leur victoire » et que jamais le fossé entre les deux communautés ne parut aussi large.

Pourtant, les années suivantes allaient voir s'instaurer enfin ce gouvernement responsable, réclamé depuis au moins quinze ans et inlassablement refusé par la métropole. Car il allait dans le sens de l'histoire. Dans la France des années 1815 à 1848 se mettait peu à peu en place le régime parlementaire depuis lors devenu classique. Ainsi le Canada parcourut-il le même chemin, sans plan établi d'avance.

Personnage complexe, Thomson parut un peu débordé par l'ampleur de sa tâche et se réfugia dans un conservatisme frileux, parfois émaillé cependant de visions d'avenir ; ainsi préconisa-t-il, en vain, la création d'une Banque centrale du Canada, qui ne verrait le jour qu'un siècle plus tard...

Anobli en août 1840 avec le titre de baron, lord Sydenham composa un Conseil exécutif qui ne comptait aucun Canadien français, puis il s'impliqua personnellement dans la campagne électorale pour la première Chambre d'assemblée du Canada unifié afin d'y réduire le plus possible le poids des réformistes. Il le fit de manière trop visible et maladroite, non en argumentant auprès des électeurs, mais en essayant de fausser le scrutin par de petites tricheries administratives. Le résultat des élections organisées de février à avril 1841, toujours selon le mode de scrutin uninominal à un seul tour, recomposa le paysage politique. La Chambre se trouvait partagée entre trois partis : les réformistes, dit aussi « anti-unionistes », remportaient le plus grand nombre de sièges, trente, mais pas la majorité absolue ; les conservateurs, ou « unionistes », vingt-cinq ; les libéraux, réformateurs mais pas nécessairement anti-unionistes, vingt-trois ; cinq députés se disaient indépendants ; un siège restait à pourvoir.

Sydenham installa la nouvelle Assemblée à Kingston, dans les locaux de l'hôpital général de cette ville de 6 000 habitants, sur les bords du lac Ontario, à mi-chemin de Toronto et de Montréal.

Réformistes et libéraux s'accordèrent pour porter à la présidence de la Chambre Austin Cuvillier, un ancien membre du Parti canadien, anti-unioniste mais modéré, qui n'avait pas approuvé, les jugeant trop virulentes, les quatre-vingt-douze résolutions de Papineau. En face des conservateurs, emmenés par Michael McCulloch, médecin montréalais d'origine irlando-écossaise manquant de charisme comme d'autorité, le rapprochement des réformistes et des libéraux se fit sous l'impulsion des trois nouveaux hommes forts du panorama politique : Louis-Hippolyte La Fontaine, Robert Baldwin et Francis Hincks.

Le premier, anciennement lieutenant de Papineau, était revenu au Canada sous le bénéfice de l'amnistie ; il plaidait désormais en faveur d'une collaboration de bonne foi entre Canadiens de diverses origines, sur une base égalitaire et dans un cadre parlementaire. Symboliquement, il s'était fait élire dans une circonscription anglophone, celle de North York, tandis que Robert Baldwin, dans le même esprit, était allé chercher les suffrages francophones de Rimouski. Celui-ci, autrefois proche de Mackenzie mais plus conciliant, avait accepté l'offre de Sydenham d'entrer au Conseil exécutif. Mais devant son refus de composer un nouveau conseil à l'image de la majorité de la nouvelle Assemblée, il avait remis sa démission. Le troisième, d'origine irlandaise, banquier, député réformiste à l'Assemblée du Haut-Canada, fondateur à Toronto du journal *The Examiner*, qui militait pour un gouvernement responsable et, vœu plus original, pour la séparation de l'Église et de l'État, fut le principal artisan du rapprochement.

Incertain de ses appuis, le gouverneur entendit alors traiter les choses sous l'angle constructif, sachant qu'il valait mieux aborder une Assemblée *a priori* rétive avec des projets concrets plutôt que la laisser ratiociner sans fin sur des questions théoriques, au demeurant maintes fois débattues. Aussi, afin de faire face au problème de l'endettement de la colonie et de pallier son retard accumulé en matière de grands équipements, surtout au regard de son grand voisin, proposa-t-il, dès la séance d'ouverture de la session parlementaire, le 15 juin 1841, de lancer un grand emprunt. Garanti par la métropole, avec l'accord de lord Melbourne, et d'un montant de 15 millions de livres (soit 140 millions d'euros ou 210 millions de dollars canadiens). Une moitié serait affectée au service de la dette, l'autre moitié à des programmes de travaux publics. L'Assemblée approuva le projet avec enthousiasme. Trois mois plus tard, Sydenham mourait du tétanos à la suite d'une blessure consécutive à une chute de cheval.

Alors s'ouvrit ce qu'on pourrait appeler à la fois la cascade et l'alternance des gouverneurs : cascade, car cinq d'entre eux allaient se succéder en moins de six ans ; alternance, car chacun mènerait une politique d'inspiration contraire à celle de son prédécesseur.

Après un intérim de Richard Jackson, un officier qui avait remplacé Colborne à la tête de l'armée coloniale, Charles Bagot prit ses fonctions le 12 janvier 1842, à soixante ans. Il possédait une longue expérience politique et diplomatique, d'abord comme collaborateur de George Canning, puis comme ambassadeur en France lors de la Restauration de 1814, ensuite aux États-Unis, avec lesquels il avait, à la suite de la guerre de dépendance, conclu un accord de désarmement des Grands Lacs, enfin aux Pays-Bas, où il avait, à propos de la question belge, pris la mesure de la coexistence de deux communautés fort différentes vivant dans le même État. Il paraissait donc posséder toutes les qualités requises pour devenir un grand gouverneur du Canada, et en fit rapidement la preuve. Car non seulement il fut le premier à faire accéder au pouvoir des Canadiens français, mais il confia les deux principaux postes du gouvernement à des réformistes, La Fontaine et Baldwin, conformément à la majorité de la Chambre, introduisant ainsi de fait cette responsabilité de l'exécutif tant débattue, jamais réalisée et s'imposant alors comme la chose la plus évidente. Instaurée par la petite porte, elle ne serait plus jamais remise en cause. Corrélativement, le gouverneur prenait un peu de distance avec la gestion quotidienne des affaires et se muait lentement en arbitre au-dessus des partis. Mais, gravement malade, il dut remettre sa démission le 14 mars 1843 et mourut deux mois plus tard, à Alwington House, la résidence du gouverneur à Kingston (démolie après un incendie en 1958, elle fut reconstruite en 1963), une capitale qui n'allait pas le rester longtemps.

4

La valse des capitales

Charles Metcalfe, succédant à Bagot le 12 mai 1842, ne partageait pas exactement ses idées libérales et parlementaristes. Né à Calcutta en 1785, fils de l'un de ces officiers de l'armée des Indes dont l'image entrerait dans la légende, il était, après un long apprentissage administratif en Angleterre, parvenu au poste de gouverneur de ces mêmes Indes de 1833 à 1838, ensuite de la Jamaïque jusqu'en 1843. Sa longue expérience coloniale lui avait inculqué le mépris des *natives* et il considérait *a priori* comme tels les Canadiens français. En novembre, il transféra la capitale de Kingston à Montréal, comme le réclamaient les milieux d'affaires britanniques. Ayant hérité de La Fontaine et de Baldwin au gouvernement, il entra en conflit avec eux à propos de la nomination de fonctionnaires qu'il entendait prononcer seul. Les ministres démissionnèrent. N'ayant trouvé personne pour les remplacer, car confronté à ce qu'on appellerait sous la IIIe République française le « refus de concours » de la Chambre, Metcalfe provoqua de nouvelles élections et s'impliqua personnellement dans la campagne électorale qui dura de septembre à novembre 1844 – peut-être la plus agitée de toute l'histoire du Canada. La presse réformiste reprochait au gouverneur d'intervenir à un niveau qui n'était pas le sien, dessinant déjà cette distinction entre chef de l'État, veillant à l'intérêt général au-dessus de la mêlée, et chef de gouvernement, à la fois reflet et dirigeant de la majorité parlementaire : une conception très moderne, à ceci près que la fonction de gouverneur général d'une colonie pouvait difficilement s'assimiler à celle d'un chef d'État, le gouverneur ayant au-dessus de sa tête un ministre des colonies, un Premier ministre et un monarque britanniques. De nombreuses manifestations eurent lieu dans les rues de Montréal, de Québec et de Toronto. La police chargea plusieurs fois mais sans provoquer de morts. L'armée positionna des canons légers autour de certains bureaux de vote.

Dans un climat général de retour à une certaine prospérité économique – grâce notamment à la hausse des cours mondiaux du blé –, l'immixtion de Metcalfe dans le scrutin se révéla payante pour lui, surtout au Canada-Ouest, qui envoya à la Chambre trente et un députés conservateurs contre onze libéraux et réformistes. À l'Est, les résultats s'inversaient, donnant quatorze sièges aux premiers et vingt-huit aux seconds. Le gouverneur disposait donc d'une courte majorité de deux sièges. Se montrant alors plus souple et plus ouvert qu'auparavant, il forma un gouvernement modéré, dirigé par le conservateur Henry Draper et comprenant un Canadien français, Denis-Benjamin Viger. Sans attribution de portefeuille, le poste de Premier ministre commençait à prendre de la consistance et ne tarderait pas à être qualifié de tel.

L'Assemblée législative, après avoir tenu sa première session à Kingston, se transporta à Montréal en juin 1845, une fois achevé le réaménagement du marché Sainte-Anne, désaffecté en vue de l'accueillir. Metcalfe choisit pour résidence la maison construite en 1803 par l'avocat James Monk (aujourd'hui villa Maria, propriété de la congrégation de Notre-Dame dans le quartier de Monkland). On édifiait en même temps un nouvel ensemble monumental, devant à la fois abriter l'hôtel de ville et un grand marché public, le marché Bonsecours, tous deux bâtis avec cette pierre grise extraite du sous-sol de l'île et caractéristique de l'aspect général de la ville, qui dépassait alors les 55 000 habitants.

Le gouvernement responsable était devenu une réalité et fonctionnait à peu près comme l'avait recommandé Durham : par la confiance, le plus souvent tacite, de la Chambre.

La même évolution se produisit en Nouvelle-Écosse en 1847, dans l'Île-du-Prince-Édouard en 1851 et au Nouveau-Brunswick en 1854.

Le travail parlementaire s'en trouva apaisé et les tensions diminuèrent de plusieurs crans. Mais souffrant depuis plusieurs années d'un cancer de la joue qu'il avait négligé de soigner, Metcalfe remit sa démission le 26 novembre 1845 et retourna en Angleterre, où il mourut le 5 septembre 1846.

Charles de Cathcart, jusqu'ici commandant en chef des forces armées en Amérique du Nord, comme l'avait été Colborne, assura un long intérim, qui dura jusqu'au 30 janvier 1847. Militaire avant tout, il se préoccupa essentiellement de mieux organiser la défense de la colonie compte tenu du risque, selon lui, d'une nouvelle guerre contre les États-Unis. La paix de Gand, conclue en 1814, avait laissé dans le flou quelques tracés de frontière, à l'est, entre le Maine et la Nouvelle-Écosse, à l'ouest, vers les Rocheuses. Le premier avait finalement fait l'objet d'un compromis en 1842, mais pas le second. Bien que les immenses territoires de l'Ouest, au nord de la Californie, possession mexicaine depuis 1821, après la fin de la Nouvelle-Espagne, et ceux situés au sud de l'Alaska, possession russe, demeurassent encore largement inexplorés, le gouvernement américain entendait bien s'en rendre maître un jour, tandis que le gouvernement anglais regardait ces régions comme de potentielles nouvelles colonies, dont un embryon avait déjà été constitué dans l'île de Vancouver. Dès lors, le Canada risquait de faire obstacle aux ambitions du premier et, au contraire, de servir de base de départ à celles du second. Un accord fut néanmoins trouvé, un mois après le déclenchement de la guerre entre les États-Unis et le Mexique, avec la signature, le 15 juin 1846, du traité de l'Oregon – dont le nom vient peut-être d'une déformation du français « ouragan ». La convention, portant sur des régions peu connues, dont on ignorait les dimensions comme les limites, ressemblait un peu au vieux traité de Tordesillas de 1494, l'Angleterre et les États-Unis reprenant les rôles de l'Espagne et du Portugal. Ainsi fut-il convenu de prolonger jusqu'au Pacifique la frontière toute théorique fixée à Gand et dessinée par le 49e parallèle nord.

Deux autres événements majeurs marquèrent le gouvernorat provisoire de Cathcart : la politique de libre-échange et la crise économique irlandaise provoquant le déferlement d'une nouvelle, inattendue et souvent douloureuse vague d'immigration.

Le Royaume-Uni, alors en voie d'industrialisation rapide, désirait conquérir le plus grand nombre possible de marchés dans le monde. Il préconisait pour cela l'établissement du libre-échange et, pour enclencher le mouvement, abaissa fortement les barrières douanières contre des mesures de réciprocité chez ses partenaires commerciaux. Ce qui signifia, pour le Canada, la perte de la protection impériale et l'ouverture à la concurrence du commerce du bois, devenu maintenant bien plus important que celui des fourrures et autant que celui du blé.

Cette même année 1846, la grande famine qui sévissait en Irlande depuis plus d'un an, causée par l'épidémie de mildiou qui s'était attaquée à la pomme de terre, provoqua une émigration sans précédent, évaluée à 2 millions de personnes jusqu'en 1851. Les plus pauvres, plus de 40 000 en 1846 et presque autant chacune des trois années suivantes, partirent pour le Canada car le coût du trajet était inférieur à ceux des autres destinations, principalement les États-Unis et l'Australie. L'accueil de tous ces malheureux ne fut pas toujours chose aisée, mais les institutions catholiques, surtout en milieu rural, consentirent de remarquables efforts. On estime aujourd'hui que 13 % de la population canadienne est d'origine irlandaise et que les deux tiers d'entre eux descendent des réfugiés de la grande famine.

Le nouveau gouverneur titulaire, James Bruce, comte d'Elgin, alors âgé de quarante-six ans et précédemment gouverneur de la Jamaïque, arriva à Montréal en janvier 1847. Gendre de Durham, il partageait ses opinions libérales et se considéra peut-être comme son exécuteur testamentaire. Il était en tout cas bien décidé à faire évoluer la colonie vers davantage d'autonomie interne, parlant lui-même de *self-government* et se faisant, croyait-il, l'interprète du peuple britannique qui, si l'on en croit l'historien Nicholas Mansergh, « n'a jamais foncièrement cru au système de la domination coloniale mais au gouvernement des hommes par eux-mêmes ». Les élections législatives de décembre 1847 et janvier 1848 amenèrent à la Chambre une forte majorité de réformistes. Papineau, de retour d'exil depuis 1845, se fit élire dans le comté de Saint-Maurice mais se proclama indépendant. Elgin rappela aussitôt au gouvernement le tandem La Fontaine-Baldwin, puis prit quelques décisions de principe : il n'assisterait plus personnellement aux réunions du cabinet, il ne nommerait plus aux emplois publics, il n'interviendrait jamais dans le cours des élections et il veillerait à ne soutenir aucun parti. Il conserverait en revanche son droit de dissolution, mais sur la proposition du gouvernement, et celui d'opposer son veto aux lois, mais de façon exceptionnelle. La formule du gouvernement responsable, introduite avec discrétion par Metcalfe, se trouvait consacrée et institutionnalisée avec éclat.

Un an plus tard, à l'occasion de l'ouverture de la session parlementaire de 1849, il prononça le discours du trône en anglais et en français, ce qui réjouit les uns et indisposa les autres. Il laissa le Parlement réviser la loi électorale afin d'augmenter le nombre des députés, de quarante-deux à soixante-quinze pour chaque « côté » du Canada, rationaliser l'organisation des scrutins afin de lutter contre les fraudes et les intimidations, enfin retirer le droit de vote aux femmes – qui, si elles étaient propriétaires, le détenaient depuis 1791 –, avec le même argument que les républicains français de 1848 pour le leur refuser : les femmes votent comme le leur disent le seigneur ou le curé… De sorte que, dans l'histoire du monde, le Canada fut l'un des rares pays, avec la France et la Suède, à avoir accordé puis ôté le droit de vote aux femmes.

La Fontaine et Baldwin présentèrent ensuite un projet de loi visant à indemniser les victimes du soulèvement des patriotes de 1837 et 1838, c'est-à-dire essentiellement les personnes qui avaient subi des dommages causés par les représailles de l'armée britannique. Les débats furent des plus houleux, avec une véritable fronde parlementaire conduite par Henry Sherwood, avocat et député d'Augusta dans le Canada-Ouest, et Allan MacNab, député de Niagara. Elle déboucha sur un début de révolte civile, cette fois des « possédants » anglais de Montréal. Le gouverneur refusa d'exercer son droit de veto et, le 25 avril, entérina la loi d'indemnisation, d'autant que les quarante-neuf voix de majorité qui avaient adopté le texte se répartissaient à peu près à égalité entre anglophones et francophones.

Ce qui ne fit pas obstacle à la virulence de l'opposition. Les héritiers du Doric Club, qu'on appelait maintenant les orangistes – en hommage au prince d'Orange, Guillaume III, qui avait éliminé en Angleterre, en 1688, le roi catholique Jacques II –, accusaient le gouverneur de vouloir organiser une nouvelle *French domination*. Ils lapidèrent sa voiture à la sortie du Parlement et, le lendemain, 1 500 manifestants déchaînés en incendièrent les locaux. Plusieurs demeures de députés réformistes et celle du ministre La Fontaine furent vandalisées. Elgin décida alors de faire intervenir l'armée, mais de façon passive, ce qui n'empêcha pas de nouvelles exactions, des coups de feu et un mort parmi les émeutiers.

Réunie tant bien que mal au marché Bonsecours durant le mois de mai, la Chambre adopta la proposition Sherwood de transférer de nouveau la capitale, cette fois en alternance entre Québec et Toronto, chacune pour une durée de deux ans. Le compromis paraissait sage entre la capitale historique et très majoritairement francophone, qui comptait alors un peu plus de 40 000 habitants, et l'ancienne capitale du Haut-Canada, ville paisible et très majoritairement anglophone, alors peuplée de 30 000 habitants mais en plus forte augmentation. La formule traduisait, comme auparavant le vote de la loi d'indemnisation, un comblement du fossé entre les deux communautés nationales au profit de la distinction entre, d'une part, réformistes et libéraux, et, d'autre part, conservateurs à tendance réactionnaire.

Elgin ne put pour autant mettre fin au bouillonnement des esprits dans certains milieux chauffés au rouge. Des hommes d'affaires montréalais et des députés conservateurs formèrent une association de défense de leurs intérêts, présidée par John Redpath, un banquier et investisseur d'origine écossaise. Elle lança, le 14 septembre 1849, un appel au « peuple du Canada » pour qu'il demande son annexion aux États-Unis. En s'appuyant sur trois arguments : la relance de l'économie canadienne, affectée par l'abaissement des droits de douane et pouvant, grâce aux ports de la côte est, réduire sensiblement le coût de ses exportations obligées d'utiliser la voie du Saint-Laurent ; l'alignement sur les institutions républicaines américaines, plus libres et plus démocratiques ; l'effacement et le pardon, dans une vaste Union, des anciennes rancœurs. Papineau, sans toutefois oser le signer, déclara qu'il approuvait le texte. De même que de nombreux membres de l'Institut canadien, club fondé cinq ans plus tôt par deux cents jeunes intellectuels libéraux, dont François-Xavier Garneau, l'écrivain Amédée Papineau, fils de Louis-Joseph, et, à titre externe, Victor Hugo… Ils exposaient leurs idées dans les colonnes de *L'Avenir*, journal créé en 1847 par Jean-Baptiste Dorion, un disciple de Papineau. Son titre s'inspirait directement de la publication française fondée en 1830 par Lacordaire, Montalembert et Lamennais – qui avait sympathisé avec Papineau lors du séjour en France de celui-ci –, et militait en faveur de la liberté de conscience, de la presse et de l'enseignement, ainsi que de la séparation de l'Église et de l'État.

En l'absence de réunion du Parlement, le manifeste annexionniste manqua de tribune et ne put réunir suffisamment de signatures pour présenter une pétition crédible. Le gouvernement américain du président Zachary Taylor l'ignora d'autant mieux qu'il ne voulait plus admettre de nouveaux États non esclavagistes. Que fut devenu cet appel sous la présidence d'Abraham Lincoln ? Sans doute l'interdiction de l'esclavage au Canada, datant de la loi du 28 août 1833 qui l'abolissait dans l'ensemble des colonies britanniques, compte-t-elle parmi les raisons qui dissuadèrent les États-Unis de s'emparer de tous les territoires du Nord à un moment où ils en possédaient les moyens militaires et où ils pouvaient s'appuyer sur des mouvements canadiens favorables.

Le 15 mai 1850, Elgin ouvrit dans l'ancien Parlement du Haut-Canada, Simcoe Palace – ainsi nommé en hommage au premier lieutenant-gouverneur du Haut-Canada et fondateur de la ville –, la troisième session de l'Assemblée dans une atmosphère relativement apaisée. Il entendait sortir de la dernière crise par le haut et, avec l'appui du gouvernement de la métropole, que dirigeait John Russell, l'ancien ministre de l'Intérieur et des Colonies, engager de vastes réformes. Modernisant le pays, elles le conduiraient à l'instauration d'une confédération, assurant à la fois la cohésion et l'autonomie du Canada.

5

L'Union à la manœuvre

De 1850 à 1864, l'Union aura fait la preuve de son efficacité pour accomplir un certain nombre de réformes qui préparèrent le Canada à passer de l'état de colonie à celui de nation autonome, mais aura rencontré ses limites sur le plan géopolitique eu égard aux dimensions du continent et aux appétits de la puissance voisine.

Sur le plan purement politique, les partis, encore peu structurés et disciplinés, se remanièrent selon de nouvelles lignes de partage, de moins en moins liées aux origines communautaires et de plus en plus aux tendances idéologiques. Conscients d'avoir fait leur temps, Baldwin et La Fontaine se retirèrent ensemble de la vie publique en juin 1851. Reconstituant ce tandem franco-britannique qui allait devenir un usage jusqu'en 1863, Francis Hincks et Augustin Morin formèrent un nouveau gouvernement réformateur. Pendant un peu plus de trois ans, celui-ci pilota plusieurs lois de modernisation, essentiellement sous l'angle économique, afin de profiter de la forte expansion du pays voisin. On engagea alors avec lui de nouvelles relations, moins tendues et plus collaboratives. Montréal voulait bien oublier la convention nationale du Parti démocrate d'octobre 1848 où l'on s'était réjoui de voir « renverser les trônes et s'élever des républiques sur les ruines du despotisme dans le Vieux Monde ».

Le rapprochement régional s'opéra d'abord par le développement des chemins de fer : en 1850, les États-Unis possédaient déjà 14 500 kilomètres de voies ferrées et le Canada seulement 110. Il devenait urgent de rattraper le retard. On relia le Saint-Laurent à l'Atlantique par une ligne allant de Québec à Portland. Puis on conçut un ambitieux projet, dit de Grand Tronc, assurant la continuité ferroviaire depuis les Grands Lacs, en partant de Detroit, jusqu'à Rivière-du-Loup, dans l'embouchure du Saint-Laurent. On l'inaugura en 1860 : le Canada disposait alors de 3 300 kilomètres de rails. Après quoi, les investissements ralentirent en raison de leur coût, de leur faible rentabilité, de la corruption entraînée par le maniement de fortes sommes d'argent entre agents publics, entreprises privées et investisseurs individuels, tous devenus maîtres dans l'art de détourner les subventions, notamment du gouvernement britannique. Le Trésor canadien s'endetta considérablement. C'est alors qu'apparut la formule « *public risk and private profit* », première version de notre « nationalisation des pertes, privatisation des profits ». Les abus dénoncés dans la presse et au Parlement finirent par provoquer la chute du gouvernement en 1854.

Autre réalisation à inscrire néanmoins à son actif : la rationalisation de la politique monétaire. En 1850, plusieurs monnaies circulaient en même temps : la livre sterling, le dollar américain et quelques monnaies locales héritées de la lointaine époque des cartes à jouer, ancêtres des monnaies parallèles apparues dans la décennie 1980... Bien que le gouvernement de Londres fît pression pour que la livre devînt la seule monnaie de compte et d'échange, le Parlement canadien, montrant là un esprit d'indépendance particulièrement significatif, préféra adopter en 1852 une monnaie nationale, le dollar canadien, dont la valeur fut fixée à un dixième d'aigle d'or américain (soit 10 dollars), afin de faciliter les transactions avec le grand voisin, et correspondant à environ 0,2 livre sterling. Les premiers billets et les premières pièces furent cependant imprimés et frappées en Angleterre avec la reine Victoria en effigie. Ils ne le seraient au Canada qu'à partir de 1935...

Troisième grande mesure allant dans le sens d'un rapprochement entre les économies américaine et canadienne : le traité de réciprocité du 5 juin 1854. Négocié par le gouvernement anglais pour le compte de sa colonie, il autorisa les États-Unis, malgré la réticence des Maritimes, à élargir leur zone de pêche dans la région de Terre-Neuve. En contrepartie, ceux-ci supprimèrent la taxe de 21 % assise sur leurs importations de produits canadiens. Jusqu'ici les droits de douane visaient davantage à procurer des ressources à l'administration fédérale qu'à protéger l'industrie nationale américaine. Or, depuis trois ans, la valeur annuelle de ses produits manufacturés dépassait celle de ses productions agricoles, et les revenus des douanes excédaient les besoins financiers ordinaires du gouvernement. Le traité se révéla bénéfique pour les deux parties : en dix ans, leurs échanges doublèrent de volume.

Sur le plan interne, le gouvernement Hincks-Morin échoua, en revanche, malgré le soutien d'Elgin, à rendre le Conseil législatif électif, ce dernier faisant toujours barrage à sa propre réforme dans le cadre du « bicaméralisme égalitaire ».

Les élections générales de 1854 traduisirent la montée de réformistes plus radicaux, à travers deux nouveaux partis, le Parti rouge et celui des Clear Grits.

Le premier, qui se voulait l'héritier des patriotes, avait choisi les trois couleurs des républicains français de juin 1848. Principalement animé par Louis-Antoine Dessaulles, essayiste, journaliste, neveu de Papineau, et par Aimé Dorion, frère aîné de Jean-Baptiste et signataire du manifeste annexionniste de 1849, le Parti rouge réclamait une souveraineté populaire mais curieusement conçue : par l'abandon du régime censitaire, mais sans donner le droit de vote aux femmes et rejetant la représentation proportionnelle en raison de la majorité désormais anglophone, d'environ 1 330 000 habitants, contre 1 260 000 selon le recensement de 1851. Anticlérical parfois virulent, le Parti rouge ne perça jamais dans les masses, remontées contre lui par un clergé effrayé.

Les Clear Grits recrutaient surtout leurs partisans chez les fermiers protestants de l'Ouest. C'est pourquoi George Brown, fondateur et directeur du *Toronto Globe*, qui soutenait le gouvernement réformateur modéré, avant de prendre plus tard la tête du mouvement, leur avait donné ce surnom qui pourrait se traduire par « maïs clair » ou « maïs blanc », à l'image de la céréale alors abondamment cultivée. Ses principaux meneurs s'appelaient Peter Perry, député depuis 1825, ardent défenseur des producteurs agricoles les plus modestes, mais qui mourut en août 1851, William McDougall, avocat à Toronto et créateur de la revue *The Canadian Farmer*, et David Christie, élu député en 1852. Ils défendaient des idées proches de celles du Parti rouge mais, à sa différence, préconisaient une représentation strictement proportionnelle de la population, dite *« Rep by Pop »*. Ils réclamaient aussi la vente des terres de la Couronne, reliquat selon eux d'un colonialisme suranné et, dans le même esprit, de celles appartenant à la Compagnie de la baie d'Hudson. Nombre d'entre eux se disaient républicains.

Les deux mouvements ayant obtenu ensemble trente-neuf sièges sur cent vingt-sept lors des élections qui se déroulèrent de juin à août 1854, aucun parti ne disposait de majorité dans la nouvelle Chambre, inaugurant une période d'instabilité gouvernementale qui allait durer une douzaine d'années. Mais compensée par une certaine stabilité ministérielle : les gouvernements, tombant faute d'une majorité parlementaire, demandaient et obtenaient du gouverneur la dissolution de la Chambre ; on retrouvait alors dans la nouvelle Assemblée les trois mêmes composantes – conservateurs, réformistes modérés, réformistes radicaux – et l'on reformait un ministère jumeau du précédent. Quatre Parlements se succédèrent ainsi de 1854 à 1863, dont émanèrent dix gouvernements, respectant toujours l'usage du tandem franco-britannique. Du côté anglophone, Allan Napier MacNab remplaça Hincks pour faire équipe avec Augustin Morin puis avec Charles Taché jusqu'en 1855.

MacNab, né en 1798 à Niagara, avocat et homme d'affaires enrichi dans le développement des chemins de fer, établit un pont entre conservateurs et réformistes modérés. Ils ne formèrent pas un parti à proprement parler, mais une coalition conservatrice libérale qui, tout en demeurant fragile, assura cependant une certaine continuité dans la gestion publique des affaires. Taché, médecin passionné de grands espaces et, ce qui était rare à l'époque, par les cultures amérindiennes – il consacra la fin de sa vie à leur étude –, se voulait avant tout patriote et libéral.

Sous leur gouvernement, deux grandes réformes furent menées à bien. Dès 1854, l'abolition du système seigneurial, qui comprenait encore plus de deux cent vingt domaines et dont les terres furent rachetées par l'État pour le compte des « censitaires », c'est-à-dire de ceux qui les exploitaient, moyennant une rémunération du « seigneur », qui fut dès lors remplacé par un remboursement partiel versé à l'État. L'année suivante fut enfin voté le principe de l'élection du prochain Conseil législatif.

Entre-temps, Elgin avait laissé sa place de gouverneur général à Edmund Head, qui avait instauré le gouvernement responsable au Nouveau-Brunswick et encouragé là-bas l'instruction publique. Il prit ses fonctions le 19 décembre 1854 et, plus encore que son prédécesseur, laissa les coudées franches au ministère.

Le 13 juillet 1855, s'ancra devant Québec un navire militaire français, *La Capricieuse*. Depuis Tocqueville, les visiteurs français s'étaient faits rares. Mais la France de Napoléon III regardait de nouveau vers l'Amérique. Son gouvernement avait ainsi invité le Canada à participer à l'Exposition universelle de Paris, inaugurée le 15 mai précédent. Le capitaine Paul-Henri de Belvèze débarquait avec la mission de « rétablir notre influence dans la colonie » tout en ménageant les susceptibilités anglaises. Il revint en France plein d'enthousiasme : « Figurez-vous le pavillon de la France réapparaissant après cent ans d'absence [...] et retrouvant endormi au fond des cœurs le souvenir et l'amour de la vieille mère patrie [...]. J'ai fait à travers 800 lieues de fleuves, de lacs, de chemins de fer, un voyage princier, passant sous je ne sais combien d'arcs de triomphe jetés par les populations et les municipalités. »

Aucun résultat pratique n'en découla. Sinon quelques vers des poètes Octave Crémazie et Louis Fréchette cultivant la nostalgie de l'« ère française ».

En mai 1856, MacNab fut remplacé par John Alexander Macdonald, qui allait dominer la scène politique canadienne pendant quarante-cinq ans.

Né le 10 janvier 1815 à Glasgow, il immigra au Canada avec ses parents quand il avait cinq ans, son père installant des commerces à Kingston puis des moulins dans le Haut-Canada. Comme nombre d'enfants de la bourgeoisie, Macdonald suivit des études de droit, devint avocat et ouvrit son propre cabinet à Kingston alors qu'il n'avait que vingt ans. Adepte des dossiers difficiles – il défendit notamment des patriotes accusés d'exaction alors que lui-même les avait combattus comme milicien –, il acquit rapidement une réputation d'habileté et de grande finesse d'esprit. Puis il se spécialisa dans le droit des sociétés et la représentation des Britanniques qui achetaient des propriétés ou des entreprises au Canada. Membre actif de la communauté presbytérienne et animateur de clubs de réflexion comme de « réseautage », surtout écossais, il se fit élire député à Kingston en 1844. « Grand, mince, dégingandé, des yeux vivants, débordant d'humour, de longs cheveux noirs bouclés [...]. Un air de distinction très personnel. » Avec cela très élégant et, ce qui était rare à l'époque, sans barbe ni moustache.

Conservateur pragmatique, ses conceptions politiques évoluèrent beaucoup avec le temps. Proche de MacNab, qui le tenait en haute estime, il se positionna afin de le remplacer et fit pour cela alliance avec Charles Taché puis avec George-Étienne Cartier – le compositeur d'*Ô Canada* –, ancien collaborateur de Papineau, député de Verchères depuis 1848. « Petit, trapu, volontiers gesticulant, boute-en-train toujours prêt à pousser la chanson, danseur infatigable, causeur inépuisable », très méfiant à l'égard des visées américaines, son attelage avec Macdonald traversa plusieurs législatures jusqu'en mai 1862. L'entêtement et l'énergie de l'un complétant à merveille la souplesse et la subtilité de l'autre.

Cette période fut principalement marquée, au plan interne, par le choix définitif d'une capitale nationale, les réformes du système scolaire et les premières velléités de remplacement de l'Union par une autre forme d'organisation politique, au plan externe par les retombées de la guerre de Sécession.

Conformément à la règle arrêtée en 1849, tous les deux ans Parlement et gouvernement se déplaçaient de Toronto à Québec et *vice versa*. Ce qui provoquait bien des problèmes d'intendance. Macdonald se résolut donc au choix d'une capitale fixe et définitive. Laquelle ? Question d'autant plus délicate que trois autres villes se portèrent candidates : Montréal, Kingston et, surprise, Ottawa : une ville de 7 700 habitants fondée en 1826 par le colonel John By, durant la construction du canal devant relier le lac Ontario au Saint-Laurent. Encore appelée Bytown deux ans auparavant, elle avait changé de nom à l'initiative de son maire, Joseph Turgeon, afin d'utiliser la dénomination régionale héritée des Outaouais. Avec un handicap : elle était la seule à n'avoir jamais hébergé les institutions politiques.

Après plusieurs consultations qui n'avaient pas dégagé de majorité, et devant la montée des passions, Macdonald et Cartier décidèrent, avec l'accord du gouverneur Head, de s'en remettre à l'autorité suprême, la reine Victoria. Ils soumirent donc à l'Assemblée, le 24 mars 1857, une résolution priant la souveraine d'exercer sa « royale prérogative », qui fut adoptée par soixante-quatre voix contre quarante-huit.

Chacune des villes candidates envoya à Londres un projet exposant ses avantages par rapport à ses rivales, un peu comme cela se pratique depuis 1904 pour les Jeux olympiques.

La reine sollicita l'avis de plusieurs personnes, dont bien sûr le gouverneur Head, le ministre des Colonies lord Taunton, le Premier ministre Palmerston, son époux le prince Albert et le secrétaire de celui-ci, le colonel Grey. Il semblerait qu'une unanimité se fit alors en faveur de l'*outsider* compte tenu de ses atouts objectifs : à la frontière des anciens Bas et Haut-Canada, suffisamment éloignée de la bordure américaine, d'accès facile, par le canal Rideau (achevé en 1832 et constituant de nos jours le plus vieux canal d'Amérique du Nord toujours en service) comme par la récente voie ferrée, et en pleine expansion économique ; mais aussi de ses atouts subjectifs : le projet de Richard Scott, maire de la ville, proposait le séduisant aménagement d'une vaste esplanade dominant le plan d'eau formé par la rivière des Outaouais ; il permettait de ne pas créer de jalousie entre les quatre anciennes capitales ; enfin, il était le seul à ne pas dénigrer ses concurrents. C'est ce dernier argument qui l'emporta : la reine arrêta sa décision par une lettre du 18 décembre à lord Taunton, qui en fit part au gouverneur Head le 31 décembre et fut aussitôt enregistrée par l'Assemblée législative.

Mais tout restait à faire. De sorte que la balance entre Toronto et Québec dura encore près de dix ans, le temps nécessaire pour construire les édifices de la « colline du Parlement ». Thomas Fuller, un Anglais installé à Toronto, jusqu'ici spécialisé dans la construction d'églises anglicanes, et Chilion Jones, son *business partner*, remportèrent le concours d'architecture. Leur projet répondait à l'objectif d'édifier un ensemble à la fois imposant, cohérent et fonctionnel, devant abriter deux assemblées parlementaires et leurs services, s'inspirant davantage du néogothique palais de Westminster que du Capitole de Washington, achevé en 1812. La première pierre en fut posée par le prince de Galles le 1er septembre 1860, mais son inauguration, en même temps que l'ouverture de la première session des Chambres, ne se tiendrait que le 6 novembre 1867. Pour résidence du gouverneur général et lieu de réunion du gouvernement, le choix se porta sur un bâtiment déjà existant, Rideau Hall, construit vingt ans plus tôt par un riche homme d'affaires écossais. Quant au Premier ministre, ne disposant pas de résidence officielle, il déménagerait à plusieurs reprises, locataire de différentes maisons dont, à partir de 1870, la villa Earnscliffe au bord de l'Outaouais (aujourd'hui occupé par le haut-commissaire britannique au Canada).

Au milieu du XIXe siècle, le système éducatif canadien n'en était pas un. Après avoir été longtemps laissée au clergé catholique du temps de la Nouvelle-France, l'éducation au Canada s'était en partie laïcisée, et en partie anglicanisée.

Sous l'impulsion de Sydenham, s'était engagé à partir de 1840 un processus de contrôle par les autorités publiques. Une loi avait divisé la province en vingt-deux districts municipaux auxquels étaient rattachés autant de bureaux d'éducation. Puis la gestion des « écoles communes » s'était peu à peu distinguée de l'administration municipale, celle-ci se limitant à prélever une « taxe scolaire » (qui existe toujours) afin de financer la construction et l'entretien des bâtiments ainsi que la rémunération des enseignants. Cette taxe, très impopulaire, surtout dans les familles catholiques, avait suscité bien des mouvements de contestation et nombre de municipalités avaient renoncé à la percevoir.

Nommé surintendant du Bureau d'éducation en juillet 1855 dans le gouvernement MacNab-Taché, Pierre-Joseph-Olivier Chauveau fit adopter, en mai et juin 1856, deux importantes lois. La première institua un Conseil de l'instruction publique, principalement chargé des programmes et de la certification des maîtres, et instaura un régime de retraite pour les enseignants. La seconde visait à clarifier les financements entre taxe et subventions, et prévoyait l'institution d'écoles normales. Les premières ouvrirent en 1857, à Montréal et à Québec. Enfin on mit en place un corps d'inspecteurs des écoles afin de veiller à la qualité et à l'homogénéité de l'enseignement.

Du temps de la Nouvelle-France, les Jésuites avaient longtemps détenu le monopole de l'enseignement supérieur. Le Grand Séminaire de Québec, fondé en 1668, laissa la place en 1854 à l'université Laval (du nom du célèbre évêque), première université catholique francophone d'Amérique du Nord, comprenant quatre facultés : des arts, de droit, de médecine et de théologie.

Pour sa part, la colonisation anglaise avait d'abord introduit des établissements confessionnels anglicans, méthodistes et presbytériens, qui s'étaient transformés en universités laïques du temps du gouvernement Baldwin-La Fontaine. Dès lors, il n'apparut plus nécessaire de légiférer en ce domaine, et les universités canadiennes continuèrent de se développer à peu près librement.

Le 7 juillet 1858, le ministre des Finances, Alexander Tilloch Galt, soumit à l'Assemblée législative un projet grandiose : transformer l'Union en une fédération qui intégrerait les colonies britanniques de la Nouvelle-Écosse, du Nouveau-Brunswick, de l'Île-du-Prince-Édouard et de Terre-Neuve. Ainsi, les anciennes provinces du Bas et du Haut-Canada, qui éprouvaient encore du mal à cohabiter politiquement (le démontraient l'absence chronique de majorité parlementaire stable, la coexistence de législations civiles distinctes et l'impossibilité de s'accorder sur une représentation proportionnelle des populations), retrouveraient une certaine autonomie grâce à un ensemble plus vaste. Un gouvernement et un Parlement fédéral prendraient en charge les intérêts communs des différentes provinces, tout en laissant à celles-ci le soin de gérer leurs propres affaires. La formule faciliterait aussi le maillage des grandes lignes ferroviaires entre toutes les provinces. Enfin, elle offrirait un contrepoids continental à l'impressionnante expansion des États-Unis.

L'idée d'une confédération de la British North America n'était pas totalement nouvelle. La toute première initiative en remontait à 1775, lorsque William Smith, juge en chef de New York, avait présenté le plan d'une fédération des treize colonies et du Canada. En 1784, le colonel Morse, chargé par le gouverneur Carleton d'enquêter sur l'état de la Nouvelle-Écosse en 1784, en était revenu avec la suggestion de « former un grand pays en Amérique ». En 1790, devenu juge à Québec, William Smith relança le sujet, mais pour les seules provinces canadiennes. Vingt-cinq ans plus tard, durant la « guerre de dépendance », Jonathan Sewell, qui deviendrait ensuite juge en chef du Bas-Canada, soumit un projet de fédération au duc de Kent, anciennement commandant en chef des troupes britanniques en Amérique du Nord. Mais le premier était haï des Canadiens français et le second alors en disgrâce. De nouveaux projets fédératifs virent le jour en 1838 et 1839, mais ils furent éclipsés par le rapport Durham puis par l'édification de l'Union.

En 1858, la discussion s'enflamma et le vote fut ajourné afin d'éviter une nouvelle crise gouvernementale. Mais l'idée ferait d'autant mieux son chemin que la guerre de Sécession américaine allait lui donner un caractère vital.

6

Le Canada dans la guerre de Sécession

Le 13 avril 1861, la plupart des journaux canadiens, de langue anglaise aussi bien que française, consacrèrent les gros titres de leur une à l'attaque et à la prise du fort Sumter, en Caroline du Sud, par une troupe de confédérés. Ils avaient certes déjà rendu compte de la montée des tensions aux États-Unis au cours de l'année précédente, de la formation, le 4 février, des États confédérés d'Amérique et de l'élection à leur tête du président Jefferson Davis. Mais cette fois, il s'agissait du déclenchement d'une guerre, la quatrième depuis un siècle susceptible d'impliquer leur pays, et qui faisait qu'aucune génération n'avait connu de paix durable durant cette période.

La question de l'esclavage, semble-t-il au cœur du conflit – mais certains journaux en doutaient déjà –, résonnait tout particulièrement au Canada, qui l'avait pratiqué puis, comme on l'a vu, aboli.

Lors de la révolution américaine, de nombreux esclaves trouvèrent refuge dans les territoires demeurés britanniques ; ce fut ensuite au tour des loyalistes, qu'une loi impériale de 1790 autorisait à « apporter des nègres et des meubles pour la maison ». On estime à environ 3 000 le nombre de personnes, hommes, femmes et enfants, ainsi introduites au Canada. Puis, en sens inverse, une loi du Haut-Canada de 1793 spécifia que tout fugitif pour ce motif serait considéré comme libre sur le territoire de la province. Mais sans affranchir les esclaves déjà présents, généralement employés comme domestiques au foyer de leurs maîtres – des hommes d'affaires aussi bien que des officiers ou des prêtres –, ainsi que dans les entreprises artisanales et les commerces, bien plus que dans les exploitations agricoles : du *soft slavery*, selon le mot du politologue André Valiquette. L'esclavage perdura ainsi jusqu'à la loi d'abolition de 1833, progressivement mise en œuvre.

On peut considérer qu'après 1840 l'esclavage avait totalement disparu du territoire canadien, alors qu'il approchait les 4 millions d'individus dans les sept États américains confédérés.

En 1850, le *Fugitive Slave Act*, qui punissait plus sévèrement les personnes aidant des esclaves à s'enfuir et qui incitait au contraire à aider à leur capture pour les rendre à leur maître, provoqua un nouvel exode vers le Canada, estimé entre 15 000 et 20 000 personnes jusqu'en 1860.

Dès 1851, des philanthropes de Toronto avaient fondé l'Anti-Slavery Society of Canada, dirigée par le révérend Michael Willis. Des abolitionnistes américains de renom, comme William Lloyd Garrison, qui dirigeait à Boston un journal consacré à la cause, et Frederick Douglass, un ancien esclave fondateur de la Massachusetts Anti-Slavery Society, appuyèrent cette démarche. Bientôt popularisée par le succès inattendu, à partir de 1852, de *La Case de l'oncle Tom*, d'Harriet Beecher-Stowe, le roman le plus vendu du XIXe siècle. Quatre-vingt-cinq ans plus tard lui répondrait le non moins fameux *Autant en emporte le vent* de Margaret Mitchell.

Tout au long de la décennie, les journaux canadiens firent amplement écho à la répression que subissaient les abolitionnistes américains et manifestèrent leur sympathie au président Abraham Lincoln, hostile à ce que l'esclavage pût s'étendre aux nouveaux États américains. Il n'était cependant pas encore question de l'abolir. La polémique enflait sur un sujet bien plus vaste : l'autonomie des États fédérés et leur droit à se doter de la législation de leur choix dans leurs affaires internes. Les confédérés mirent d'abord cet argument en avant, rencontrant ainsi des aspirations également présentes au Canada. Lincoln ayant, dans son discours d'investiture du 4 mars 1861, insisté sur la sauvegarde de l'Union, même au prix du maintien de l'esclavage, la presse canadienne se divisa. Plusieurs journaux conservateurs affichèrent ouvertement leur sympathie pour la cause sudiste, tandis que les réformistes, dont le *Toronto Globe*, premier quotidien du pays qui diffusait alors à 30 000 exemplaires, continuaient de soutenir le Nord, mais de façon de plus en plus nuancée. Pour les uns, la victoire du Nord n'émanciperait pas nécessairement les esclaves, Lincoln devant réconcilier la nation avec elle-même une fois éloigné le spectre de la désunion. D'autres redoutaient qu'une victoire, du Nord comme du Sud, rendît des ailes à l'Union pour tenter, dans la foulée, d'envahir le Canada.

La presse canadienne française et le clergé catholique se rangèrent majoritairement du côté du Sud. *Le Canadien* et *La Minerve* estimaient en effet légitime le désir des confédérés de se séparer d'une Union qui ne pouvait plus les satisfaire. Ils jugèrent aussi que Lincoln avait trompé les Canadiens sur le but réel de la guerre, qui n'entretenait qu'un lointain rapport avec la suppression de l'esclavage.

L'Église catholique, tout en se disant hostile à l'esclavage, appuyait de son autorité morale la sécession sudiste au nom de sa condamnation des valeurs dominantes de la société industrielle du Nord, matérialiste, décadente et républicaine. À son opposé, le Sud rural et religieux correspondait mieux à ce que cherchaient à promouvoir les élites cléricales dans la vallée du Saint-Laurent.

En revanche, le journal libéral *Le Pays*, de Louis-Antoine Dessaulles, prit résolument parti en faveur de l'Union. Pour lui, le Sud agressait les libertés et la démocratie.

Durant toute la guerre de Sécession, le gouvernement canadien fut dirigé par Macdonald, successivement associé à Georges-Étienne Cartier, à Louis-Victor Sicotte – avocat, député de Saint-Hyacinthe et comptant parmi les fondateurs de la Société Saint-Jean-Baptiste –, à Antoine-Aimé Dorion et de nouveau à Charles Taché. Pour eux, la responsabilité de la guerre incombait à Lincoln qui n'avait pas recherché de compromis avec les sudistes.

Officiellement, la politique étrangère de la colonie reposait entre les mains du gouvernement métropolitain qui, le 13 mai 1861, avait proclamé sa neutralité dans le conflit américain par le *British Neutrality Act*. Il revenait au gouverneur Head, puis à son successeur à partir de novembre 1861, Charles Stanley Monck, de veiller à son respect. Ce qui n'allait pas de soi car, derrière la neutralité affichée, les sympathies du Royaume-Uni, comme de la France de Napoléon III, se portaient plutôt vers les confédérés. Le Nord faisait peur car on croyait détecter dans son intransigeance une ambition impérialiste qui tenterait de chasser définitivement d'Amérique toutes les puissances européennes.

La guerre que, comme la plupart des guerres, on prévoyait courte, s'enlisa. Elle provoqua plusieurs incidents qui accrurent la tension entre le Royaume-Uni et les nordistes.

Il y eut d'abord, en novembre 1861, l'affaire du paquebot anglais *Trent*, qui, transportant vers l'Europe deux diplomates confédérés, fut arraisonné par un navire de guerre américain. Mais le président Lincoln s'empressa de désavouer l'acte et fit libérer les prisonniers.

En juillet 1862, sortit des chantiers navals de Birkenhead, près de Liverpool, le croiseur *Alabama*, commandé par les confédérés, fabriqué en grand secret et destiné à traquer les navires de commerce nordistes, ce qu'il fit pendant deux ans avant d'être coulé lors d'un combat naval au large de Cherbourg. La protestation du gouvernement de Washington persuada le gouvernement anglais d'interdire désormais toute livraison de navire de guerre aux sudistes.

En décembre 1863, un petit groupe de confédérés s'empara du *Chesapeake*, un vapeur nordiste, et le détourna, avec l'aide de ressortissants de la Nouvelle-Écosse, vers un port du Nouveau-Brunswick. Ses propriétaires parvinrent à le récupérer, mais sous les huées antiaméricaines des habitants.

Enfin, en octobre 1864, des confédérés établis à Montréal lancèrent un raid sur la ville de Saint-Albans, dans le Vermont. Ils furent repoussés, et les nordistes les poursuivirent en territoire canadien.

Aucun de ces incidents ne dégénéra et la paix put être sauvegardée, grâce notamment à la diplomatie de William Seward, le secrétaire d'État de l'Union.

Le peuple canadien se montra de plus en plus favorable à la cause nordiste, en dépit de l'orientation inverse de ses élites et du clergé catholique. On observa alors deux mouvements de sens contraires : d'une part, la guerre provoqua un afflux de réfugiés américains et le retour au pays d'environ 100 000 Canadiens qui occupaient des emplois saisonniers de l'autre côté de la frontière – ils étaient 250 000 en avril 1861 – ; d'autre part, environ 50 000 hommes se portèrent volontaires pour rejoindre les rangs nordistes, soit pour échapper au chômage, soit pour toucher une solde relativement avantageuse, soit pour se substituer aux Américains enrôlés par la conscription à partir de mars 1863 et pouvant y échapper en payant un remplaçant.

De tout le temps que dura la guerre de Sécession, le Canada se sentit menacé et éprouva l'insuffisance de sa protection. Jamais sans doute ne s'interrogea-t-il davantage sur son identité et sur sa survie. Lorsqu'il s'acheva, en avril 1865, le conflit avait considérablement grossi les effectifs militaires américains, passés de 75 000 hommes à son début à plus de 1 million. Il en allait de même du matériel et de la puissance de feu désormais sans commune mesure avec ce dont disposaient les forces britanniques stationnées au Canada. Le gouvernement de Londres avait bien envoyé des renforts pour parer à toute éventualité, mais réalisait que ses 60 000 soldats ne pesaient plus très lourd en face de ce pays que l'on commençait à appeler « le grand voisin ». Leur présence permit toutefois au Canada de repousser sans difficulté l'incursion des fenians : le 1er juin 1866, 1 600 nationalistes irlandais réfugiés aux États-Unis et pensant affaiblir l'Angleterre en s'attaquant à sa colonie voisine franchirent la frontière à Niagara et s'emparèrent d'un fort, d'où ils furent rapidement délogés, avant d'être désavoués et certains emprisonnés, par le gouvernement de l'Union. De sorte qu'à Londres on se montrait de plus en plus enclin à confier aux colonies la responsabilité de leur propre défense.

Pendant quelques mois, le gouvernement canadien se demanda si Washington n'allait pas redéployer cette masse de combattants demeurés sous les drapeaux pour annexer, sans grand effort, les colonies anglaises. Certes, le successeur de Lincoln – assassiné le 15 avril 1865 –, Andrew Johnson, démocrate du Sud, décréta rapidement la démobilisation, mais le Congrès s'opposait à sa politique d'arrangement avec les anciens confédérés et manifestait une certaine animosité à l'égard du Canada, regardé comme ayant pratiqué une neutralité malveillante. Une majorité de représentants et de sénateurs américains décida alors d'abroger le traité de réciprocité de 1854. Le chef des tout nouveaux services secrets canadiens (créés à l'occasion de la guerre de Sécession), Gilbert McMicken, s'étant entretenu avec « un membre important du Congrès » demeuré anonyme, envoya alors une note alarmante à Macdonald : « Mon interlocuteur m'a donné à entendre que l'on considère ici comme allant de soi que l'annexion suivra [l'abrogation du traité de réciprocité] et dans un délai fort court. »

Dès lors, aux yeux de nombreux dirigeants canadiens, l'alternative apparaissait clairement : ou bien se résigner à l'absorption par les États-Unis, ou bien s'organiser de façon plus solide que par une Union qui semblait désormais bien dérisoire en face du défi continental. On reparla donc des vieux projets de fédération ou de confédération des colonies britanniques d'Amérique du Nord.

Thomas D'Arcy McGee, ancien journaliste, député de Montréal depuis 1858 et ministre de l'Agriculture dans le gouvernement Macdonald-Taché, plaidait pour un Canada quasi indépendant sous la forme d'une vice-royauté héréditaire. Un groupe de réflexion composé d'hommes d'affaires montréalais, appelé The Colonist, proposa de son côté une monarchie canadienne autonome avec pour fondateur un membre de la famille royale britannique. D'autres, comme Thomas Phillips Thompson, journaliste et initiateur du premier mouvement socialiste au Canada, préféraient l'adoption de la république, régime susceptible de sceller une alliance durable avec les États-Unis.

Prudent, Macdonald évita de s'engager trop franchement et laissa l'initiative venir des Maritimes.

La Nouvelle-Écosse, le Nouveau-Brunswick, l'Île-du-Prince-Édouard et Terre-Neuve comptaient alors ensemble 500 000 habitants, contre 3,5 millions dans le reste de l'Amérique anglaise. Les quatre provinces bénéficiaient d'une population relativement homogène, dans laquelle s'étaient assez bien insérés les quelques descendants des Acadiens français. Elles avaient jusqu'ici vécu un peu à l'écart du continent, commerçant surtout avec l'Europe, regardant plutôt vers le grand large que vers l'est. Puis deux préoccupations étaient venues les troubler : la crainte de visées tentaculaires de la part du Canada-Uni, qui représentait un peu pour elles ce que les États-Unis représentaient pour celui-ci ; l'insuffisance de leur protection révélée par les quelques incidents de la guerre de Sécession qui les avaient affectés.

Déjà en 1861, Joseph Howe, chef du gouvernement de la Nouvelle-Écosse, avait lancé l'idée d'une conférence de tous les chefs de gouvernement des colonies, qu'il appelait « canadiennes ». Le Canada-Uni ayant fait la sourde oreille, le successeur de Howe, Charles Tupper, relança le projet en n'associant cette fois que trois provinces maritimes sur quatre, excluant ainsi Terre-Neuve sans véritable raison – fut-ce un simple oubli ? Il proposa aussi que la conférence se tînt en septembre 1864 à Charlottetown, la capitale de l'Île-du-Prince-Édouard, la province *a priori* la plus réticente à toute notion de confédération, par crainte de se voir marginalisée.

Mis devant le fait accompli, mais pas spécialement fâché de l'être, le gouvernement de Macdonald sollicita une invitation « en observateur ».

Les travaux commencèrent le 3 septembre. Ils enclenchèrent un processus irréversible qui déboucherait, après trente-quatre mois de discussions, sur la création de la Confédération canadienne, c'est-à-dire sur les grands contours du Canada d'aujourd'hui.

7

Confédérés du Nord

Un magnifique soleil, diffusant cette lumière que, là-bas, on dit « dorée », baigna pendant neuf jours la petite ville de Charlottetown, qui ne comptait alors que 4 000 habitants. Réunies au palais du gouvernement (Government House), à peu près inchangé depuis lors, les délégations comprenaient de huit représentants, pour le Canada-Uni, à cinq, pour chacune des autres provinces, toutes conduites par leur Premier ministre : John Alexander Macdonald du Canada-Uni, Charles Tupper de la Nouvelle-Écosse, Samuel Tilley du Nouveau-Brunswick et John Hamilton Gray de l'Île-du-Prince-Édouard.

On pouvait s'étonner de l'absence de tout représentant de Londres. Monck avait interrogé son gouvernement et reçu l'instruction *« wait and see »*. Le courant d'opinion alors dominant en Angleterre plaidait en faveur d'une prise en main des colonies par elles-mêmes, assortie d'accords privilégiés avec la métropole. Toutefois, les propositions de la conférence, après avoir été soumises aux parlements des provinces, le seraient ensuite à l'autorité coloniale.

L'ambiance fut immédiatement bon enfant et même festive : toutes les journées de travail s'achevaient par un banquet si bien arrosé que certains délégués, dont John Alexander Macdonald, se présentaient à la séance du lendemain matin avec un certain « mal aux cheveux ».

Crainte, confiance et solidarité furent les trois maîtres mots de la conférence, mais chacun avec d'importantes nuances. Crainte : des États-Unis, la (trop) grande puissance voisine, mais dont les institutions pouvaient, dans certains cas, servir d'inspiration. Confiance : en la couronne britannique, mais avec le souci de ne plus voir traiter à Londres les questions que l'on pouvait résoudre sur place. Solidarité : entre les provinces, mais à la condition que la plus grande n'écrase pas les plus petites et que la représentation politique respecte la personnalité et les intérêts de chacune.

Macdonald, Cartier et Brown – qui avait rejoint le gouvernement canadien le 22 juin précédent pour former une « grande coalition », dite encore « grand ministère » – ouvrirent les discussions en exposant les grandes lignes de leurs conceptions. D'emblée, ils trouvèrent le ton juste, Cartier déclarant aux représentants des Maritimes : « Trois éléments sont nécessaires à la prospérité : le territoire, la population et le commerce. Nous possédons les deux premiers et nous vous les offrons. En retour, nous avons besoin du troisième et nous vous le demandons. » On se mit facilement d'accord sur cet axe.

Puis George Brown aborda la question de l'équilibre des institutions. L'exemple américain montrait qu'une autonomie excessive des États pouvait conduire à la catastrophe. Il fallait donc une autorité centrale forte, mais qui s'écartât à la fois du pouvoir personnel comme du « gouvernement des masses ». Il suffisait de reproduire le modèle britannique, qui avait échappé à ces deux écueils. Macdonald appuya son collègue : « Notre Constitution doit être une image, une transposition de la Constitution anglaise. »

Après quoi, on affirma le principe d'une confédération, union d'entités souveraines, non à l'égard de la métropole, mais vis-à-vis les unes des autres, et s'accordant pour déléguer des compétences à une organisation commune.

La seule question un peu épineuse concernait la dette publique des différentes provinces. Toutes, manquant depuis toujours de revenus propres et stables, étaient endettées mais plus ou moins lourdement. Sur un montant total de 79 millions de dollars d'encours (1,8 milliard d'aujourd'hui), le Canada-Uni comptait pour 80 % de celui-ci. Ce qui représentait environ 10 % de son produit intérieur brut. Niveau jugé problématique à une époque où l'équilibre budgétaire s'imposait comme un dogme. Selon les préconisations d'Alexander Galt, on convint que le futur gouvernement central prendrait en charge la dette consolidée, mais avec le secours d'une véritable politique financière, dosant habilement ressources fiscales et douanières, soutien de la métropole et contrôle budgétaire.

Les délégués se séparèrent en décidant d'approfondir leurs discussions lors d'une nouvelle conférence, cette fois à Québec, la capitale historique, sous quinzaine. Où ils se retrouvèrent le 10 octobre, et de nouveau à huis clos. Mais cette fois avec une délégation de Terre-Neuve, limitée à deux membres, Frederick Carter, conservateur et anglican, et Ambrose Shea, libéral et catholique.

Comme on entrait dans les détails, les débats se révélèrent plus difficiles. Si l'on s'entendit rapidement sur la représentation proportionnelle à la population pour la Chambre basse – le « *Rep by Pop* » –, il en alla différemment pour la Chambre haute, les Maritimes réclamant une représentation égalitaire entre les provinces, difficilement acceptable au vu des disparités de population. On convint finalement que le futur Sénat serait composé de vingt-quatre membres pour chacune des trois régions du Canada-Est, du Canada-Ouest et des Maritimes. Après quoi, on décida de la construction du chemin de fer intercolonial. Enfin, d'étendre ultérieurement la Confédération aux territoires contrôlés par la Compagnie de la baie d'Hudson. La conférence s'acheva le 27 octobre avec l'élaboration de soixante-douze résolutions, brouillon de la future Constitution du Canada. L'Île-du-Prince-Édouard et Terre-Neuve, craignant d'être écrasées, décidèrent de se retirer, du moins à titre conservatoire.

Soumis aux parlements provinciaux, le projet reçut un accueil disparate. De franchement enthousiaste par les députés de l'Ouest à notoirement hostile dans les deux Maritimes signataires. Les députés canadiens français se montrèrent hésitants ou mitigés. L'Assemblée législative commença l'examen des soixante-douze résolutions le 6 février 1865. Pendant plus d'un mois alternèrent, avec force effets de manche, discours enchanteurs et déclarations horrifiées. Depuis celui de George-Étienne Cartier, vibrant d'émotion – « Le temps est venu pour nous de former une grande nation » –, jusqu'à l'amère prédiction d'Antoine-Aimé Dorion : « L'élément français se trouvera complètement écrasé par la majorité des représentants anglais. » Mais le plus brillant et le plus visionnaire fut celui de McGee : « J'aperçois à l'ouest les sommets des montagnes, à l'est la crête des vagues, dans un avenir pas trop lointain des communautés diverses, chacune maîtresse de son destin, mais unies par des institutions libres, des relations libres, un commerce libre. » On lui fit une *standing ovation*, anglophones et francophones mêlés, et le projet fut adopté le 10 mars par quatre-vingt-onze voix contre trente-trois, vote que confirma le Conseil législatif, par quarante-cinq voix contre quinze.

Au Nouveau-Brunswick, Samuel Tilley mena ardemment campagne en faveur du projet en vue des élections de 1865, qui lui furent défavorables. Sur ordre de Londres, le lieutenant-gouverneur, Arthur Gordon, provoqua alors de nouvelles élections, défendit lui-même les résolutions et obtint le retour au pouvoir d'une majorité favorable à la confédération.

En Nouvelle-Écosse, Charles Tupper rencontra l'opposition de John Howe, pourtant autrefois initiateur d'une idée comparable. Mais il parvint à faire voter, à défaut des soixante-douze résolutions, la nomination d'une délégation pour se rendre à Londres, aux côtés de celle du Canada-Uni, afin de discuter du projet avec le gouvernement anglais.

Les délégués des provinces arrivèrent le 23 avril 1866 dans la capitale britannique, travaillant et résidant au Westminster Palace Hotel (bombardé durant la dernière guerre, il a été détruit et remplacé par un immeuble de logements).

Le gouvernement de John Russell les traita magnifiquement et leur indiqua qu'ils pouvaient à leur gré rédiger eux-mêmes leur Constitution. On en discuta et rediscuta pendant huit mois.

Il fallait choisir un nom pour la nouvelle entité. Plusieurs suggestions circulèrent : Boréalie (par symétrie avec l'Australie dont le nom avait remplacé, en 1863, celui de Nouvelle-Galles du Sud), Cabotie (en hommage à John Cabot), Colombie-Septentrionale ou Orientale (il existait déjà une Colombie-Britannique depuis 1863), Laurentide… On s'arrêta finalement à ce qui existait déjà, Canada. Mais sous quel titre juridique ? Macdonald proposa « royaume », avec un vice-roi membre de la famille royale anglaise. Lord Derby, ministre anglais des Affaires étrangères, jugea la formule trop provocante à l'égard des États-Unis. C'est alors que Samuel Tilley évoqua le chant qu'il venait d'entendre, du chœur de Westminster Abbey, et dont les paroles provenaient du psaume 72, attribué au roi Salomon : וְיֵרְדְּ; מִיָּם עַד-יָם; וּמִנָּהָר, עַד-אַפְסֵי-אָרֶץ, ce qui peut se traduire en anglais par *« he shall have dominion… from sea to sea »*, en latin par *« et dominabitur a mari usque ad mare* » et en français par « sa puissance s'étendra d'une mer à l'autre ». On en tira le nom de « dominion », ce qui ne signifiait rien d'autre que « puissance » mais se prononçait autrement.

Le Canada devenait largement autonome, bien que la métropole se réservât les compétences relatives à la diplomatie, la défense, la citoyenneté et la plus haute instance judicaire afin de garantir le respect de la Constitution. Il tirait aussi du psaume 72 sa devise, « d'une mer à l'autre », ce qui anticipait sur une prévisible extension jusqu'à la côte du Pacifique.

Ainsi naquit le tout premier « dominion » de l'Empire britannique, concept étendu à l'Australie en 1901, à la Nouvelle-Zélande et à Terre-Neuve en 1907, à l'Afrique du Sud en 1910, à l'Irlande en 1921, à l'Inde en 1947.

La Chambre des lords adopta le projet de Confédération le 26 février 1867 et la Chambre des communes fit de même le 8 mars. La proclamation royale du 24 mai consacra l'édifice, avec une entrée en vigueur fixée au 1er juillet suivant.

The British North America Act se présentait sous une forme imposante, comportant onze sections et cent quarante-sept articles. Le préambule s'ouvrait sur un principe essentiel dont découlait presque tout le reste : placé sous la couronne britannique, le dominion du Canada serait régi par une Constitution semblable à celle du Royaume-Uni ; il contribuerait à la prospérité des quatre provinces nouvellement nommées – Ontario, Québec, Nouveau-Brunswick et Nouvelle-Écosse – et favoriserait les intérêts de l'Empire britannique. La reine demeurait investie du pouvoir exécutif et le déléguait à un gouverneur général, assisté d'un Conseil privé dont tous les membres étaient librement nommés et révoqués par lui. Le commandant en chef de toutes les forces militaires, terrestres et navales, restait rattaché à la Couronne. Ottawa était confirmée comme siège des pouvoirs publics.

Le pouvoir législatif appartenait concurremment à deux assemblées. Le Sénat comprendrait soixante-douze membres, nommés à vie par le gouverneur au nom de la reine, vingt-quatre venant de l'Ontario et autant du Québec, douze de la Nouvelle-Écosse et autant du Nouveau-Brunswick. Les sénateurs, âgés d'au moins trente ans, devaient posséder au moins 4 800 dollars de biens personnels (soit environ 110 000 dollars canadiens d'aujourd'hui ou un peu plus de 70 000 euros). Le Sénat ne pourrait renverser le gouvernement, prérogative réservée à la Chambre des communes. Sur les cent quatre-vingt-un députés composant celle-ci, et conformément à la règle maintenant acquise d'une représentation proportionnelle de la population, mais légèrement corrigée pour ne pas écraser les Maritimes, quatre-vingt-deux viendraient de l'Ontario, soixante-cinq du Québec, dix-neuf de la Nouvelle-Écosse et quinze du Nouveau-Brunswick. Les conditions à remplir pour être électeur relèveraient de chaque province. Mais celles-ci adoptèrent une formule homogène, limitant le droit de vote aux citoyens britanniques âgés d'au moins vingt et un ans et propriétaires fonciers. Le mode de scrutin demeurait le même : de circonscription et uninominal à un tour, le traditionnel et intangible système britannique. Élue pour cinq ans, la Chambre basse pourrait toujours être dissoute par le gouverneur général.

Aucune disposition ne mentionnait le Premier ministre ni le gouvernement : on estimait que leur existence s'imposait d'elle-même, conformément à l'esprit et à l'usage britanniques.

L'acte déterminait aussi le partage des compétences entre le niveau fédéral et les provinces. Au premier revenaient vingt-neuf domaines, dont les plus importants concernaient : les finances publiques et la politique monétaire ; le commerce interprovincial comme international ; les pêcheries, côtières comme intérieures ; la milice, le service militaire et le service naval pour la défense du pays ; les brevets d'invention et les droits d'auteur ; les Indiens et les terres qui leur sont réservées ; l'organisation et le fonctionnement du système pénitentiaire ; les recensements ; les postes ; la navigation maritime ; une partie du droit civil et celui de la famille. En matière judicaire, le gouverneur général continuerait de nommer les juges à tous les échelons, nationaux et locaux. Les voies ferrées, grande préoccupation du moment, surtout le projet de chemin de fer intercolonial (l'Intercolonial), faisaient l'objet de dispositions spéciales, prévoyant que le nouveau Canada prendrait les mesures nécessaires pour « commencer, dans les six mois, les travaux de construction d'un chemin de fer reliant le Saint-Laurent à la cité d'Halifax, en Nouvelle-Écosse, et pour les terminer avec toute la diligence possible ».

Les provinces se voyaient attribuer seize domaines de compétences, dont les taxes et les charges provinciales, la gestion des hôpitaux, l'organisation municipale, le commerce local, les équipements publics provinciaux – tels que les lignes de transport reliant la province à une autre –, l'ensemble des droits civils hors celui de la famille, l'administration de la justice hors la nomination des juges, et « généralement toutes les matières d'une nature purement locale ou privée ». En dressant la liste des domaines d'intervention provinciaux, l'acte instituait moins une fédération qu'une décentralisation renforcée, à la différence du fédéralisme américain qu'on ne souhaitait pas importer.

L'organisation des provinces reposait, s'agissant du pouvoir exécutif, sur les quatre lieutenants-gouverneurs, nommés par le gouverneur général et inamovibles pendant cinq ans. Ici encore, il n'était fait aucune mention d'un gouvernement provincial. Le pouvoir législatif appartiendrait, en Ontario, à une seule assemblée composée de quatre-vingt-deux membres représentant le même nombre de districts électoraux. En revanche, l'Acte prévoyait deux Chambres au Québec, une sur le modèle du Sénat, dont les vingt-quatre membres seraient nommés par le lieutenant-gouverneur, et une assemblée législative de soixante-cinq membres. La Nouvelle-Écosse et le Nouveau-Brunswick conservaient, telle quelle, leur organisation parlementaire.

Quant aux provinces restantes d'Amérique du Nord, déjà sollicitées comme l'Île-du-Prince-Édouard et Terre-Neuve, ou pas encore, telle que la Colombie-Britannique, colonisée depuis 1858, l'Acte les déclarait bienvenues à tout moment de leur choix. Le cas particulier des territoires de la baie d'Hudson, si convoités par les Canadiens de l'Ouest, faisait l'objet d'une disposition spéciale : leur incorporation, dont le principe se trouvait acquis, se déciderait d'un commun accord entre la reine et le Parlement canadien.

Enfin, une dernière disposition mérite une attention particulière : la question linguistique. L'Acte précisait que dans les Chambres parlementaires du Canada et de la province de Québec, chacun pourrait s'exprimer, à sa convenance, en anglais ou en français ; les registres des débats et tous documents émanant de ces instances seraient publiés parallèlement dans les deux langues. Il en irait de même dans les cours de justice. Les Canadiens français – qui deviendraient peu à peu des « Québécois » – pouvaient se satisfaire de cet équilibre puisque non seulement leur langue était respectée mais de surcroît officialisée par l'obligation de sa pratique au niveau fédéral.

Il semble que le 1er juillet 1867 fut un jour de liesse sincère dans presque tout le pays. Aussi ensoleillé que le 1er septembre 1864 à Charlottetown, moins de trois ans plus tôt. On compta généreusement trente-quatre « pères de la Confédération », alors que seulement vingt et un d'entre eux avaient participé à la conférence de Charlottetown : tout le monde voulait en être.

Trois cent cinquante ans, trois mois, deux semaines et un jour après qu'un ministre français eut susurré à l'oreille de son roi qu'il serait peut-être bon de vérifier ce qu'avait écrit un navigateur espagnol : *Acá nada !*

À Ottawa, on tira cent un coups de canon et toutes les cloches de la ville prirent le relais. Dès l'aube du lendemain, temples et églises se remplirent de fidèles venant prier pour le dominion. Mais pas de grand discours politique : le gouverneur général et les ministres, d'ailleurs démissionnaires dans l'attente de la mise en place des nouvelles institutions, étaient convenus de laisser toute la place aux manifestations populaires. De nombreuses maisons se pavoisèrent, de différentes couleurs et symboles, fleurs de lys et feuilles d'érable peintes sur des draps blancs, associées ou non aux *union flags* en grand nombre : l'Acte n'avait rien prévu pour un drapeau national. Jusque dans de petits villages on suspendit à des arcs de triomphe improvisés des bannières portant la mention « *Success to the Confederacy* » ou « Bienvenue à la nouvelle puissance ». L'armée organisa des défilés dans plusieurs villes. Pour l'occasion, Londres avait envoyé à Toronto le glorieux régiment de hussards dont la charge héroïque avait emporté la victoire de Balaklava lors de la guerre de Crimée, treize ans plus tôt, et qu'immortaliserait, en 1936, le film de Michael Curtiz, *La Charge de la brigade légère*. Le soir venu, illuminations et feux d'artifice couronnèrent les réjouissances. Un an plus tard, le gouverneur général Monck, reconduit dans ses fonctions, déciderait d'ériger la date en fête nationale et de doter le dominion d'un drapeau qui lui fût propre, le *Red Ensign* : sur fond rouge – couleur de la feuille d'érable –, avec dans le coin supérieur gauche, pour un quart de sa surface, le drapeau britannique et, sur la droite, un écu rassemblant les armoiries des quatre provinces unies.

La Constitution fédérale avait beau n'être, tout compte fait, qu'un réaménagement des institutions existantes et un pas supplémentaire du rapprochement entre le continent et les Maritimes, le symbole l'emportait largement sur le dispositif juridique. La sensation prédominait de la naissance d'une nouvelle et grande nation.

8

Portrait et premiers pas d'un nouveau-né

À sa naissance, le Canada est encore un pays de taille relativement modeste, couvrant à peine plus du dixième de sa superficie actuelle, comptant 3,5 millions d'habitants, et dont l'évolution démographique pourrait inquiéter : après une immigration soutenue entre 1850 et 1860, le mouvement s'est inversé et les arrivées ne compensent plus les départs : depuis la fin de la guerre de Sécession, de nombreux Canadiens vont chercher un emploi dans l'industrie américaine, de sorte qu'en 1870 la population du dominion aura diminué de 250 000 personnes en vingt ans. Le taux de natalité ne suffit pas à compenser le solde migratoire négatif ; il traduit la fin de la « revanche des berceaux », dont la réputation restera néanmoins tenace dans l'image collective du Canada français.

Les anglophones constituent le groupe ethnique et culturel le plus important : environ 60 % de l'ensemble. Mais d'origines diverses : historiquement anglaise, principalement chez les militaires, les fonctionnaires, les gens de droit et de finances, les *gentlemen farmers*, héritiers des vainqueurs et souvent tentés de le rappeler ; puis américaine, provenant des loyalistes de la guerre d'Indépendance aussi bien que d'immigrés récents, surtout en Ontario ; ensuite irlandaise, partout où l'on a bien voulu accueillir ces réfugiés économiques ; enfin écossaise, particulièrement dans les plus grandes villes et dans les Maritimes.

Les francophones ne représentent plus qu'un petit tiers de la population, descendants des colons les plus anciens, concentrés autour de Québec et dans la moyenne vallée du Saint-Laurent, agriculteurs, artisans, petits commerçants mais aussi juristes et, bien sûr, gens d'Église, héritiers des vaincus, partagés entre les tentations de l'assimilation, de la coopération sur un pied d'égalité, du repli sur soi, du ressassement et de la frustration.

Les 9 à 10 % restants proviennent des régions les plus diverses : des anciennes colonies espagnoles, des Antilles, des États américains autrefois esclavagistes, des autres possessions britanniques en Asie, en Afrique ou en Océanie…

La religion continue de tenir une place importante : qu'on soit catholique, pour plus de 40 %, ou protestant, selon une répartition à peu près égale entre anglicans, méthodistes et presbytériens, ne pas se rendre au temple ou à l'église le dimanche constitue, surtout dans les zones rurales, plus qu'une faute de goût, un comportement périlleux. Mais là où les Églises protestantes, du fait de leur grande décentralisation, marquent seulement des disparités, l'Église catholique, férue de centralisation, souffre de divisions. Deux conceptions s'affrontent entre, d'une part, les tenants d'un catholicisme traditionnel et ultramontain, incarné par Mgr Bourget, évêque de Montréal depuis 1840, et relayé avec une discipline toute relative par le clergé villageois, d'autre part, les adeptes d'un renouveau chrétien, lassés du dogmatisme autoritaire d'une hiérarchie momifiée. Jeunes pour la plupart, éduqués et urbains, ils souhaitent que l'Église épouse son temps, admette la liberté de conscience et aborde les questions sociales. La mise à l'Index des « mauvais livres » – tels que les ouvrages de Montaigne, de Montesquieu et de Voltaire –, le refus d'enterrer en terre chrétienne des catholiques qui ont trop frayé avec les idées nouvelles, et qu'accueillent alors des cimetières protestants, sèment le doute chez de nombreux fidèles.

Dans le même temps, le pays reste essentiellement rural, vivant toujours de l'agriculture, des forêts et des pêcheries. Les citadins ne représentent que 12 à 15 % du total des habitants. Montréal en compte plus de 90 000, Québec moins de 60 000 et Toronto environ 50 000.

La première est la seule à pouvoir rivaliser avec les grands centres urbains de l'Europe et des États-Unis. Majoritairement anglophone, elle présente l'aspect d'une ville trépidante, particulièrement dans sa partie portuaire. Abritant les sièges sociaux de plus de la moitié des entreprises du pays, elle commence à s'orner de longues et larges avenues bordées de demeures professionnelles ou familiales en quête d'une certaine respectabilité monumentale. À la différence de la moyenne du pays, sa population augmente rapidement. Centre bancaire et commercial davantage qu'industriel, ses manufactures produisent des biens de consommation, où l'habillement, la chaussure et le petit outillage tiennent les premières places.

Québec, majoritairement francophone, compte néanmoins une proportion d'anglophones d'environ 40 %, donc sensiblement supérieure à ce qu'elle est aujourd'hui (autour de 5 %). Regorgeant de couvents et d'églises, elle tient autant de Rome que de Paris et son atmosphère conserve pieusement les traces de la Nouvelle-France.

Toronto, déjà, apparaît comme une ville en devenir, presque exclusivement anglophone, semblant ressentir, en bordure du lac Ontario, l'appel des percées et des grandes entreprises vers l'Ouest.

Aucune autre ville n'atteint les 20 000 habitants. Quant à Ottawa, où viennent enfin de s'achever les imposants immeubles de la colline du Parlement, on croirait ceux-ci plantés aux abords d'un village, qui dénombre toutefois près de 15 000 citoyens, dont plus d'un tiers venus occuper des emplois de fonctionnaires ou en rapport avec l'activité politique et administrative fédérale.

Celle-ci a pris un tour légèrement différent avec la mise en place des nouvelles institutions. Les élections générales, qui se sont déroulées du 7 août au 20 septembre 1867, en même temps que les élections provinciales, ont marqué une nette rupture avec les divisions parlementaires des années précédentes : les partisans de la Confédération ont remporté cent soixante-deux des cent quatre-vingts sièges, dont une centaine pour les conservateurs et les libéraux-conservateurs, une soixantaine pour les Clear Grits de George Brown, bien que celui-ci soit personnellement battu. Dans le discours du trône qu'il prononce à l'ouverture de la première session parlementaire, le 6 novembre 1867, le gouverneur général Monck se montre, au nom de la reine Victoria, très optimiste : « L'Acte d'Union a jeté les fondations d'une nation nouvelle. »

Il est devenu enfin possible de composer un gouvernement bénéficiant d'une majorité parlementaire, que forment tout naturellement Macdonald et Cartier, mais en respectant un dosage subtil qui, sur treize ministres, veille à respecter les équilibres ethnique, religieux et géographique. Car, observe le Premier ministre, qui détient également le portefeuille de la Justice : « Nous avons fait le Canada, il nous reste à faire les Canadiens. »

Dès le lendemain de sa réunion, le « nouvel ancien » gouvernement se trouve confronté à la première crise de la Confédération : son rejet par l'assemblée de la Nouvelle-Écosse. Que faire ? Approche d'autant plus délicate qu'Halifax proclame haut et fort sa fidélité à la couronne britannique. Forte d'une motion de sécession votée en janvier 1868, une délégation conduite par John Howe va exposer sa position au gouvernement anglais, dont le conservateur Benjamin Disraeli vient de prendre la tête, et qui a d'autres préoccupations en tête. De sorte que Londres oppose un refus aux Néo-Écossais mais suggère un compromis à base de concessions pécuniaires fédérales. Auquel, après de longues et laborieuses tractations, Howe et Macdonald parviennent, le 30 janvier 1869.

Deuxième gros dossier du gouvernement Macdonald : l'intégration des territoires de l'Ouest, ou Terre de Rupert, s'étendant des Grands Lacs aux montagnes Rocheuses, et toujours administrés par la Compagnie de la baie d'Hudson, en vertu de la charte de 1670. La création de la Confédération a mis en pleine lumière cet anachronisme, ultime survivance du vieux système des compagnies de commerce des XVIe et XVIIe siècles.

L'entrée de ces territoires dans le dominion semble d'autant plus urgente que les États-Unis viennent, le 30 mars 1867, d'acheter l'Alaska, pour 7 millions de dollars américains (soit environ 160 d'aujourd'hui) à la Russie. Celle-ci, depuis 1856 et sa défaite dans la guerre de Crimée, cherchait à se prémunir contre un encerclement britannique. Le nouveau propriétaire ne cache pas son rêve d'une spectaculaire jonction avec ses Territoires du Nord-Ouest, un pas supplémentaire vers la *Manifest Destiny*. Ses cartes de géographie ne mentionnent jamais le Canada mais seulement les *British possessions*, comme pour signaler une décolonisation inachevée. Le dominion doit donc rappeler au plus vite son identité et mieux se positionner à l'Ouest.

Depuis ses origines, la Compagnie de la baie d'Hudson, vivant toujours du monopole du commerce des fourrures mais ayant un peu diversifié ses placements, était dirigée depuis Londres par un *board* composé de puissants hommes d'affaires. Ceux-ci cultivaient une extrême discrétion – d'où souvent l'impression d'anonymat à la tête de l'organisme – et représentaient un grand nombre d'actionnaires sur lesquels on en savait encore moins. Le *board* nommait et révoquait – officiellement avec l'approbation du gouvernement anglais mais, en fait, de façon tout à fait souveraine – un gouverneur général, dont le dernier en date s'appelait Donald Smith, un Écossais né en 1820 et qui avait accompli l'essentiel de sa carrière au sein de la Compagnie. Lui-même et ses mandants comprenaient qu'elle ne pouvait plus se comporter en puissance coloniale et qu'il lui fallait se transformer en simple société commerciale et financière. C'est d'ailleurs pourquoi elle avait, depuis 1822, délégué l'administration d'une partie de son territoire, située au sud du lac Winnipeg et au nord du Dakota américain, couvrant environ 300 000 kilomètres, à la colonie de la rivière Rouge, ou colonie d'Assiniboïa. Elle en nommait le gouverneur qui, avec l'aide d'un conseil représentant les populations – autochtones, trappeurs et commerçants pour l'essentiel – en gérait les affaires collectives. Son dernier titulaire, en fonction depuis 1858, s'appelait William Mactavish, un autre Écossais, né en 1815, et lui aussi n'ayant jamais travaillé que pour la Compagnie.

George-Étienne Cartier et William McDougall, ministre des Affaires publiques (des travaux publics) et chaud partisan de l'expansion vers l'Ouest, se rendent donc à Londres en mai 1868 pour négocier la reprise des territoires de « la baie ». La principale pierre d'achoppement réside dans le prix, que la Compagnie estime à 40 millions de dollars au vu de ce qu'a coûté aux Américains la désertique Alaska – et que ces derniers seraient sans doute disposés à payer. Un accord intervient toutefois le 19 novembre 1869, pour un montant en rapport avec les moyens de la Confédération : 1,5 million de dollars, financés par un emprunt public que garantira la Banque d'Angleterre ; la Compagnie conservera ses postes de traite et se voit promettre 20 % des futures concessions de terres. Le Canada s'agrandit d'un coup de 6,5 millions de kilomètres carrés, soit une multiplication de sa superficie par neuf. William McDougall devient lieutenant-gouverneur des Territoires du Nord-Ouest. Mais l'annexion, effective le 1er décembre, souffre d'un oubli d'importance : la réaction des populations de la rivière Rouge...

Entre-temps, la Confédération a enterré l'un de ses fondateurs et l'un des plus brillants esprits, langues et plumes de son temps : le 7 avril 1868 au petit matin, dans une rue d'Ottawa, Thomas

D'Arcy McGee a été assassiné d'une balle de revolver par un fanatique irlandais du parti des fenians, qui conservait encore quelques adeptes isolés. On lui fit, une semaine plus tard à Montréal, des funérailles grandioses, le jour où il aurait eu quarante-trois ans. Victime du seul meurtre politique commis à ce jour dans l'histoire nationale de la Confédération.

À la différence d'une grande partie de la Terre de Rupert, la colonie de la rivière Rouge n'était pas seulement occupée de façon saisonnière par les chasseurs d'animaux à fourrure, mais par une dizaine de milliers de métis, certains descendant de « coureurs des bois » qui avaient fait souche, d'autres venus se faire employer par la Compagnie, d'autres enfin cultivant quelques terres. La plupart parlaient français, la moitié d'entre eux allaient à l'église, mais ils entretenaient davantage de relations, notamment commerciales, avec les Américains voisins du sud qu'avec les Canadiens si lointains. Le fait d'être transférés d'une souveraineté à une autre sans qu'on ait pris la peine de les consulter, pratique demeurant encore dans les usages du temps, n'aurait peut-être pas soulevé de difficultés si n'avait surgi un meneur d'hommes du nom de Louis Riel. Fils d'un métis et d'une femme d'origine européenne, né en 1844, ayant suivi des études de droit à Montréal mais revenu dans son village de Saint-Boniface (aujourd'hui un quartier de Winnipeg), il prit la tête d'un Comité national des métis, qui interdit à McDougall l'accès à son territoire et s'opposa aux arpenteurs venus le quadriller, dit-on, avec arrogance et mépris des autochtones. Parmi les Canadiens qui accompagnaient le lieutenant-gouverneur, un certain Thomas Scott fut arrêté par les hommes de Riel, jugé par une « cour martiale » improvisée, condamné à mort et exécuté. L'émotion fut immense à Ottawa et dans tout l'Ontario, dont le malheureux était originaire.

Le gouvernement canadien réagit en associant la carotte et le bâton. D'un côté, on alla quérir à Rome, où se tenait le concile Vatican I, Mgr Alexandre Taché, frère cadet de Charles Taché et évêque de Saint-Boniface, qui avait autrefois voulu conduire Riel à la prêtrise, afin de ramener celui-ci à de plus sages perspectives. D'un autre, on envoya un régiment d'infanterie, sous les ordres du colonel Garnet Wolseley. Les bons offices de Mgr Taché réussirent pleinement : il promit une amnistie générale contre l'arrêt de la rébellion et s'engagea à ce que le gouvernement fédéral révisât son projet initial de gouverner directement les Territoires de l'Ouest. De retour à Ottawa, il obtint ainsi la création, par la loi du 12 mai 1870, de la province du Manitoba, qui signifie « le Dieu qui parle » en langue assiniboïa. On lui donna pour capitale Winnipeg (appelée jusqu'ici Fort Garry) et le même régime linguistique que le Québec. Deux mois plus tard, la loi du 15 juillet 1870 créait les Territoires du Nord-Ouest, immense zone presque désertique et directement administrée par le gouvernement fédéral.

Considéré à Londres comme maladroit et trop brutal dans son approche initiale du soulèvement de la rivière Rouge, McDougall fut remplacé comme lieutenant-gouverneur par Adams Archibald, qui avait représenté la Nouvelle-Écosse dans les travaux préparatoires de la Confédération. La colonne de Wolseley regagna donc Ottawa sans avoir tiré un coup de feu. Craignant néanmoins des représailles personnelles, Riel s'enfuit aux États-Unis.

L'intégration des Territoires de l'Ouest et la création du Manitoba ne suffirent cependant pas à couper l'herbe de la prairie sous le pied des prétentions américaines au-delà des Rocheuses. En 1858, le gouvernement anglais avait déjà, au moment de la ruée vers l'or dans le Nord-Ouest américain, acheté à la Compagnie de la baie d'Hudson l'île de Vancouver, du nom du navigateur anglais qui ne l'avait pas découverte – c'était l'œuvre de l'Espagnol José María Narváez en 1791 – mais qui l'année suivante avait exploré la région en profondeur. Dans la foulée, le Royaume-Uni s'était également porté acquéreur des terres continentales depuis la côte du Pacifique jusqu'aux Rocheuses au nord de l'Oregon. L'ensemble devint colonie britannique d'abord sous le nom de Nouvelle-Calédonie puis, sur décision de la reine Victoria, de Colombie-Britannique. Les espoirs fondés sur la découverte d'or s'étant effondrés après 1865, certains colons avaient alors envisagé leur rattachement aux États-Unis. Mais si, en 1867, le gouvernement anglais avait exclu la colonie des conférences de Charlottetown et de Québec, il avait réalisé par la suite que sa catastrophique situation financière l'empêchait de rester isolée plus longtemps. La fierté locale dissuadant de franchir le pas d'une demande de rattachement au Canada, le gouverneur Anthony Musgrave appuya en sous-main une campagne de presse dirigée par les journalistes William Alexander Smith, écrivant sous le pseudonyme d'Amor De Cosmos, et John Robson, en faveur du rattachement à la Confédération. L'Assemblée législative se saisit de la question en 1870 et adopta le principe d'une demande d'adhésion. La discussion de ses modalités s'ouvrit en juin 1871 et parvint rapidement à un accord, finalement sanctionné par la loi du 20 juillet 1871 disposant que la Confédération prendrait en charge la dette de la colonie, lui octroierait six sièges de députés et trois de sénateurs, mais surtout entamerait dans les deux années à venir la construction d'un chemin de fer transcontinental et l'achèverait dans les dix ans, condition de l'entrée de la Colombie-Britannique dans le dominion.

Prise de court, la diplomatie des États-Unis n'avait pas réagi au processus ainsi engagé entre la colonie, la métropole et le dominion. D'autres sujets l'occupaient ailleurs : l'acquisition de droits de pêche dans l'estuaire du Saint-Laurent et la mise à plat des indemnisations réclamées de part et d'autre à la suite des dommages causés par la guerre de Sécession et par les exactions des fenians. Un arrangement général fut conclu le 8 mai 1871. À travers lui, le Royaume-Uni et le Canada ajustèrent leurs rôles respectifs sur le plan international et un principe émergea : les relations diplomatiques impliquant le dominion ne pourraient plus se pratiquer hors de sa présence.

C'était une première étape vers son indépendance intégrale. Le 11 novembre suivant, les dernières troupes britanniques quittèrent le sol canadien, seules demeurant les forces de la base navale d'Halifax, regardée comme hautement stratégique.

Mais il était alors surtout question de faire passer des trains afin d'unifier la jeune nation. La voile avait été l'instrument de la découverte et de l'exploration du Canada, le fer serait le matériau de son expansion et de sa finalisation.

LE CANADA EN 1867

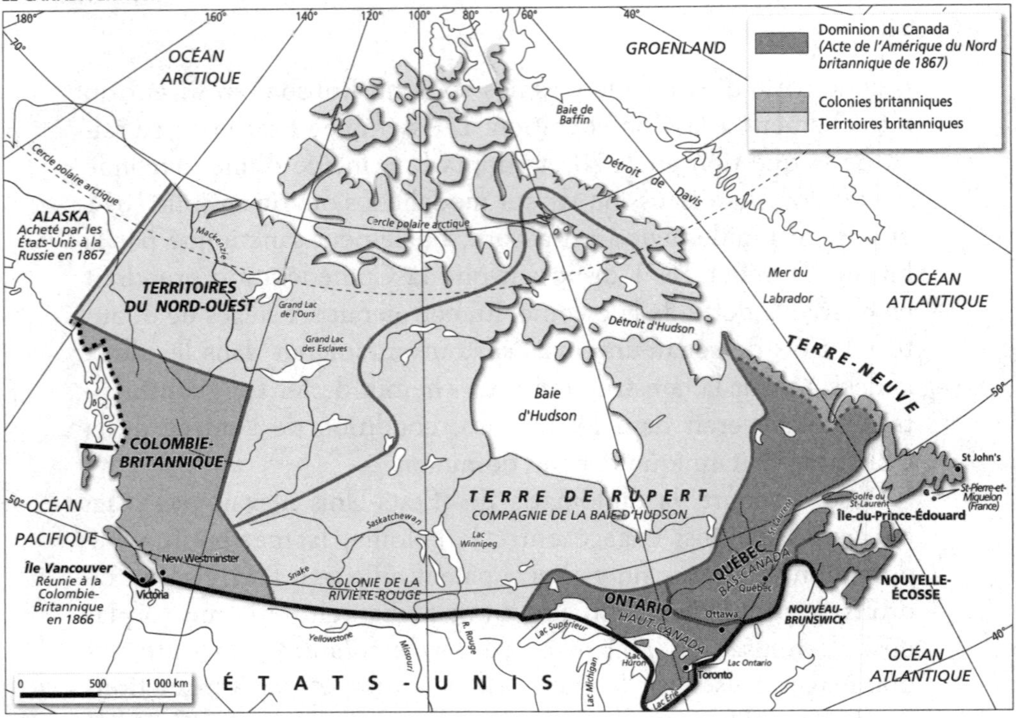

LE CANADA EN 1882

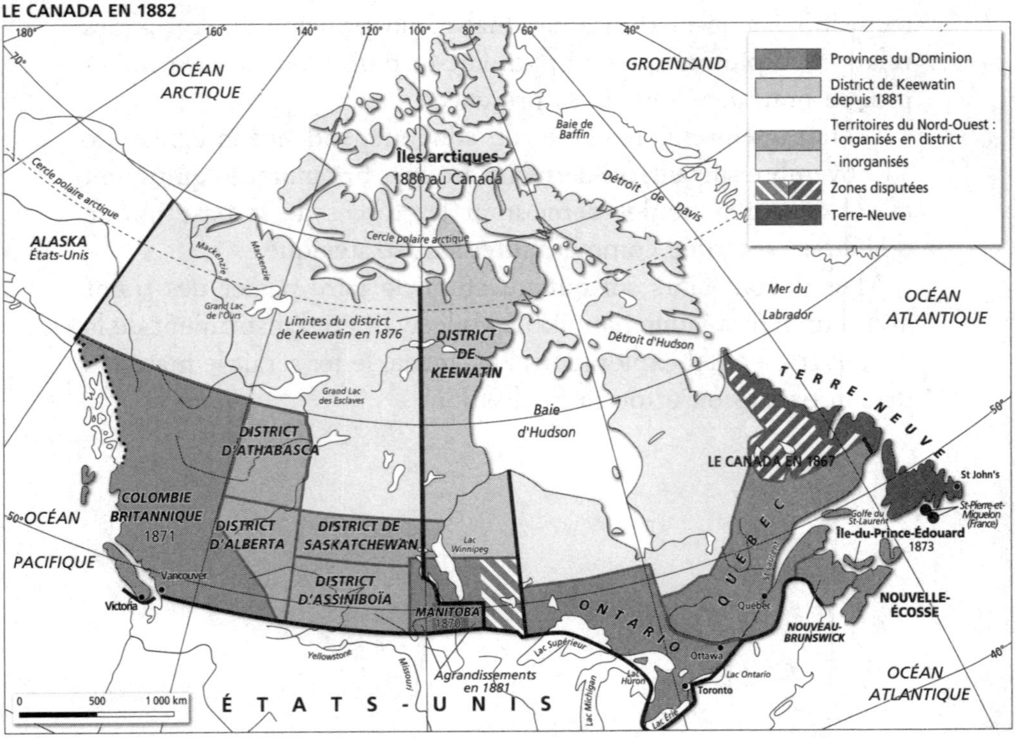

9

Le fer après la voile

De même que, pendant plus de trois siècles, l'apparition d'un navire dans la trouée du Saint-Laurent signalait un événement destiné à marquer l'avancée de la colonisation, de même, durant au moins quinze ans à partir de 1871, chaque lieue de voie ferrée parut rythmer la vie politique, économique, sociale, voire ethnique et religieuse, du Canada. C'est le chemin de fer qui permettrait d'achever l'expansion territoriale ; qui fonderait la création de la police montée et, partant, de la future gendarmerie royale du Canada ; qui ferait tomber puis ramènerait Macdonald au pouvoir ; qui recomposerait les systèmes bancaire et financier ; qui provoquerait les dernières rébellions amérindiennes ; qui inciterait l'Église à s'interroger sur sa mission ; qui pousserait les travailleurs à s'organiser pour défendre leurs intérêts et leurs droits ; qui aiderait à reprendre les relations avec les États-Unis sur des bases nouvelles.

Conformément aux engagements pris lors de l'entrée de la Nouvelle-Écosse et du Nouveau-Brunswick dans la Confédération, la construction de l'Intercolonial, première infrastructure nationale de l'histoire du Canada, allait bon train sous la direction de l'ingénieur Sandford Fleming, par ailleurs inventeur du système mondial des fuseaux horaires et concepteur du premier timbre-poste canadien…

Une première section de l'Intercolonial fut ouverte en novembre 1872, entre Amherst dans les Laurentides et Truro en Nouvelle-Écosse. Deux ans plus tard, la ligne longeait toute la rive sud du Saint-Laurent. En juillet 1876, on annonçait son achèvement, plus de 1 100 kilomètres depuis Rivière-du-Loup, où se situait la jonction avec le Grand Tronc, jusqu'à Halifax. On en saluait les prouesses techniques, particulièrement pour l'édification des ponts, non plus en bois comme on les avait toujours bâtis, mais en fer. Désormais, on pouvait se rendre en train de Sarnia, point sud du lac Érié, à la côte atlantique de la Nouvelle-Écosse en traversant l'Ontario, le Québec et le Nouveau-Brunswick.

En 1871, l'Île-du-Prince-Édouard avait voulu construire son propre chemin de fer. Bien qu'il fût de dimension réduite, son coût se révéla vite insupportable pour une communauté de moins de 100 000 habitants. Croulant sous le poids de la dette, le gouvernement de Robert Haythorne demanda alors à rejoindre le dominion contre une aide financière lui permettant d'achever sa voie ferrée. Ainsi l'Île-du-Prince-Édouard devenait-elle, le 1er juillet 1873, la septième province du dominion et donnait-elle au Canada son aspect géographique actuel, à la seule exception de Terre-Neuve, qui faisait toujours bande à part.

Le projet de chemin de fer intercontinental souleva dès le départ des difficultés incomparablement plus grandes. On estimait son coût à 100 millions de dollars, une somme hors de portée pour la jeune Confédération. Faire appel à des capitaux extérieurs soulevait d'autres problèmes, en premier lieu celui de voir les Américains s'immiscer dans l'opération, en second lieu celui de trouver des capitalistes suffisamment audacieux pour se lancer dans l'aventure. Il en existait, mais une nouvelle complication résulta de leur rivalité et, par leur interposition, s'éveilla celle opposant Montréal à Toronto. De la première surgit Hugh Allan, président de la Montreal Ocean Steamship Company, qui détenait un quasi-monopole de fait sur la navigation transatlantique. Il forma un consortium, appelé le Canada Pacific Railway, dans lequel entraient, minoritaires, quelques financiers américains. À Toronto, le sénateur David Macpherson, qui avait fait fortune grâce au Grand Tronc, riposta en lançant la Interoceanic Railway Company, sans capitaux américains et avec l'appui de George-Étienne Cartier qui, au passage, se fit verser une substantielle commission. Macdonald obtint une fusion des deux concurrents, consacrée par la loi du 1er juin 1872. Allan prendrait la présidence de la nouvelle Canadian Pacific Railway contre la renonciation aux capitaux américains – et autre chose que l'on ne sut qu'après les élections législatives fédérales.

Celles-ci, tenues de juillet à octobre 1872, ramenèrent à la Chambre une majorité de conservateurs, mais sensiblement plus étroite qu'auparavant, avec quatre-vingt-dix-neuf sièges contre quatre-vingt-quinze aux libéraux : l'usure du pouvoir commençait à se faire sentir. Néanmoins reconduit comme Premier ministre, Macdonald fut accusé par le député libéral Seth Huntington d'avoir touché, pour la caisse de son parti, 350 000 dollars d'Hugh Allan.

Une enquête parlementaire devant être diligentée, Macdonald essaya de gagner du temps, pendant lequel il continua de travailler à son grand projet d'Intercontinental. Sans l'aide de son enthousiaste et continuel lieutenant, Étienne-George Cartier, qui, malade, se faisait soigner à Londres, où il mourrait le 20 mai suivant.

Avant d'y envoyer des ingénieurs et des ouvriers, il fallait baliser et sécuriser les territoires à traverser, principalement peuplés de métis et d'autochtones sur lesquels, au-delà du Manitoba, on savait peu de chose. Dans ce but fut créé le 23 mai 1873 le corps de la police montée du Nord-Ouest, à l'uniforme rouge, très britannique et destiné à ne pas susciter de confusion avec les « tuniques bleues » américaines. Les « tuniques écarlates », dont l'effectif ne dépasserait jamais le millier, devaient avant tout établir de bonnes relations avec les autochtones afin que ceux-ci ne s'opposent pas à l'installation de la voie ferrée. De fait, les fiers lanciers eurent surtout à chasser les trafiquants de whisky américains qui, empiétant sur le territoire du dominion, vendaient aux Indiens des alcools frelatés qui ravageaient leur santé.

Puis la commission d'enquête parlementaire exhuma un courrier prouvant la corruption de Macdonald, que la presse publia le 18 juillet. Le gouverneur général, le comte Dufferin, entré en fonctions un mois plus tôt, tenait déjà Macdonald en haute estime. Il se résigna néanmoins à lui demander sa démission, première personne renversée par l'Intercontinental encore dans les limbes.

Le pouvoir passa donc en novembre aux libéraux, dépourvus de chef d'envergure depuis que George Brown avait quitté la politique pour se consacrer au journalisme. Dufferin choisit Alexander Mackenzie. Né en 1822 en Écosse, fils de menuisier, immigré vingt ans plus tard au Canada, maçon puis entrepreneur de travaux publics, ardent partisan du libéralisme économique, député fédéral élu en Ontario depuis 1867, il n'était devenu chef de son parti qu'en mars 1873. C'était surtout la première fois qu'un homme issu d'un milieu modeste et ayant travaillé de ses mains accédait à de telles responsabilités.

Malgré la réputation, plus ou moins justifiée, d'une personnalité un peu falote – qui tranchait avec celle de son lointain cousin William, mort en 1861 –, et bien qu'il arrivât au pouvoir en même temps qu'une dépression économique, il allait demeurer à la tête du gouvernement jusqu'en 1878.

La crise de 1873 fut mondiale et profonde. Elle se prolongea pendant cinq ans, avec son cortège de chômage, de misère, de faillites, de déflation, de retour au protectionnisme. L'Intercontinental subit donc un coup d'arrêt après seulement quelques coups de pioche. Le gouvernement envisagea de le prendre directement en charge mais d'en réduire l'ambition : on alternerait tronçons de voies ferrées et voies d'eau à partir des Grands Lacs et chaque fois que possible dans l'Ouest. La Colombie-Britannique menaça alors de faire sécession. On décida d'attendre un « retour à meilleure fortune ».

Les cinq années de gouvernement libéral – confirmé après dissolution de la Chambre des communes par les élections de 1874 – présidèrent cependant à trois réformes institutionnelles d'importance. La loi du 9 avril 1874 abolit l'exigence de propriété foncière pour devenir électeur – établissant ainsi le suffrage universel –, disposa que les élections fédérales se dérouleraient désormais en une seule journée et que l'on voterait à bulletin secret. La loi constitutionnelle du 8 avril 1875 instaura une Cour suprême inspirée en partie du modèle américain, néanmoins soumise, en appel, et sur saisine du gouverneur général, au Comité judicaire du Conseil privé du Royaume-Uni. Enfin, la loi du 10 mai 1878 créa la fonction de vérificateur général du Canada, haut magistrat nommé par le gouverneur général et chargé de contrôler la gestion financière du gouvernement. Son premier titulaire fut John Lorn McDougall, un député libéral dont l'entreprise d'exploitation forestière venait de faire faillite…

Mais le gouvernement et la majorité libérale subirent les effets de la crise économique persistante – en dépit de l'institutionnalisation, en 1874, de la Bourse de Montréal, première du genre au Canada, afin de relancer les investissements –, l'oubli du scandale de 1873 et la tonique campagne de Macdonald en vue des élections de 1878. Son slogan de « politique nationale » faisait écho aux mouvements réclamant le principe *Canada first* dans toute action publique et se déclinait en trois orientations : élever les tarifs douaniers pour faire face à l'invasion des produits américains, favoriser une immigration massive pour peupler le pays de travailleurs et de consommateurs, reprendre et achever l'Intercontinental – ces trois objectifs étant liés. Le 17 octobre, Macdonald retrouva son fauteuil de Premier ministre et le conserverait jusqu'à sa mort, le 6 juin 1891.

Pour relancer le grand projet ferroviaire, il fallait faire appel à des têtes nouvelles, remobiliser des capitaux et créer une nouvelle compagnie : ce fut, après bien des tractations, la Canadian Pacific Railway, dirigée par George Stephen, président de la banque de Montréal, flanqué de Donald Smith, l'ancien gouverneur de la Compagnie de la baie d'Hudson et grand connaisseur de la Prairie. Le contrat définitif fut signé le 21 octobre 1880. On n'avait pu, dans le difficile contexte économique et financier, éviter le concours de capitaux étrangers, cependant diversifiés : inévitablement américains, mais aussi anglais, français et allemands. Le dominion apportait une contribution, sans commune mesure avec celle prévue en 1873, sous forme de subventions, de concessions de terres, d'exemptions fiscales et de renonciation temporaire à réglementer les futurs tarifs de transport. Le Parlement approuva le nouveau projet le 1er février 1881.

On mit un peu de temps à trouver *the right man* susceptible de diriger les travaux. Enfin, le 2 janvier 1882, William Van Horne prit possession, à Montréal, de son bureau de tout-puissant directeur de la construction de l'Intercontinental avec, dit-on, un salaire époustouflant (mais dont on ignore le montant). Âgé de trente-neuf ans, Américain possédant des ascendances allemandes, françaises et hollandaises – d'où son nom –, il avait dirigé de nombreux chantiers et administré, depuis dix ans, plusieurs compagnies ferroviaires aux États-Unis. Aménager plus de 4 400 kilomètres de voies ferrées ne lui faisait pas peur, le faire en neuf ans encore moins. On lui donna un cahier des charges relativement léger, la principale contrainte consistant en ce que le tracé ne s'écarte jamais de plus de 100 milles (160 kilomètres) de la frontière américaine. Macdonald entendait, après avoir accru les droits de douane, reprendre les discussions avec les États-Unis et leur faire valoir que, dans le cadre d'un accord global, on pourrait faciliter les échanges entre les deux « Prairies », assurant leur développement commun grâce à des connexions ferroviaires nord-sud.

Mais ce moment paraissait encore bien loin, justifiant l'un des nombreux surnoms du Premier ministre, « Mr Tomorrow ».

Pour rentabiliser l'entreprise, il ne suffisait pas de poser des rails, des traverses et du ballast, ni d'installer des gares. Il fallait aussi peupler les régions traversées jusqu'en Colombie-Britannique. On mena donc une active propagande pour attirer des immigrants, usant d'arguments économiques, comme la promesse de concessions gratuites de terres, et même d'arguments sanitaires : à l'Ouest, l'air était meilleur et l'espérance de vie plus longue... Quelque 15 000 personnes se laissèrent ainsi tenter de 1882 à 1886. C'était mieux que rien.

Les obstacles ne manquèrent pas de s'accumuler au fur et à mesure de l'avancement des travaux. D'abord de nature technique, quand il s'agissait de franchir des roches très dures, des marais, des sables sur lesquels rien n'adhérait. Puis financière : la crise poursuivait ses effets dévastateurs, surtout aux États-Unis, où la faillite de la Northern Pacific entraîna dans sa débâcle les actions de toutes les compagnies de chemin de fer nord-américaines. Avec la garantie de la Banque d'Angleterre, la Confédération consentit un prêt avantageux à la compagnie. Enfin ethnique, avec la révolte des métis de la Saskatchewan.

Les engagements pris par le gouvernement fédéral en faveur des métis de la rivière Rouge lors de la création de la province du Manitoba n'avaient pas été parfaitement respectés : l'amnistie promise s'était fait attendre pendant cinq ans et, surtout, les populations locales s'étaient senties envahies par un flot d'immigrants peu scrupuleux. Plutôt que de fomenter une nouvelle révolte, beaucoup préférèrent émigrer vers l'Ouest à la recherche de régions vierges et exploitables. Sous la direction de Gabriel Dumont, de père d'origine française et de mère amérindienne, ils allèrent s'installer aux abords de la Saskatchewan, ce qui, en langue amérindienne du peuple des Cris, signifierait « rivière rapide ». La Compagnie de la baie d'Hudson y avait ouvert un comptoir dès 1774, mais la région demeurait peu peuplée, et l'arrivée des métis ne semble pas avoir soulevé de problèmes relationnels avec les autochtones. Puis les choses se gâtèrent pour deux raisons : l'extermination des bisons, la principale ressource locale, par des aventuriers américains que soutenait, au début des années 1880, un gouvernement cherchant à affamer les Amérindiens ; puis l'arrivée des arpenteurs de la Canadian Pacific Railway, guère plus respectueux des métis et des Amérindiens qui s'étaient transformés en agriculteurs pour survivre.

Revenu de son exil aux États-Unis, Louis Riel s'était réinstallé dans le Manitoba en 1883. L'année suivante, une délégation de métis vint lui expliquer combien ses concitoyens étaient maltraités et au bord de la révolte, à condition qu'il en prît la tête. S'estimant investi de la mission de sauvegarder la foi catholique et la langue française dans le Grand Ouest, et après avoir, en vain, prié le gouvernement fédéral de prendre quelques mesures en faveur des métis, telles que la réservation de terres et l'élévation de leur territoire en province comme le Manitoba, il décida de préparer un nouveau soulèvement pour le 19 mars 1885, fête de la Saint-Joseph, patron des humbles et des causes difficiles. Contrairement à ses espérances, les Amérindiens ne suivirent le mouvement qu'à la marge. Deux mois plus tard, sous les ordres du colonel Frederick Middleton, 8 000 hommes de la milice – transportés par le train dont ce fut ainsi la première utilisation – n'eurent aucun mal à venir à bout de 1 500 métis sommairement armés. L'affaire aurait pu en rester là si l'arrestation de Riel, puis son procès pour haute trahison, puis sa condamnation à mort, puis sa pendaison, le 16 novembre, n'avaient provoqué plusieurs vagues d'indignation. Non seulement chez de nombreux Canadiens français, puisque Riel était l'un d'eux, mais aussi chez les libéraux, dont le futur chef du parti, Wilfrid Laurier, qui déclara comprendre parfaitement la rébellion. Elles troublèrent aussi les catholiques québécois : alors que les fidèles les plus modestes et les prêtres des campagnes priaient pour le salut du chef rebelle, selon son habitude la hiérarchie ecclésiastique se rangea du côté des autorités, allumant une nouvelle contestation de son conservatisme et de sa rigidité. Au moment où certains évêques changeaient radicalement de ton en Amérique du Nord, tel le très écouté archevêque de Baltimore, Mgr James Gibbons, déclarant que l'Église devait cesser de se comporter en « alliée des puissants et des riches, et en adversaire des faibles et des pauvres ».

Surtout, l'affaire Riel fournit l'occasion à un journaliste et avocat de quarante ans, fils d'un ardent partisan de Papineau, Honoré Mercier, de se propulser sur le devant de la scène et de fonder un parti national, indispensable riposte à ses yeux aux « provocations d'Ottawa ». Dès l'ouverture suivante de la session du Parlement, en février 1886, le Premier ministre fut vivement interpellé par l'opposition mais, après qu'il se fut longuement expliqué, la Chambre lui renouvela sa confiance par cent quarante-six voix contre cinquante-deux : l'affaire Riel était close. D'autant plus facilement que le gouvernement pouvait s'enorgueillir du récent achèvement de l'Intercontinental, le 7 novembre 1885, à 9 h 22 du matin, lorsque Donald Smith enfonça symboliquement le dernier crampon, soit cinq ans avant l'échéance initiale, comme Van Horne s'y était engagé.

En juin 1886 fut ainsi ouverte la première ligne régulière entre Montréal et Vancouver. Le 10 juillet, M. et Mme Macdonald, ainsi qu'une partie du gouvernement fédéral, montèrent dans le train à l'arrêt d'Ottawa et atteignirent le Pacifique après un voyage de cent trente-sept heures, à la vitesse moyenne de 39 km/h. « Sir John » en profita pour visiter une partie de ce Canada devenu immense et aller à la rencontre des populations, ce qu'il n'avait quasiment jamais fait jusque-là. On a prétendu que, de retour à Ottawa le 30 août, il se frottait les mains à la façon de Colbert contemplant la pile de dossiers lui restant à traiter.

10

Apogée et chute des conservateurs

Macdonald demeura encore cinq ans à la tête du gouvernement, remportant les élections générales de 1887 et de 1891 avec, il est vrai, des majorités de plus en plus courtes, mais l'appui constant des milieux d'affaires protestants de Montréal et de l'Ontario, comme de la hiérarchie catholique du Québec. Réalisant le rêve de Disraeli : que les élites obtiennent, grâce à un système électoral élargi, le vote des masses en faveur des strates supérieures de la nation.

Après le chemin de fer, ses deux autres objectifs – les trois étant selon lui indissolublement liés – portaient, d'une part, sur l'industrialisation et l'unification du pays, d'autre part, sur l'acquisition progressive de sa totale indépendance, tout en demeurant sous la Couronne britannique.

La crise économique sévissant toujours, la sauvegarde et le développement d'une industrie nationale imposaient, selon les conservateurs, des mesures protectionnistes. Elles s'égrenèrent tout au long de la période allant de 1873 à 1891. Sans parvenir à sortir le Canada du marasme général, ce qui incita les libéraux à proposer, en vue des élections de 1891, une orientation inverse : relancer la politique de réciprocité douanière avec les États-Unis, où, jusque-là, le protectionnisme avait également triomphé.

L'emploi, dans la construction du chemin de fer mais aussi dans l'industrie lourde débutante, d'une main-d'œuvre non qualifiée et bon marché, sur fond de menace de chômage, avait, au Canada comme ailleurs, rendue plus épineuse la question sociale. Voyant s'aggraver la misère des « classes laborieuses », surtout celles issues de la récente immigration, s'élever de façon de plus en plus sonore le mécontentement du prolétariat et par des canaux moins contrôlables que les syndicats officiels,

Macdonald se résolut, en décembre 1886, à faire examiner le problème des « relations entre le capital et le travail » par une commission *ad hoc*. Elle rendit son rapport en avril 1889, après vingt-six mois de travail, mais presque cinquante ans après le tout premier rapport sur la question, établi en France en 1840 par le docteur René Villermé.

Composée de treize membres et présidée par un magistrat québécois anglophone, James Armstrong, la commission explora la question sociale en profondeur. Le rapport de 4 000 pages faisait apparaître des choses effrayantes. D'abord en révélant la misère du prolétariat ; en montrant ensuite combien le patronat canadien, probablement comme celui des autres pays en voie d'industrialisation rapide, déployait d'ingéniosité pour exploiter les travailleurs, hommes, femmes et enfants, « comme les paysans, disait le rapport, n'oseraient pas le faire avec leurs bêtes ». Il expliquait également pourquoi la loi du 18 avril 1872 sur la liberté syndicale restait largement lettre morte : la direction des grandes entreprises, par divers types de menaces, terrorisait les salariés modestes. Contrastant avec, à la même époque, la puissante et rapide montée des *trade-unions* en Angleterre.

Le rapport comportait enfin toute une série de recommandations, dont l'introduction de la journée de neuf heures et de la semaine de cinquante-quatre, l'interdiction du travail des enfants de moins de quatorze ans, l'instauration d'un mécanisme d'indemnisation des accidents du travail et des maladies professionnelles, la mise en place d'une inspection de la sécurité et de l'hygiène au travail, la création d'un mécanisme de médiation et d'arbitrage des conflits du travail, des sanctions contre les entraves à l'exercice du droit syndical… Toutes mesures qui, d'un coup, auraient projeté le Canada d'une situation d'extrême retard social à celle d'un pays d'avant-garde en la matière. Il n'en fut rien. Embarrassé par l'audace des rapporteurs et par les divisions apparues entre membres de la commission après que, rendu public en juin 1889, le rapport eut reçu un accueil considérable dans la presse, Macdonald rappela que les questions évoquées relevaient presque toutes des législations provinciales et non du niveau fédéral. Ce qui était discutable eu égard au silence de la Constitution de 1867 en la matière.

Or les deux provinces principales, l'Ontario et le Québec, se montraient alors un peu turbulentes et Macdonald craignait par-dessus tout de les braquer contre la Confédération.

En Ontario, Oliver Mowat, Premier ministre de 1872 à 1896, soit l'un des plus longs mandats de l'histoire du Canada, défendait avec acharnement l'autonomie des provinces. Excellent juriste et volontiers procédurier plutôt que négociateur, Mowat porta systématiquement ses désaccords avec Ottawa devant la Cour suprême dès qu'elle fut installée, puis fit appel devant le Comité judiciaire du Conseil privé des décisions de celle-ci lorsqu'elles ne lui convenaient pas et obtint le plus souvent gain de cause. La cour anglaise bâtit ainsi peu à peu une jurisprudence favorisant l'autonomie provinciale et le véritable fédéralisme. Une de ses principales décisions, du 15 décembre 1883, dans l'affaire *Hodge vs The Queen*, consacra le principe qu'une législature provinciale exerce un pouvoir souverain et absolu dans les sphères de sa compétence propre.

Au Québec, après une longue période de gouvernement conservateur, de 1878 à 1886, Honoré Mercier avait accédé au pouvoir le 29 janvier 1887 et formé un cabinet « national ». Sans qu'il fût question de séparatisme, son programme entendait que le Québec s'affirmât avant tout comme « nation française et catholique » à l'intérieur du dominion dont il ne contestait pas le cadre mais entendait lui faire reconnaître ce qu'il devait à ses origines françaises. Adolphe-Basile Routhier, professeur, romancier, magistrat, réécrivit en 1888 les paroles du *Ô Canada* des patriotes de 1835 afin de leur donner un contenu épique et « national », évoquant les aïeux, leur épopée et leurs exploits, les fronts glorieux, les croix et les épées… Calixa Lavallée, compositeur et chef d'orchestre, descendant d'un soldat du régiment de Carignan-Salières, mit tout cela en musique.

Le nationalisme québécois de Mercier ne l'empêchait pas de réclamer un mode de calcul des subventions fédérales plus avantageux pour la province. Débouté, il changea de tactique et mutualisa la revendication en essayant d'y entraîner les autres provinces qui, à l'exception de la Colombie-Britannique et de l'Île-du-Prince-Édouard, acceptèrent de tenir une conférence commune, qui fit surtout ressortir leurs divergences. Macdonald n'en espérait pas tant. Puis Mercier se trouva compromis à son tour dans une affaire de corruption pour le financement de son parti et, le 21 décembre 1891, fut destitué par le lieutenant-gouverneur Auguste-Réal Angers.

L'indépendance du Canada, deuxième grand objectif de Macdonald, s'édifiait par étapes. En 1877, le Royaume-Uni délia le pays des obligations consécutives aux traités commerciaux qu'il signait. Trois ans plus tard, la métropole et le dominion convinrent d'échanger, sinon des ambassadeurs, du moins des hauts-commissaires, formule encore en vigueur de nos jours. Le 1er septembre 1880, le gouvernement Gladstone arrêta que, sous réserve de l'adoption d'une loi ultérieure – qui n'interviendrait qu'en 1895 –, le dominion du Canada prendrait le contrôle des régions arctiques. Enfin, en 1885, Ottawa se permit de refuser à Londres son aide militaire dans la campagne du Soudan qui suivait la guerre anglo-égyptienne de 1882 : jusqu'en 1914, le Canada ne prêterait plus main-forte au Royaume-Uni dans un conflit militaire…

Macdonald remporta sa dernière campagne électorale en 1891 – année de l'invention du basket-ball par le professeur de médecine ontarien James Naismith – en dénonçant, dans la volonté des libéraux de reprendre le dialogue commercial avec les États-Unis, « une conspiration délibérée pour forcer le Canada, par la violence ou par la fraude, à se joindre à l'Union américaine », ce qui avait fait mouche. Il mourut peu après, le 6 juin 1891, victime d'une crise cardiaque. Laissant, dit-on, un vide abyssal. Une légende, difficile à vérifier, veut qu'au lendemain de sa disparition aucun député n'osa entrer le premier dans la salle de la Chambre des communes.

L'héritier présomptif de Macdonald s'appelait Hector Langevin, doyen des ministres, en charge des Travaux publics. Mais le voici compromis dans un nouveau scandale de marchés accordés en contrepartie de dons au Parti conservateur.

Le gouverneur Frederick Stanley – qui a aussi donné son nom à la coupe de la Ligue nationale de hockey sur glace – se tourna alors vers John Abbott, homme d'affaires, président conservateur du Sénat et maire de Montréal. Le poste de Premier ministre revint ainsi pour la première fois à un natif du Canada, de Saint-André-d'Argenteuil, au Québec, en 1821. Le principal événement de son bref passage au pouvoir fut la mise en circulation des paquebots

Empress, commandés deux ans plus tôt par la Canadian Pacific Railway afin d'établir, depuis Vancouver, une liaison mensuelle avec la Chine et le Japon. L'ouverture de la ligne donna sa pleine signification à la devise « d'une mer à l'autre » et transforma la situation de la Colombie-Britannique, hier enfant gâtée de la Confédération, désormais plaque tournante du continent, dont la population serait multipliée par dix entre 1890 et 1900, pour atteindre 180 000 habitants.

Abbott, après avoir obtenu que la légation du Royaume-Uni à Washington comportât dorénavant un attaché du Canada, préfiguration d'une future ambassade et pas supplémentaire dans la voie de la totale indépendance, dut démissionner pour raison de santé et mourut le 24 novembre 1892 après avoir pressenti son remplaçant, John Thompson, avocat puis juge et député d'Halifax, où il était né quarante-sept ans plus tôt. Autrefois repéré et recruté par Macdonald, ministre de la Justice au moment de l'exécution de Riel, fervent nationaliste, il tenait néanmoins à l'arrimage britannique, redoutant, comme beaucoup de conservateurs, la domination des États-Unis qui achevaient alors leur conquête de l'Ouest et, sans qu'on s'en rendît compte en Europe, prenait la place de première puissance industrielle mondiale. « Intensément agressifs, même en période de paix, dans la poursuite de leurs intérêts », disait Thompson. Son gouvernement se soucia donc de régler les derniers problèmes de frontière avec l'Alaska. Une divergence subsistant pour la partie nord-ouest de la Colombie-Britannique, revendiquée par les États-Unis, on convint de confier la question à une commission paritaire *ad hoc*, qui remettrait son rapport dans les trois ans.

En politique intérieure, Thompson dût surtout apaiser la querelle scolaire qui sévissait au Manitoba et se propageait aux Territoires du Nord-Ouest. La Constitution de la province, en 1870, avait prévu la coexistence de deux réseaux d'écoles confessionnelles, un catholique et un protestant. Le premier avait été supprimé en 1890 par le gouvernement provincial du libéral Thomas Greenway en raison de la forte diminution de la population correspondante, qui, après avoir représenté la moitié de la province, n'en représentait plus, en 1890, que moins de 10 %, résultat du départ de nombreux métis vers l'Ouest et de l'immigration anglophone. Appuyés par les catholiques du Québec, eux toujours largement majoritaires, ceux du Manitoba saisirent la Cour suprême, puis le Comité judiciaire du Conseil privé, qui renvoya la question au Parlement fédéral en indiquant que celui-ci pouvait toujours adopter une « loi réparatrice en faveur des catholiques ». Tout cela prit beaucoup de temps, et lorsque Thompson s'apprêta à ouvrir enfin le dossier, lui aussi tomba malade ; il partit faire un séjour au soleil de l'Italie, revint à Londres pour recevoir son anoblissement et mourut d'une crise cardiaque en déjeunant au château de Windsor, le 12 décembre 1894. Ce qui mit lord Aberdeen, gouverneur général depuis septembre 1893, devant un choix difficile : homme de consensus et de conciliation, Thompson avait réussi à faire taire les dissensions au sein du Parti conservateur mais on voyait mal, après lui, qui en serait également capable, d'autant qu'il n'avait pas désigné de dauphin. Après avoir inauguré le monumental château-hôtel Frontenac, qui allait devenir le symbole architectural de la cité de Québec, Aberdeen nomma, malgré son caractère un peu abrupt, celui qui avait suppléé Thompson en son absence : Mackenzie (c'était son prénom) Bowell. Né en Angleterre en 1823, journaliste, milicien, homme d'affaires, ancien militant orangiste, ministre du Commerce et des Douanes dans les gouvernements Macdonald et Abbott, puis de la Défense et de la Milice auprès de Thompson, il possédait la réputation d'un administrateur méticuleux mais peu imaginatif.

Aussitôt en fonction, il s'attaqua à l'épineux dossier scolaire. Comme souvent, l'homme parvenu au pouvoir avec une certaine image mena une politique opposée à ce que l'on pouvait attendre. Le 21 mars 1895, il proposa que le Parlement du Manitoba adoptât, conformément à une décision du Comité judicaire du Conseil privé, une nouvelle loi restaurant les privilèges des écoles catholiques. Ce qui provoqua une crise au sein du cabinet et la démission de celui-ci. Aberdeen fit alors appel à Charles Tupper, haut-commissaire du Canada à Londres, mais son arrivée au gouvernement, le 1er mai 1896, était trop proche des élections à venir pour qu'il pût mener une action.

La campagne électorale porta essentiellement sur la question scolaire et sur celle des tarifs douaniers, cheval de bataille des libéraux.

Les dissensions au sein des conservateurs et l'usure du pouvoir après dix-huit ans d'exercice continu envoyèrent à la Chambre cent vingt-huit députés libéraux sur deux cent treize et leur chef, Wilfrid Laurier, à la tête du gouvernement, qu'il conserverait pendant plus de quinze ans, le pays ayant de nouveau trouvé un responsable d'envergure sur qui se reposer.

11

Se reposer sur Laurier

Impressionnant, l'arbre généalogique du nouveau Premier ministre : appartenant à la huitième génération de Canadiens français, il descendait d'un soldat du régiment de Carignan-Salières qui avait fait souche et épousé l'un des filles d'Augustin Hébert, petit-fils de Louis, considéré, on l'a vu, comme « le premier agriculteur canadien ». Né le 20 novembre 1841 à Saint-Lin, un village dans les Laurentides, dont son père, arpenteur, était aussi le maire, il suivit l'enseignement classique des pères de l'Assomption mais, expérience plutôt rare à l'époque, il passa plusieurs mois à New Glasgow dans une famille d'origine écossaise afin d'apprendre l'anglais. En 1861, il entra au collège bilingue McGill de Montréal afin d'étudier le droit et de devenir avocat. Cinq ans plus tard, il posa sa plaque à Arthabaska, une ville de taille moyenne en face de Trois-Rivières. D'instinct libéral, une impétuosité de jeunesse le rapprocha du Parti rouge et lui fit publier des articles hostiles au projet de Confédération qui, selon lui, achèverait « l'anglification » du Canada. Député au Parlement de Québec en 1871, il soutint l'année suivante Honoré Mercier dans la fondation du Parti national et se fit élire député fédéral deux ans plus tard. Brillant orateur, converti à la Confédération, en laquelle il voyait le meilleur moyen d'assurer l'union des deux « races canadiennes », il aimait à déclarer : « Nous sommes fidèles à la grande nation qui nous a donné la vie ; nous sommes fidèles à la grande nation à qui nous devons la liberté. » S'étant donc éloigné de Mercier, il faisait sien le mot de Louis Jetté, juge à la Cour suprême : « Pour rester français, nous n'avons qu'une chose à faire : rester anglais. »

Son premier cabinet, on ne peut plus consensuel, donna une place aux principales composantes géographiques de la Confédération et tenta d'amadouer les autonomistes comme Mowat, nommé, à soixante-quinze ans, ministre de la Justice. Rompant avec l'usage observé jusqu'ici, Laurier n'occupait pas de portefeuille particulier, voulant se consacrer à la direction générale du gouvernement, une évolution que connaissaient, ou connaîtraient, la plupart des grands régimes parlementaires du temps. L'homme a laissé le souvenir de manières élégantes, d'une capacité de séduction mâtinée de distance, d'une courtoisie froide et d'une autorité naturelle, « une armature d'acier derrière un charme presque féminin » et de style très britannique selon son prédécesseur Charles Tupper.

Mais ce qui servait par-dessus tout la nouvelle majorité provenait du tout récent retournement de la conjoncture. La longue crise commencée en 1873 prenait fin, non en raison des politiques menées, qui maîtrisaient encore fort mal les agrégats économiques, mais par cet effet, encore mystérieux, des cycles que mettrait en lumière, trente ans plus tard, l'économiste Nikolaï Kondratiev.

L'horizon s'éclaircissait aussi du fait de l'arrivée à maturité des considérables progrès techniques réalisés au cours des quinze dernières années, nouvelle phase mondiale de grandes inventions. La première et la plus impressionnante selon les témoignages de l'époque : celle du téléphone, en janvier 1880, à Brantford, en Ontario, par un Canadien d'origine écossaise, Graham Bell. Pour développer au niveau industriel l'appareil originellement dénommé « photophone », Bell et son associé américain Charles Sumner Tainter s'installèrent ensuite aux États-Unis. C'est pour leur rendre hommage que la première conférence internationale de la téléphonie, tenue en 1906 à Berlin, attribuerait l'indicatif 01 à ces deux pays.

Le nouveau moyen de communication se propagea rapidement : en 1882, parut à Ottawa le premier annuaire téléphonique, dénombrant deux cents abonnés, alors que les premiers appareils ne feraient leur apparition en Angleterre et en France que quelques mois plus tard.

L'électricité apparut au début des années 1880 mais ne se développa véritablement que vers 1890, seuls les gares et les édifices publics en étant d'abord équipés. Quand vint le tour de l'éclairage public, les rues s'encombrèrent de fils et de poteaux que, dans certaines villes, comme Halifax, les habitants venaient abattre la nuit, horrifiés qu'ils étaient par l'enlaidissement de leur environnement.

Grâce notamment aux nouveaux grands voiliers à coque d'acier qui multipliaient les liaisons avec l'Extrême-Orient, le rapide enrichissement de la Colombie-Britannique se traduisit, au début de la décennie 1890, par la construction des premières maisons au monde munies de l'eau courante, chaude et froide, et du tout-à-l'égout – même si l'on avait trouvé des traces de celui-ci à Pompéi…

À la même époque, la bicyclette se transforma pour ressembler à celle que nous connaissons aujourd'hui, comportant deux roues d'égal diamètre chaussées des premiers pneus Dunlop et d'un système de freins. En attendant celui de l'automobile, dix à quinze années plus tard, son succès fut foudroyant, particulièrement dans la population d'origine chinoise – plus de 15 000 personnes – venue travailler à l'achèvement de la voie ferrée et demeurée à Vancouver.

Rendu optimiste par le progrès technique et la reprise mondiale de l'activité, Laurier se voulut prophétiquement ambitieux : « Le XIXe siècle a été le siècle des États-Unis, le XXe siècle sera celui du Canada. »

Il est vrai que, trois mois après son entrée en fonctions, on découvrit de l'or dans la vallée du Yukon, près de la frontière avec l'Alaska. Ce qui déclencha une nouvelle ruée qui atteignit son point culminant à l'été de 1897, faisant pousser la ville champignon de Dawson City et obligeant la police montée à aller faire régner l'ordre dans l'univers plutôt brutal des prospecteurs. Mais les résultats déçurent les espérances : après une spectaculaire progression jusqu'en 1899, les filons se tarirent, la production diminua, la population attirée par le mirage passa de 45 000 à moins de 6 000 à la veille de la guerre de 1914 (c'est aujourd'hui un village de 1 300 habitants).

En revanche, le développement de la Prairie demeura longtemps spectaculaire. On venait de réaliser que de vastes étendues entre les Grands Lacs et les Rocheuses recelaient des sols fertiles, spécialement pour la culture du blé, qui bénéficiait en outre d'innovations techniques améliorant aussi bien les rendements que la qualité des grains. Afin d'exploiter au mieux ce potentiel, Clifford Sifton, ministre de l'Intérieur, réussit à faire venir de nombreux immigrants d'Europe centrale et des États-Unis, inversant ainsi la géographie de la migration grâce à une intense propagande et à un accompagnement administratif efficace. En dix ans, la population du Canada passa de 5 millions à 7 millions de personnes, soit la progression la plus rapide de tous les pays occidentaux et trois fois supérieure à celle des vingt années précédentes. Quand cependant les États-Unis dépassaient les 90 millions de citoyens.

Cet afflux forma la « mosaïque canadienne », composée, en 1900, de dix-neuf nationalités différentes et qui s'étendrait encore au cours du XXe siècle, pour en faire un des traits majeurs du pays.

L'industrie se développa également au cours de la période et rattrapa une partie de son retard sur celle des États-Unis, amorçant un semblant de spécialisation mutuelle : au grand voisin l'industrie lourde et les produits les plus élaborés, au dominion les matières premières et les produits semi-fabriqués. Libre-échangistes à leur arrivée au pouvoir, les libéraux avaient rapidement tourné casaque et maintenu les tarifs douaniers du gouvernement conservateur. Toutefois, William Stevens Fielding, ministre des Finances, détermina des fourchettes de taux et ébaucha, avec le Royaume-Uni, une politique de préférence impériale, cheval de bataille du nouveau ministre anglais des Colonies, Joseph Chamberlain. Progressèrent rapidement les industries extractives et, par-dessus tout, l'énergie hydro-électrique dont le pays offrait d'immenses ressources.

L'expansion économique appelant un accroissement des moyens de transport, le gouvernement accepta en 1899 d'ouvrir les chemins de fer à une concurrence encadrée. Ainsi naquit une seconde compagnie ferroviaire, la Canadian Northern, qui fit construire plus de 2 000 kilomètres de voies depuis les Grands Lacs jusqu'au cœur de la Prairie.

Le peuplement de l'Ouest aboutit logiquement à la création de nouvelles provinces. Le 1er septembre 1905, la Saskatchewan et l'Alberta – jouxtant la Colombie-Britannique et devant son nom à la quatrième fille de la reine Victoria – devinrent les huitième et neuvième provinces de la Confédération, avec respectivement pour capitales Regina et Edmonton. La première, fondée en 1882, rendait hommage par son nom à la reine d'Angleterre. La seconde, fondée en 1795 par la Compagnie de la baie d'Hudson, devait son nom à l'un des membres de celle-ci ; elle était depuis longtemps un centre marchand de fourrures et plus récemment une étape importante sur le tracé de l'Intercontinental.

Des timbres-poste célébrèrent cette extension juridique par une carte du monde montrant que près de la moitié de l'Empire britannique se situait en Amérique du Nord, désormais sous l'appellation de « dominion du Canada » plutôt que de *British possessions*.

L'équilibre restait cependant à trouver entre fidélité au Royaume-Uni et liberté diplomatique.

En 1894, se tint à Ottawa la première conférence coloniale, dont l'idée initiale revenait à la Nouvelle-Zélande. On convint alors d'établir une liaison par câble sous-marin, comme il en existait déjà entre l'Amérique et l'Europe depuis 1866, reliant le Royaume-Uni à l'Australie *via* le Canada et appelée la *All-Red Route*. On décida aussi de tenir des réunions régulières, tous les quatre ou cinq ans. Celle de 1898, à Londres, fut essentiellement festive, mais on discuta, en termes prudents, des problèmes militaires soulevés par l'immensité de l'Empire. Les suivantes eurent davantage à traiter de questions concrètes et souvent épineuses. Sous la pression de Laurier, elles changèrent de nom pour devenir des conférences « impériales ».

Deux affaires servirent de test à la capacité d'autonomie du dominion sur la scène internationale : le conflit sud-africain et la frontière de l'Alaska.

L'exacerbation des tensions entre les deux communautés, anglaise et boer, qui se disputaient le territoire du Transvaal, où l'on avait trouvé de l'or en 1886, déboucha sur un conflit ouvert en 1899. Le 11 octobre, la république des Boers (dont le nom signifie « fermier » en néerlandais), souveraine sur la partie nord-est du pays, envahit la colonie anglaise du Natal, sur la côte de l'océan Indien. Le gouverneur général du Canada, le comte de Minto, arrivé en novembre 1898 et estimant que son rôle consistait principalement à défendre les intérêts de l'Empire, sollicita l'envoi de troupes canadiennes au Cap. Laurier hésita : déclarer la neutralité du Canada risquait de lui aliéner le reste de l'Empire et de le priver peut-être d'une aide du Royaume-Uni en cas de menace des États-Unis ; en sens inverse, accepter d'intervenir associerait le pays à une guerre qui ne le concernait pas et mécontenterait une partie de la population, notamment du Québec. Les journaux canadiens français, spécialement *La Presse*, ne se privaient pas de rappeler que nombre de familles boers comptaient des origines françaises et que le président de la république du Transvaal, Paul Kruger, venait de demander l'appui de la France.

Le conflit sud-africain fournit en outre une tribune à un futur leader québécois d'envergure, Henri Bourassa. Né le 1er septembre 1868 à Montréal et petit-fils, par sa mère, de Louis-Joseph Papineau, il était devenu en 1896 le plus jeune membre de la Chambre des communes. Bien que du même parti que Laurier, il interpella celui-ci après la décision gouvernementale d'envoyer un contingent de 1 000 volontaires en Afrique du Sud. « Il s'agit, disait-il, de décider si le peuple canadien sera appelé à prendre part à toutes les guerres de l'Empire sans que ses représentants et son gouvernement soient consultés sur l'opportunité de ces luttes sanglantes. »

Le 22 janvier 1901, mourut la reine Victoria, dans sa soixante-quatrième année de règne. Lui succédait son fils aîné, Édouard VII, cinquante-neuf ans, réputé pour ses fredaines. Un deuil national de vingt et un jours fut décrété, le Parlement suspendit ses travaux puis se réunit pour entendre l'hommage du gouverneur général, le comte de Minto, à la « grand-mère de l'Europe » et du Premier ministre à « la mère de la Confédération ». Sur sa proposition, on décida d'ériger en jour férié celui de l'anniversaire de Victoria, le 24 mai.

La guerre des Boers achevée par la victoire de l'Angleterre en mai 1902, et la mort de deux cent quatre-vingts volontaires canadiens, Bourassa enfonça encore le clou de la revendication de totale indépendance dans une brochure retentissante : « L'impérialisme anglais est un régime d'accaparement et de domination militaire, né de l'expansion exagérée de la puissance anglaise et nourri de cet orgueil stupide, brutal et vantard qu'on nomme jingoïsme [nom venant d'une chanson anglaise belliciste où le nom de Jésus était remplacé par "Jingo" afin de ne pas blasphémer]. » La popularité de ses thèses incita le gouvernement Laurier à se montrer plus distant à l'égard du Royaume-Uni : lors de la conférence impériale de 1902, il s'opposa à la création d'une organisation permanente, et Joseph Chamberlain ne cacha pas la méfiance que lui inspirait désormais le Canada, peu empressé de traduire en actes concrets le principe de la préférence commerciale impériale.

La commission chargée de proposer pour 1895 une fixation de la frontière entre le Canada et l'Alaska n'avait pu achever ses travaux du fait de la découverte d'or dans la région et, surtout, du changement de ton des Américains après l'accession de Theodore Roosevelt à la présidence en septembre 1901. Adepte des méthodes de cow-boys, celui-ci envoya deux régiments d'infanterie de marine – qu'on commençait à appeler les « marines » – occuper la zone litigieuse et fit savoir qu'il fixerait lui-même la frontière, « sans se soucier plus longtemps de l'attitude de l'Angleterre et du Canada ». Le Royaume-Uni n'entendait pas en faire un *casus belli*. Son Premier ministre conservateur, lord Salisbury, convainquit Ottawa de s'en remettre à une nouvelle commission d'experts. Bien que composée paritairement, ses trois représentants américains étaient des « éperviers » – on dirait aujourd'hui des « faucons » –, tandis que ceux de l'Empire, ayant reçu mission de ne pas contrarier les Américains, faisaient figure de « colombes. » Près de 1 000 kilomètres de côte au sud de l'Alaska, et les îles qui les bordent, furent ainsi attribués aux États-Unis en 1903. Après quoi Laurier déclara devant la Chambre des communes, recueillant sur ce point l'approbation de Bourassa : « Il convient dorénavant que nous obtenions des pouvoirs plus étendus pour régler les problèmes qui nous concernent, à notre manière, suivant nos méthodes. » Il aborda le sujet lors de la conférence impériale de mai 1907 à Londres, où il fut décidé, afin de mieux coordonner la défense contre des menaces communes, de créer un état-major impérial – dont on confierait le commandement en chef en 1909 au général William Nicholson –, mais aussi un département ministériel anglais spécialisé dans les dominions, enfin un ministère des Affaires extérieures propre au Canada.

L'année suivante, le Royaume-Uni saisit l'occasion du tricentenaire de la fondation de Québec pour réaffirmer son attachement « paternel » au dominion, mais comme à un enfant devenu majeur. L'Angleterre et la France venaient de célébrer leur « entente cordiale » après les divergences coloniales qui les avaient éloignées au cours des deux décennies précédentes. Du 19 au 31 juillet 1908, de l'autre côté de l'Atlantique, on en rajouta dans le faste et les démonstrations d'amitié des deux peuples : le prince de Galles, qui monterait sur le trône deux ans plus tard sous le nom de George V, fit un long et exalté discours en français, auquel

Laurier lui répondit en anglais ; on expérimenta la transmission de leurs voix par-dessus l'Atlantique grâce à l'invention du Québécois Reginald Fessenden, qui allait donner naissance à la radiophonie ; on entrelaça les drapeaux des deux nations européennes, on ressortit quelques vieux étendards fleurdelisés devant lesquels s'agenouillèrent des descendants de Montcalm et de Wolfe...

Puis les réalités politiques et diplomatiques reprirent leurs droits. En janvier 1910, Bourassa lança à Montréal le quotidien *Le Devoir* avec pour mission de « réveiller dans le peuple et surtout dans les classes dirigeantes le sentiment du devoir public sous toutes ses formes : devoir religieux, devoir national, devoir civique ». Un an plus tard, il exploita l'article publié par Stefan Zweig dans le *Frankfurter Zeitung,* intitulé *« Bei Franzosen in Canada »*. L'écrivain autrichien y comparait le sort des Québécois à celui des Amérindiens spoliés de leurs terres et dépouillés de leur culture (pourtant supérieure, assurait-il) « pour entrer dans la sphère américaine ».

La politique extérieure continuait de dominer la période. Le président américain William H. Taft, qui avait succédé à Roosevelt en 1908, prônait une véritable alliance commerciale entre le Canada et les États-Unis, qui fit sensation. Laurier saisit l'occasion avec détermination. On parvint ainsi, le 26 janvier 1911, à un accord général prévoyant que les produits agricoles des deux pays franchiraient la frontière sans aucune taxe, et que des droits réduits seraient appliqués à certains produits manufacturés. Quelques industriels canadiens manifestèrent leur inquiétude mais, globalement, on regarda le traité comme un succès de la diplomatie canadienne. Hélas, les réactions américaines furent des plus maladroites, le président de la Chambre des représentants, Champ Clark, déclarant qu'il espérait « voir bientôt le drapeau étoilé flotter sur toutes les possessions britanniques jusqu'au pôle Nord ». Ses propos suscitèrent une réaction indignée et le réveil, chez les anglophones comme chez les francophones, du réflexe nationaliste et antiyankee. Laurier fut durement interpellé sur son apparente naïveté.

Du côté britannique, les choses se compliquèrent aussi. L'armement naval allemand, alors en voie, en 1909, de rattraper la puissance de la Navy, le Parlement britannique décida la construction d'unités supplémentaires de *dreadnoughts* (puissants cuirassés de nouvelle génération) et conseilla au Canada de renforcer la protection de ses côtes et de ses ports. À Ottawa, la discussion s'élargit : le Canada ne devait-il pas contribuer davantage à la défense de l'Empire, soit en participant financièrement à l'augmentation de la marine anglaise, soit en se dotant lui-même d'une marine de guerre ? Laurier préférait la seconde formule, mieux adaptée à l'autonomie du dominion. Le 12 janvier 1910, il déposa un projet de loi prévoyant la construction de cinq croiseurs et de six destroyers, ainsi que le recrutement de volontaires pour leurs équipages. Les conservateurs firent durer les débats, préconisant au contraire « un seul trône, un seul drapeau, une seule flotte ». Tandis que les nationalistes québécois de Bourassa exigeaient au contraire que le Canada proclamât qu'il ne s'engagerait jamais dans des conflits qui ne le concernaient pas. La loi navale fut finalement adoptée le 20 avril, mais elle avait affaibli la position de Laurier, désormais pris entre deux feux. À tel point qu'il ne prit aucune disposition pour la faire appliquer.

Du 23 mai au 30 juin se tint à Londres, en même temps que les cérémonies du couronnement de George V, qui venait de succéder au règne de neuf ans de son père Édouard VII, la VIe conférence impériale. Le ministre anglais de la Guerre, Richard Haldane, révéla la gravité des tensions en Europe. Pour l'historien Robert Lacour-Gayet, « les dominions durent en retirer l'impression que les enfants éprouvent lorsque leurs parents leur font comprendre qu'ils sont assez grands pour être mis au courant de certains problèmes ». À son retour, Laurier se trouva accusé ou de s'être trop engagé, ou pas assez. Excédé, il décida de faire trancher le nœud gordien par les électeurs. Il demanda donc au gouverneur général Albert Grey, en fonction depuis 1904, de dissoudre la Chambre des communes. Celui-ci instaura ainsi l'usage, qui s'installait aussi au Royaume-Uni, de ne jamais, hors circonstances exceptionnelles, refuser au Premier ministre l'organisation d'élections anticipées. En dépit de son titre, le gouverneur général se transformait peu à peu en simple représentant d'un monarque régnant mais ne gouvernant pas.

Depuis son accession au pouvoir, Laurier avait gagné trois fois les élections fédérales, en 1900, 1904 et 1908, et ainsi disposé d'une majorité régulière, de cent vingt-huit à cent trente-sept sièges sur deux cent quatorze. Mais en 1911, la conjonction des oppositions se combina avec l'usure du pouvoir. Le 21 septembre, les libéraux n'obtinrent que quatre-vingt-cinq sièges, contre cent trente et un aux conservateurs, auxquels s'était allié Bourassa, qui avait choisi la politique du pire afin de faire tomber Laurier.

Le poste de Premier ministre échut à Robert Borden. Né en 1854, fils de fermiers de Nouvelle-Écosse, presbytérien, enseignant autodidacte puis avocat à Halifax, député en 1896 et chef de son parti cinq ans plus tard, il avait néanmoins échoué à ce que celui-ci atténuât son indiscipline et surmontât ses divisions, y compris sur les questions de défense et de politique étrangère. Borden composa donc son gouvernement en y faisant entrer tous les chefs de tendance. Bourassa y déléguait trois ministres, dits « conservateurs et nationalistes », dont Frederick Monk, en charge des Travaux publics. On pressentait que les années à venir seraient déterminantes pour l'avenir du Canada. Il ne s'agissait pas moins que de son entrée, pleine et entière, sur la scène mondiale.

CINQUIÈME PARTIE

Entrée sur la scène mondiale

« C'est contre l'énorme puissance des États-Unis que Canadiens anglais et Canadiens français doivent ensemble défendre l'unité canadienne. »

Claude JULIEN (1965)

1

De l'avant-guerre à l'après-guerre

À l'orée du XXe siècle, moins de cinq décennies après la Confédération et à trois ans de la Grande Guerre, le Canada se présente comme un pays (presque) abouti, dont l'évolution la plus marquante réside dans le développement de l'Ouest tandis que les Maritimes se trouvent un peu à la peine.

Le chemin de fer, le blé, l'élevage et les ressources naturelles se sont combinés pour que l'expansion économique regarde d'abord vers le couchant. Les régions de l'Est, Ontario et Québec, en profitent néanmoins grâce au secteur tertiaire.

Winnipeg, encore inconnue vingt ans auparavant, est devenue la grande métropole et la porte d'entrée de l'Ouest ; elle compte 136 000 habitants au recensement de 1911. En Alberta, Calgary, d'abord simple fort de la police montée à qui un officier a donné le nom d'une île dans l'Écosse de ses origines, s'est rapidement transformée en centre du commerce des bestiaux. De 4 000 habitants en 1901, sa population est passée à 44 000 dix ans plus tard et progressera encore longtemps à un rythme soutenu. Ensemble, les deux nouvelles provinces dépassent alors les 1,3 million de personnes, soit plus de 18 % de la population totale du dominion, un taux impensable dix ans plus tôt. Du fait de leur attrait, le Canada enregistre de nouveau un solde migratoire positif, de 810 000 personnes entre 1901 et 1911. Le recensement de cette année-là montre que 22 % de la population canadienne est née à l'étranger.

L'homme et la femme de l'Ouest diffèrent assez sensiblement de ceux de l'Est. La plupart sont jeunes, avec une moyenne d'âge de vingt-cinq ans, d'immigration récente et plurinationale. On compte peu de natifs, hormis les Amérindiens avec lesquels les rapports se révèlent délicats et vont bientôt nécessiter une intervention du gouvernement fédéral. Diversité ethnique et linguistique l'emportent sur le sentiment d'appartenance à une communauté historique aux racines anglaises ou françaises. Les querelles politiques traditionnelles du Canada n'intéressent guère ces fermiers isolés qui, dépendant souvent d'un seul produit, doivent le vendre sur un marché sans pitié et s'improviser entrepreneurs. Ils éprouvent le besoin de s'organiser en dehors des vieux partis politiques. Edward A. Partridge fonde la première coopérative agricole, la Territorial Grain Growers' Association, qui mutualise les équipements, vend le blé et répartit les profits, mais joue aussi le rôle d'un syndicat professionnel qui pousse ses revendications, comme celle de l'institution d'une assurance-récolte, ou intente des procès aux compagnies de chemin de fer accusées d'abuser de leur position dominante.

À l'Est, on assiste à une urbanisation que l'on aime à qualifier de galopante, surtout au profit des deux plus grandes villes concentrant banques, compagnies d'assurances, universités et sièges sociaux des grandes entreprises industrielles, se sont équipées de tramways et ont généralisé l'éclairage électrique des rues. Avec plus de 450 000 habitants, Toronto a ravi à Québec son rang de deuxième ville du Canada. Montréal atteint son apogée : elle comptait 325 000 habitants en 1901, elle en dénombre 528 000 en 1911. Le blé arrivant de l'Ouest et partant pour l'Europe justifie le réaménagement de son port et la construction d'entrepôts monumentaux. Les banquiers et les hommes d'affaires se font édifier de vastes demeures, reflet de leur réussite et, parfois, de leur arrogance. Car les inégalités sociales et l'indifférence à la misère s'accentuent avec la croissance et l'optimisme des milieux dirigeants. Venu en 1906 étudier la situation canadienne, l'économiste anglais John Hobson, connu pour sa dénonciation de l'impérialisme britannique, observe ici qu'« une seule décennie a suffi pour que le manque d'assurance fasse place à une confiance sans bornes et à un esprit d'entreprise enthousiaste ». La même année, le sociologue québécois Errol Bouchette s'inquiète, dans *L'Indépendance économique du Canada français*, de voir ses compatriotes se laisser emporter par les courants économiques dominants au lieu de chercher à les maîtriser afin de préserver un certain humanisme.

Une partie de la littérature de l'époque dénonce la misère. De même qu'en Angleterre, aux États-Unis et en France coexistent des auteurs « esthétiques », quasiment imperméables à leur environnement économique et social, et des écrivains qui dépeignent l'évolution de la société, de même au Canada, tandis que l'on publie en 1904 le premier recueil de poèmes d'Émile Nelligan, tournés vers des sentiments intimes et hors du temps, des romanciers préfèrent exprimer une vision réaliste et souvent noire. C'est d'abord le cas de Sara Jeannette Duncan. Dans *The Imperialist* (1904), elle décrit l'affrontement entre, d'une part, le matérialisme inhérent à l'industrialisation et au rapide enrichissement d'une classe sociale et, d'autre part, la vitalité de valeurs collectives comme la croyance en une mission civilisatrice du Canada au sein de l'Empire britannique. En 1912 et en 1914, deux romans de Stephen Leacok, *Sunshine Sketches of a Little Town* et *Arcadian Adventures with the Idle Rich*, abordent sous forme satirique les bouleversements affectant les campagnes et les petites villes, puis la recherche effrénée du profit dans le mépris absolu de la dignité humaine.

Mais, sur le plan concret, les sentiments d'injustice et les mécontentements sociaux ne parviennent pas encore à se canaliser pour devenir productifs : les syndicats tardent toujours à prendre la place qu'ils occupent déjà en Angleterre, aux États-Unis et en France. Un début d'organisation et d'encadrement est pourtant apparu au début du siècle : en 1900, en 1907 et en 1909 le Parlement a adopté plusieurs lois « de conciliation » afin de prévenir et de régler les conflits du travail, mais elles n'ont guère permis d'améliorer la situation matérielle du prolétariat. En 1902 a été fondée la Fédération canadienne du travail, qui compte moins de 30 000 adhérents en 1911 ; en 1909, William Lyon Mackenzie King, qui a souvent tenu le rôle de conciliateur dans des conflits du travail, est devenu le premier titulaire du ministère fédéral du Travail. Mais les conservateurs revenus au pouvoir se montrent plus réticents à traiter de la question sociale. Le gouvernement Borden ne comporte plus de portefeuille du Travail. Hormis sur les questions sociales, sa politique intérieure ne diffère pas sensiblement de celle de son prédécesseur.

Laurier avait affronté la question scolaire au Manitoba, Borden a dû faire face à la même en Ontario et s'apprête à adopter une formule inspirée du compromis de 1896 : les élèves francophones peuvent bénéficier d'un enseignement en français à la condition d'être assez nombreux, selon des seuils à déterminer localement.

Le nouveau gouvernement procède également à une extension progressive du régime de l'administration provinciale aux Territoires du Nord et du Nord-Ouest : le 1er avril 1912, le district de l'Ungava, au nord du Québec, lui est intégré, doublant presque la surface de la province.

En politique extérieure et de défense, Borden a dû abandonner aussi bien la politique de réciprocité commerciale avec les États-Unis que la loi navale de Laurier. Mais ayant parfaitement conscience de la montée des tensions internationales, il lui faut trouver une formule de rechange. Des discussions avec Winston Churchill, Premier lord de l'Amirauté depuis octobre 1911, il ressort que le Royaume-Uni ne croit pas le Canada apte à construire des cuirassés, mais il accepte que le dominion verse une contribution financière de 35 millions de livres (810 millions actuels) pour en armer trois de plus dans les chantiers navals de Liverpool. Borden se dit prêt à accepter, mais la maladresse psychologique de Churchill fait échouer le projet du fait de l'opposition du Sénat, majoritairement libéral, le 30 mai 1914. Deux mois et quatre jours avant le déclenchement du conflit en Europe.

Lorsque, le 4 août 1914, le Royaume-Uni déclare la guerre à l'Allemagne qui, la veille, l'a déclarée à la France, le Canada compte 57 % d'anglophones, 31 % de francophones, 6 % de germanophones, 2 % d'autochtones et 6 % d'habitants d'origines diverses. L'immense majorité de la population ressent donc la conflagration comme mettant en jeu les deux mères patries. Les journaux citent le poète Crémazie : « Albion, notre foi, France notre cœur. » On chante dans les rues *God Save the Queen* et *La Marseillaise*, sans grande différence entre Québec et Toronto. L'unité nationale ne soulève aucune hésitation. Le prince Arthur, troisième fils de la reine Victoria et gouverneur général du Canada depuis octobre 1911, décide de suspendre les élections générales prévues pour novembre et de maintenir en l'état la Chambre des communes jusqu'à la fin du conflit, dont on n'imagine pas qu'il puisse durer plus d'un an ou deux.

Personne ne songe vraiment à examiner quelles sont, juridiquement, les incidences de l'entrée en guerre du Royaume-Uni sur les dominions. La solidarité au sein de l'Empire va de soi car il ne s'agit plus d'un affrontement localisé comme la guerre des Boers, mais, on le sent bien, d'une question de survie. Les Chambres votent le 18 août un crédit de 50 millions de dollars pour financer un corps expéditionnaire canadien. Elles octroient en même temps des pouvoirs exceptionnels au gouvernement, tels que la censure de la presse ou la rétention administrative d'individus estimés suspects, qui peuvent paraître plus étonnants : le pays ne subit pas de menaces directes ; ses frontières ne courent aucun risque, à la différence du temps de la guerre de Sécession qui, pourtant, n'avait entraîné aucune mesure législative exceptionnelle. À vrai dire, le gouverneur général disposait alors de tous les moyens pour prendre des dispositions d'urgence, ce qui n'est plus le cas cinquante ans plus tard.

Plus de 400 000 personnes d'origine ou de langue allemande résident alors au Canada, surtout en Ontario ; 8 500 d'entre elles seront internées entre 1914 et 1918, et la ville de Berlin débaptisée pour devenir Kitchener.

Sur le plan militaire, l'armée du dominion ne compte que 30 000 soldats et 60 000 miliciens, ou réservistes. Sa marine se limite à deux vieux croiseurs et deux sous-marins achetés précipitamment aux États-Unis. Sam Hughes, ministre de la Défense et de la Milice, fait appel au volontariat. Après un entraînement de quelques semaines au camp de Valcartier, dans le nord du Québec, 30 000 hommes en armes, dont 6 000 Canadiens français, quittent, le 3 octobre, la baie de Gaspé pour l'Angleterre. Innovation : ils combattront dans leurs propres unités et non disséminés dans les unités britanniques. Le 4 janvier 1915, les voilà engagés sur le front de Belgique. Le 22 avril, à Ypres, au nord-ouest de Lille, ils subissent, sans aucune protection, la première attaque aux gaz asphyxiants (d'où leur nom d'ypérite) qu'expérimente l'armée allemande. Ayant tenu bon malgré les pertes et contre-attaqué le lendemain, ce premier fait d'armes leur vaut d'être signalés par les deux commandants en chef, Joseph Joffre et John French, le second estimant que « la conduite de ces troupes splendides évita un désastre ». Après quoi, les Canadiens sont souvent utilisés comme troupes de choc, spécialement lors de l'offensive sur la Somme de juillet 1916. Environ 100 000 d'entre eux sont au feu en permanence, formant un corps d'armée composé de quatre divisions sous les ordres de Julian Byng, un général de cavalerie britannique qui, comme le général Philippe Pétain, a le souci des hommes et sait se faire aimer d'eux. Il ordonne qu'on remette à chacun une carte de la zone où il combat, fait sans précédent dans l'histoire des armées où, jusqu'ici, le fantassin ne possédait pas la moindre marge d'appréciation. Corrélativement, 3 000 infirmières, surnommées les « oiseaux bleus » en raison de la couleur de leur blouse et de leur remarquable mobilité, apportent des soins aux blessés de toutes les nationalités.

On reproche néanmoins à Hughes son côté agité, brouillon et indiscipliné, prenant de nombreuses décisions sans consulter le Premier ministre. Le 6 novembre, il est remplacé par Albert Edward Kemp, député conservateur de l'Ontario, jusqu'ici chargé du ravitaillement et de l'équipement des troupes.

Le moment de plus grande gloire sonne pour l'armée canadienne du 9 au 12 avril 1917 à Vimy. Cela fait deux ans que les armées anglaise et française échouent à s'emparer de cette crête fortifiée par les Allemands et qui barre la route de Douai depuis Lens. Cette fois, dans le cadre d'une offensive plus vaste visant Cambrai, l'assaut des quatre divisions canadiennes réussit à se saisir de l'imprenable redoute. Après quoi, Arthur Currie, natif de l'Ontario, succède à Byng : le commandement en chef des troupes canadiennes est enfin confié à un Canadien. En 1919, Byng sera fait comte de Vimy par George V.

Mais ce succès a causé d'énormes pertes : 3 600 morts (20 000 du côté allemand) et 7 000 blessés, de sorte que, pour le mois d'avril, elles s'élèvent, pour l'ensemble du front, au triple du nombre des enrôlements de Canadiens. Ce qui incite le gouvernement Borden à envisager une loi de conscription malgré la récente entrée en guerre des États-Unis : les troupes américaines ne seront pas opérationnelles avant plusieurs semaines et le front russe menace de s'effondrer. Contrairement à l'union nationale obtenue dans l'adversité, la question de la conscription ne va pas de soi. Même à près de 6 000 kilomètres des zones de combat, il n'a échappé à personne que cette guerre dévore sans fin des hommes, parfois inutilement, et que, derrière quelques idéaux, se profile la meurtrière boulimie de marchands d'armes et de dirigeants politiques aveuglés. Dès lors, la conscription ne servirait qu'à alimenter l'appétit sans limites du Léviathan, mythe hébreu dont Thomas Hobbes a réveillé le spectre en 1651 mais qui jamais n'a paru aussi présent. La presse canadienne, bien informée en dépit de la censure, fait savoir que le nouvel empereur d'Autriche,

Charles Ier, qui a succédé à François-Joseph mort le 21 novembre 1916, a tenté d'entamer en février 1917 des pourparlers de paix, et que les Alliés l'ont rabroué sans prendre la peine de consulter les dominions, alors même que Borden se trouvait à Londres à ce moment-là.

Henri Bourassa, un peu oublié depuis cinq ans, resurgit pour expliquer, dans les colonnes du *Devoir* et ailleurs, que la guerre en Europe ne résulte que des fautes des puissances européennes et que le Canada n'a pas à s'en mêler. Le jeune Camillien Houde – il a alors vingt-quatre ans –, encore inconnu mais déjà tribun, et que l'on retrouvera comme maire de Montréal dans l'entre-deux-guerres, se demande : « Pourquoi irais-je me battre pour ces Français qui nous ont abandonnés et ces Anglais qui nous ont envahis, contre ces Allemands qui ne nous ont jamais rien fait ? » Le projet de conscription rencontrant ainsi beaucoup d'hostilité, notamment au Québec, Borden hésite. Il songe un moment à consulter les électeurs, puis il tente de constituer un gouvernement d'unité nationale avec les libéraux. Laurier refuse d'y participer et réclame un référendum. Le gouvernement se range finalement à une formule édulcorée : la loi du 24 juillet 1917, entrant en vigueur un mois plus tard, prévoit que tous les hommes de vingt à trente-cinq ans peuvent être appelés sous les armes, mais avec une dispense pour les fils d'agriculteurs dont la présence à l'arrière est indispensable au ravitaillement. Le Parlement adopte en même temps la « loi d'élection en temps de guerre » qui accorde, en hommage aux « oiseaux bleus » et à la suite du mouvement canadien des suffragettes animé par Emily Stowe (la première femme médecin au Canada), le droit de vote aux femmes et aux parentes de soldats. Un an plus tard, il sera élargi à toutes les femmes.

En octobre, Borden parvient à former un nouveau gouvernement d'union nationale, qui compte treize conservateurs et dix libéraux.

Le 6 décembre 1917, la Nouvelle-Écosse subit le seul dommage de guerre touchant directement le pays : dans le port d'Halifax, alors en suractivité, la collision de deux navires, dont l'un transporte une grande quantité de munitions à destination de l'Europe, provoque une gigantesque explosion ravageant toute la partie nord de la ville, qui compte alors 50 000 habitants, tuant

2 000 personnes, en mutilant 9 000 et en privant 25 000 de leur logement. Se met aussitôt en place un mouvement de solidarité impériale, initié par l'Australie, afin de secourir financièrement les victimes.

Les élections du 17 décembre 1917 donnent cent cinquante-trois sièges sur deux cent trente-cinq aux unionistes – conservateurs et libéraux ralliés – contre quatre-vingt-deux sièges seulement à l'opposition. Mais le scrutin a fait apparaître une fracture : les électeurs du Québec ont voté en masse contre le gouvernement. Le ton monte par journaux interposés. À l'Assemblée législative provinciale, Joseph-Napoléon Francœur soumet une motion de « rupture du pacte fédératif de 1867 », que le Premier ministre, Lomer Gouin, parvient toutefois à faire retirer. Mais l'indépendantisme québécois vient de poser un nouveau jalon à son chemin...

La conscription ne produit pas les résultats escomptés : sur 117 000 conscrits québécois au début de 1918, 115 000 demandent à être exemptés, et la proportion est tout aussi élevée en Ontario. Ce qui pousse le gouvernement à supprimer les dispenses pour les fils d'agriculteurs et provoque, outre de nombreuses désertions, un mouvement de révolte au Québec : du 28 au 31 mars, quatre journées d'émeute secouent la capitale provinciale, provoquant quatre morts, une quinzaine de blessés et une soixantaine d'arrestations.

Pour autant, sur le théâtre des opérations, l'engagement de l'armée canadienne ne faiblit pas : sa vigoureuse offensive à l'est d'Amiens, le 8 août 1918, est saluée par Erich Ludendorff, commandant en chef de l'armée allemande, comme « le jour de deuil » de celle-ci ; à la fin de septembre, les Canadiens percent la principale ligne de défense allemande, dite « Hindenburg » ; le 9 octobre, ils libèrent Cambrai, puis Mons le 11 novembre.

Après la victoire, vient l'heure des bilans. Six cent mille Canadiens ont été mobilisés, dont 20 000 dans la Royal Air Force (soit le quart des effectifs de la RAF), venus d'un pays qui, jusqu'ici, ignorait l'aviation ; 425 000 ont combattu ; 49 % étaient des Britanniques immigrés après 1900, 40 % des Canadiens anglophones et seulement 4,5 % des Canadiens francophones ; 65 000 ont été tués ou sont morts de maladies contractées au front : un nombre relativement modeste au regard des hécatombes allemande (plus de 2 millions de morts), russe (1,8 million) et française (1,4 million), mais considérable par comparaison avec les pertes américaines, qui s'élèvent à 116 000, pour un pays douze fois et demie plus peuplé que le Canada.

Les Alliés ont gagné la guerre ensemble, il leur revient de signer ensemble le futur traité. Si cela va de soi pour les États souverains, même de petite taille, il n'en va pas de même pour les dominions. Convoqué à Londres au lendemain de l'armistice, Borden a la désagréable surprise d'apprendre que, suivant une décision des « Cinq Grands » (France, Royaume-Uni, Italie, États-Unis et Japon), la délégation de l'Empire britannique à la conférence de la paix sera composée exclusivement de représentants du gouvernement anglais. Après de nouvelles discussions, où les États-Unis se montrent particulièrement réticents, on convient de ranger les dominions dans la catégorie des « puissances à intérêts limités », dont font partie des pays comme la Belgique, la Serbie ou la Roumanie. Leurs délégations comprendront chacune deux membres, contre cinq pour chacun des grands pays. Le 28 juin 1919, Lloyd George signe donc le traité de Versailles au nom de « Sa Majesté le roi du Royaume-Uni de Grande-Bretagne, d'Irlande et des dominions britanniques au-delà des mers, empereur des Indes », puis les Premiers ministres des dominions apposent leur signature au-dessous de la sienne. Sous l'apparence protocolaire de la procédure, le Canada n'ayant guère d'exigences à l'égard des vaincus, une étape considérable vient d'être franchie sur la route de l'indépendance intégrale, d'autant que le traité prévoyant l'institution d'une Société des Nations (SDN) stipule que le Canada en sera membre à part entière. Dorénavant, il existera une diplomatie canadienne susceptible de se faire entendre dans les affaires du monde, non seulement en raison de la contribution du pays à la victoire, mais aussi d'un poids économique accru par une prospérité retrouvée, néanmoins fragile et éphémère.

2

Fragile et éphémère prospérité

L'année qui suit le rétablissement de la paix et l'entrée du Canada parmi les nations qui comptent s'ouvre sur des difficultés politiques et sociales provenant de l'Ouest. Les fermiers du Manitoba, de la Saskatchewan et de l'Alberta, lassés de voir leur économie contrôlée par les institutions financières de Montréal et de Toronto, ont d'abord créé une association de défense, le Canadian Council of Agriculture, puis un véritable parti politique, le Progressive Party, dirigé par un leader émergent, Thomas Crerar, qui vient de démissionner de son poste de ministre fédéral de l'Agriculture dans le gouvernement d'union nationale. Il se donne pour objectif ambitieux, quoique flou, une complète réforme du système économique afin que celui-ci profite aux producteurs plutôt qu'aux spéculateurs. L'originalité du mouvement, qui s'organise en vue des élections générales de 1921, tient également à son mode de fonctionnement, fondé sur la démocratie directe et le mandat impératif : ses députés obéiront aux instructions de leurs électeurs dans chaque comté.

Parallèlement, des vagues de grèves scandent le premier semestre de 1919, portées, de Vancouver à Halifax, par des mécontentements des plus variés, de ceux des ouvriers de la métallurgie ou de la construction à ceux des salariés ou des petits exploitants agricoles. À Winnipeg, la contestation prend la forme d'une grève générale. Apparaît avec elle un syndicalisme plus idéologique, flirtant avec les idées socialistes européennes et faisant redouter aux « possédants » la contagion marxiste. Le 21 juin, la police montée charge 30 000 manifestants, tuant deux d'entre eux et faisant plusieurs dizaines de blessés. La journée s'inscrira dans l'histoire des luttes sociales en Amérique comme le *Bloody Saturday*. L'ordre se rétablit mais, faute de mesures d'accompagnement, la rancœur s'installe au profit du Parti progressiste qui s'adresse aux électeurs comme les partis traditionnels ne savent plus le faire, pratiquant ce qu'on appellerait de nos jours la « langue de bois ».

Le gouvernement Borden doit aussi faire face à la crise des chemins de fer : depuis 1886 et l'inauguration de l'Intercontinental, plusieurs autres compagnies sont apparues et se concurrencent sur des trajets parfois voisins, générant un certain gaspillage. Le financement de la construction et de l'aménagement des lignes faisait largement appel à des emprunts, le plus souvent souscrits auprès de banques britanniques. Leur crédit se tarit avec la guerre, en même temps que leur chiffre d'affaires interrégional, débouchant sur leur nationalisation. En 1919, sont ainsi créés les Chemins de fer nationaux du Canada, regroupant l'Intercolonial, l'Intercontinental, le Canadien Nord et le Grand Tronc Pacifique. Le Grand Tronc historique, celui de l'Est, rejoindra le groupe en 1923.

Wilfrid Laurier est mort le 17 février 1919, à soixante-dix-huit ans, alors qu'il essayait encore de reconstruire le Parti libéral. Robert Borden, bien que plus jeune d'une douzaine d'années, sort épuisé des épreuves traversées depuis plus de sept ans et, de santé déclinante, aspire à se retirer.

Le 1er juillet 1920, la Couronne a sanctionné la loi des élections fédérales qui établit le suffrage universel pour tous les hommes et toutes les femmes âgés d'au moins vingt et un ans. Le nouveau dispositif continue néanmoins d'exclure les autochtones et les Inuits. Et la fixation de la majorité civile demeure du ressort provincial.

Dix jours plus tard, Arthur Meighen, député du Manitoba, jusqu'ici ministre de la Justice, devient, à quarante-six ans, le plus jeune Premier ministre de l'histoire de la Confédération. Homme intègre, tribun implacable, il est doté d'une grande culture et d'une non moins grande intelligence des dossiers, mais avec une faiblesse : l'art, « sans pareil » disait-on, de se faire des ennemis… Durant son bref gouvernement, les Amérindiens obtiennent le droit de vote et ce qui restait encore d'incontrôlé dans les Territoires du Nord-Ouest entre dans le système administratif avec la création de trois districts supplémentaires : Mackenzie, Keewatin et Franklin.

Chez les libéraux, la succession de Laurier échoit à William Lyon Mackenzie King, plus simplement appelé King, après une compétition ouverte avec l'ancien ministre des Finances William Fielding : en furent arbitres les militants du parti, une première dans l'histoire politique du Canada, sorte de primaire inspirée du système américain.

Né en 1874 à Berlin, devenue Kitchener, le nouveau chef du Parti libéral est le petit-fils de William Lyon Mackenzie qui mena la rébellion du Haut-Canada en même temps que Papineau celle du Bas. Bien qu'admiratif de son grand-père, il n'a rien d'un révolutionnaire. Député pour la première fois en 1908, puis ministre du Travail pendant deux ans, il a été battu en 1911 avec la débâcle des libéraux et s'est installé alors aux États-Unis pour travailler comme expert en relations du travail. De nouveau battu aux élections de 1917, sa désignation à la tête d'un parti a de quoi surprendre, mais le personnage possède au plus haut point la qualité d'un conciliateur hors pair.

La campagne électorale de 1921 oppose le programme des conservateurs, partisans du protectionnisme et de la nationalisation des dernières compagnies de chemin de fer privées, ce qui leur aliène aussi bien les fermiers de l'Ouest que les milieux d'affaires de l'Est, à l'absence de programme des libéraux, King pressentant que leur tour est revenu et qu'il lui faut ne braquer personne. Judicieuse tactique puisque, le 4 octobre, le Parti libéral remporte cent dix-huit des deux cent trente-cinq sièges, tandis que les conservateurs s'effondrent, n'en retrouvant que soixante, soit cinq de moins que les progressistes de Crerar qui, de surcroît, font, pour la première fois, entrer une femme à la Chambre, cinq ans après la première Américaine et deux ans après la première Anglaise, mais vingt-quatre ans avant la première Française : Agnes Macphail, cinquante et un ans, est une journaliste militante pour le compte des fermiers de l'Ontario. Elle sera réélue lors des trois élections générales suivantes.

Lord Byng de Vimy, dont les hauts faits militaires viennent d'être récompensés une seconde fois par sa nomination à la fonction de gouverneur général du Canada, invite King à former le gouvernement. Installé à Ottawa dans la même maison, de style victorien et confortable sans excès (de nos jours ouverte à la visite), qu'occupa Laurier, dont il se veut l'héritier spirituel, le Premier ministre souhaite d'abord consolider sa courte majorité. Les progressistes l'assurent de leur appui sous certaines conditions, comme l'achèvement du chemin de fer de la baie d'Hudson.

Dans cet après-guerre, qui n'est pas encore un avant-guerre, et que l'on va bientôt appeler les « Années folles », on célèbre à la fois l'héroïsme des anciens combattants, les innovations qui donnent un nouvel aspect à la vie quotidienne et l'évolution des mentalités qui annonce d'autres modes de prise en charge des intérêts collectifs. Avec un élément supplémentaire pour le Canada : la poursuite progressive du processus d'indépendance intégrale.

Le 21 novembre 1921, George V a présenté les armoiries que l'Empire britannique offre au dominion. Deux ans plus tôt, la Chambre des communes a adopté, à l'initiative de William Nickle, député conservateur de Kingston, une résolution demandant au Royaume-Uni de ne plus conférer de titres nobiliaires ou d'autres distinctions honorifiques à des citoyens canadiens comme s'ils étaient des citoyens britanniques. La Couronne en a pris acte et répond joliment par ce geste qui peut s'interpréter comme un anoblissement du pays en son entier. Certes inspirées de celles du Royaume-Uni, les armoiries du Canada font aussi une place importante au souvenir de la Nouvelle-France, le drapeau fleurdelisé occupant en tête de blason un espace symétrique et de taille égale à celle du drapeau britannique. L'écu central s'orne des armes des provinces fondatrices de la Confédération, de sorte que la fleur de lys est, de tous les meubles héraldiques, celui qui ressort le plus nettement. Au bas des armoiries, un bandeau flottant porte la devise nationale *A mari usque ad mare*.

Autre manifestation de reconnaissance, émanant cette fois de la France : le gouvernement d'Aristide Briand a décidé, en dépit de l'interdiction constitutionnelle de démembrer le sol de la République, de donner au Canada, dont elle devient ainsi partie du territoire national, la crête de Vimy (*Vimy Ridge*), afin d'y élever un monument commémoratif de la victoire et des morts qu'elle a coûtés.

Comme tous les pays belligérants, le Canada doit maintenant reconvertir son économie de guerre en économie de paix. De façon d'autant plus urgente et vigoureuse que la première a laissé le pays avec 15 % de chômeurs. Mais il ne s'agit pas d'un simple retour à l'ordre ancien. La guerre et la paix ont profondément marqué la société, fait sauter des verrous, suscité des aspirations nouvelles.

L'agriculture, jusqu'ici première ressource du pays, cède le pas à l'industrie et au secteur tertiaire comme principaux moteurs de la croissance. Plus de la moitié des Canadiens vivent dans des villes de plus de 20 000 habitants, découvrent l'électricité, présente dans 67 % des foyers en 1922 – un des taux les plus élevés au monde –, les premiers équipements électroménagers, les machines-outils et l'automobile. L'avènement de celle-ci incite le gouvernement fédéral à unifier le sens de la circulation dans toutes les provinces : la Colombie-Britannique et les Maritimes passent ainsi de gauche à droite afin de rejoindre la pratique majoritaire.

La vie quotidienne des ménages s'ouvre à de nouveaux produits. Le crédit à la consommation, en pleine ascension, provoque l'ouverture des premiers centres commerciaux et des premiers magasins de grande surface à prix modérés, dont ceux de la chaîne Canadian Tire, promise à un grand avenir.

L'économie et la distribution des revenus demeurent cependant tributaires de quelques grandes productions primaires : la pâte à papier, dont elle représente les deux tiers du marché mondial, le blé, qui en représente presque un tiers, les produits miniers, surtout le plomb, le zinc et le cuivre de Colombie-Britannique, enfin l'hydro-électricité, qui s'affirme de plus en plus comme le trait dominant du paysage énergétique canadien.

Le rapide développement du pays fait également ressortir des disparités entre les provinces : si l'Ontario et le Québec profitent à plein de l'essor général, les provinces de l'Ouest, trop dépendantes de la monoculture céréalière, restent à la merci des fluctuations des cours mondiaux, des accidents climatiques et des spéculations financières. Les Maritimes, autrefois petite aristocratie géographique du fait de leur plus grande proximité de la métropole, souffrent du déplacement du centre de gravité de l'Amérique du Nord vers le sud-ouest du continent ; leur population stagne, quand elle ne diminue pas, comme dans l'Île-du-Prince-Édouard.

Les anciens combattants de retour d'Europe, tous encore jeunes, ont côtoyé là-bas d'autres peuples, principalement anglais, français, américain et venus des dominions de l'hémisphère sud. À leur contact, ils ont découvert d'autres cultures, d'autres façons de regarder le monde et d'autres modes de vie. L'image de Paris, que bien peu pourtant ont eu l'occasion de visiter, a fait naître des désirs d'un type nouveau, intégrant cette idée aussi révolutionnaire que le bonheur selon Saint-Just à la fin du XVIIIe siècle en Europe : celle des loisirs. Le Canadien de vingt-cinq ans qui a réchappé de la tuerie de Vimy et qui narre à ses amis ou à ses parents ses souvenirs embellis du Vieux Continent ne peut plus se contenter de travailler tout le jour, de gagner de quoi juste survivre avec sa famille, de faire des enfants et d'en remercier le ciel sous le regard intransigeant du curé ou du pasteur au moment où la radio, le cinéma et les magazines – trois domaines en pleine effervescence dans le pays voisin – lui ouvrent un regard neuf sur le monde.

Premier divertissement populaire connaissant un engouement exponentiel, les grands sports collectifs que sont le base-ball, estival, et le hockey sur glace, hivernal. Une tradition canadienne voudrait que le premier de ces jeux ait été inventé à Beachville (Ontario) en 1838, mais bien d'autres thèses se concurrencent et rendent aléatoire toute explication sur ses véritables origines.

Depuis 1893 et la création de la coupe Stanley, le hockey sur glace s'est confirmé comme le sport le plus populaire. Il avait remplacé en 1785 le jeu de crosse importé par les colons français. Son étymologie demeure incertaine. Le premier match disputé en intérieur, selon des règles assez peu modifiées jusqu'à ce jour, s'était tenu à Montréal en 1875 sur la patinoire Victoria. L'équipe *du* Canadien – ou *des* Canadiens – de cette même ville fut créée en 1909. Après guerre, les patinoires disposant de vastes gradins se multiplient ainsi que les équipes dans toutes les villes d'une certaine importance.

Les industries culturelles profitent également du picotement des mentalités en faveur des découvertes esthétiques.

L'immense succès populaire de Mistinguett, en France, a transmis au Canada le goût du music-hall et de l'opérette. Honoré Vaillancourt, chanteur lyrique et metteur en scène, crée à Montréal en 1921, avec l'aide financière de deux cents mécènes, la Société canadienne d'opérette, qui permet, pendant une quinzaine d'années, à de nombreux artistes de faire leurs débuts et de poser les bases d'une école de la chanson québécoise, dont, au cours des décennies suivantes, plusieurs compositeurs, auteurs et interprètes acquerront une renommée mondiale.

Le théâtre n'est pas en reste. Une pièce très populaire, montée pour la première fois en 1921, va amplifier chez les Canadiens le goût de la scène, donnant, là aussi, le signal du départ à plusieurs générations de dramaturges et de comédiens. *Aurore, l'enfant martyre*, inspirée d'un fait divers, écrite par Léon Petitjean et Henri

Rollin, connaît un succès sans précédent et sans suivant jusqu'à ce jour.

Dans le domaine des arts plastiques, on peut aussi parler de bouillonnement prometteur, bien que le caractère traditionnellement élitiste de ce milieu n'épargne pas les critiques, souvent acerbes, aux nouveaux artistes.

Depuis déjà plusieurs décennies, le Canada s'était doté d'institutions culturelles visant à communiquer le goût des arts au public le plus large. L'Ontario Society of Artists a vu le jour en 1872 et s'est mariée en 1880 avec l'Art Association of Montréal, née en 1860, pour former l'Académie royale des arts du Canada, afin d'organiser ou de patronner des expositions itinérantes entre les principales villes. La même année, le musée des Arts de Montréal a ouvert ses portes afin d'encourager la création artistique en lui permettant de toucher le grand public. Les sociétés d'art, de tailles et d'ambitions diverses – dont la plus importante est le Canadian Art Club de Toronto, fondé en 1907 –, se sont également multipliées avant la guerre, mais tout se passe comme si les Canadiens avaient attendu l'après-guerre pour donner à ces initiatives anciennes l'occasion de s'épanouir enfin. Car une petite révolution culturelle s'est produite en 1919 à Algoma, une petite ville de l'Ontario à la frontière américaine. Là, un groupe de sept peintres a décidé de se distinguer des courants artistiques américains, « serviles imitateurs » des arts anglais et français. L'année suivante, ils formalisent leur projet en se baptisant Groupe des Sept. En mai 1920, ils exposent ensemble leurs œuvres au musée de Toronto en expliquant qu'elles célèbrent « la puissance purificatrice de la nature », privilégiant la grandeur des paysages canadiens. Leur entreprise séduit un vaste public et s'exporte dans des expositions aux États-Unis dès 1923, en Angleterre en 1924 et en France, en 1927 au musée du Jeu de paume.

En même temps que les peintres canadiens passent pour la première fois les frontières du dominion, celui-ci continue de faire avancer son objectif de totale indépendance sur la scène internationale. La guerre achevée, les conférences impériales ont repris leurs réunions périodiques, la première s'étant tenue à Londres du 5 juin au 5 août 1921. Arthur Meighen s'y était opposé au renouvellement de l'alliance entre le Royaume-Uni et le Japon afin d'éviter une mésentente avec les États-Unis dont se dessinait déjà, dans le Pacifique, la rivalité avec l'empire du Soleil-Levant.

Il avait finalement obtenu gain de cause, provoquant une double novation : pour la première fois de son histoire, le Canada privilégiait ses relations avec les États-Unis contre toute autre stratégie internationale au sein de l'Empire britannique ; pour la première fois aussi, il emportait une décision collective en son sein.

Un an plus tard, cette fois avec King comme Premier ministre, le Canada refuse au Royaume-Uni son aide militaire dans le conflit qui l'oppose à la Turquie à la suite du démembrement de l'Empire ottoman et du transfert à la Grèce d'une partie de ses territoires européens. L'affaire est surtout symbolique : l'armée anglaise n'a nul besoin du soutien de troupes des dominions pour régler la question, mais la position du Canada constitue un précédent qui ne peut que faire jurisprudence. Le 1er janvier suivant, le gouvernement canadien se dote d'un portefeuille de la Défense nationale. Remplaçant l'ancien poste de la Défense et de la Milice, le nouveau ministère exprime, à titre de complément de la politique étrangère, la prise en main totale du dominion sur sa destinée. C'est aussi une riposte à la conférence navale de Washington au cours de laquelle, en février 1922, il fut convenu de limiter les marines de guerre en fixant la part de chacun des « Cinq Grands », sans que le Royaume-Uni ait pris la peine de consulter les dominions.

Lors de la conférence impériale suivante, en octobre 1923 et toujours à Londres, King constate amèrement que la presse britannique juge en termes sévères le souci de pleine indépendance du Canada, ce qui ne le fait pas dévier de sa route. Il rejette la demande du gouvernement anglais de cosigner avec lui le traité dit du flétan conclu avec les États-Unis sur les droits de pêche dans le Pacifique : pour la première fois, un dominion a négocié et signé un traité de façon parfaitement autonome. Ici encore, le précédent est destiné à devenir loi du genre.

Bien que figurant parmi les fondateurs de la Société des Nations (SDN), le Canada ne participe initialement qu'à son Assemblée générale, aux côtés de soixante-deux autres pays. Mais, en 1925, il entre au Conseil composé des quatre plus grandes puissances à titre permanent – hormis les États-Unis qui n'ont pas ratifié le traité de Versailles – et de quatre à neuf membres non permanents élus à tour de rôle. Son représentant, Raoul Dandurand, devient parallèlement le président de l'Assemblée générale. Né en 1861 à Montréal, avocat, proche de Laurier, président du Sénat de 1905 à 1909, il a fondé en 1911 avec Gabriel Hanotaux, qui lui a révélé le rôle d'Antoine Duprat en 1517, le Comité France-Amérique, tout premier organisme ayant pour but de rapprocher les Français des Canadiens français. En 1909, ils ont dévoilé ensemble à Paris un monument en hommage à Montcalm.

Dans ses nouvelles fonctions, Dandurand joue un rôle moteur pour l'élaboration du protocole de Genève du 17 juin 1925 prohibant l'emploi de gaz asphyxiants, premier texte interdisant les armes chimiques et bactériologiques. Quatre mois plus tard, signant le pacte de Locarno fixant définitivement les frontières entre anciens États belligérants, le Royaume-Uni précise que l'accord « n'imposera aucune obligation à aucun des dominions ou à l'Inde ».

Voulant profiter à la fois de la reconnaissance du Canada en tant que puissance qui compte dans le monde, et de la conjoncture économique favorable, également las de composer sans cesse avec les progressistes, King provoque la dissolution de la Chambre des communes. Mais les élections du 29 octobre 1925 démentent ses espérances : son parti ne retrouve que cent sièges, tandis que les conservateurs en obtiennent cent quinze. Lui-même et huit de ses ministres sont battus. Avec seulement vingt-deux élus, ils paient la déception infligée à leurs électeurs par un parti qui se voulait rénovateur et n'a servi que de force d'appoint aux libéraux. Pour la première fois depuis 1867, il n'existe pas de majorité parlementaire. King demeure en place pour « expédier les affaires courantes » et, après avoir louvoyé en vain pendant six mois pour former une majorité de coalition avec les progressistes, il demande à Byng de dissoudre la Chambre une seconde fois. Celui-ci refuse, estimant irrecevable une proposition émanant d'un chef de gouvernement qui n'a pas la confiance explicite de la Chambre. Et dont, de surcroît, un scandale a entaché l'intérim : la politique de prohibition de l'alcool, mise en place aux États-Unis depuis 1919, a fait exploser la contrebande des vins et des spiritueux à travers la frontière canadienne, où les douaniers se montreraient fort complaisants en échange de quelques rétributions sur lesquelles l'administration King aurait fermé les yeux, voire profité un petit peu…

Le 27 juin 1926, l'adoption d'une motion de censure, par cent dix-sept voix contre cent seize, contraint King à démissionner enfin. Le gouverneur général pressent Meighen pour lui succéder mais celui-ci n'obtient pas la confiance de la Chambre des communes.

La crise politique, première du genre dans le dominion, ressemble comme une sœur jumelle à celles qui, à la même époque, secouent régulièrement la IIIe République française. Mais ici, le gouverneur général se trouve pleinement fondé à recourir à la dissolution.

La campagne électorale de l'été 1926 oppose un Meighen hautain et méprisant, certain de son succès après le scandale des douanes, à un chef libéral qui sait toujours séduire en promettant tout sans s'engager à rien. Tactique encore couronnée de succès puisque, le 14 septembre, les électeurs envoient à la Chambre cent vingt-huit libéraux contre quatre-vingt-onze conservateurs, le solde étant assuré par une trentaine de députés appartenant aux tendances les plus diverses : reliquat des progressistes, en voie de disparition ; élus défendant des intérêts catégoriels ou géographiques, notamment des provinces de la Prairie ; députés liés au mouvement syndical ouvrier, qui a pris un certain essor au Québec et en Ontario ; socialistes et même cryptocommunistes, dont le parti a été fondé en mai 1921 par des agents du Komintern mais déclaré illégal moins d'un an plus tard. Le tout forme un réservoir d'individualités d'autant plus enclines à se rallier aux libéraux que les mouvements dont elles se revendiquent s'essoufflent rapidement.

Le gouvernement que King forme alors croit voir s'ouvrir devant lui une allée pleine de promesses : les récents tressautements politiques n'ont pas affecté l'expansion économique du pays ni sa conquête du statut de puissance internationale. Armés des principes alors largement dominants des grands économistes libéraux, les dirigeants canadiens, du gouvernement comme des grandes entreprises, ne voient d'autre clé de l'avenir que dans la « main invisible » conceptualisée par Adam Smith depuis le milieu du XVIIIe siècle et magnifiée au début du XXe par les économistes de l'école de Manchester. Selon eux, guidée par une sorte de providence, la combinaison des intérêts individuels assure automatiquement le bien commun, ce qui va justifier leur abstentionnisme dans la conduite de l'économie nationale. Jusqu'à l'effondrement d'un système recevant le « coup de pied de l'âne » qui met fin aux illusions des Années folles.

3

De la « main invisible » au « coup de pied de l'âne »

La seconde moitié des années 1920 confirme et amplifie l'expansion et l'américanisation économiques du Canada. En 1926, les États-Unis supplantent le Royaume-Uni comme principal client, fournisseur et investisseur étranger. La croissance s'établit en moyenne au-dessus de 6 % par an, alimentant l'euphorie du monde des affaires et de la finance, faisant écrire aux dirigeants de la Banque du Canada dans son rapport annuel qu'« à aucun moment dans le passé les perspectives n'ont été aussi favorables pour la prospérité prolongée du pays ». Jamais en tout cas un gouvernement n'est aussi peu intervenu dans l'économie, les grands équipements comme la prospection minière ou la création monétaire par le truchement du crédit étant totalement laissés à l'initiative privée.

Conservateurs et libéraux partagent à peu près le même point de vue à cet égard, de même qu'ils se retrouvent en matière de politique étrangère : du *self-government* cher à lord Elgin, le Canada passe progressivement au *full government* et bénéficie, depuis Locarno, de l'accompagnement des autres dominions.

La septième conférence impériale qui se tient à Londres du 19 octobre au 22 novembre 1926 consacre solennellement cette évolution avec ce qu'on a appelé la « déclaration Balfour », du nom du représentant du Royaume-Uni à la SDN : les dominions sont désormais reconnus comme « des collectivités autonomes, égales en droit, nullement subordonnées les unes aux autres, à aucun point de vue, intérieur ou extérieur, toutefois unies entre elles par une même allégeance à la Couronne, et associées librement les unes aux autres en tant que membres de la Communauté britannique des Nations ». Ainsi est officialisé le terme de Commonwealth depuis quelque temps déjà en usage chez les diplomates de l'Empire.

Dans le même esprit, les gouverneurs généraux cessent de représenter le gouvernement britannique pour représenter « la Couronne ». Le changement n'est pas seulement symbolique : désormais les titulaires de la fonction ne recevront plus d'instructions de Londres et ne serviront plus d'intermédiaires obligés avec le gouvernement du dominion.

Le texte comporte néanmoins une réserve de taille : le gouvernement britannique assume « pour quelque temps encore, la majeure part des responsabilités en matière de politique étrangère ». Le flou de la formule résulte de quelques discussions difficiles, principalement avec le Canada qui joue le chef de file des aspirants à la totale indépendance.

Il faut encore deux conférences, en 1929 et en 1930, pour parvenir à la définition et à l'entrée en vigueur du Commonwealth selon une loi de l'Empire. Adoptée par le Parlement le 11 décembre 1931, on l'appelle couramment « statut de Westminster » : le souverain du Royaume-Uni est roi de chacun des dominions mais de façon séparée, sa première couronne ne prévalant sur aucune des autres ; la formule de restriction temporelle sur la politique étrangère disparaît ; les Parlements des dominions peuvent voter n'importe quelle loi, même en contradiction avec la législation britannique.

Trois dispositions paraissent cependant susceptibles de soulever des difficultés, au moins sur le plan de la clarté juridique.

En premier lieu, le gouverneur général ne sera plus nommé qu'après avis du gouvernement canadien, de sorte que s'esquisse une bizarrerie institutionnelle : bien que le statut ne le précise pas, mais pour peu que, suivant une pente naturelle, l'avis de consultatif devienne conforme, c'est à terme le Premier ministre qui, de fait, désignera le gouverneur général : une curiosité probablement unique au monde et qui ôte tout poids politique au second. N'aurait-il pas été plus simple de supprimer le poste de gouverneur général dans la mesure où il existe un roi du Canada ?

En deuxième lieu, la Constitution de la Confédération de 1867 ne pourra, contrairement à celles des autres dominions, être modifiée qu'avec l'accord du Parlement britannique. Cette formule, appelée à soulever bien des complications à terme, résulte étonnamment d'une résolution du Parlement d'Ottawa consécutive à la conférence fédérale et provinciale des 7 et 8 avril 1931 : les différents gouvernements du Canada n'ont pu alors s'accorder sur une procédure de révision, montrant ainsi les limites du fédéralisme.

Enfin, les lois du Canada restent soumises, pour le contrôle de leur conformité à la Constitution, au Comité judicaire du Conseil privé qui siège à Londres : un peu comme le système de « justice retenue » pratiqué à l'époque médiévale, curieuse réminiscence du temps des Capétiens et des Plantagenêts.

Il n'empêche que les deux grands partis politiques, la presse et l'opinion publique saluent avec enthousiasme le statut de Westminster, aussi bien chez les francophones que chez les anglophones. Seuls de rares nostalgiques de l'impérialisme ancien font entendre une voix discordante. Au Québec, des responsables politiques connus pour leurs prises de position nationalistes, tels que le publiciste Henri Bourassa, ou Armand Lavergne, ancien député de Montmagny et défenseur acharné de la langue française, conjuguent leurs voix pour se féliciter de la maturation du Canada comme grande nation sous la couronne britannique du moment que le gouvernement anglais n'intervient plus dans ses affaires.

L'indépendance nationale dans le domaine politique n'exclut évidemment pas la dépendance internationale dans le domaine économique. Au moment du vote du statut de Westminster, le Canada souffre tout particulièrement de la crise économique mondiale déclenchée par l'effondrement de la Bourse de New York les 24 et 29 octobre 1929. Tributaire, comme on l'a vu, d'un nombre restreint de produits bruts, et très liée à celle des États-Unis, l'économie canadienne subit de plein fouet les mesures de restriction des importations que les pays les plus développés ont instaurées dans l'urgence afin de pallier une récession dont ils n'identifient pas encore les causes. À l'instar de la plupart de ses collègues étrangers, King n'a pas compris la gravité, ni mesuré les conséquences, ni prévu les prolongements de la situation. Et pas plus les chefs de l'opposition qui – signe peut-être d'une démocratie parlementaire mature – dénoncent l'impéritie d'un gouvernement alors qu'ils se seraient comportés comme lui s'ils avaient été aux affaires.

Ce qui leur permet néanmoins de remporter, à la surprise générale, les élections du 28 juillet 1930, avec cent trente-sept sièges, contre quatre-vingt-onze aux libéraux. Richard Bennett, qui a succédé à Arthur Meighen, mort le 25 septembre 1926, a fait campagne sur l'incapacité notoire de son prédécesseur et sur quelques mesures simples, comme l'accroissement des droits de douane.

Le nouveau Premier ministre, alors âgé de cinquante ans, natif du Nouveau-Brunswick, professeur puis avocat et homme d'affaires ayant tenté sa chance en Alberta, était devenu député de Calgary en 1911 et brièvement ministre des Finances en 1926 dans le météoritique gouvernement Meighen.

Durant les deux années suivant sa prise de fonctions, la crise continue de produire ses ravages : le revenu national ne cesse de diminuer, jusqu'à ne plus représenter, en 1931, que 70 % de ce qu'il était en 1928, les exportations descendent au-dessous de leur niveau de 1914, le chômage progresse inexorablement vers le seuil de 25 % de la population active et la misère colonise les rues de toutes les villes.

Bennett qui, lui aussi, a longtemps cru à la vertu des « stabilisateurs automatiques », credo des professeurs d'économie de l'époque, comprend la nécessité d'une politique correctrice intervenant à contre-cycle. Il ne se contente donc pas d'accroître de 50 % les droits de douane, les portant à un niveau historique, il lance aussi un programme d'économies budgétaires dans le fonctionnement de l'État afin d'en redéployer les moyens pour financer de grands travaux publics. Tout cela ressemble certes au New Deal du président américain Franklin Roosevelt, élu en novembre 1932, mais dont, au vu de la chronologie, Bennett ne semble pas s'être inspiré : lui aussi a étudié les idées de Keynes sur « la fin du laisser-faire » et entend appliquer une bonne partie de ses recettes.

Préoccupé du rôle qu'un système bancaire totalement débridé a joué dans le déclenchement de la crise, il demande en juillet 1933 à une commission d'experts indépendants, présidée par Hugh Macmillan, un magistrat écossais qui avait présidé, à Londres, le Comité des finances et de l'industrie, de « peser les arguments pour ou contre l'établissement d'une institution bancaire centrale ». Comme il en existe déjà dans les pays de référence, tels que l'Angleterre (depuis 1694), la France (depuis 1880), et les États-Unis (depuis 1913). Le nouvel organisme pourrait assurer une régulation de la politique monétaire par un contrôle de la distribution du crédit. Le rapport étant favorable à l'institution, celle-ci voit le jour le 11 mars 1935, avec pour premier gouverneur Graham F. Towers, qui représentait les banques commerciales au sein de la commission de réflexion. D'abord société privée, dont les actions sont ouvertes au public et non réservées aux institutions financières existantes, la Banque du Canada devient société nationale en 1938.

Bennett, récent converti, va encore plus loin dans les interventions de l'État. Sous son gouvernement, de nombreuses mesures sociales sont prises pour faire face aux conséquences humaines de la crise : journée de travail de huit heures et semaine de quarante-huit, interdiction du travail des enfants, instauration d'un salaire minimum, mise en place d'assurances sociales et de secours aux chômeurs, création d'un office du blé et de primes à la vente pour répondre à la situation dramatique des céréaliers de la Prairie, plus grande modulation des impôts en fonction des revenus.

Comme souvent dans l'histoire, c'est à un gouvernement conservateur que revient l'adoption d'une politique économique et sociale avancée et décomplexée : « Je veux des contrôles et des réglementations », répète Bennett devant la Chambre des communes, tandis que l'opposition libérale réfute l'utilité de telles mesures.

Bien que les résultats de sa politique se fassent un peu attendre, le Premier ministre ne doute pas de son succès aux élections de 1935. D'autant que, coup de chance, voici le chef de l'opposition compromis dans un petit scandale financier du temps où il était Premier ministre et dont il faut s'étonner aujourd'hui que ce précédent n'ait pas été mieux médité par les dirigeants contemporains. King, en pleine période d'appauvrissement du peuple, a non seulement effectué un voyage « d'agrément » aux Bermudes, mais celui-ci a été payé par des promoteurs immobiliers qui financent le Parti libéral. Pour sa défense, il explique – un argument qui resservira souvent – qu'il croyait avoir été invité par « un ami personnel ».

Un semblant d'amélioration se dessine à la fin de 1934 : le commerce extérieur se redresse. Mais la politique de Bennett a ouvert la boîte de Pandore de la surenchère. Le chômage ne diminuant guère, de nouveaux mouvements politiques apparaissent pour exiger d'aller toujours plus loin dans les réformes, celles des conservateurs étant critiquées comme de simples expédients qui ne changent pas grand-chose à la vie quotidienne des citoyens. Dans la longue liste de ces mouvements souvent disparus à peine éclos, il faut mentionner : le Reconstruction Party d'Henry Stevens qui, pour diriger celui-ci, a quitté le gouvernement dont il était le ministre du Commerce et qui offre un exemple rare de personnes sacrifiant leur carrière à leurs nouvelles convictions ; la Cooperative Commonwealth Federation (CCF), socialiste, de James S. Woodsworth ; et le Social Credit, du pasteur William Aberhart, qui deviendra Premier ministre de l'Alberta. Tous, avec de multiples variantes, réclament un code du travail révolutionnaire, une politique fiscale traquant la richesse individuelle, la nationalisation du système de santé et de toutes les institutions financières. Cette effervescence a beau traduire une créativité politique qui semble faire écho à celle, artistique, du Groupe des Sept, elle effraie une partie substantielle de la population, notamment les classes moyennes, qui prêtent l'oreille à l'argumentation simpliste de King accusant les conservateurs d'avoir soulevé tout cela : « Le chaos avec Bennett ou la raison avec les libéraux. »

Même surprise que cinq ans plus tôt, mais en sens inverse : les conservateurs, laminés, ne retrouvent que trente-neuf sièges aux élections du 14 octobre 1935, tandis que les libéraux dépassent largement la majorité absolue avec cent soixante-treize élus. Des mouvements émergents, seul le Crédit social tire son épingle du jeu avec dix-sept députés. Le Parti progressiste n'existe plus.

Durant les quatre années qui suivent, King et son gouvernement, souhaitant avant tout durer, optent pour une politique générale de passivité, entrecoupée uniquement de décisions imposées par les événements. Ils commencent par soumettre au Comité judicaire du Conseil privé les lois sociales adoptées par la précédente majorité. Celles-ci étant déclarées inconstitutionnelles le 28 janvier 1937, car empiétant sur les compétences provinciales, le gouvernement décide de charger une commission de réfléchir à une nouvelle répartition des compétences et des moyens financiers entre les échelons fédéral et provincial. Une clarification d'autant plus nécessaire que plusieurs provinces, spécialement le Québec, l'Ontario et la Colombie-Britannique ont, de leur côté, instauré des dispositions sociales, mal articulées avec les lois votées au niveau fédéral. Beaucoup portent sur la mutualisation des risques – cette solidarité entre pauvres –, la création de coopératives de production et de caisses populaires : au Québec, plus de trois cents d'entre elles avaient été mises en place en moins de deux ans dans le prolongement du mouvement initié trente ans plus tôt.

Présidée d'abord par Newton Rowell, avocat à Toronto et chef du Parti libéral de l'Ontario, puis par Joseph Sirois, président de l'Association des notaires du Québec, la Commission royale sur les relations entre le dominion et les provinces met trois ans à déposer ses conclusions. Son rapport préconise essentiellement une extension des compétences fédérales au domaine de la politique sociale, afin de gérer les grands programmes sociaux, notamment l'assurance-chômage et les pensions, et, pour le reste, d'instaurer un système de péréquation permettant d'aider les provinces les moins riches.

Au moment de sa publication, le Canada est en guerre depuis six mois.

Au cours de la seconde moitié des années 1930, King avait tenu son pays éloigné des tensions internationales : les intérêts du dominion n'étaient pas directement concernés ; il conservait un mauvais souvenir du débat sur la conscription de 1918 ; enfin, le besoin de préserver de bonnes relations avec les États-Unis n'incitait pas à prendre des positions que l'isolationnisme de celui-ci aurait mal perçues. Ainsi en 1935, le gouvernement canadien avait-il désavoué son représentant à la SDN, Walter A. Riddell, qui s'était déclaré partisan de sanctions contre l'Italie après son agression contre l'Éthiopie. De même avait-il, en 1936, refusé de condamner la réoccupation de la Rhénanie par l'armée allemande. Enfin, au lendemain de l'accord de Munich du 30 septembre 1938, King avait envoyé un télégramme de félicitations empressées à Neville Chamberlain, Premier ministre britannique. L'opinion publique dans son ensemble approuve cette politique : comme leurs voisins américains, les Canadiens n'ont aucune envie de se voir, à peine plus de vingt ans après la fin de la Grande Guerre, impliqués dans un nouveau conflit militaire encore déclenché par des problèmes purement européens.

Pour autant, ils demeurent très majoritairement attachés à la couronne britannique. L'a montré avec éclat l'accueil extrêmement chaleureux que francophones comme anglophones ont réservé au roi George VI et à la reine Elizabeth – montés sur le trône trois ans plus tôt – lors de leur visite au Canada, du 17 mai au 15 juin 1939. C'était la première fois de l'histoire que des souverains britanniques posaient le pied en Amérique. Après avoir débarqué à Québec, le couple royal rejoignit Ottawa en train en faisant halte à Trois-Rivières et à Montréal. Dans la première de ces villes, un témoin français de choix, Maurice Genevoix, venu marcher dans les traces de Tocqueville, relève l'enthousiasme de la population : « Québec, en quelques heures, est devenue ardemment royaliste. » Au banquet du château Frontenac, le roi s'est exprimé en français et son discours a semblé « un antidote contre les aveuglants dangers d'un américanisme qui se grise de ses propres excès ». Tout s'est passé comme si, dans leurs majestés britanniques, le peuple canadien français avait ressenti la solidarité des origines et de la spécificité canadienne.

Dans la capitale fédérale, les souverains anglais prirent plusieurs bains de foule et résidèrent à Rideau Hall, chez le gouverneur général John Buchan, le premier nommé – en 1935 – après avis du Premier ministre canadien conformément au statut de Westminster. C'était aussi un personnage atypique : avocat et diplomate, il s'était surtout fait connaître par ses ouvrages, dont les biographies de Jules César, d'Oliver Cromwell et de Walter Scott, et plus encore ses romans policiers et d'espionnage, dont *Les 39 Marches*, porté à l'écran par Alfred Hitchcock en cette même année 1935.

À Rideau Hall, en sa qualité de roi du Canada, George VI reçut dans la salle du trône les représentants de tous les corps constitués canadiens, ainsi que les lettres de créance du nouvel ambassadeur des États-Unis, Daniel C. Roper. Les souverains reprirent le train pour une longue visite du pays, passant entre autres à Kingston, Toronto, Winnipeg, Regina, Calgary, Vancouver et Victoria. On inaugura à cette occasion la première ligne aérienne régulière entre Montréal et Vancouver. Du 8 au 11 juin, ils se rendirent aux États-Unis, visitant la foire internationale de New York et rencontrant Roosevelt à Washington. Le roi entretint le président de la probable prochaine guerre contre l'Allemagne et de son souhait de ne pas voir les États-Unis s'enfermer dans leur isolement.

Le 3 septembre suivant, l'Angleterre et la France déclarent la guerre à l'Allemagne. À l'unanimité du Sénat et à la quasi-unanimité de la Chambre des communes – cinq voix se sont prononcées contre –, le Canada se joint à ses alliés une semaine plus tard. Mais 1939 n'est pas 1914 : King précise que cette décision est prise « au nom de l'autorité d'une nation et nullement en raison d'un lien colonial ou d'un état d'infériorité à l'égard de la Grande-Bretagne ».

Cette nouvelle guerre, que l'on devine déjà mondiale, résulte pour tous de la crise économique de 1929. Une trop grande confiance dans les marchés, aveuglés par l'obsession du profit à court terme, a provoqué non pas leur gratitude, mais leur trahison ; imagée par les journaux du Québec comme le « coup de pied de l'âne » décrit par Jean de La Fontaine dans *Le Lion devenu vieux*.

4

Se battre avec, et non pour, les Anglais

« Drôle de guerre », la bien nommée. Vu du Canada, le conflit européen, la *Phoney War*, prend un aspect particulièrement étrange. La presse du pays qui, elle, échappe à la censure en vigueur en Angleterre et en France, va d'étonnement en étonnement. D'abord, les deux puissances qui ont déclaré la guerre à l'Allemagne afin de l'empêcher de porter atteinte à l'intégrité de la Pologne laissent envahir celle-ci sans réagir. Sur la frontière, que l'armée allemande néglige de défendre, Hitler ayant fait le pari que ses ennemis ne bougeraient pas, se succèdent les bulletins « rien à signaler ». Dans un premier temps, les journaux canadiens ont cru que, réflexion faite, la France et le Royaume-Uni s'étaient entendus pour préserver la paix, sacrifiant d'avance la Pologne dans un prochain Munich. C'est aussi le sens de l'offre de paix formulée par Hitler dès le 6 octobre 1939 : « Pourquoi, demande-t-il devant le Reichstag, la guerre devrait-elle maintenant avoir lieu à l'Ouest ? »

C'est pourquoi le gouvernement de King a décidé de n'apporter au Royaume-Uni qu'un appui limité. Il s'agit davantage de montrer sa solidarité avec les démocraties que de leur offrir une aide dont elles n'ont guère besoin. Une plaisanterie rencontre alors un grand succès : un habitant du Canada à qui on demande ce qu'il ferait si son village était envahi par les Allemands, répond : « Je voterais contre eux. » La question de la conscription n'a été évoquée que pour être immédiatement évacuée. Le gouvernement fait seulement appel aux réservistes volontaires, qui forment une 1re division placée sous les ordres du général Andrew McNaughton et qui débarque en Angleterre le 17 décembre 1939. Mais la principale contribution canadienne se situe dans le domaine aéronautique : le dominion doit servir de lieu d'entraînement centralisé à l'ensemble des pilotes de guerre du Commonwealth. Cette politique de soutien militaire modéré sur fond d'espoir en une paix rapide se révèle électoralement payante : aux élections du 26 mars 1940, les libéraux de King enlèvent cent soixante-dix-neuf sièges contre seulement trente-six revenant aux conservateurs de Robert Manion qui, en juillet 1938, avait remplacé le trop controversé Bennett à la tête du parti.

Lorsque, en mai 1940, les blindés allemands déferlent sur la Belgique et sur la France, les journaux canadiens expriment leur perplexité devant un conflit dont la cause a disparu et qui néanmoins continue de se dérouler. Seconde source d'étonnement : l'inattendu effondrement de l'armée française, en moins de cinq semaines.

Dans l'affolement, Paul Reynaud et Winston Churchill, Premier ministre britannique depuis le 10 mai, envisagent, avec l'aide d'un officier encore inconnu, le sous-secrétaire d'État à la guerre Charles de Gaulle, toutes sortes d'ultimes recours. Le premier consiste à former un « réduit breton » disposant de liaisons maritimes avec l'Angleterre. La 1re division d'infanterie canadienne débarque dans ce but à Brest les 13 et 14 juin. Stupéfaction : aucun plan n'existe, le général Maxime Weygand, chef d'état-major de l'armée française, avoue qu'il ne sait comment s'organiser. Ayant perdu toute confiance militaire en son partenaire continental, le commandement britannique demande aux Canadiens de se rembarquer afin de participer à la défense terrestre de l'Angleterre en cas de débarquement allemand.

Le 16 juin, le nouveau chef du gouvernement français, Philippe Pétain, demande l'armistice. Ce qui change totalement la situation internationale : le Canada devient subitement le principal soutien extérieur, et géographiquement le plus proche, du Royaume-Uni, désormais seule puissance en Europe en face de l'Allemagne et de l'Italie. Il est aussi le seul belligérant de tout le continent américain.

Toujours sans recourir à la conscription, le Parlement fédéral vote, le 21 juin, une loi dite de mobilisation des ressources nationales autorisant le gouvernement à réquisitionner les citoyens en âge de porter les armes (de dix-sept à quarante-cinq ans), mais sous la surprenante réserve qu'ils ne pourront servir « en dehors du pays et de ses eaux territoriales ». L'effet attendu est purement psychologique : il s'agit de pallier l'hostilité majoritaire des Québécois à l'enrôlement obligatoire tout en constituant un réservoir de troupes qui finiront par se demander pourquoi elles restent l'arme au pied quand les camarades volontaires vont se faire tuer en Europe. Bien vite, ils héritent d'un surnom, les « zombies », un terme inconnu jusque-là et qui, originellement, désignerait, dans la culture antillaise, des hommes dépourvus de volonté comme de parole. De fait, le nombre des volontaires s'accroît considérablement, et le gouvernement ne ménage pas ses efforts pour les former et les armer. Dans ce cadre, la collaboration avec les États-Unis, susceptibles d'apporter une importante aide logistique, se révèle indispensable.

Déjà, en décembre 1939, la bataille du Rio de la Plata entre un cuirassé allemand surpuissant, l'*Admiral Graf Spee*, ayant relâché dans le port de Montevideo, et trois croiseurs de la Navy avait soulevé le problème des relations entre pays neutres et pays impliqués. King et Roosevelt conviennent donc, le 18 août 1940 à Ogdensburg, au nord de l'État de New York, de constituer un comité permanent « en vue d'assurer ensemble la défense de la partie nord de l'hémisphère occidental » : le Permanent Joint Board on Defense, qui existe toujours. Pour les États-Unis, il s'agit avant tout de rappeler la doctrine Monroe ; pour le Canada, de réaffirmer à la fois sa solidarité et son indépendance à l'égard du Royaume-Uni ; pour les deux d'assurer la coordination de leur protection de l'Amérique du Nord en présence d'un conflit toujours susceptible de déborder géographiquement. Ce qui se produit le 7 décembre 1941 avec l'attaque de la base de Pearl Harbor à Hawaï par l'aviation japonaise, provoquant l'entrée en guerre des États-Unis et l'appel à son voisin pour accroître encore son effort. Se pose donc de nouveau la question de la conscription : le Canada peut-il rester le seul des trois grands alliés occidentaux à se contenter du volontariat ? Pris entre ses promesses initiales et la pression internationale, hésitant, King décide d'un référendum, le premier de l'histoire nationale. Le scrutin du 27 avril révèle un pays dramatiquement coupé en deux : les Canadiens anglophones approuvent le principe de la conscription à 80 %, les Québécois le rejettent à 72 %. Dans l'ensemble du dominion, le « oui » l'emporte à 64 %. Plus embarrassé que jamais, King fait adopter, le 23 juillet 1942, une loi « libérant le gouvernement de son engagement à ne pas recourir à la conscription ». Cette formule florentine permet d'éviter ce qui fâche : on se contente d'abonder le nombre de volontaires de 16 000 réservistes.

Une armée canadienne complète est enfin prête en avril 1942. Elle comporte deux corps, composés chacun de trois divisions d'infanterie, de deux divisions et trois brigades blindées. En tout 170 000 hommes, toujours sous les ordres du général McNaughton. L'Union soviétique, attaquée par son ancien allié allemand depuis le 22 juin 1941, redoute de lâcher prise et réclame impatiemment l'ouverture d'un second front. Mais Roosevelt et Churchill considèrent qu'un débarquement serait prématuré. Il faut tout de même « faire quelque chose » pour les Russes. Ainsi Churchill décide-t-il une opération sur Dieppe, avec le concours d'une division canadienne, prévue pour le 19 août 1943. On compte sur l'effet de surprise, mais un convoi allemand repère l'approche des navires. Le débarquement s'effectue dans le désordre et, après quelques heures de piétinement, les troupes se retirent en laissant sur place près de 1 000 morts et 2 000 prisonniers. La réputation de McNaughton et l'image de son pays font les frais de cet échec : l'armée canadienne n'est pas sollicitée pour le débarquement du 8 novembre 1942 en Afrique du Nord, ce que la presse nationale regarde comme une humiliation et ce qui incite certains journaux à réclamer un changement de commandant en chef. Il est certain que, comparativement à la Grande Guerre, les Canadiens se trouvent beaucoup moins associés aux opérations majeures. Les choses changent en juillet 1943, quand Dwight Eisenhower, commandant en chef des troupes américaines, demande l'appui de l'armée canadienne pour envahir la Sicile. Au même moment, comme une avance sur le prochain retour d'une vie internationale normale, s'ouvre la première ligne aérienne civile entre le Canada et l'Angleterre.

L'opération sicilienne ayant parfaitement réussi, Churchill, King et Roosevelt organisent, du 17 au 24 août 1943 au château Frontenac, une conférence visant à répartir les efforts entre les trois armées lors des prochaines étapes de la guerre. En vérité, l'Anglais et l'Américain décident quasiment de tout à eux deux. Pour une certaine presse, la présence de King, comme du gouverneur général, le comte d'Athlone, évoque celle d'une famille qui a prêté sa maison pour une réception qui ne la concerne pas. Il n'empêche que le Canada est bien présent et peut s'exprimer.

Les troupes de McNaughton sont appelées à participer en grand nombre – plus de 90 000 combattants – à la campagne d'Italie, de septembre 1943 à janvier 1945. Dans le même temps, le Canada continue de renforcer son aviation militaire, presque inexistante au début du conflit, jusqu'à représenter maintenant un quart des escadrilles sous commandement britannique. Sa marine, elle aussi presque anecdotique en 1939, s'est accrue au point de tenir un rôle essentiel dans la défense des convois traversant l'Atlantique Nord et, à l'ouest, de dissuader le Japon de procéder à d'autres assauts que le lancement de quelques ballons explosifs dans le ciel de la Colombie-Britannique.

Lors du débarquement en Normandie, le 6 juin 1944, sous le commandement du général Harry Crerar, cousin éloigné de Thomas, une division d'infanterie et une brigade blindée, auxquelles appartiennent de nombreux Québécois, jouent un rôle déterminant dans la prise des premiers villages du Calvados. Apprenant cela, les parlementaires d'Ottawa se lèvent en séance pour entonner *La Marseillaise*. Les troupes canadiennes, affectées à l'aile gauche de l'offensive alliée, libèrent ensuite les villes de Boulogne-sur-Mer, de Calais et de Dunkerque – tout un symbole après le retrait anglais de juin 1940 –, avant d'entrer en Belgique. La sécurisation de la zone autour du port d'Anvers, essentielle pour les Alliés, leur échoit. Opération difficile menée par les hommes du général Guy Simonds, qui laissent là plus de 6 000 d'entre eux, mais qui leur vaut les éloges, d'ordinaire plutôt rares, du général en chef anglais, Bernard Montgomery : « Je doute qu'aucune troupe ait pu faire aussi bien. »

Pendant ce temps-là, après avoir rencontré Roosevelt à Washington, le général de Gaulle, en sa qualité de chef de la France libre, se rend au Canada qui, premier des Alliés, vient de reconnaître son Comité français de libération nationale (CFLN). Mais la gratitude n'est pas le seul motif de son déplacement. Le 11 juillet, à Québec, il se sent « submergé par une vague de fierté française, bientôt recouverte par celle d'une douleur inconsolée », celle de l'abandon français sous Louis XV. Quelques semaines plus tard, un voyage en Gaspésie inspire à André Breton son œuvre la plus ésotérique, *Arcane 17*.

Du 12 au 16 septembre 1944 se tient la seconde conférence de Québec avec les mêmes participants que précédemment et le même objectif : préciser les rôles de chacun sur les différents théâtres d'opérations et la répartition des futures zones d'occupation.

Le 10 mars, l'armée de Crerar, forte de cinq divisions canadiennes et de trois divisions alliées, atteint le Rhin et reçoit la capitulation des forces allemandes en Hollande. On estime alors à 282 000 le nombre de soldats canadiens en Europe, dont près de 270 000 sont des volontaires.

À l'heure du bilan, il ressort que le Canada, pays de 11 millions d'habitants, a mobilisé près de 10 % d'entre eux, soit le taux le plus élevé de toutes les puissances alliées, sans recourir à la conscription et malgré l'opposition de quelques personnalités en vue, dont Camillien Houde, à plusieurs reprises maire de Montréal et député fédéral depuis 1932, qui a récidivé et prôné la désobéissance publique. Ce qui lui a valu quatre années de détention « provisoire », d'août 1940 à août 1944.

Plus de 730 000 Canadiens ont servi dans l'armée de terre – dont 25 000 femmes –, 250 000 dans la marine et 106 000 dans l'aviation. Quarante-deux mille ne sont pas revenus. Comme en 1918, le regard porté par l'opinion publique sur les années de guerre contribue à renforcer la cohésion et l'identité nationales en dépit du fâcheux débat public qui se tint à propos de la conscription. Les combattants valides comme les blessés ont été rapatriés particulièrement vite, une force d'occupation de 25 000 hommes demeurant toutefois sur le sol allemand.

Tandis qu'en Angleterre Winston Churchill perd les élections contre les travaillistes de Clement Attlee, et qu'en France le général de Gaulle, déçu par les partis politiques, songe à se retirer en caressant vaguement l'idée de s'installer au Canada, les élections du 11 juin 1945 font perdre au parti de King sa majorité absolue.

Un nouveau parti apparaît, celui des progressistes-conservateurs, avec à sa tête John Bracken, transfuge du Parti progressiste du Manitoba et Premier ministre de cette province de 1922 à 1943. Son évolution s'explique, d'abord par les nombreuses divisions ayant constamment affecté les conservateurs, ensuite par la proximité apparue entre les idées progressistes et la politique sociale esquissée par le gouvernement Bennett à partir de 1933. En ce début d'après-guerre, les mouvements socialisants ont partout le vent en poupe. En outre, une vingtaine de députés se déclarent indépendants.

Pouvant espérer au moins la neutralité de quelques-uns d'entre eux pour compenser les cinq sièges qui manquent aux libéraux, King forme donc un gouvernement minoritaire et cependant très actif, notamment sur le plan international, avec, à la tête de la diplomatie, Louis Saint-Laurent.

Né en 1882 dans les cantons de l'Est d'un père d'ascendance française et d'une mère d'origine irlandaise, celui-ci incarne mieux que quiconque la quintessence de l'homme canadien, parfaitement bilingue, catholique mais œcuménique. Avocat puis professeur de droit, conseiller juridique très écouté, il n'est entré en politique qu'à soixante ans pour devenir ministre de la Justice puis des Affaires étrangères.

La fondation et la charte de l'Organisation des Nations unies (ONU) – signée le 26 juin 1945 – lui doivent beaucoup, notamment la création d'un Conseil de sécurité pouvant agir d'urgence afin de maintenir la paix dans le monde, le principe de l'instauration d'une force militaire propre à l'Organisation et susceptible de s'interposer dans des conflits locaux, enfin le maintien du français, non seulement comme langue officielle, mais aussi comme langue de travail du secrétariat général, à parité avec l'anglais.

Saint-Laurent s'implique également beaucoup dans l'accord général sur les tarifs douaniers et le commerce (GATT), conclu par vingt-trois pays le 30 octobre 1947, afin de tirer toutes les conséquences favorables d'un libre-échange judicieusement ajusté.

S'ouvre alors une période d'un peu plus de dix années particulièrement prometteuses, voire heureuses, pour le Canada.

5

La décennie heureuse

Durant la période qui s'étend de 1947 à 1957, l'essor économique va de pair avec la nationalisation du dominion – on dit aussi la « canadianisation » – et son affirmation internationale.

Le pays profite à plein, comme les autres économies occidentales, de ce premier tiers des Trente Glorieuses, caractérisé par une croissance forte que stimulent l'effort de reconstruction des États et la consommation des ménages. Le *Welfare State* augmente les dépenses publiques, et donc les impôts, mais, par le jeu du multiplicateur d'investissements et de la redistribution des revenus, notamment à travers les prestations sociales, améliore le niveau de vie de chacun et le bien-être de tous. Vision apparemment angélique mais qui, de fait, assure une expansion presque générale. Le chômage diminue jusqu'à enregistrer les taux les plus bas de l'histoire, les prix augmentent, mais moins que les salaires, l'équipement collectif accompagne celui des familles, la reprise de la natalité – le *baby boom* – fortifie la tendance générale.

L'économie canadienne ne fait pas exception, mais avec quelques singularités. D'abord, comme aux États-Unis, le terme de reconstruction est impropre, les deux pays n'ayant pas, ou seulement à la marge, subi de dommages de guerre. Le gouvernement King comporte néanmoins un ministre de la Reconstruction, confié à l'efficace et impétueux Clarence D. Howe. Lointain parent de Joseph Howe, disparu en 1873, cet industriel a exercé les fonctions de ministre des Munitions de 1940 à 1946 et mené à bien l'organisation de la production en temps de guerre. Il en a retiré prestige et popularité ; le Premier ministre le laisse agir à sa guise. Son maître mot : la reconversion. D'abord celle des surplus de guerre, une gigantesque quantité de matériels et de biens en tout genre (du moteur d'avion à la capote imperméable), revendus à bas prix : la formule fonctionne si bien que les États-Unis l'adoptent à leur tour, chez eux et en Europe. Ensuite, et surtout, celle des entreprises : Howe revend pour des sommes dérisoires les usines de guerre, mais à la condition que le repreneur les remette en marche pour d'autres productions et qu'il crée des emplois. On appelle cela « amortissement accéléré », et ça marche. Car la seconde priorité de Howe réside dans la résorption, qu'il rêve totale, du chômage, compte tenu du retour de nombreux militaires à la vie civile : en quatre ans, grâce notamment à des subventions publiques, le gouvernement fait construire – activité très consommatrice de main-d'œuvre, y compris sans qualification – plus de 270 000 logements, dans un pays d'à peine plus de 12 millions d'habitants qui n'a subi aucun bombardement : du jamais vu.

Ce qui, en deuxième lieu, singularise l'économie canadienne, c'est une imbrication toujours plus grande avec l'économie américaine. Se partageant le sous-continent, les deux pays ressemblent à deux colocataires dont l'un est un peu plus riche mais surtout beaucoup plus fort que l'autre. Après 1945, tout le monde comprend que la *Manifest Destiny* peut se réaliser autrement que par une conquête territoriale : par l'impérialisme linguistique, par la contagion de l'*American way of life*, par la prédominance des investissements américains qui peu à peu « dénationalisent » les entreprises canadiennes, enfin par un partage implicite des tâches : le Canada, bien pourvu en ressources naturelles, vend aux États-Unis, très soucieux d'économiser les leurs, des matières premières et importe en retour des produits industriels, au premier rang desquels l'automobile alors en plein essor. Bien que l'origine de l'activité pétrolière remonte à 1857 dans le sud-ouest de l'Ontario, c'est en 1947 qu'elle prend son envol avec la découverte d'importants gisements pétroliers en Alberta. Peu à peu, son exploitation passe des mains de compagnies canadiennes à celles de multinationales américaines.

Troisième et dernière singularité : la mise en place de l'État providence exigeant le maniement d'importantes masses financières collectives au niveau central, Ottawa empiète de plus en plus sur les compétences provinciales. Ce que vivent mal non seulement le Québec, mais aussi les provinces de l'Ouest trop éloignées des centres de décision. Le partage des revenus entre les provinces aisées et celles qui accusent un certain retard suscite jalousies, frustrations et soupçons. Qu'aggravent encore les mécontentements provoqués par la mutation d'industries vieillottes ou de modes de production obsolètes dans certains secteurs primaires. Les conflits sociaux, d'intensité variable, se multiplient. À la fin de 1945, une grève de trois mois et demi – la plus longue enregistrée jusqu'ici – frappe les usines Ford de Windsor (Ontario). Durant l'été 1946, la grève des marins des Grands Lacs fait référence à la tradition culturelle révolutionnaire de la marine russe. Vient ensuite, en avril 1947, la grève des ouvriers tisserands de Lachute (Québec). En février 1949, la grève des mineurs d'amiante dans les cantons de l'Est, au Québec, traduit le refus par les travailleurs canadiens de se soumettre aux usages du patronat américain, principal actionnaire de l'entreprise. Chaque fois ce sont les conditions de travail que l'on met en avant.

Pourtant, l'accumulation des lois sociales, avant même la fin de la guerre, a fait du Canada une social-démocratie qui n'ose pas le dire. De 1944 à 1952, plusieurs dispositifs améliorent les droits comme la condition des ouvriers et des salariés les plus modestes : libéralisation du droit syndical, provoquant une augmentation régulière des adhésions, jusqu'à atteindre près de 35 % en 1957 ; réduction du temps de travail hebdomadaire, de quarante-huit à quarante-quatre heures sur cinq jours ; suppression, par la loi du 1er décembre 1949, des dernières restrictions au droit de grève ; généralisation des conventions collectives de branche en 1952. Parallèlement, les prestations sociales connaissent une progression substantielle, qu'il s'agisse des allocations familiales, du soutien aux mères isolées, de l'assurance-chômage, des aides au logement, des pensions aux vieillards indigents… Le tout financé, ainsi que King l'avait – à peu près – annoncé dans sa campagne électorale, par la croissance retrouvée et la suppression des contraintes de guerre.

Dans le même temps, la « canadianisation » du dominion progresse aussi de façon spectaculaire. Le 1er février 1947 entre en vigueur la loi sur la citoyenneté canadienne. Jusqu'ici les résidents possédaient soit la nationalité britannique, soit conservaient celle du pays d'où ils avaient émigré. Symboliquement comme pratiquement, le changement est considérable : quatre-vingts ans après l'acte de naissance du Canada intervient celui des Canadiens, appelés à ne former juridiquement qu'un seul peuple, par naissance ou par naturalisation. Cette même année 1947 est abrogée la loi qui, depuis 1923, interdisait l'immigration chinoise, laquelle avait pris des proportions considérables en Colombie-Britannique. D'une manière générale, la politique d'immigration se libéralise et rejette la notion de quotas en usage aux États-Unis. La population canadienne atteint ainsi 14 millions d'habitants en 1951 et 17 millions en 1958.

Après qu'au Québec, le 21 janvier 1948, anniversaire de la mort de Louis XVI, le Premier ministre Maurice Duplessis a fait adopter un drapeau particulier à la province reprenant les fleurs de lys figurant déjà sur les armoiries du Canada, le dominion de Terre-Neuve, qui compte alors 360 000 habitants et traverse une grave crise économique, demande par le référendum du 22 juillet son entrée dans la Confédération, qui devient effective le 1er avril suivant.

Le 15 novembre, Mackenzie King, qui approche les soixante-quatorze ans (il mourra le 22 juillet 1950), décide – après plus de vingt et un ans au pouvoir, soit à ce jour le record de longévité au Canada – de passer le témoin à son second, Louis Saint-Laurent, jusqu'ici en charge des Affaires étrangères. Il vient alors, après la soumission forcée de la Tchécoslovaquie à l'URSS, la crise de Palestine consécutive à la création de l'État d'Israël et le blocus de Berlin, de préconiser, parallèlement à l'ONU, une alliance militaire des nations occidentales. Sous la direction conjointe, précise-t-il, des États-Unis, du Royaume-Uni et de la France, le Canada pouvant se contenter d'un poste d'observateur, alors même que sa marine de guerre se situe maintenant au troisième rang mondial et son aviation au quatrième.

Avec l'aide de son successeur au ministère des Affaires étrangères, Lester B. Pearson, Saint-Laurent préside à ce qu'on a appelé « les années dorées de la diplomatie canadienne ».

Le 4 avril 1949, malgré les protestations soviétiques, l'Angleterre, la France, la Belgique, les Pays-Bas, le Luxembourg, les États-Unis, le Canada, la Norvège, le Danemark, l'Islande, le Portugal et l'Italie signent ensemble à Washington le Pacte de l'Atlantique, alliance purement défensive et compatible avec la charte des Nations unies qui autorise l'existence d'accords régionaux. À peine les organismes du pacte, dits Organisation du traité de l'Atlantique Nord (OTAN), commencent-ils à se mettre en place que les voilà confrontés à leur première épreuve : le déclenchement de la guerre de Corée, le 25 juin 1950. Auparavant, le Canada aurait pu hésiter entre la neutralité, ce qui l'aurait désolidarisé de l'Occident, et l'engagement comme second des États-Unis, qui aurait irrité une partie de la population, notamment québécoise. Mais la condamnation de la Corée du Nord par l'ONU et, surtout, le cadre multilatéral offert par l'OTAN permettent au dominion de tenir sa place dans l'alliance en envoyant deux brigades d'infanterie totalisant 8 000 hommes, des pièces d'artillerie lourdes et quelques unités navales. Saint-Laurent et Pearson estiment que l'Occident doit se montrer aussi ferme en face de Staline qu'il aurait dû l'être envers Hitler et Mussolini. Mais aussi que l'engagement militaire de leur pays doit toujours se faire sous l'égide des organisations internationales, d'abord pour exploiter toutes les chances de négociation, ensuite pour éviter de servir la volonté de domination d'une puissance sur les autres. C'est aussi pourquoi le gouvernement canadien demande que la saisine préalable et obligatoire du Conseil de sécurité ne souffre pas d'exceptions, et que les organes politiques de l'OTAN soient installés non à Washington, mais à Paris.

En septembre 1951, la conférence d'Ottawa – la septième et dernière, finalisant l'organisation générale du Pacte de l'Atlantique – désigne Pearson comme président du Conseil des ministres, organe de direction suprême de l'alliance militaire. L'année suivante, il est élu, pour un an, président de l'Assemblée générale des Nations unies en même temps que le Canada entre au Conseil de sécurité et au Conseil économique et social – organisme dont dépendent toutes les institutions spécialisées en matière de coopération économique et culturelle. À ce titre, mais aussi dans le cadre du Commonwealth, le pays participe activement au plan dit de Colombo, car arrêté dans l'île de Ceylan. Celui-ci planifie sur six ans, à compter du 1er juillet 1951, une aide financière et technologique à certains pays du Sud-Est asiatique, de nature à favoriser leur développement et les écarter des sirènes du communisme, déjà russe et chinois depuis 1949.

Plus attaché encore que son prédécesseur à l'identité nationale, déclarant – ce qui lui sera beaucoup reproché – que « le Québec est une province comme les autres », redoutant aussi l'américanisation de la société, désirant renforcer encore l'indépendance à l'égard du Royaume-Uni, celui que son intégrité, sa bonhomie et son sérieux rendent très populaire dispose, par ses victoires électorales de 1949 et 1953, d'une large marge de manœuvre durant plus de sept ans d'exercice du pouvoir. « Oncle Louis » en profite pour mettre en œuvre ses idéaux « pancanadiens ».

Une nouvelle et importante étape sur la voie de la totale indépendance juridique est franchie, le 11 octobre 1949, avec la loi supprimant la possibilité d'appel, en matière civile, au Comité judicaire du Conseil privé. Désormais, la Cour suprême du Canada est seule juge en dernière instance, plus aucun tribunal britannique n'est placé au-dessus d'elle.

Dans le même but d'indépendance institutionnelle, Saint-Laurent obtient du Royaume-Uni une loi du 16 décembre 1949 permettant au Parlement canadien de modifier la Constitution de 1867 sans avoir besoin de l'approbation de Londres. Ce qu'on a ainsi appelé « le rapatriement » de la Constitution limite cependant la souveraineté du Canada : il ne peut modifier seul que les dispositions relatives au pouvoir fédéral et non à celui des provinces. Il ne s'agit donc que d'une première étape, que certains parlements provinciaux, n'ayant pas été consultés, regardent comme un coup de force. Ainsi de celui du Québec qui, méfiant à l'égard d'Ottawa, préfère la lointaine tutelle constitutionnelle de Londres aux prérogatives de l'État fédéral.

Également soucieux de l'identité culturelle de son pays, Saint-Laurent a lancé, dès avril 1949, une commission d'enquête sur « l'avancement des arts, des lettres et des sciences au Canada ». Il en a confié la coprésidence à Vincent Massey – petit-fils de Hart Massey, qui créa l'entreprise Massey Fergusson –, chancelier de l'université de Toronto, et au père Georges-Henri Lévesque, doyen de la faculté des sciences sociales de l'université Laval et animateur d'un courant progressiste au sein de l'Église du Québec.

Après avoir tenu cent quatorze réunions publiques dans seize villes du Canada et entendu plus de 1 200 témoins, la commission présente ses recommandations en juin 1951. Elle dresse d'abord un constat pessimiste, relevant, par exemple, que le premier salon du livre de Montréal, tenu en 1950, n'a exposé que très peu d'auteurs canadiens, que les salles de cinéma ne projettent quasiment que des films américains, que la scène musicale, en dépit du succès de Félix Leclerc en France au même moment, est plutôt « amorphe ». La commission propose donc d'étendre l'État providence aux activités culturelles. L'État fédéral, les provinces et certains partenaires privés ne sont pourtant pas resté inactifs au cours des dernières années, comme en témoignent la création, dès 1936, de la société nationale Radio-Canada, diffusant, en anglais et en français, des émissions d'information, culturelles, documentaires et de fiction relatives à la vie *du* et *au* Canada ; celle, en 1939, de l'Office national du film (ONF) chargé de « produire et distribuer des films destinés à faire connaître et comprendre le Canada aux Canadiens et aux autres nations » ; celle, en 1950, de la Compagnie nationale d'opéra du Canada, à Toronto ; celle, enfin, en 1951, du Théâtre national du Nouveau Monde, à Montréal.

La commission Massey suggère une certaine centralisation des politiques culturelles et la création de plusieurs institutions chargées de leur mise en œuvre. Louis Saint-Laurent se montre d'abord réticent : « Faut-il, demande-t-il, subventionner les danseurs de ballet ? » Éternelle question de l'intervention de la puissance publique en matière culturelle… Puis il s'y rallie : de 1953 à 1957, le projet de Bibliothèque nationale voit le jour, les plans d'un nouveau musée des Beaux-Arts (l'ancien datait de 1913) à Ottawa sont établis, désormais doté d'une section francophone, l'ONF du film déménage de Toronto à Montréal, enfin est votée la loi créant le Conseil des arts visant à encourager les lettres, les humanités et les sciences sociales.

Le travail fourni par Vincent Massey a été récompensé par sa nomination comme gouverneur général, le 1er février 1952. C'est la première application à part entière de son nouveau mode de désignation, c'est-à-dire à l'initiative du Premier ministre. C'est aussi la dernière décision officielle de George VI, qui meurt le 6 février suivant. Le Canada retrouve une reine en la personne d'Élisabeth II.

Avec le même souci de cohésion nationale, cette fois géographique, Saint-Laurent a lancé, en 1950, le chantier de la route transcanadienne : 7 800 kilomètres afin de relier Saint-Jean de Terre-Neuve, dont on salue ainsi la venue dans la Confédération, à Victoria, capitale de la Colombie-Britannique.

Le 11 mai 1951, le Premier ministre déménage. Jusqu'ici, il habitait sa propre résidence, dorénavant il loge dans une maison achetée par l'État fédéral, construite en 1868 et située 24 promenade du Sussex, sur la rive droite de la rivière des Outaouais. Mais il exige de payer un loyer, pratique qui durera jusqu'en 1971 et cessera sous le gouvernement Trudeau. En revanche, son lieu de travail – et celui du gouvernement – demeure inchangé, dans l'édifice Langevin, vaste immeuble de bureaux achevé en 1889 sur la colline du Parlement.

La crise de Suez, de juillet 1956, qu'a provoquée la nationalisation du canal par l'Égypte du colonel Nasser, entraîne une intervention militaire franco-britannique, avec l'aide d'Israël, que condamne bientôt l'URSS et que désavouent les États-Unis. De son côté, le Canada refuse d'adresser un tel camouflet à deux puissances amies et historiquement tutélaires. Au siège de l'ONU, Pearson propose, et obtient, l'envoi d'une force internationale d'interposition, dite Force d'urgence des Nations unies (FUNU), la toute première du genre : jusqu'ici les militaires envoyés dans des territoires sous tension n'avaient que le statut d'observateurs. Le Canada joue un rôle essentiel dans sa mise en place : sous les ordres du général canadien Millard Burns, la moitié de ses effectifs – 6 100 hommes – provient du bataillon des *Queen's Own Rifles*, l'autre moitié des armées de neuf autres pays. Pearson a également l'idée de distinguer et d'homogénéiser les soldats internationaux par le port d'un casque très reconnaissable, de couleur bleue. À leur arrivée, les forces anglaise et française acceptent de se retirer des abords du canal. Si l'intervention de l'ONU ne permet pas de régler la question de la circulation sur le canal de Suez, elle est néanmoins considérée comme une victoire de la paix. Le 12 octobre 1957, le prix Nobel de la paix est attribué à Lester Pearson, seul Canadien à ce jour à avoir reçu cette distinction.

L'influence internationale du Canada, plus que jamais confirmé « pays de la paix », atteint alors son apogée. Elle tient largement à la notion de « médiation » que Saint-Laurent et Pearson ont pratiquée au plus haut niveau. Mais celle-ci s'efface au cours des années suivantes, faisant place à un courant nationaliste et au renouvellement de la récurrente question de l'indépendance intégrale.

6

Nationalisme et indépendance

On pourrait croire les libéraux Saint-Laurent et Pearson installés pour longtemps au pouvoir, comme le furent avant eux Laurier puis Mackenzie King. Ce serait compter sans les menaces de récession économique apparues à l'aube du printemps de 1957, le vieillissement du Premier ministre, quelques débats publics qui font polémique, enfin l'arrivée à la tête du Parti progressiste-conservateur d'un chef dont le style mordant, quelques outrances verbales et l'agressivité démagogique parviennent à séduire les foules.

En mars 1957, la croissance économique ininterrompue depuis dix ans donne, notamment aux États-Unis, des signes d'essoufflement, et la conjoncture internationale paraît près de se retourner. L'investissement privé se ralentit, l'inflation reprend, atteignant 1 % pour le seul premier trimestre, la consommation des ménages diminue légèrement, essentiellement dans l'achat de biens d'équipement tels que l'automobile. Dès lors, les stocks de produits finis augmentent et le produit intérieur brut stagne. La presse américaine évoque déjà les menaces de surcapacité de production, du chômage et de la chute des cours de la Bourse.

L'économie canadienne n'en paraît pas autrement affectée, mais cela suffit à susciter des inquiétudes et, surtout, à reposer la question d'une trop grande dépendance à l'égard de l'économie américaine. Question à laquelle Louis Saint-Laurent et son gouvernement répondent mal. Le Premier ministre, âgé de soixante-quinze ans, semble moins en phase avec le pays et commet l'erreur de laisser avancer un projet qui suscite beaucoup d'interrogations : la construction, par une entreprise privée américaine, d'un oléoduc desservant l'Ontario et le Québec en gaz naturel de l'Alberta, construction financée pour moitié par l'État fédéral canadien. Une partie de la presse s'en indigne et brandit l'accusation de servir les intérêts américains au moment précis où ces derniers se trouvent dans le collimateur de l'opinion publique, spécialement au Québec. Le projet finit par être adopté, mais sa discussion houleuse a permis au chef de l'opposition, John G. Diefenbaker, de sortir du bois avec fracas. Cet homme de soixante-deux ans, issu d'une double ascendance allemande et écossaise, originaire de la Saskatchewan, dont il est député depuis 1940, représente l'esprit entreprenant, démocratique et parfois aventureux de l'Ouest en face de l'*establishment* un peu conformiste et assoupi de l'Est. Ambitieux et sûr de lui, il dénonce à la fois la gabegie budgétaire, le mépris des populations affectées par le tracé de l'oléoduc et l'inféodation économique au grand voisin. De fait, il est déjà entré en campagne électorale, qu'il s'apprête à mener sur le thème de l'exaltation du nationalisme canadien. Remarquable tribun et excellent orateur, il lance de vibrantes imprécations qui remuent les électeurs : « Nous allons bâtir une nation de 50 millions d'habitants [...]. J'ai un seul amour, le Canada ; un seul objectif, la grandeur du Canada ; un seul but, l'unité du Canada, de l'Atlantique au Pacifique. » Ajoutant encore, visant les États-Unis, que « le Canada a le droit de décider lui-même de sa politique sans conseils extérieurs ». Un tel discours atteint parfaitement sa cible : aux élections du 10 juin, pourtant provoquées par le Premier ministre sur la base d'un sondage d'intentions de vote, le Parti progressiste-conservateur devance le Parti libéral de sept sièges (cent douze contre cent cinq), tandis que les deux partis de gauche se maintiennent, sans progrès ni déclin : le Parti social-démocrate (ex-CCF, jusqu'en 1955), dirigé par M. J. Coldwell, un ancien responsable d'associations d'enseignants dans la Saskatchewan, obtient vingt-cinq députés (contre vingt-trois précédemment) ; le Crédit social, que dirige Solon Earl Low, député de l'Alberta, passe de quinze à dix-neuf. Le soutien de ce dernier permet à Diefenbaker de former un gouvernement.

Le 14 octobre 1957, la première session de la nouvelle Assemblée est solennellement inaugurée par la reine Élisabeth II, qui effectue alors un voyage de quatre jours au Canada. Un événement sans précédent, qui permet à Diefenbaker d'illustrer l'attachement historique et moderne à la couronne britannique, garante à ses yeux d'un Canada indépendant des États-Unis. Ce qui ne fait pas obstacle aux contradictions de son gouvernement : le 1er août précédent, il a conclu avec l'administration d'Eisenhower un accord militaire stratégique de première importance instaurant entre les deux pays une défense aérienne commune (dite NORAD pour North American Aerospace Defense Command) avec un commandement unique installé dans le Colorado et placé sous l'autorité d'un général américain : de fait une subordination de l'aviation canadienne à l'aviation américaine.

Les sondages attestant néanmoins du maintien de la popularité du Premier ministre, celui-ci provoque des élections anticipées pour le 31 mars 1958 et enregistre ce qu'il est convenu d'appeler un raz-de-marée : les progressistes-conservateurs bénéficient d'une écrasante majorité de deux cent huit sièges, contre quarante-huit aux libéraux, dont Lester Pearson est entre-temps devenu le chef. Le Parti social-démocrate ne retrouve que vingt-huit sièges et le Crédit social aucun.

Regorgeant de projets, Diefenbaker se lance alors dans une politique extrêmement volontariste. En droit du travail, il crée le Conseil national de la productivité afin de faciliter, sur le modèle allemand, les relations entre employeurs et salariés. En matière sociale, il accroît sensiblement les pensions de vieillesse et les allocations familiales. Voulant aussi apparaître comme le champion des libertés publiques, il fait voter, le 10 août, la Déclaration canadienne des droits. Concrètement, le texte représente davantage une confirmation des usages en vigueur qu'une véritable novation, mais il s'accompagne, en 1960, de l'octroi du droit de vote aux autochtones comme à tous les citoyens canadiens.

En sens inverse, la création du Bureau des gouverneurs de la radiodiffusion traduit la volonté de superviser l'ensemble des réseaux de radio et de télévision, au moment où Marshall McLuhan, professeur à l'université de Toronto, commence à élaborer ses théories, bientôt fameuses, sur le poids et le rôle des médias audiovisuels dans la société.

En politique étrangère, Diefenbaker donne libre cours à son penchant provocateur à l'encontre des États-Unis, multipliant les gestes susceptibles d'irriter Washington, décidant d'établir des relations, au moins commerciales, avec la Chine populaire, se montrant réticent au « grand dessein » du président John Kennedy d'abaisser sensiblement, dès 1961, les barrières douanières, enfin et surtout, s'opposant à l'installation, sur le territoire canadien, de missiles nucléaires américains. Or, en pleine guerre froide, une attaque soviétique directe contre les États-Unis comprendrait nécessairement le survol du Canada.

Par réaction, les entreprises américaines cessent d'investir dans le dominion, quand elles n'en retirent pas leurs capitaux. Ce que l'on pourrait de nouveau qualifier de « mur de l'argent » se dresse contre Diefenbaker. Contrairement à tous les usages, James Coyne, gouverneur de la Banque du Canada, accuse publiquement le Premier ministre de conduire le pays à la ruine, ce qui le contraint à démissionner mais ne dispense pas de procéder à une dévaluation : de 8,5 % par rapport au dollar américain, la seule de l'histoire du Canada avant le flottement généralisé des monnaies. Le Sénat, où les libéraux sont restés majoritaires, commence à renâcler et rejette une proposition du gouvernement d'augmenter certains droits de douane.

Certain de la confiance populaire, Diefenbaker provoque une nouvelle fois des élections anticipées, mais elles manquent leur but. L'adhésion populaire au flamboyant leader s'est érodée : le 18 juin 1962, le Parti progressiste-conservateur ne retrouve que cent seize sièges et doit former un gouvernement minoritaire, avec l'appui chichement compté du Crédit social, et sur fond de remontée du chômage.

Diefenbaker ne renonce pas pour autant à son franc-parler. En 1962, apprenant la candidature du Royaume-Uni au Marché commun européen, il accuse le Premier ministre anglais, Harold Macmillan, de vouloir abandonner le Commonwealth. La même année, lors de la crise de Cuba, il tarde à mettre les forces canadiennes en état d'alerte comme le lui demande Washington. Plusieurs ministres démissionnent. Le 5 février 1963, une motion de censure renverse le gouvernement. Les élections du 8 avril envoient à la Chambre des communes cent vingt-huit députés libéraux, soit cinq sièges de moins que la majorité absolue. Lester Pearson devient Premier ministre et forme un nouveau gouvernement minoritaire.

Né à Toronto en 1897, fils de pasteur méthodiste, ayant gravi les échelons de la fonction publique puis de la carrière diplomatique, ayant joué, comme on l'a vu, un rôle déterminant dans l'émergence d'une politique étrangère authentiquement canadienne, c'est aussi un homme timide, voire effacé, plus à l'aise dans le maniement des dossiers et les négociations techniques que devant les feux de la rampe et l'agitation médiatique autour d'une actualité turbulente.

En outre, du 22 avril 1963, jour de sa prise de fonctions, au 14 décembre 1967, jour de sa démission, son gouvernement n'a jamais pu bénéficier d'une majorité parlementaire absolue, malgré les élections anticipées du 8 novembre 1965 qui la lui font manquer de seulement deux sièges. Toutefois, grâce au concours régulier du Nouveau Parti démocrate (NPD) fondé en 1961 par Tommy Douglas afin de promouvoir les idées de la social-démocratie alors très en vogue en Europe, Pearson imprime à son action trois orientations bien identifiables : le progrès social et la solidarité organisée par l'État, le rassemblement des Canadiens autour de leur identité nationale complète, l'indépendance de la politique extérieure dans le cadre bien compris de l'Alliance atlantique.

Le nouveau gouvernement institue d'abord l'universalité des soins de santé – dit *Pearsoncare*, ancêtre de l'*Obamacare* américain de 2010 –, puis le régime général de pension de vieillesse, enfin un système de prêts aux étudiants. Sur le versant du travail, le Parlement adopte plusieurs lois, instaurant la semaine de quarante heures, créant les congés payés durant deux semaines par an, modernisant le salaire minimum afin de le lier à la croissance économique. Enfin, Pearson estime qu'un pays aussi évolué que le Canada ne saurait plus supporter de distorsions de droits entre les sexes. Il crée, le 3 février 1967, afin de définir les dispositions correctrices à prendre, une commission royale d'enquête sur le statut de la femme. Celle-ci ne déposera ses conclusions que trois ans plus tard.

La réalisation de ces mesures se trouve considérablement facilitée par une conjoncture économique redevenue favorable, la reprise des investissements étrangers et un niveau soutenu de la demande, elle-même favorisée par une nouvelle poussée de l'immigration européenne afin d'occuper des emplois qualifiés et productifs. Le taux de chômage descend au-dessous des 3 %, un record historique absolu. Pearson entend développer encore l'immigration « choisie », mais propose de bannir désormais les considérations d'origine ethnique ou géographique pour les remplacer par un système de points exigés des candidats à l'immigration.

La consolidation de l'identité nationale préoccupe beaucoup le Premier ministre, qui entend s'attaquer aux causes de la frustration de certaines populations qui s'estiment infériorisées ou tenues à l'écart. En juillet 1963, il confie à une commission d'enquête de dix membres, coprésidée par André Laurendeau, rédacteur en chef du *Devoir*, et Arnold D. Dunton, président de l'université Carleton à Ottawa, le soin d'analyser les besoins et les perspectives du bilinguisme et du biculturalisme canadiens sur la base de l'égalité entre « les deux peuples fondateurs » de la nation. Ses conclusions, égrenées dans plusieurs rapports publiés de 1965 à 1967, confortent le Premier ministre dans son idée que la langue comme les symboles constituent de bons leviers d'intégration nationale. C'est pourquoi il fait voter l'institution de la langue française comme langue officielle de la Confédération, à égalité avec l'anglais. Désormais, tous les services publics fédéraux sont assurés dans les deux langues. Afin de veiller à la bonne application de la nouvelle règle, lui-même répète avec humour qu'il espère bien être le dernier Premier ministre à ne savoir s'exprimer qu'en anglais, alors qu'en vérité son français est très convenable.

Au plan des symboles, Pearson rouvre le débat, plusieurs fois esquissé dans le passé, et vite refermé pour éviter d'inutiles déchirements, des questions du drapeau et de l'hymne national.

Au cours de son histoire, le Canada aura connu successivement huit drapeaux nationaux, ou assimilables, quand un pays comme la France n'en aura connu que quatre (ou cinq si l'on compte celui de Charlemagne), les États-Unis deux (si l'on compte la bannière des Confédérés) et le Royaume-Uni un seul. Le drapeau changea plusieurs fois en raison de l'évolution coloniale puis de celle de la Confédération absorbant de nouvelles provinces. Le dernier en date était le *Red Ensign* de 1957, encore très marqué par le Royaume-Uni, dont l'emblème – l'*Union Jack* – occupait le quart supérieur gauche du rectangle. L'idée d'un nouvel emblème exprimant au mieux la personnalité propre de la nation court depuis la révolte des patriotes et, surtout, depuis que le premier héraldiste canadien, Edward M. Chadwick, a proposé au gouvernement, en 1895, d'adopter un drapeau orné d'une feuille d'érable, image *a priori* consensuelle pour toutes les populations du Canada puisque faisant référence non à l'histoire politique mais à l'histoire naturelle du pays. Deux comités parlementaires, le premier en 1925, le second en 1946, examinèrent la question, sans conclure. En janvier 1964, Pearson pilote la formation d'un nouveau comité, comprenant des représentants de la Chambre des communes et du Sénat, qui devra formuler un choix sur la base d'un appel public à propositions. Deux mille six cents dessins lui sont envoyés. Il en retient trois qui, tous, placent, d'une façon ou d'une autre, la feuille d'érable en leur centre. Le plus simple, dit unifolié, et monochrome rouge, emporte la décision du Parlement en 1964. La reine du Canada, Élisabeth II, en fait la proclamation officielle le 15 février 1965. Il est hissé le jour même sur la colline du Parlement.

Les choses vont plus vite pour l'hymne national. *Ô Canada* était déjà entré dans les mœurs et comportait depuis 1908 une version anglaise des paroles, écrite par Robert Stanley Weir, un magistrat et poète de l'Ontario. Il avait été entonné à Ottawa lors de l'inauguration du drapeau national, juste avant le *God Save the Queen*. Un comité parlementaire mixte, de même nature que celui relatif au drapeau, propose, le 15 mars 1967, de l'officialiser comme hymne *national*, aux côtés de l'hymne *royal* du Canada : une façon, là encore éclatante, de célébrer les cent ans de la Confédération.

En politique extérieure, le réalisme de Pearson lui fait accepter la demande américaine de déploiement de missiles nucléaires sol-air destinés à parer une éventuelle attaque soviétique. En revanche, il ne considère pas comme faisant partie du devoir de l'alliance d'approuver toutes les initiatives militaires qu'un allié a prises seul. Ainsi réprouve-t-il l'escalade américaine au Vietnam et le déclare-t-il sans ambages, le 2 avril 1965, devant les étudiants de l'université Temple à Philadelphie : les termes qu'il utilise anticipent sur ceux que prononcera le général de Gaulle, le 1er septembre 1966, dans son discours de Phnom Penh.

Le lendemain, à la Maison-Blanche, Pearson affronte un Lyndon Johnson hors de lui. On dit que le président américain aurait, menaçant, saisi le Premier ministre canadien par le revers de sa veste.

Ce qui n'empêcha pas de se propager des rumeurs d'accords secrets entre les États-Unis et le Canada. L'un d'eux aurait porté sur des expérimentations de manipulation des cerveaux humains réalisées dans des laboratoires de Montréal, Winnipeg et Vancouver, sous le contrôle de la CIA. Un autre sur la création éventuelle, en cas de besoin, d'une sorte de protectorat canadien sur les Antilles françaises. Il demeure encore impossible aujourd'hui de dire s'il s'agit d'élucubrations ou de soupçons ayant quelque fondement. Les liens qui existaient alors entre les services secrets américains et canadiens, parfois à l'insu des dirigeants officiels, demeurent sous le boisseau du mystère protégé...

Mais l'épreuve majeure que subit Pearson durant son gouvernement résulte de la visite que le général de Gaulle fait au Québec du 23 au 26 juillet 1967.

7

La voix du Général

En 1988, les musiciens du groupe français Rap Two faisaient entendre *La Voix du Général* : sur un rythme syncopé, on distinguait, en fond sonore, quelques extraits des discours du général de Gaulle, dont les deux formules les plus marquantes de celui prononcé le 24 juillet 1967 du balcon de l'hôtel de ville de Montréal : « Je vais vous confier un secret que vous ne répéterez pas » et « Vive le Québec libre ! »

La tornade diplomatique provoquée par ces quatre mots résulte d'un processus voulu par le chef de l'État français depuis sa décision de répondre à l'invitation du Canada à visiter l'Exposition universelle de Montréal qui doit se tenir du 28 avril au 29 octobre. Il entend faire de son voyage une contribution à l'affirmation de l'identité québécoise, malmenée à ses yeux depuis l'abandon de 1763, en d'autres termes « payer la dette de Louis XV », selon la formule de Jean Lacouture.

Gravite en effet autour de l'Élysée un groupe d'hommes politiques et de fonctionnaires, que l'on a, peut-être avec excès, qualifié de « lobby québécois ». Ils cherchent, en recourant à une sorte de diplomatie parallèle par l'entretien de relations plus ou moins secrètes avec les mouvements nationalistes québécois, à court-circuiter le Quai d'Orsay et le ministre des Affaires étrangères, Maurice Couve de Murville, jugés trop timorés. Mais le regard qu'ils portent sur le Canada date de plus de vingt ans, du temps où Hugh MacLenann, écrivain québécois anglophone, publiait *Two Solitudes – Deux solitudes*, pour décrire les difficiles relations entre Canadiens anglophones et francophones. Les conseillers du Général semblent avoir ignoré que le même écrivain venait de publier, à l'occasion du centenaire de la Confédération, *La Couleur du Canada*, à la tonalité bien différente, de même qu'ils ont ignoré le tout récent ouvrage de Claude Julien, alors directeur du service étranger du journal *Le Monde, Le Canada, dernière chance de l'Europe* (de décembre 1965), plaidoyer pour un Canada uni et allié de l'Europe dans une perspective de contrepoids international aux États-Unis. En revanche, ils ont trouvé dans le récent ouvrage de Gérard Bergeron, professeur de sciences politiques à l'université Laval, *Le Canada français après deux siècles de patience*, un supplément d'eau pour leur moulin. Pour lui, le peuple abandonné en 1763 attend un geste de la France.

Socle historique du Canada, le Québec détient d'ailleurs, depuis près de vingt ans, le secret des formules qualifiant les états d'âme, les frustrations ou les espérances de son peuple.

En 1948, le « Refus global » a dénoncé l'enfermement culturel de la province, synthétisé en une phrase assassine mais peut-être lucide : « Un petit peuple serré de près aux soutanes restées les seules dépositaires de la foi, du savoir, de la vérité et de la richesse, tenu à l'écart de l'évolution universelle de la pensée. »

De 1944 à 1959, la « Grande Noirceur » a qualifié le long « règne » de Maurice Duplessis, Premier ministre du Québec qui pratiqua un conservatisme populaire mais paternaliste et souvent regardé comme étriqué, s'opposant, par exemple, au droit de vote des femmes.

À partir de 1960 et jusqu'en 1966, la « Révolution tranquille » a voulu prendre le contre-pied de la « Grande Noirceur » : les libéraux du Premier ministre Jean Lesage ont entrepris une série de réformes dites de rattrapage et de modernisation – accès pour tous aux services publics, droit à l'éducation, égalité des chances, laïcisation de la société. Le « rattrapage » a touché presque tous les secteurs de la société, depuis la nationalisation de l'électricité – afin que l'on soit « maîtres chez nous » – jusqu'à l'adoption d'un code du travail, en 1964, le lancement de plusieurs programmes sociaux et l'instauration d'un statut de la fonction publique (1965) qui a substitué au clientélisme traditionnel le recrutement des fonctionnaires par concours.

De façon plus brutale que dans n'importe quel autre pays au monde, la fréquentation de l'Église catholique a alors diminué de façon spectaculaire : du jour au lendemain, ou presque, les églises se sont vidées, comme si tout un peuple se libérait d'une prison, certes volontaire mais cependant imposée par trois siècles et demi d'une implacable tradition autoritaire.

Parallèlement à cette évolution interne, Lesage demanda à Ottawa, en 1964, que le Québec pût jouir d'un statut spécial au sein de la Confédération en lui accordant une autonomie renforcée. Ce à quoi Lester Pearson ne s'était pas montré hostile, consentant, comme première étape, le droit pour la province de ne pas participer aux programmes fédéraux dits partagés (faisant appel à une contribution financière des provinces), sans perdre pour autant les subventions fédérales : une avancée importante au moment où la politique généreuse des libéraux creusait le déficit budgétaire.

Pendant son gouvernement, Lesage a aussi voulu que le Québec existe au plan international et, pour cela, il s'est dirigé prioritairement vers la France. Le 24 mars 1961 a été créé l'Office québécois de la langue française, en même temps que le ministère québécois des Affaires culturelles, sur le modèle qu'André Malraux avait mis en place en France. Puis la Maison du Québec à Paris, avec toutes les apparences d'une ambassade. Le 25 février 1965, les ministres de l'Éducation français, Christian Fouchet, et québécois, Paul Gérin-Lajoie, ont signé une entente de coopération dans le domaine de l'enseignement : premier accord international conclu par le Québec en tant que tel.

Durant toute cette période, les mouvements indépendantistes québécois, jusqu'ici souterrains, ont émergé à l'air libre. Certains ont choisi la voie politique traditionnelle, comme le Rassemblement pour l'indépendance nationale (RIN), fondé par André d'Allemagne, un universitaire, et Marcel Chaput, un fonctionnaire fédéral. D'autres se sont cherchés entre nationalisme, gauchisme et extrême droite mais ont rapidement disparu. Un dernier, le Front de libération du Québec (FLQ), a fomenté une émeute, le 12 octobre 1964, lors de la visite d'Élisabeth II à Québec pour la commémoration des cent ans des conférences préparatoires de la Confédération. La manifestation, durement réprimée par la police, a fait surnommer l'événement « le samedi de la matraque ». Un peu plus tard, des actes de vandalisme et de petits attentats, comme la pose d'explosifs dans les boîtes à lettres, ont été commis à Westmount, le quartier résidentiel de la grande bourgeoisie anglophone montréalaise.

Le climat d'effervescence et les débats sur l'indépendance du Québec étaient devenus tels que le chef de l'opposition conservatrice, Daniel Johnson, avait publié en 1965 un ouvrage de réflexions intitulé *Égalité ou indépendance* et, en 1966, conduit sur ce thème la campagne électorale. Le 5 juin 1967, son parti, l'Union nationale, l'avait emporté à la surprise générale.

C'est dans ce contexte bouillonnant que le général de Gaulle s'apprête à débarquer à Québec. Car il a choisi de se rendre au Canada sur un navire de guerre de la marine française, le croiseur *Colbert*, du nom du ministre qui s'est le plus préoccupé du développement du Canada. Il entend ainsi multiplier les symboles : suivre l'itinéraire emprunté par Cartier et par Champlain, puis emprunter le « chemin du Roy » pour rejoindre Montréal en voiture ; enfin ne se rendre à Ottawa qu'à titre subsidiaire et protocolaire. Plus que jamais désireux de marteler son refus d'un modèle planétaire fondé sur le conformisme anglo-saxon, principalement américain. Ignorant apparemment que c'est également le souci de Lester Pearson et que celui-ci attend le Général dans un état d'esprit très proche du sien…

Ayant appareillé de Brest le 15 juillet 1967, le *Colbert* s'amarre le dimanche 22 juillet dans l'historique anse au Foulon ; encore un choix symbolique. Son commandant, Charles-Louis Delahousse, a fait hisser dans sa mâture le pavillon canadien à feuille d'érable et, sur une vergue, le pavillon fleurdelisé du Québec. Tout se présente donc pour le mieux… Jusqu'à ce que le Général mette pied à terre.

L'accueille, comme il se doit, la personnalité la plus élevée dans la hiérarchie institutionnelle du pays, le gouverneur général Roland Michener. À peine celui-ci a-t-il tendu la main au Général que retentissent *La Marseillaise* puis, non pas *Ô Canada*, mais *God Save the Queen*, car, juridiquement, le gouverneur général est le représentant de la reine du Canada. En outre, les membres de l'orchestre militaire portent des uniformes rouges et des bonnets à poil à la mode de Buckingham Palace. C'est une double gaffe. Aussitôt s'élève de la tribune des spectateurs, pourtant soigneusement sélectionnés, un brouhaha de désapprobation suivi d'une seconde *Marseillaise*, cette fois entonnée à pleins poumons et contraignant l'orchestre à faire silence pour éviter le ridicule. Gêné par la froideur de De Gaulle, qui a préféré monter dans la voiture de Daniel Johnson plutôt que dans la sienne, Michener se tient légèrement à l'écart.

Le soir, lors de la réception donnée au château-hôtel Frontenac, le discours de Montréal du lendemain apparaît déjà en filigrane : « On assiste ici, assène fermement le Général, comme en maintes régions du monde, à l'avènement d'un peuple qui veut, dans tous les domaines, disposer de lui-même et prendre en main ses destinées. »

Immédiatement informé de l'incident survenu au débarcadère puis de ces propos, Lester Pearson dédramatise la situation : de Gaulle regarde le Québec comme un prolongement perdu de la France. Il en a le droit. En outre, une phrase a beaucoup plu au chef du gouvernement canadien et le conforte dans son attente : « La fraction française du Canada entend organiser avec les autres Canadiens les moyens de sauvegarder leur substance et leur indépendance au contact d'un État colossal qui est leur voisin. » C'est exactement la politique menée à Ottawa.

Depuis son accession au pouvoir, Lester Pearson a en effet suivi avec un intérêt croissant les positions internationales prises par la France : la reconnaissance, le 27 janvier 1964, de la République populaire de Chine, avec laquelle le Canada a déjà établi des relations ; la tournée, en septembre de la même année, en Amérique latine, encourageant les différents pays du continent à rejeter toutes les hégémonies ; la dénonciation, le 4 février 1965, d'un système monétaire international fondé sur les privilèges du dollar américain ; le retrait, au 1er juillet 1966, de l'organisation militaire intégrée de l'Alliance atlantique (OTAN) ; l'embargo sur les livraisons d'armes à Israël à partir du 5 juin 1967… toutes décisions qui interpellent le Canada au premier chef.

En janvier 1964, encore auréolé de son succès international dans la résolution de la crise de Suez, Lester Pearson a été chaleureusement reçu à l'Élysée et a écouté avec plaisir le général de Gaulle évoquer cette « solidarité particulière et naturelle » qu'entretiennent la France et le Canada. Propos qui n'ont fait que conforter sa détermination à instaurer le bilinguisme au niveau fédéral et la conviction que son pays, pour peser dans le monde, doit absolument effacer toute trace de faille entre les sociétés anglophone et francophone.

Il a également pu mesurer que le souvenir du refus opposé par le Canada à la France de lui vendre de l'uranium, datant maintenant de 1957 et du gouvernement de John Diefenbaker, qui se défendait pourtant avec emphase de se placer sous la coupe des États-Unis, ne nuisait plus aux relations entre les deux pays. Et que la question pouvait être revue.

Mais ce que Pearson ignore, c'est que, juste avant de quitter la France, de Gaulle a glissé, d'abord à son gendre, le général Alain de Boissieu, puis à Xavier Deniau, député du Loiret qui l'accompagne en sa qualité de président du groupe d'amitié parlementaire France-Canada : « On va m'entendre là-bas, ça va faire des vagues [...]. Je compte frapper un grand coup, ça bardera. » Et que, dans la voiture suiveuse, Maurice Couve de Murville a murmuré au diplomate canadien en charge du programme de visite : « Maintenant, cela va aller crescendo. Et l'apothéose, ce sera à Montréal. »

Ainsi, le Général s'avance en territoire québécois avec des intentions qui ne tiennent aucun compte de la politique étrangère du Canada qui, pourtant, ressemble plus que jamais à la sienne. On saura plus tard qu'il a négligé de lire les notes qui lui avaient été fournies à ce sujet, ce qui lui vaudra le reproche, formulé par Valéry Giscard d'Estaing, de s'adonner à un « exercice solitaire du pouvoir ».

La journée du lendemain, 24 juillet, est consacrée à rejoindre la capitale économique du Québec par la route. Durant le parcours de 280 kilomètres, le cortège fait halte dans la plupart des petites villes qui jalonnent l'itinéraire. À chaque arrêt, le Général prend un bain de foule et, exultant, prononce une allocution chaleureuse et souvent emphatique.

Arrivé à l'hôtel de ville de Montréal, il veut parler à la multitude de Québécois sur la place Jacques-Cartier, mais il s'entend dire par le maire, Jean Drapeau, que cela n'est pas prévu et que, d'ailleurs, il n'y a pas de micro. Or, on en repère un dans un recoin. Il n'est pas branché. Qu'à cela ne tienne, un technicien le branche. Et le Général peut s'adresser aux Montréalais depuis le balcon central de l'édifice. Peu crédible hypothèse. Il suffit de regarder les images enregistrées du discours pour constater que de Gaulle dispose d'un plateau fleuri, équipé de deux micros parfaitement installés et que le bon écho de ses paroles devant

20 000 personnes a exigé un amplificateur puissant, des haut-parleurs de qualité et bien installés, des essais préalables de son : la thèse de l'improvisation n'est guère recevable. Mais elle s'explique par l'attitude de Jean Drapeau, homme plus que prudent, qui aura ensuite ouvert le parapluie en prétendant que l'intervention du général de Gaulle s'était effectuée contre son gré ; comment résister à un tel personnage ? Pearson aura la délicatesse de feindre de croire à l'explication de Drapeau.

De Gaulle a remué la foule comme rarement dans ses innombrables allocutions. En dépit de sa relative brièveté, il a frappé très fort, non seulement par la formule finale, mais en déclarant que, tout au long de sa route depuis Québec, il s'était trouvé « dans une atmosphère du même genre que celle de la Libération » ! Paroles flamboyantes, exprimant deux moments de liesse pour des raisons évidemment différentes, mais propos interprétables à contresens, d'autant que de Gaulle a aussi employé le mot « affranchissement ».

Néanmoins, à cet instant, le gâchis politique est encore évitable : apprenant le discours du Général, Pearson ne se formalise pas. Anglophone, il traduit « Vive le Québec libre ! » par « *Save the Québec free !* » ou encore « *Long live the Québec free !* » Autrement dit, « conserve » ou « préserve ». En outre, le Général a terminé son discours par « Vive le Canada français ! Et vive la France ! » Mises bout à bout, toutes ces exclamations forment un ensemble exprimant bien plus l'enthousiasme que la revendication. Certes, en parlant de « Québec libre », le président français a repris le slogan du mouvement indépendantiste RIN. Mais en a-t-il conscience ? On peut en douter puisqu'il a aussi fait acclamer le « Canada français », alors que les Québécois, y compris les indépendantistes, n'aiment guère cette formule qui respire le néocolonialisme.

Le Premier ministre se serait donc bien dispensé de réagir s'il n'avait dû faire face à la bronca de trois de ses ministres francophones : Jean Marchand, en charge de la Citoyenneté et de l'Immigration, Pierre Elliott Trudeau, titulaire du portefeuille de la Justice, et surtout Paul Martin, chef de la diplomatie canadienne. Ensemble ils se sont rués dans le bureau de Lester Pearson, expliquant que les propos du général de Gaulle méritaient une réaction ferme et rapide. Les autres membres du gouvernement, notamment les anglophones, ne ressentent pas le même besoin. On assiste alors à un phénomène courant dans l'histoire : les membres d'une minorité, culturelle, religieuse ou linguistique qui ont, par leur statut ou leur fonction, rejoint la majorité, deviennent des intégristes de celle-ci et pratiquent la surenchère dans ce qu'ils croient être la défense de ses intérêts. Ainsi Marchand, Trudeau et Martin ne trouvent pas de termes assez durs pour condamner l'attitude du général de Gaulle et menacent de démissionner si Pearson ne communie pas avec eux dans une indignation publique. Celui-ci a vu le piège tendu par ses propres ministres, mais il hésite encore. Il ne veut rien faire qui puisse vexer de Gaulle et qui nuirait à ce qu'il attend de leurs échanges du surlendemain, à vrai dire que le président français vienne, avec sa verve et son poids, soutenir un Canada totalement indépendant – « Vive le Canada libre ! », comme un écho centenaire du grand acte de 1867.

Alors on tergiverse. Dans la nervosité de ces instants, l'humour et la prise de distance font complètement défaut. Personne ne parvient à proposer une formule consensuelle. Pearson résiste encore à ses ministres mais la pression augmente. Après trois heures de discussion, le communiqué, fruit d'un difficile compromis, est enfin prêt. Cherchant encore à en atténuer l'impact, Pearson décide de le lire à la télévision, en français. Il commence par affirmer que tous les Canadiens se réjouissent de l'accueil si chaleureux qu'a reçu le Général au Québec – alors que la presse anglophone soutient l'inverse –, mais il poursuit : « Certaines déclarations du président tendent à encourager la petite minorité de notre population dont le but est de détruire le Canada, et comme telles elles sont inacceptables pour le peuple canadien et pour son gouvernement [...]. Chaque province du Canada est libre, les Canadiens n'ont pas besoin d'être libérés [...]. Nous attachons la plus grande importance à l'amitié avec le peuple français [...]. J'espère que les discussions que j'aurai plus tard dans la semaine avec le général de Gaulle démontreront que ce désir est de ceux qu'il partage. » Contrairement donc à ce qui, parfois, a été écrit, Pearson ne ferme pas la porte et compte toujours recevoir le président français. Mais le mot qui fâche a été lâché, « inacceptables ».

De surcroît, Paul Martin, de sa seule initiative, a décidé de boycotter le dîner offert au pavillon français de l'Exposition universelle. Le Général poursuit les visites prévues comme si de rien n'était, puis, sans explication, décide de rentrer en France en faisant venir son avion sur l'aéroport de Montréal.

Trois mois plus tard, enhardi par ce qu'il considère comme un encouragement magistral du général de Gaulle, René Lévesque quitte le Parti libéral du Québec et fonde le Mouvement Souveraineté-Association, qui préconise, dans le manifeste *Option Québec*, un Québec indépendant lié au Canada par des accords économiques préférentiels. Mouvement éphémère qui, en octobre 1968, fusionne avec le RIN pour former le Parti québécois.

Pearson ressort terriblement affaibli de l'épreuve. Il a obéi à ses ministres plutôt qu'il ne les a encadrés, il s'est ridiculisé aux yeux de Lyndon Johnson, maintenant fondé à ricaner des rêves de rapprochement franco-canadien en dehors de la tutelle américaine, enfin il a à la fois mécontenté les francophones, suscité la méfiance des anglophones et creusé un fossé avec la France, que le gouvernement du Québec va se faire un plaisir de combler, main dans la main avec Paris : dès le 5 février 1968, le ministre de l'Éducation du Québec, Jean-Guy Cardinal, participe à la conférence annuelle des ministres francophones qui se tient alors à Libreville et où il est reçu, sur directive discrète du gouvernement français, comme le représentant d'un État souverain. C'est le premier pas vers l'entrée du Québec dans la future Organisation internationale de la Francophonie. Durant la même année sont créés l'Association France-Québec, destinée à promouvoir une meilleure connaissance mutuelle des deux « pays », et l'Office franco-québécois pour la jeunesse, afin de multiplier les échanges estudiantins et de formation professionnelle.

Pour Pearson, tout cela ressemble à un échec pathétique, trop lourd à supporter quand on a déjà soixante-dix ans. Le 17 décembre 1967, il annonce qu'il remettra bientôt sa démission, dont la date est suspendue au choix de son successeur. Qui intervient le 6 avril 1968. Pierre Elliott Trudeau l'emporte difficilement contre neuf autres candidats et, devenu Premier ministre le 20 avril, demande au gouverneur général la dissolution de la

Chambre, avant qu'elle ait pu se réunir pour rendre hommage à Lester Pearson.

De nouvelles mœurs politiques se mettent en place et s'engagent dans une personnalisation du pouvoir directement inspirée des manières du grand voisin.

8

Au pays de Trudeaumanie

Avec le remplacement de Lester B. Pearson par Pierre Elliott Trudeau, c'est un homme davantage tourné vers les préoccupations strictement politiques qui accède aux affaires. Les élections du 25 juin 1968 ont permis aux libéraux, emmenés par un nouveau chef, plus jeune, plus fringant, plus moderne, de conquérir cent cinquante-quatre des deux cent soixante-quatre sièges à pourvoir et d'obtenir enfin la majorité absolue de la Chambre.

Les Canadiens se montrent particulièrement fiers de leur nouveau Premier ministre, qu'ils vont maintenir au pouvoir pendant quinze ans, avec une brève interruption de neuf mois entre 1979 et 1980.

Né le 18 octobre 1919 à Outremont, quartier résidentiel de la bourgeoisie francophone de Montréal, celui qu'on n'ose appeler par ses initiales descend, par son père, de Rochelais installés en Nouvelle-France au milieu du XVIIe siècle et, par sa mère, de loyalistes anglais devenus catholiques par mariage. Des deux côtés on a fait fortune, mais Pierre Elliott, dont les remarquables qualités intellectuelles se sont rapidement affirmées, n'est pas de la catégorie des « fils à papa ». Après des études secondaires et supérieures à Montréal, il est admis à Harvard puis à l'École libre des sciences politiques de Paris et enfin à la London School of Economics. Il accomplit ensuite un tour du monde qui, depuis l'Europe et l'URSS, le conduit au Proche-Orient, en Inde, en Indochine et en Chine, toutes régions alors en proie à de profonds bouleversements qu'il observe avec passion. En 1950, il participe à la fondation de la revue *Cité libre,* qui milite pour l'extension des libertés publiques et l'instauration de la laïcité. Puis il devient professeur de droit constitutionnel à l'université de Montréal. En 1956, il publie un premier ouvrage consacré à la grève de l'amiante et dénonçant, sous le gouvernement provincial de Duplessis, « une société encombrée d'idéologies inadéquates et d'institutions oppressives ». En 1963, il fonde avec quelques amis la Ligue des droits et libertés. En 1965, il est élu député libéral de la circonscription de Mont-Royal. Lester Pearson, impressionné par ses qualités intellectuelles, lui demande alors de devenir son secrétaire parlementaire, soit une sorte à la fois d'assistant et de suppléant. Après quoi, sa carrière politique devient fulgurante : le 4 avril 1967 le voilà ministre de la Justice – on le compare déjà à Robert Kennedy –, puis, très vite, un des membres du gouvernement les plus marquants. D'abord en raison de sa forte personnalité, mais aussi d'initiatives originales. Trudeau est un homme de son temps, conscient du mouvement du monde auquel le Canada ne saurait demeurer étranger. Pour faire avancer les choses comme il le souhaite, il use de deux registres : son propre charisme personnel, dont il lui arrive d'abuser – jouant parfois les dandys avec œillet à la boutonnière ou les play-boys au bras d'actrices ou de chanteuses célèbres –, et un climat général propice à un changement de société, avec la montée du pacifisme consécutive à l'interminable guerre du Vietnam, l'aspiration de la jeunesse à une certaine libération des mœurs, les prémices d'une prise en compte de l'environnement et de la protection de la nature, la culture rock and roll dont les festivals de l'île de Wight en août 1968 et de Woodstock un an plus tard constituent les grand messes.

Ministre de la Justice, il a présenté au Parlement, en décembre 1967, un *bill omnibus*, c'est-à-dire un projet de loi comportant un ensemble de dispositions touchant plusieurs domaines du Code criminel et qui deviendra la loi du 14 mai 1969, dépénalisant les relations homosexuelles entre adultes consentants, assouplissant la procédure de divorce et autorisant l'avortement dans un certain nombre de cas. « L'État, dit-il, n'a rien à faire dans les chambres à coucher. »

Premier ministre, Trudeau place rapidement son action sous deux nouveaux principes directeurs après celui de la libéralisation : cohésion et indépendance.

La cohésion nationale ne peut résulter, à ses yeux, que de l'affirmation d'un Canada uni et indivisible, garantissant à chacun l'exercice de libertés publiques et individuelles entendues le plus largement possible, ce que ses adversaires, surtout au Québec, considèrent comme une conception rigide du fédéralisme que combat le parti de René Lévesque. Dans ce but, Trudeau compte sur deux leviers : l'extension du bilinguisme en allant plus loin que son prédécesseur, et la réforme constitutionnelle afin de rationaliser le partage des compétences entre la Confédération et les provinces.

La question de la langue, toujours lancinante, a certes fait l'objet d'un premier dispositif rehaussant le français à l'initiative de Pearson. Mais cette mesure a subi des critiques acerbes dans certains milieux anglophones, qui ont parfois trouvé là l'occasion d'exprimer leur mépris pour tout idiome qui n'est pas le leur. Une riposte est venue sous forme d'un poème qui aura peut-être fait pour la langue française plus que tous les dispositifs juridiques imaginables. *Speak White !*, écrit en 1968 par Michèle Lalonde, et repris sur scène par Robert Lepage en 2017, parvient à la fois à ridiculiser les préjugés et à retourner le dédain contre l'intolérance… Le 7 septembre 1969, le Parlement adopte la loi sur les langues officielles du Canada. Dorénavant, non seulement l'anglais et le français se placent sur un parfait pied d'égalité dans tous les services publics nationaux, mais le bilinguisme dépasse le cadre de l'administration fédérale : dans les lieux publics, tels que les aéroports, les gares, les services d'autobus, les hôpitaux, toutes les annonces doivent être publiées dans les deux langues.

Après avoir accompli ce geste en faveur des francophones, le gouvernement a la fâcheuse surprise de devoir faire face à un acte de terrorisme commis par les tenants extrémistes d'un Québec indépendant. Le 5 octobre 1970, l'attaché commercial britannique à Montréal, James R. Cross, est enlevé par un groupe armé qui réclame la libération de vingt « prisonniers politiques », membres du FLQ, en réalité détenus pour des délits de droit commun lors des exactions mentionnées plus haut. Une semaine plus tard, le même groupe kidnappe Pierre Laporte, vice-Premier ministre et ministre du Travail. Dans leurs revendications, les ravisseurs reprennent les arguments de l'ouvrage de Pierre Vallières publié en 1968, *Nègres blancs d'Amérique*, pour désigner les Québécois, asservis selon eux aux « *big boss* patronneux » et esclavagistes – par la pratique du *cheap labor* – que sont les milieux d'affaires anglophones. Les otages demeurant introuvables, Robert Bourassa, Premier ministre du Québec et lointain parent d'Henri, avoue son impuissance auprès du gouvernement fédéral et lui demande le secours de l'armée. Il faudrait pour cela appliquer la loi sur les mesures de guerre. Après avoir hésité, Trudeau décide le 16 octobre de demander au Parlement l'autorisation d'envoyer des troupes à Montréal. Mais, le lendemain, les terroristes annoncent « l'exécution » de Pierre Laporte. On reste sans nouvelles de Cross. Dans l'affolement général, la police et l'armée procèdent à près de cinq cents arrestations arbitraires. Elles parviennent enfin à mettre la main sur les meurtriers de Laporte, mais laissent échapper les geôliers de Cross, qui réussissent à se réfugier à Cuba après avoir relâché leur otage.

Tout le monde ressort affaibli de l'affaire : le gouvernement du Québec, qui a dû appeler au secours, ce qui est de mauvais augure dans une province qui voudrait, au minimum, davantage d'autonomie ; le gouvernement fédéral, qui a utilisé des moyens disproportionnés et en grande partie inefficaces ; l'image du Canada, pays de libertés publiques qui, en l'espace de quelques jours, a paru se comporter comme l'Espagne de Franco traquant des séparatistes basques.

Intermède glamour entre deux épreuves : le 4 mars 1971, à Vancouver, le célibataire de cinquante et un ans se marie avec une jeune femme de vingt-deux, Margaret Sinclair, qu'il avait rencontrée lors d'un voyage à Tahiti... Pour la première fois de l'histoire du Canada, un de ses dirigeants politiques fait la une des journaux people du monde entier : la Trudeaumanie s'exporte comme un bien de consommation courante.

Après quoi, les difficultés politiques se rallument : la conférence des Premiers ministres réunie à Victoria, capitale de la Colombie-Britannique, du 14 au 16 juin 1971, afin de discuter d'une révision de la Constitution, échoue en raison de l'opposition de Robert Bourassa. Le Premier ministre fédéral voulait à la fois « rapatrier » la Constitution, tentative déjà faite en 1949 par Louis Saint-Laurent, afin que le Canada pût désormais, et en totalité, la modifier seul, sans avoir besoin d'une ratification par le Royaume-Uni, et, dans la foulée, la compléter par une charte des droits et libertés : un texte qui prolongerait et compléterait celui de Diefenbaker, notamment par l'introduction, aux côtés des droits traditionnels, de droits économiques et sociaux, ainsi que de droits à l'éducation, de mentions relatives à la protection contre toutes les formes de discrimination, en raison de la race, du sexe, de la religion, de la langue... enfin de la transparence de l'État.

Une fois encore, le projet achoppe sur la question du droit de veto des provinces, en dépit d'une formule de compromis proposant que celui-ci ne puisse s'exercer que par celles comptant au moins 25 % de la population nationale – soit l'Ontario et le Québec –, et à condition d'obtenir l'accord d'au moins deux provinces maritimes et de deux provinces de l'Ouest. Dit autrement : le veto n'est quasiment plus possible, ce que fait logiquement remarquer Bourassa, qui exige en contrepartie minimale un accroissement des compétences provinciales en matière de politique sociale. Puis l'Alberta fait à son tour connaître son refus. Optimiste – c'est une autre de ses forces –, Trudeau considère que ce n'est que partie remise. En attendant, la loi fédérale du 14 décembre 1971, une fois encore en avance sur bien des pays développés, abaisse à dix-huit ans l'âge du droit de vote.

En politique extérieure, Trudeau apporte un amendement substantiel à l'idéal d'indépendance nationale. Exposé en 1970 dans *Une politique étrangère pour les Canadiens*, selon deux grandes orientations : remplacer l'objectif principal de contribution au maintien de la paix dans le monde par une politique étrangère visant, en priorité, à défendre les intérêts propres du Canada ; élargir le champ des relations internationales sans s'arrêter à la couleur des régimes politiques.

En janvier 1971, Trudeau a effectué le plus long voyage d'un Premier ministre canadien à l'étranger : vingt-trois jours passés dans plusieurs pays d'Extrême-Orient, après avoir reconnu la République populaire de Chine. En mai, il s'est rendu en URSS, où aucun de ses prédécesseurs n'était jamais allé. En octobre, il reçoit à Ottawa Alexis Kossyguine, son homologue soviétique, et conclut avec lui un accord-cadre de coopération technique et scientifique, immédiatement après que Richard Nixon, président des États-Unis, et conformément aux usages de son pays, a imposé un relèvement de toutes les barrières douanières sans consultation préalable de ses partenaires, de même qu'il suspend la convertibilité du dollar.

Trudeau dans les traces de Pearson, voilà de quoi irriter le grand voisin, surtout lorsque l'entourage du Premier ministre laisse filtrer l'éventualité d'un départ du Canada de l'OTAN, à l'instar de la France, cinq ans plus tôt. Mais une partie du cabinet s'y oppose.

Tenté par le non-alignement, le Canada s'ouvre davantage au tiers-monde, augmentant progressivement la part de son produit intérieur brut consacrée à l'aide au développement. Avec un taux de 0,5 %, il se situe derrière la France et les pays scandinaves – champions de la discipline –, mais devant les États-Unis, le Royaume-Uni et l'Allemagne.

Mais, comme dans la plupart des pays du monde, les élections se jouent rarement sur des questions de politique étrangère. Après l'assassinat de Pierre Laporte et l'échec de la conférence de Victoria, le gouvernement perd, en octobre 1972, la majorité absolue à la Chambre des communes, et le Parti progressiste-conservateur de Robert Stanfield talonne le Parti libéral. Le soutien conditionnel du NPD de David Lewis permet toutefois la formation d'un gouvernement de coalition avec un glissement vers la gauche sociale-démocrate. La crise économique de 1973, consécutive au premier « choc pétrolier », le fait voler en éclats : le NPD refuse de voter le projet de budget de 1974-1975, qu'il estime trop rigoureux. La dissolution de la Chambre qui s'ensuit rend la majorité absolue aux libéraux qui se sont trouvés un agent électoral de charme en la personne de Margaret Trudeau : le 8 juillet 1974, ils emportent cent quarante et un sièges, contre des conservateurs qui n'avaient rien d'autre à proposer que le blocage des prix et des salaires. Le NPD, qui a mal expliqué son revirement, perd la moitié de ses députés.

Les 21 et 22 octobre, à Paris, Trudeau discute avec le nouveau président français, élu en avril, Valéry Giscard d'Estaing, de politique culturelle et des perspectives de collaboration avec la Communauté européenne. De retour à Ottawa, il met en place un programme quadriennal d'action culturelle après la publication d'un rapport d'universitaires, *Se connaître,* dont le contenu évoque quelque peu le rapport Durham. En effet, selon la Commission sur les études canadiennes présidée par le professeur Thomas H. Symons, la plupart des Canadiens, quel que soit leur niveau d'instruction, ignorent l'essentiel de l'histoire et de la littérature de leur pays. Et le reste du monde ne sait pas qu'il existe une culture canadienne. Un vigoureux effort est alors lancé, à la fois pour développer dans le pays un enseignement de lui-même et, à l'étranger, pour créer des réseaux associatifs et universitaires favorisant la connaissance de « l'autre Amérique du Nord ». Se souvient-on alors du voyage de Pierre de Coubertin en 1889 ? Ayant relevé l'importance des activités sportives dans les collèges et établissements supérieurs canadiens, notamment l'université McGill, il revint en France en mûrissant l'idée des Jeux olympiques, dont l'édition estivale doit se dérouler pour la première fois au Canada, à Montréal, du 17 juillet au 1er août 1976.

Le 6 juillet de la même année, le Canada et la Communauté européenne ont conclu un accord-cadre stipulant que les deux parties s'accordent mutuellement la clause de la nation la plus favorisée et instaurant entre elles un comité mixte de coopération, le premier que l'Europe signe avec un pays industrialisé.

Mais c'est le résultat des élections provinciales au Québec qui devient, avec la lutte contre la crise économique qui s'intensifie, le souci majeur du gouvernement Trudeau. Le 15 novembre 1976, le Parti québécois (PQ) de René Lévesque emporte une large majorité, de soixante et onze sièges sur cent dix, à la surprise des instituts de sondage et de l'opinion, étonnée de sa propre audace. Toutefois, l'indépendantisme officiel du nouveau gouvernement québécois commence par se manifester prudemment. Il s'assigne comme priorités de « retrouver le souffle de la Révolution tranquille », afin d'achever la modernisation sociale de la province, et de donner un statut à la langue française, par la loi 101 du 26 août 1977, dite aussi charte de la langue française, désormais unique langue officielle de la sphère publique mais aussi du travail, de l'enseignement, du commerce, des communications… Seule dérogation : le maintien des écoles anglaises pour ceux qui les fréquentent déjà et pour ceux dont les parents ont reçu une éducation en anglais.

La victoire du PQ provoque beaucoup d'inquiétude dans la population anglophone de la métropole économique du Québec : de 1976 à 1980, Montréal perd 60 000 habitants, le quartier résidentiel de Westmount se vide pour plus d'un tiers de ses occupants ; la ville ne retrouvera son niveau antérieur qu'en 2002.

Le processus d'indépendance du Québec doit résulter d'un référendum dont la date n'est pas fixée car, selon René Lévesque, il convient d'abord de finaliser les nombreuses réformes économiques, sociales et culturelles mises en chantier.

Au niveau fédéral, le danger pour les libéraux provient moins de l'évolution du Québec que de leurs difficultés à faire face à l'aggravation de la crise économique, marquée par la « stagflation », cette combinaison, inconnue par le passé, d'inflation et de stagnation, avec un chômage frôlant dangereusement les 10 %. Le gouvernement canadien, comme ceux de la plupart des autres pays occidentaux, ne sait trop comment réagir, alternant maladroitement les actions de relance de l'économie et de freinage de la consommation comme des investissements afin de juguler l'inflation, ce qu'on appelle la politique du *stop and go*, ou encore de l'accordéon.

La cote de la Trudeaumanie diminue alors sensiblement, d'autant que, au chapitre glamour, le couple de conte de fées s'est défait : Pierre Elliott et Margaret se sont séparés en mai 1977. De nouveau les tabloïds en font leur une. Le 22 mai 1979, les progressistes-conservateurs du député albertain Joe Clark emportent les élections fédérales, mais sans atteindre toutefois la majorité absolue à la Chambre.

Privé du soutien d'un tiers parti, car les députés du NPD votent plutôt avec les libéraux, le plus jeune Premier ministre de l'histoire du Canada – il n'a pas quarante ans au moment de sa prise de fonctions – manque un peu d'assurance. Son humour de l'Ouest ne convainc pas l'*establishment* de l'Est, notamment lorsqu'il se présente au sommet du Groupe des sept des 28 et 29 juin à Tokyo avec une étiquette au revers de sa veste : « Joe Clark, Premier ministre du Canada. »

Il ne reste au pouvoir que six mois : le 13 décembre, les libéraux et le NPD conjuguent leurs voix contre le projet de budget, ce qui entraîne la démission du cabinet. Il faut ici se demander pourquoi le gouverneur général Edward Schreyer, ancien Premier ministre du Manitoba, n'avait pas choisi, comme il en avait parfaitement le droit, de charger Trudeau de former un gouvernement de coalition avec le NPD. Cette éviction progressive du représentant de la reine enlève tout recours au niveau le plus élevé en cas de crise grave.

Les élections du 18 février 1980 ramènent une majorité libérale. Trudeau retrouve, après cet intermède vite effacé, son fauteuil de Premier ministre. Avec sur son bureau un dossier brûlant : l'avenir du Québec et, avec lui, de la Confédération, parvenue à la croisée des chemins.

9

À la croisée des chemins

Le 20 mai 1980, les électeurs québécois sont enfin appelés aux urnes pour se prononcer sur le projet de Souveraineté-Association que René Lévesque porte à bout de bras depuis près de douze ans. La préparation du référendum a été si méticuleuse que la question posée est, sinon incompréhensible, du moins alambiquée et même confuse : « Le gouvernement du Québec a fait connaître sa proposition d'en arriver, avec le reste du Canada, à une nouvelle entente fondée sur le principe de l'égalité des peuples ; cette entente permettrait au Québec d'acquérir le pouvoir exclusif de faire ses lois, de percevoir ses impôts et d'établir ses relations extérieures, ce qui est la souveraineté, et, en même temps, de maintenir avec le Canada une association économique comportant l'utilisation de la même monnaie ; aucun changement de statut politique résultant de ces négociations ne sera réalisé sans l'accord de la population lors d'un autre référendum ; en conséquence, accordez-vous au gouvernement du Québec le mandat de négocier l'entente proposée entre le Québec et le Canada ? »

En outre, le texte préjuge de l'accord des autres provinces sur les demandes du Québec, telles l'association économique et la conservation de la même monnaie. Enfin, le chef de file du « non » est lui-même un ancien nationaliste québécois, Claude Ryan, directeur du prestigieux quotidien *Le Devoir* de 1964 à 1978, et depuis lors chef du Parti libéral de la province. Dénonçant les risques économiques de la séparation, il plaide pour un « fédéralisme augmenté » qui serait plus facile à négocier au sein de la Confédération. Le verdict coule de source : le non l'emporte avec près de 60 % des suffrages. Se gardant de tout triomphalisme, Trudeau fait habilement observer que le gouvernement fédéral n'a pas cherché à s'opposer à l'organisation du référendum, comme il aurait pu le faire d'un strict point de vue juridique, et que la consultation aura eu le mérite de reconnaître le droit à l'autodétermination des Québécois.

Battant le fer tout chaud, et conformément à sa promesse de réformes institutionnelles dans le cas d'un rejet de l'indépendance, le Premier ministre convoque une nouvelle conférence interprovinciale afin d'aborder à nouveau la question constitutionnelle. Après un nouvel échec, dû à la crainte réactivée d'un empiètement fédéral sur les compétences provinciales, partagée par toutes les provinces, à l'exception du Nouveau-Brunswick et de l'Ontario, Trudeau rappelle que le « rapatriement » du *British Nord America Act*, principalement issu des lois de 1867 et de 1931, nécessite seulement un accord entre le Parlement canadien et le Parlement anglais. En d'autres termes, il se dit prêt à se dispenser de l'accord des provinces. Majoritairement hostiles, celles-ci saisissent les tribunaux puis la Cour suprême qui, le 28 septembre 1981, rend une étonnante décision : la Cour reconnaît la validité juridique d'un rapatriement unilatéral de la Constitution par l'autorité législative confédérale, mais estime que « le consentement des provinces est constitutionnellement nécessaire » et se déclare incompétente pour en fixer les modalités. Une nouvelle conférence, dite « de la dernière chance », se réunit donc les 5 et 6 novembre 1981 à Ottawa. Le gouvernement fédéral ne propose aucune mesure renforçant l'autonomie du Québec et obtient sur ce point l'assentiment de toutes les autres provinces. On parvient ainsi à un accord, passé dans la nuit en l'absence de René Lévesque, que l'on a tenu à l'écart et que l'on met devant le fait accompli le lendemain matin. C'est pourquoi certains ont qualifié les circonstances de cet accord nocturne, de « nuit des longs couteaux du Québec ».

Il ne reste plus qu'à recueillir l'assentiment du Parlement britannique, acquis d'avance à la nationalisation de la Constitution canadienne. Le nouveau « *Canada Act* » est adopté le 29 mars 1982, intégrant la charte des droits et libertés qui consacre la prééminence des droits individuels sur les droits collectifs, comme elle reconnaît le caractère distinct des premières nations, confirmant leurs droits territoriaux dans plusieurs provinces. Enfin, l'appellation de dominion disparaît au profit du seul nom de Canada.

Le 17 avril suivant, la reine Élisabeth II vient proclamer solennellement l'Acte à Ottawa au cours d'une cérémonie sur la colline du Parlement. La nation canadienne est désormais parfaitement indépendante, placée sous la même couronne que le Royaume-Uni, institution commune et non autorité supérieure. Un à un les parlements des provinces ratifient ensuite la Constitution, à l'exception de celui du Québec, qui considère la façon dont l'opération a été menée comme « un coup d'État constitutionnel ».

C'est néanmoins un incontestable succès politique pour le Premier ministre, qui tranche avec l'échec de sa politique économique, cause d'une nouvelle vague de mécontentements. Au début de la décennie 1980, le Canada n'a toujours pas absorbé les incidences du choc pétrolier et de la crise économique mondiale de 1973, que vient encore d'aggraver le deuxième choc pétrolier de 1979. La stagflation continue, le chômage augmente fortement, jusqu'à atteindre 13 % dans certaines provinces ; l'accroissement des dépenses publiques s'est révélé impuissant à soutenir le niveau d'activité et n'a fait que creuser dangereusement le déficit budgétaire. La dette publique a triplé en cinq ans, les taux d'intérêt se sont envolés, jusqu'à dépasser les 20 %, le dollar canadien ne cesse de reculer par rapport au dollar américain, tombant à 70 % de la valeur de celui-ci.

Observant qu'en 1973 90 % des revenus pétroliers des trois provinces de l'Ouest – la Saskatchewan, l'Alberta et la Colombie-Britannique – étaient encaissés par des sociétés étrangères, le gouvernement libéral a mis en place le Programme énergétique national visant à assurer l'autosuffisance du pays à des prix inférieurs aux cours du marché mondial. Sa mise en œuvre repose sur une entreprise devenue publique en 1975, Petro-Canada, regardée dans l'Ouest comme une pilleuse de ses ressources naturelles au profit de l'Est. On réalise alors que l'intérêt national, qui semble justifier un certain nationalisme économique, fait mauvais ménage avec les appétits financiers privés situés dans les régions pétrolières : s'aligner sur les prix imposés par le cartel des pays arabes regroupés dans l'OPEP apporterait en effet de considérables gains financiers à l'Alberta. Troublant dilemme que les dirigeants occidentaux de l'époque n'ont pas voulu prendre en considération et qui vaut au gouvernement Trudeau une vague supplémentaire d'impopularité dans les provinces de l'Ouest.

Les députés libéraux commencent alors à se soucier de leur avenir, d'autant que le Parti progressiste-conservateur vient, le 11 juin 1983, de se doter d'un nouveau chef, un homme qui, dès l'abord, fait figure de plausible Premier ministre. Brian Mulroney bénéficie de la vague néolibérale qui, depuis quatre ans, a spectaculairement redressé l'économie britannique sous la houlette de Margaret Thatcher et, depuis trois ans, pris le même chemin aux États-Unis présidés par Ronald Reagan.

Pierre Elliott Trudeau semble alors réagir par une fuite en avant, mal comprise des Canadiens. Au lieu de s'atteler aux problèmes économiques qui préoccupent ses concitoyens, il prend, le 27 octobre 1983, une initiative diplomatique, dite « initiative de paix », qui s'inscrit à rebours des politiques anglaise et américaine d'extrême fermeté à l'égard de l'URSS. Le « *Trudeau round* », au cours duquel le Premier ministre canadien se rend de capitale en capitale pour susciter de nouvelles négociations internationales afin de réduire les arsenaux nucléaires, échoue complètement dans un contexte qui pressent l'affaiblissement et peut-être l'effondrement du système soviétique. Dans son propre parti, le Premier ministre se trouve contesté. Préférant, non sans panache, quitter les choses avant qu'elles ne le quittent, Trudeau laisse alors la place, le 30 juin 1984, à son ministre des Finances, John Turner. Mais, outre l'usure du pouvoir, celui-ci ne possède ni la carrure ni le brio de Brian Mulroney, et pas plus la capacité de proposer un projet attrayant. Les élections du 4 septembre 1984 assurent le triomphe des progressistes-conservateurs, qui emportent deux cent onze sièges – le meilleur résultat jamais atteint par leur formation – quand les libéraux n'en conservent que quarante, leur plus mauvais score.

Le nouveau Premier ministre est québécois, né le 20 mars 1939 à Baie-Comeau, une petite ville de la côte nord, descendant d'une famille d'immigrants irlandais, fils d'un électricien qui le pousse à faire des études pour ne pas devenir ouvrier dans l'usine voisine de pâte à papier. Au contraire de son prédécesseur fortuné et ayant pu courir le monde, Mulroney a suivi tout son cursus universitaire au Canada et a rejoint un cabinet d'avocats à Montréal. Spécialisé dans les négociations collectives du côté patronal, il franchit le pas en 1976, devenant vice-président puis président de la compagnie minière IOC, où il parvient à établir de bonnes relations avec les syndicats ouvriers. Militant, depuis plus de vingt-cinq ans, du Parti progressiste-conservateur, il en devient le chef en juin 1983 et, fait sans précédent, sans avoir été député. Élu deux mois plus tard à la Chambre des communes à l'occasion d'une élection partielle à Nova-Centre (Nouvelle-Écosse), il plaide en faveur du renforcement du secteur privé et de la libéralisation de l'économie, des droits des minorités francophones en dehors du Québec, du resserrement des liens avec les États-Unis de Ronald Reagan et d'une meilleure collaboration entre l'État fédéral et les provinces.

Ayant pris ses fonctions le 17 septembre 1984, il relance aussitôt le projet de s'accorder avec le Québec sur la Constitution canadienne, « avec honneur et enthousiasme ». Profitant d'une reprise économique mondiale qui lui permet de réduire le déficit budgétaire sans recourir à un accroissement de la pression fiscale, il recherche un accord de libre-échange avec les États-Unis.

Le Premier ministre du Québec, Robert Bourassa, revenu aux affaires après la défaite de René Lévesque en décembre 1985, se déclare prêt à courir le « beau risque » du fédéralisme et pose pour cela de nouvelles conditions que Mulroney trouve acceptables. On parvient ainsi, le 3 juin 1987, à la signature par l'ensemble des Premiers ministres provinciaux de l'accord dit du lac Meech, près d'Ottawa. Le Québec obtient la reconnaissance de « société distincte », la maîtrise de sa politique d'immigration, le droit de se retirer, avec compensation financière, de programmes fédéraux, le droit de veto sur toute modification constitutionnelle ultérieure et la consultation de son gouvernement pour la nomination de trois des neuf juges de la Cour suprême qui doivent être québécois, notamment en raison du droit civil particulier à la province.

L'accord doit encore, dans un délai de trois ans, être ratifié par chacun des parlements provinciaux. La multiplicité des élections canadiennes, dues aussi bien au fédéralisme qu'à la durée de quatre ans des mandats, à l'absence de concomitance des élections et au droit de dissolution, aboutit à ce que jamais un gouvernement et une majorité fédérale ne connaissent plus de quelques mois un panorama politique national inchangé. C'est pourquoi de nouvelles élections provinciales et leurs changements consécutifs de gouvernements remettent rapidement en cause certaines clauses du lac Meech et débouchent sur son échec, plusieurs parlements ayant estimé excessives les concessions faites au Québec.

Les négociations commerciales engagées avec les États-Unis aboutissent à la signature, par Mulroney et Reagan, de l'Accord de libre-échange (ALE) le 3 octobre 1987 à Washington. Ratifié le 2 janvier 1988, il prévoit la suppression totale des droits de douane entre les deux pays pour 1998. Après quoi, le gouvernement canadien, qui a fait voter le 30 juin 1988 la première loi d'orientation sur la protection de l'environnement, engage avec les États-Unis des discussions sur la qualité de l'air, qui débouchent sur un accord général le 14 mars 1991. Le gouvernement Mulroney peut ainsi s'enorgueillir d'avoir été le plus sensible à la protection de la nature, faisant encore ouvrir huit parcs nationaux durant son administration.

Enfin, la politique étrangère du Canada s'est de nouveau teintée de générosité en prenant l'initiative, bientôt suivie par les autres puissances occidentales, d'un secours à l'Éthiopie, alors en proie à une terrible famine.

Après les XVe Jeux olympiques d'hiver, en février à Calgary, les débats autour de l'application de l'ALE dominent la campagne électorale de novembre 1988. Le Parti libéral et le NPD, hostiles au libre-échange, restent dans l'opposition malgré quelques gains, le parti au pouvoir conservant la majorité absolue.

Le second mandat de Brian Mulroney est marqué par la nouvelle tentative d'un accord constitutionnel, l'approfondissement du libre-échange, la montée de revendications autochtones et le retour à la dépression économique.

La reprise des discussions sur la Constitution se fait sur des sujets inédits : la réforme du Sénat, régulièrement évoquée, et le statut des autochtones, oublié dans les précédents processus. Pas moins de trois commissions sont créées entre 1990 et 1992 pour formuler des propositions. Bien des sujets sont évoqués, depuis la création d'un « État multinational », la reconnaissance de trois peuples fondateurs – les autochtones, les francophones et les anglophones –, l'élection des sénateurs au suffrage universel ou bien la représentation égale des provinces... On parvient à un nouvel accord, le 28 août 1992 à Charlottetown. Assez complexe, touffu et disparate, il traite aussi bien de la composition du Sénat et de la Cour suprême que des compétences provinciales sur les forêts et les ressources naturelles, de la définition de ce qu'est un Canadien, d'assurance-chômage ou du contrôle de Radio-Canada... Afin d'éviter l'écueil précédent des interminables débats parlementaires de ratification, on a prévu que l'accord serait soumis au vote des citoyens, par deux référendums simultanés, le 26 octobre, l'un au Québec, l'autre « pancanadien », c'est-à-dire dans les neuf provinces restantes. Le « non » l'emporte avec plus de 54 % des suffrages. Chacun comprend qu'il est temps de mettre fin à ce qui commence à ressembler à de bavardes circonvolutions conférencières sans grand rapport avec les vrais problèmes du pays.

Bien qu'une partie substantielle de la population impute à l'ALE le retour des difficultés économiques – ce que rien ne prouve –, Mulroney signe le 17 décembre 1992 son extension au Mexique, par l'Accord de libre-échange nord-américain (ALENA). On a parfois prétendu que le traité entendait répondre au traité européen de Maastricht conclu le 7 février précédent. En vérité, le texte américain ne dessine rien de plus qu'une forme assez classique de marché commun.

Depuis que la charte des droits et libertés de 1982 a reconnu « les droits existants, ancestraux, ou issus de traités autochtones », ceux-ci, qui comptent un peu plus de 1 million de ressortissants dans tout le pays, ont multiplié les revendications visant à protéger leurs territoires réservés contre les empiètements consécutifs à certains grands aménagements : de juillet à septembre 1990, les Mohawks se sont, par la force des barricades, opposés à la construction, à Oka, dans la réserve de Kanesatake, à 30 kilomètres à l'ouest de Montréal, d'un terrain de golf et d'un ensemble immobilier, ce qui a entraîné une intervention de l'armée et a fait un mort, la crise s'achevant avec le rachat des terres par le gouvernement fédéral. En revanche, en août 1991, d'autres Amérindiens parvinrent, par une décision de justice, à faire reporter la construction de centrales hydroélectriques ; en 1994, les Cris provoquent l'arrêt d'un nouveau projet d'aménagement de la baie James, au nord du Québec...

La situation économique du Canada se dégrade après 1990 : le taux de chômage remonte à près de 12 % en 1992 et le déficit budgétaire s'accroît alors que le gouvernement conservateur visait sa réduction : il atteint 6 % du produit intérieur brut. La politique économique libérale de Mulroney n'a pas produit les résultats espérés. Ainsi de l'abandon du Programme énergétique national et de la privatisation de Petro-Canada, le 3 juillet 1991, concessions faites aux provinces de l'Ouest où, depuis 1987, une formation à tendance populiste, voire à sirène sécessionniste, le Reform Party de Preston Manning, ne cesse de progresser. Celui-ci fait observer que la politique conservatrice n'a permis ni d'atteindre l'autosuffisance énergétique, ni de protéger efficacement l'environnement, ni de modérer la hausse des prix. Les privatisations de sociétés d'État – vingt-deux sur soixante en huit ans –, dont Air-Canada et la Compagnie des chemins de fer nationaux, n'ont ni amélioré la qualité de service ni permis à l'État fédéral de se désendetter ; bien au contraire, la dette publique est passée en dix ans de 45 à 66 % du produit intérieur brut. Enfin, la décision, en contradiction avec les objectifs affichés depuis 1984, de créer, à compter du 1er janvier 1991, une taxe de 7 % sur la consommation finale des ménages – appelée taxe sur les produits et services (TPS) – est fort mal ressentie par la population : bien que le nouvel impôt ne fasse qu'en remplacer un autre – l'ancienne taxe manufacturière qui handicapait les exportations – et que la plupart des économistes jugent ce choix judicieux, son incidence psychologique se révèle désastreuse à un moment où le pouvoir d'achat est au mieux stagnant dans les classes moyennes et modestes.

Souffrant d'une popularité en chute libre, Mulroney agit exactement comme Trudeau neuf ans plus tôt : il passe le témoin à un nouveau chef du parti, son ministre de la Défense, Kim Campbell. Qui devient la première femme Premier ministre du Canada... Pour quatre mois.

Le désir d'alternance saisissant encore les électeurs, le scrutin du 25 octobre 1993 ramène en effet les libéraux au pouvoir, avec une confortable majorité de cent soixante-dix-sept sièges et à leur tête Jean Chrétien, qui a succédé à Turner trois ans plus tôt à la tête du parti et devient le vingtième Premier ministre du Canada. Les progressistes-conservateurs ne conservent que deux sièges : la plus grande défaite électorale jamais vue dans un régime parlementaire. Du coup, avec cinquante-quatre élus, la deuxième place échoit à un nouveau parti, le Bloc québécois. Créé en juin 1991 par Lucien Bouchard, ancien ambassadeur du Canada en France et ancien ministre de l'Environnement de Mulroney ayant rompu avec son parti à la suite de l'échec de l'entente du lac Meech, il entend désormais représenter les indépendantistes québécois à la Chambre des communes. Petite curiosité : du fait du statut de l'opposition en usage dans les parlements d'origine britannique, le leader indépendantiste prête serment d'allégeance à la reine du Canada. En revanche, il refuse d'occuper la résidence officielle correspondante, Stornoway House, préférant s'installer dans la ville voisine de Gatineau, en terre québécoise. Avec la nomination du gouverneur général par le Premier ministre – Mulroney était allé jusqu'à désigner un de ses anciens collaborateurs, Ray Hnatyshyn –, ce genre de situation fait partie des curiosités de la politique canadienne.

Alors âgé de cinquante-neuf ans, Jean Chrétien a derrière lui une longue expérience gouvernementale acquise sous Trudeau, dont il fut le ministre de l'Industrie et du Commerce, des Finances, puis de la Justice. Et devant lui de rudes dossiers à traiter : l'assainissement des finances publiques, le renouvellement de l'indépendantisme québécois, le positionnement du Canada sur une scène internationale en pleine mutation. Et, dans ce cadre, ou hors cadre, quelques surprises.

10

Les surprises de Jean Chrétien

On l'appelait le « p'tit gars de Shawinigan », nom de la ville industrielle de Mauricie où il était né, le 11 janvier 1934, dix-huitième d'une famille de dix-neuf enfants selon l'ancestrale tradition catholique québécoise : un fils d'ouvrier à l'allure toujours simple et modeste, bien que devenu avocat et entré tôt en politique. On le surnomma plus tard « monsieur Non », du temps où, ministre des Finances, il freinait autant qu'il le pouvait l'emballement des dépenses publiques.

Ce sont d'ailleurs les priorités qu'il assigne tout de suite à son gouvernement, servi, première bonne surprise, par un retournement favorable de la conjoncture : réduction du déficit budgétaire afin de le ramener en trois ans à 3 % du produit intérieur brut, et diminution concomitante de la dette publique de 75 % à 60 %. Leur mise en œuvre se révèle plus difficile : Chrétien ne veut pas augmenter les impôts – il a même promis une suppression de la TPS –, mais s'appuyer sur une croissance économique qui tend vers les 4 %, et sur une résorption du chômage, dont il a fait un autre argument de sa campagne.

Avec trente ans d'expérience politique, il jongle avec les possibilités de dissolution de la Chambre au moment où les partis d'opposition traversent tous une période noire, deuxième bonne surprise. Ainsi provoque-t-il, en juin 1997 puis en novembre 2000, des élections fédérales anticipées, qui chaque fois lui redonnent une majorité. Étroite (cent cinquante-cinq sièges) lors de la première étape, mais en face d'une opposition éclatée et surtout régionalisée : le Bloc québécois et le Reform Party devancent les progressistes-conservateurs et le NPD, de sorte que le Parti libéral devient le seul parti national à Ottawa. Plus large lors de la seconde étape (cent soixante-douze sièges), devant le Reform

Party, qui stagne, le Bloc québécois en recul, le NPD et les progressistes-conservateurs de nouveau marginalisés.

Chrétien et les libéraux touchent alors les dividendes de deux succès : la réussite de leur politique budgétaire et le nouvel échec de l'indépendantisme québécois.

L'assainissement des finances publiques mené continuellement pendant cinq ans permet au ministre Paul Martin de présenter, pour l'exercice 1997-1998, le premier budget fédéral excédentaire depuis trente ans, ainsi qu'une diminution de la dette publique à 61 % du produit intérieur brut, avec la perspective de descendre au-dessous des 50 % en 2004. Parallèlement, l'inflation reste faible (au-dessous de 2 %), tandis que la croissance atteint 3 %, que les investissements sont en hausse de 5 %, mais que le chômage demeure élevé, à plus de 9 %. Le ministre des Finances annonce en outre, pour l'année suivante, une diminution d'environ 15 % de la pression fiscale. Engagements et promesses tenus : au prix de la réduction des dépenses de prestations sociales, de fonctionnement général de l'administration et de transferts aux provinces, les cinq budgets annuels suivants demeurent excédentaires, et les impôts, des entreprises comme des ménages, réduits à hauteur des annonces, phénomène unique dans l'histoire du Canada et même dans l'histoire de l'ensemble des pays développés. En Europe comme aux États-Unis, la gestion de Chrétien et de Martin est citée en exemple par tous les économistes libéraux et les partisans d'un État aux comptes équilibrés. Mais cette apparente unité d'action cache une rivalité croissante entre les deux hommes : Jean Chrétien ayant annoncé après les élections de novembre 2000 qu'il n'irait pas au-delà d'un troisième mandat, Paul Martin s'est rapidement mis sur les rangs pour lui succéder, trop rapidement au goût du Premier ministre, qui remanie son gouvernement en juin 2002 et confie le portefeuille des Finances à John Manley, jusqu'ici ministre des Affaires étrangères. Ce qui ne change rien à la politique financière, ni aux ambitions de Paul Martin.

L'indépendantisme avait paru se relever de ses cendres avec le retour au pouvoir du Parti québécois en septembre 1994. Son chef et nouveau Premier ministre, Jacques Parizeau, n'a pas voulu, à la différence de son prédécesseur, différer la tenue d'un référendum sur le sujet, estimant que les atermoiements de René Lévesque, ajoutés à une façon trop alambiquée d'interroger les citoyens, expliquaient l'échec de la consultation de 1980. C'est pourquoi, après une entente entre les divers mouvements souverainistes, on a convoqué les électeurs dès le 30 octobre 1995, autour d'une question simple : « Acceptez-vous que le Québec devienne souverain, après avoir offert formellement au Canada un nouveau partenariat économique et politique, dans le cadre du projet de loi sur l'avenir du Québec et de l'entente signée le 12 juin 1995 ? »

Jean Chrétien s'est personnellement engagé en faveur du « non », mettant en avant les incohérences du projet – la décision de conserver le dollar canadien et la participation aux mêmes instances internationales, ce que le Québec ne pourrait décider par lui-même –, son danger économique, avec un risque évalué par les experts d'une réduction du produit intérieur brut de la province, faisant enfin valoir que le Canada assurait plus solidement la défense de la culture québécoise dans le cadre fédéral que ne pourrait le faire un État indépendant et isolé. Pour preuve de sa bonne foi, il fit organiser, le 27 octobre à Montréal, une manifestation de 80 000 Canadiens venus des autres provinces par avions et autobus spéciaux, aux frais de l'administration fédérale, afin de proclamer leur attachement au Québec. Déployant des banderoles « Restez avec nous », les manifestants, dans une ambiance chaleureuse et bonne enfant, voire touchante, ont alors rencontré une certaine sympathie. Trois jours plus tard, le « non » l'a emporté de justesse, avec 50,6 % des suffrages, montrant surtout qu'il n'existait pas, au Québec, de volonté véritable d'indépendance. D'autant moins que, lors de l'annonce des résultats, Jacques Parizeau commit une grossière bévue en imputant le résultat de la votation à « l'argent » et aux « votes ethniques ».

Jean Chrétien s'est ensuite hâté de déclarer que l'État fédéral devait désormais trouver des formules nouvelles pour garantir à la fois l'unité du pays et la personnalité propre de la province. C'est ainsi que, le 11 décembre 1995, la Chambre des communes a adopté une résolution reconnaissant une fois encore le caractère « distinct » du « peuple québécois ». Puis le gouvernement a annoncé la tenue d'une nouvelle conférence constitutionnelle avant la fin de 1997.

Pour Lucien Bouchard, nouveau chef du PQ et Premier ministre du Québec depuis janvier 1996 après le retrait de Parizeau, il ne s'agit que de poudre aux yeux pour camoufler, au contraire, un durcissement de la position fédérale visant à interdire désormais au Québec de se prononcer. L'opération s'articulerait en deux temps : en septembre 1997, à Calgary, la conférence des Premiers ministres, à laquelle Bouchard refuse de participer, aboutit à une déclaration reconnaissant le caractère distinct de la société québécoise, mais aussi que « malgré les caractéristiques propres à chacune, toutes les provinces sont égales » : ce qui s'appelle tourner en rond. Second temps : saisie par le gouvernement fédéral, la Cour suprême rend, le 20 août 1998, un avis selon lequel le Québec ne bénéficie pas du droit de faire sécession en vertu du droit international, mais que si, « à la suite d'une question claire, les Québécois indiquaient, à une majorité claire, leur intention de se séparer du Canada, cela entraînerait pour les autres provinces et le gouvernement fédéral l'obligation de négocier de bonne foi la séparation du Québec ». Cette formule ambiguë rappelle celle du 28 septembre 1981 à propos du « rapatriement » de la Constitution. Elle invite surtout le gouvernement fédéral – au sein duquel Stéphane Dion, ministre des Affaires intergouvernementales, se demande à haute voix si une partition du Québec ne serait pas également envisageable – à faire voter une loi qui précise les orientations générales fournies par la Cour. Ainsi la Chambre des communes adopte-t-elle la « loi donnant effet à l'exigence de clarté formulée par la Cour suprême du Canada dans son avis sur le renvoi sur la sécession du Québec », promulguée le 29 juin 2000. Ce texte dispose que la sécession d'une province, pour être légale, requiert une modification de la Constitution après négociation entre toutes les provinces, et que celle-ci ne peut être engagée qu'après une expression claire de la population concernée. Devant l'ambiguïté des formules, le gouvernement du Québec refuse de se soumettre au dispositif fédéral au nom du droit des Québécois de choisir leur destin et maintient la règle de la moitié des voix plus une en faisant adopter la loi 99, depuis lors contestée devant les tribunaux par le gouvernement fédéral. Le feuilleton de l'indépendance ou de la souveraineté du Québec peut donc comprendre de nouveaux épisodes…

En politique étrangère, le gouvernement Chrétien a, comme ses prédécesseurs, adopté une attitude pragmatique, privilégiant la diplomatie économique, notamment à travers ses participations aux sommets du groupe des sept pays démocratiques les plus industrialisés (G7), et choisissant de suivre, ou non, la politique américaine au cas par cas, après passage par le filtre de l'ONU avant d'engager ses forces armées. Ainsi l'armée canadienne est-elle intervenue au Kosovo en 1999 puis en Afghanistan en 2002, après les attentats commis par al-Qaida aux États-Unis, mais non en Irak en 2003, le Premier ministre n'approuvant pas l'intervention américaine. Se trouvant en désaccord sur ce point avec plusieurs dirigeants libéraux, dont Paul Martin, qui devient chef du Parti libéral en novembre 2003, Jean Chrétien démissionne le 12 décembre suivant, aussitôt remplacé par son ancien rival.

Celui-ci est le premier chef du gouvernement non québécois depuis trente-cinq ans, néanmoins francophone de l'Ontario, son père, Paul-Joseph Martin, ayant été, de 1947 à 1956, ministre de la Santé et du Bien-Être dans le gouvernement de Mackenzie King. Avocat, entré en politique à cinquante ans, en 1988, il arrive au pouvoir avec le bon bilan de sa gestion des finances publiques, mais aussi avec le poids des luttes intestines au Parti libéral et un manque de projet enthousiasmant. À peine a-t-il pris ses marques que lui tombe dessus, le 10 février 2004, le scandale des commandites, dernière mauvaise surprise pour Jean Chrétien. La vérificatrice générale du Canada, haut fonctionnaire du Parlement chargé, depuis 1977, de contrôler la gestion financière du gouvernement, publie un rapport montrant que les dépenses dites de commandites engagées par le gouvernement ont servi à financer des agences de publicité proches du Parti libéral, pour des sommes estimées *a priori* entre 100 et 250 millions de dollars. Après le référendum de 1995, Jean Chrétien avait en effet mis sur pied, de 1996 à 2004, un vaste programme publicitaire visant à promouvoir auprès des Québécois les avantages de l'unité canadienne et, par la même occasion, les qualités du Parti libéral. Les dépenses afférentes à ce genre d'opérations, dont il est toujours difficile d'apprécier le bien-fondé comme la portée, fournissent autant d'occasions de procéder à des surfacturations et à des commissions plus ou moins occultes, bref à détourner l'argent des contribuables. Paul Martin diligente aussitôt une enquête publique et limoge quelques hauts responsables directement impliqués. Parallèlement, il promet que, désormais, les nominations des présidents des sociétés nationales et des plus hauts fonctionnaires seront soumises à l'approbation du Parlement. Espérant avoir ainsi redressé la barre et s'être clairement dissocié des éventuels errements de son prédécesseur, il provoque des élections anticipées pour le 28 juin 2004. Le Parti libéral conserve sa première place mais perd la majorité absolue à la Chambre des communes, non seulement en raison du scandale des commandites, mais aussi de la refonte de l'ancien Parti progressiste-conservateur. Celui-ci a fusionné avec le Reform Party – rebaptisé Alliance canadienne en 2001 –, a renoncé à l'oxymore de son intitulé en redevenant simplement, en 2003, le Parti conservateur, et s'est doté d'un nouveau chef en la personne de Stephen Harper, économiste libéral et député de Calgary depuis 1993.

En dépit des remous et des menaces, Paul Martin s'efforce de mener à bien certains projets qui lui tiennent à cœur, particulièrement en matière de politique sociale : la loi sur le mariage civil du 20 juillet 2005 légalise les unions entre conjoints du même sexe ; celle du 16 décembre 2005 sur les services de garde éducatifs à l'enfance vise à améliorer la santé, la sécurité, le développement, le bien-être et l'égalité des chances des enfants concernés, notamment ceux placés en situation de précarité socio-économique ; un accord-cadre est conclu avec les provinces sur l'organisation et le financement des soins de santé selon un plan décennal ; enfin la convention de Kelowna (Colombie-Britannique), annoncée en novembre 2005, entre le gouvernement fédéral, les provinces et les territoires emporte un ensemble de mesures destinées à améliorer la qualité de vie des peuples autochtones, spécialement dans les domaines de la santé, de l'éducation, du logement et des infrastructures.

Le rapport de la commission d'enquête sur les commandites, rendu public le 1er novembre 2005 et intitulé « Qui est responsable ? » fait suite à une série d'auditions télévisées au cours desquelles le citoyen téléspectateur a vu défiler des responsables d'agences de publicité amnésiques, des comptables de l'argent public éprouvant beaucoup de mal avec les chiffres et d'anciens dirigeants politiques qui n'étaient au courant de rien.

Les conclusions du rapport sont accablantes, mettant en lumière un système organisé de gaspillage et de détournement de fonds publics combinant corruption, malversation et prévarication. Un second rapport, « Rétablir l'imputabilité », publié en février 2006, comportera un certain nombre de recommandations destinées à éviter le renouvellement de fautes similaires.

Entre-temps, le gouvernement Martin aura vécu. Le 28 novembre, les partis d'opposition coalisés le censurent, et les élections consécutives, du 23 janvier 2006, donnent une majorité relative aux conservateurs. Paul Martin se retire du gouvernement, comme de la direction de son parti. Le scandale des commandites et la rénovation des conservateurs auront fait pencher la balance.

11

Vent d'Ouest, vent d'Est

Si Stephen Harper n'est pas le premier chef de gouvernement issu des provinces de l'Ouest – John Diefenbaker venait de la Saskatchewan et Joe Clark de l'Alberta –, il est indubitablement le premier qui construisit sa carrière politique sur la défense prioritaire de leurs intérêts et sur une recherche de l'unité nationale tournée vers la philosophie politique de l'Ouest.

Né le 30 avril 1959 à Toronto, il s'installa à Calgary dès l'âge de vingt ans pour travailler dans une entreprise pétrolière tout en poursuivant des études d'économie. Déçu par le manque de libéralisme économique du gouvernement Mulroney, il participa, après avoir brièvement assisté un député conservateur, à la formation du Reform Party en 1987 et entra à la Chambre des communes comme député de Calgary en 1993. Pendant douze ans, il dénonça le poids excessif de l'État comme le mépris du gouvernement fédéral envers l'Alberta. Ses thèses économiques se propagèrent dans le pays sous l'appellation d'« école de Calgary » (*Calgary School*), partiellement héritière de l'« école de Chicago » des années 1970 et du professeur Milton Friedman. Sans aller jusqu'à envisager une sécession à la mode québécoise, il estimait que l'Alberta et les autres provinces de l'Ouest devaient édifier des *firewall* autour de leurs territoires en rapatriant toutes les compétences que leur donnait la Constitution et sur lesquelles le pouvoir fédéral n'avait cessé d'empiéter depuis 1867.

Lorsqu'il accède au pouvoir, cela fait aussi trente-neuf ans que le Premier ministre du Canada est francophone. Avec Harper disparaît donc la malédiction qui semblait frapper les anglophones, illustrée par les passages météoriques de Joe Clark, de John Turner et de Kim Campbell.

Le nouveau chef du gouvernement va rester en place pendant dix ans, mais attendre cinq ans avant de disposer d'une majorité absolue à la Chambre des communes : en 2006, les conservateurs ne comptent que cent vingt-quatre sièges sur trois cent huit, et les libéraux, avec encore cent trois députés, sont loin d'être écrasés. Le gouvernement Harper dépose toutefois, dès le mois de mai, un projet de modification de la loi électorale afin que les consultations se déroulent désormais à date fixe : tous les quatre ans, le troisième lundi d'octobre. Le nouveau dispositif ne fait cependant pas obstacle au droit de dissolution, qui a déjà convoqué les Canadiens aux urnes trente-neuf fois en cent quarante ans, un record parmi les démocraties parlementaires du monde entier. Sanctionné le 3 mai 2007, le texte ne touche pas au régime des prorogations qui permet au Premier ministre de suspendre de façon discrétionnaire une session du Parlement. Au cours de ses trois mandats, Stephen Harper procède à deux dissolutions, en 2008 et en 2011, ainsi qu'à trois prorogations, en septembre 2007, décembre 2009 et septembre 2013. Ce qui, ajouté à la pratique des projets de loi dits « omnibus », textes budgétaires comportant un grand nombre de dispositions de nature très diverse qui en empêche la discussion approfondie, vaut plusieurs fois au Premier ministre l'accusation de mépriser le Parlement.

Les élections du 14 octobre 2008 portent à cent quarante-trois le nombre des sièges conservateurs, ce qui reste encore au-dessous du seuil de la majorité absolue, qui est de cent cinquante-cinq, provoquant la formation d'un second gouvernement Harper minoritaire. La troisième fois est la bonne : le 2 mai 2011, le Parti conservateur fait élire cent soixante-six de ses candidats : pour la première fois dans l'histoire du Canada, un même parti de gouvernement aura remporté trois victoires successives en améliorant chaque fois son résultat. Stephen Harper n'est pourtant pas spécialement populaire : l'homme manque de rondeur autant que de charisme, mais il donne l'impression d'un administrateur avisé, rigoureux, préférant l'efficacité d'une politique aux tons pastel à l'agitation colorée, et finalement peu productive, des politiques spectacles.

Aussi attaché que ses prédécesseurs à l'unité nationale, Harper le manifeste avec davantage de souplesse, préconisant un fédéralisme « d'ouverture », ne manquant jamais l'occasion de rendre hommage à la culture et à la langue du Québec, faisant adopter, en novembre 2006, une résolution parlementaire fédérale reconnaissant non plus seulement la « société » québécoise, mais la « nation » québécoise au sein d'un Canada uni. Une attention d'autant mieux venue que la ville de Québec s'apprête à célébrer ses quatre cents ans de façon grandiose, le 3 juillet 2008, et par là même ceux de la Nouvelle-France comme du Canada européen.

Dans un esprit comparable, il reconnaît publiquement les mauvais traitements infligés par le passé aux enfants autochtones enfermés et maltraités, jusque vers 1980, dans des pensionnats destinés à les assimiler à la société canadienne au mépris de leur culture et de leur identité.

Sur le plan économique, le gouvernement poursuit la rigoureuse politique financière de Paul Martin visant à réduire l'endettement grâce à des budgets équilibrés ou même excédentaires, autorisant ensuite une baisse des impôts, cependant modérée : il renonce à la promesse électorale de supprimer la TPS mais en réduit le taux de 7 à 5 %. Avec des comptes publics en excédent depuis onze années consécutives (de 1998 à 2008), une dette publique ramenée à 33 % du produit intérieur brut, une pression fiscale sur les ménages abaissée à moins de 7 % du produit intérieur brut, soit le pourcentage le plus faible depuis 1945, un taux de chômage de 6,5 %, soit le plus bas depuis trente ans, malgré une croissance annuelle qui tend à se ralentir un peu au-dessus des 2 %, le pays se trouve mieux armé que les autres économies occidentales pour affronter la crise financière de 2008. D'une part, ses banques n'ont pas suivi les mêmes comportements à haut risque que leurs homologues américaines, non par vertu naturelle, mais en raison d'une réglementation plus stricte quant à leur ratio d'endettement. D'autre part, les marges financières constituées en amont permettent la mise en œuvre, en 2009, d'un important plan de relance sur trois ans, à hauteur de 2 % du produit intérieur brut. Celui-ci comporte essentiellement des aides à l'investissement des entreprises et à la construction de logements, il facilite l'accès des ménages et des petites entreprises au financement bancaire par de nouveaux mécanismes de cautionnement public, enfin il réduit certains impôts et cotisations de nature sociale : « dépenser plus en prélevant moins », une quadrature du cercle rendue réalisable par des années de « vertu financière » imputable à la gestion des conservateurs comme à celle des libéraux avant eux. Ainsi la brutale récession de 2009 se trouve-t-elle effacée dès 2010.

Pour les conservateurs, la priorité de la politique intérieure en dehors de la sphère économique vise à améliorer la sécurité des citoyens et donc l'ordre public, inséparable de l'ordre civil. À contresens de l'idéologie pénale dominante en Occident depuis la fin des années 1960, Harper s'efforce de réorienter la justice criminelle en faveur des victimes : il fait ainsi voter, à la suite d'un fait divers qui avait ému l'opinion – la condamnation d'un citoyen qui avait arrêté et ligoté un voleur en attendant l'arrivée de la police –, la loi sur l'arrestation et la légitime défense, sanctionnée le 28 juin 2012 afin de permettre au propriétaire ou au détenteur d'un bien d'arrêter, dans un délai raisonnable, toute personne qu'il trouve en train de commettre une infraction. Dans le même esprit, mais de façon plus large, la charte canadienne des droits des victimes du 23 avril 2015 institue en leur faveur un droit renforcé à l'information, à la protection et à la participation aux poursuites, ainsi que celui de demander et d'obtenir des dédommagements. Enfin, après l'agression commise le 22 octobre 2014 dans l'enceinte du Parlement fédéral par un Canadien converti à l'islam radical, la loi antiterroriste du 9 mai 2015 accroît les moyens des services de renseignements et rend plus sélectif l'accueil des réfugiés et des immigrants.

En dépit de sa réussite économique et financière, et du caractère populaire, parfois dénoncé comme populiste, des nouvelles lois pénales, le gouvernement Harper subit de sévères critiques à trois égards : sa politique environnementale, ses relations internationales et ses méthodes de gouvernance.

La protection de l'environnement, du moins au sens où elle domine idéologiquement les deux premières décennies du XXIe siècle, ne sensibilise pas spécialement Harper et ses amis, pour qui la défense de la nature et de la qualité de vie passe par une croissance économique forte apte à générer des surplus à cet effet. Mais on reproche au gouvernement ses liens un peu trop voyants avec les pétroliers de l'Alberta, poussant, d'une part, à l'exploitation des sables bitumineux, regardée comme très polluante, et, d'autre part, à la construction de nouveaux oléoducs sillonnant le pays d'ouest en est pour ses approvisionnements propres et à destination de l'Europe, d'ouest au sud pour exporter le brut aux États-Unis.

La lutte contre le réchauffement climatique, souci majeur récemment apparu au sein de la communauté scientifique internationale, succédant à celles du trou dans la couche d'ozone et des pluies acides, semble également avoir rencontré en Stephen Harper un « climatosceptique » qui n'ose cependant pas le déclarer aussi ouvertement.

En 1997, le Canada, comme cent quatre-vingt-deux autres pays, avait signé le protocole de Kyoto visant à limiter les émanations de gaz à effet de serre (GES). Après avoir louvoyé, et notamment promis d'aller plus loin que le gouvernement libéral dans cette direction, puis privilégié la formule d'une « bourse du carbone », permettant aux entreprises d'échanger et de monnayer leurs quotas d'émissions, au détriment d'une taxe sur les émanations, le gouvernement conservateur finit par renoncer en 2011 à tous ces projets et par se retirer du protocole de Kyoto, suscitant la fureur des écologistes et d'une partie de la communauté scientifique.

Au plan politique, les relations internationales du Canada marquent un infléchissement, au détriment de la traditionnelle vulgate pacifiste, médiatrice et multilatérale dans le cadre de l'ONU, au profit d'une alliance plus étroite avec les États-Unis de George W. Bush, président depuis le 20 janvier 2001, privilégiant la lutte contre le terrorisme international. C'est ainsi que le Canada affirme plus clairement son soutien à Israël, pays démocratique et proche de l'Occident par sa culture : il refuse de reconnaître la Palestine en tant que nation, puisque foyer, à ses yeux, de l'une des composantes de ce terrorisme, de même que l'Iran, désigné comme pays notoirement dangereux ; il déclare, lors de la campagne électorale en vue des élections de 2015, que les problèmes du Proche-Orient doivent trouver leurs solutions sur place plutôt que par l'afflux de réfugiés dans les pays de l'Ouest.

Enfin, le style de gouvernance de Harper encourt dans les médias les accusations de centralisation et de dissimulation de l'information, de tentatives de museler le Parlement par divers artifices de procédure, de manquer de transparence dans le financement de certains programmes, notamment de défense et de sécurité nationales, enfin de tenter d'étouffer certains scandales, le plus exposé résidant dans les dépenses de certains sénateurs qu'aurait alimentées une « caisse noire » du bureau du Premier ministre. Les parlementaires incriminés sont finalement suspendus de leurs fonctions en novembre 2013.

L'accumulation des « affaires » et des soupçons finissant par surmonter la réussite économique du gouvernement conservateur, accusé au surplus d'indifférence à l'égard des populations les plus défavorisées, dont les autochtones, la cote du Parti libéral remonte dans les intentions de vote des électeurs. D'autant mieux que le parti à bout de souffle de Jean Chrétien et Paul Martin a su faire peau neuve, non par un programme innovant, mais par la personnalité attirante de son jeune et nouveau chef, à l'abord dynamique et chaleureux, autant qu'au nom prédestiné, Justin Trudeau. C'est donc largement sur ce que les journalistes appellent une « équation personnelle » que les libéraux remportent les élections fédérales du 19 octobre 2015, c'est-à-dire les premières à se tenir selon le calendrier fixé par la loi de 2007. Les conservateurs ne retrouvent que quatre-vingt-dix-neuf élus, le NPD de Thomas Mulcair, un temps favori des sondages, quarante-quatre, et le Bloc québécois de Gilles Duceppe, seulement dix. Fort du soutien de cent quatre-vingt-quatre députés, Justin Trudeau devient donc, le 4 novembre 2015, le vingt-troisième et, à quarante-quatre ans, le deuxième plus jeune Premier ministre du Canada, derrière Joe Clark, mais aussi le premier, depuis Louis Saint-Laurent, à ne pas résider au 24 de la promenade du Sussex en raison de l'état de délabrement de la résidence, mal entretenue depuis plusieurs décennies. Le chef du gouvernement s'installe donc avec sa famille à Rideau Cottage, une charmante demeure qui fait cependant figure de maison de gardien de Rideau Hall, la résidence du gouverneur général, en l'occurrence l'universitaire David Lloyd Johnston, nommé en octobre 2010 sur la recommandation de Stephen Harper.

Né le jour de Noël 1971, fils aîné de Pierre et Margaret Trudeau, Justin a vécu avec son père après leur séparation, à l'âge de six ans. Étudiant à l'université McGill de Montréal, puis à celle de Colombie-Britannique, à Vancouver, il a enseigné le français dans diverses écoles secondaires. En 2005, il a épousé Sophie Grégoire, une animatrice de radio, dont il a eu trois enfants.

Les causes environnementales et humanitaires qu'il affectionne le rapprochent peu à peu de la politique. Son nom est un sésame, son enthousiasme contagieux, sa jeunesse séduit, amuse, sans irriter. Le voici député de la circonscription de Papineau en 2008, jusqu'ici fief du Parti québécois. Le chef du Parti libéral, Michael Ignatieff, qui a remplacé Paul Martin en 2008, est un universitaire spécialisé dans les relations internationales, érudit et surdiplômé, plus à l'aise avec les diplomates dans les couloirs de l'ONU que sur les marchés à la rencontre des électeurs ordinaires. Ses compétences ne le mettent pas à l'abri de quelques gaffes, telles que son approbation de l'intervention américaine en Irak ou son analyse du nationalisme québécois comme un danger pour la démocratie. Bref, un nombre croissant de cadres et de militants du Parti libéral pensent que jamais ils ne gagneront les élections avec Ignatieff à leur tête et cherchent le jeune espoir qui réveillera la « vieille maison ». Son dynamisme et son sens très aigu de la communication conduisent Trudeau à la tête du parti le 14 avril 2013. C'est la première fois au Canada qu'un fils de Premier ministre marche dans les traces de son père.

Le gouvernement Trudeau prend immédiatement le contrepied de son prédécesseur en mettant en avant les valeurs de générosité sociale, voire de compassion, d'ouverture aux étrangers, spécialement aux réfugiés du Proche-Orient, de libéralisation des drogues douces, de protection de l'environnement, d'intérêt porté aux populations autochtones.

Il rompt avec la politique d'équilibre budgétaire afin d'user de la dépense publique pour financer de nombreux programmes d'intérêt public, notamment en matière sociale, et de relancer la croissance économique qui s'est essoufflée en 2015. Le déficit annuel pour 2016 et 2017 demeure cependant inférieur à 1 % du produit intérieur brut, mais s'achemine en 2018 et 2019 à un niveau supérieur aux prévisions ; de même, la dette publique remonte à 36 % du PIB, traduisant l'emballement de la dépense facile, éternelle tentation de toutes les situations déficitaires assumées dès le départ.

En outre, plusieurs actes du gouvernement libéral contredisent les intentions affichées : après la signature, le 22 avril 2016, de l'accord de Paris sur le climat, le gouvernement Trudeau emboîte le pas de son prédécesseur pour l'exploitation des gaz de schiste et la construction de nouveaux oléoducs dont les écologistes dénoncent le caractère ravageur pour l'environnement et certains territoires amérindiens ; la vente d'armes à l'Arabie Saoudite et à d'autres pays plus ou moins recommandables se poursuit ; la politique étrangère, après le limogeage prématuré du chef de la diplomatie, Stéphane Dion, ne parvient pas à trouver ses marques entre le menaçant cynisme chinois, le face-à-face avec les États-Unis de l'imprévisible président Donald Trump – qui a obtenu de substantiels avantages lors de la signature, le 30 novembre 2018, d'un nouvel accord commercial tripartite (Canada-États-Unis-Mexique, dit ACEUM) – et la volonté de participer plus ardemment à l'ONU sans trop savoir comment ; enfin, la réforme promise du mode de scrutin à la Chambre des communes, qui voulait introduire une dose de représentation proportionnelle, est abandonnée.

Le Premier ministre est également critiqué dans ses comportements personnels, aussi bien pour ses abus d'égoportraits (*selfies* en anglais) que pour ses maladresses diplomatiques et, surtout, depuis l'automne 2018, pour son rôle trouble dans l'affaire SNC-Lavalin : on lui reproche d'avoir essayé de faire pression sur les juges afin d'éviter la condamnation pour corruption à l'étranger de l'une des plus grosses entreprises canadiennes spécialisée dans les infrastructures et concluant à ce titre d'importants marchés un peu partout dans le monde. Affaire qui a entraîné en quelques semaines la démission de deux ministres, dont celle de la Justice, et de hauts fonctionnaires.

Enfin, ayant déclaré que le Canada était un État « postnational », sans préciser davantage ce que recouvrait ce concept, le chef du gouvernement n'a pas montré beaucoup d'ardeur à célébrer, le 1er juillet 2017, les cent cinquante ans de la Confédération, non plus que n'avaient été véritablement célébrés, quelques mois plus tôt, les cinq cents ans de l'idée canadienne de la France apportée à François Ier par Antoine Duprat.

Peut-être l'histoire du Canada n'est-elle pas encore complètement devenue celle des Canadiens. À moins que les élections d'octobre 2019 ne restaurent une certaine fierté nationale, que justifieraient les nombreux prix d'excellence dont le pays peut s'enorgueillir : en matière de libertés, de diversité culturelle et d'accueil des étrangers, de tolérance religieuse et civile, de création artistique, de recherche scientifique, de niveau de vie et d'emploi, enfin de qualité de vie dans un monde en proie à un renouvellement des tensions qui ne laisse aucune nation à l'abri derrière ses frontières.

En guise d'épilogue

Les historiens font de mauvais futurologues. Plutôt que d'essayer de dessiner le contour d'un avenir presque toujours démenti par les faits, ne vaut-il pas mieux s'interroger sur ce qui, à un moment donné, se révèle susceptible d'approfondir la personnalité d'une nation déjà lourde d'un passé finalement plus long qu'elle ne le croit ? Le Canada reste néanmoins un pays jeune, à la fois embarrassé d'une histoire complexe et cependant ouvert, plus que d'autres, au « champ des possibles ».

Les défis et les enjeux dont l'assaille le monde moderne ne sont pas très différents de ceux auxquels se trouvent confrontés la plupart des pays occidentaux développés : le déclin du multilatéralisme qui, depuis la fin de la Seconde Guerre mondiale, avait tenté d'ordonner le monde, au profit d'un retour en force d'un bilatéralisme que l'on croyait dépassé ; le coût des politiques et des administrations publiques qui creuse déficit et endettement collectif ; la contradiction entre les politiques environnementales pour la préservation de la planète et la recherche constante d'une expansion économique répondant aussi bien à l'appât du gain qu'à la louable volonté des pays pauvres de s'inscrire enfin dans le progrès général ; le risque croissant d'inféodation des pouvoirs publics aux grandes entreprises internationales ; la montée des communautarismes, des intolérances religieuses, des haines ethniques et des mouvements consécutifs de réfugiés de plus en plus difficiles à maîtriser.

Mais le Canada doit aussi affronter des échéances qui lui sont propres et qui, même en l'absence de calendrier prévisionnel, vont nécessiter des choix stratégiques majeurs pour son identité : la rationalisation de ses institutions, la préservation de sa double culture originelle, l'achèvement de l'intégration des autochtones dans une société harmonisée, les relations humaines et commerciales avec l'Europe comme avec les États-Unis et la Chine, les débouchés offerts par le Grand Nord et l'espace arctique. Naturellement, les actions à entreprendre dans tous ces domaines exigent des réflexions préalables approfondies. Elles ne sauraient sortir toutes faites du chapeau d'un observateur extérieur qui n'a aucune légitimité pour donner des leçons, comme s'y sont parfois risqués de « maudits Français ».

Les institutions politiques du Canada donnent encore une impression d'inachevé : la monarchie d'origine britannique fait survivre des archaïsmes comme l'existence d'un gouverneur général et de lieutenants-gouverneurs dépourvus de tout rôle autre que protocolaire ; les nombreuses élections fédérales et provinciales s'entrechoquent sans fin et redistribuent en permanence les cartes du jeu politique ; le fédéralisme conduit à des blocages et alimente régulièrement des tendances séparatistes, pas seulement au Québec ; enfin le Parlement comporte encore une Chambre, le Sénat, sans assise démocratique.

La suppression de toutes les fonctions de gouverneurs, qui semble, à terme, dans l'ordre des choses, soulève néanmoins la question du chef de l'État : l'alternative ne réside qu'entre l'adoption d'une forme républicaine du gouvernement, avec un président élu au suffrage universel direct ou bien par un corps électoral restreint, et la confirmation de l'institution monarchique, mais avec un roi, ou une reine, qui résiderait dans la capitale nationale et non à plus de 5 000 kilomètres. Pourquoi, dès lors, ne pas envisager, afin de préserver la continuité nationale, de poser la couronne du Canada sur la tête d'un prince de la maison royale d'Angleterre ? Ou de la maison royale de France ? Dans cette hypothèse, le premier monarque titulaire en propre du trône du Canada perdrait tous ses droits dynastiques à d'autres couronnes et, réciproquement, les héritiers de celles-ci au trône du Canada. Une piste à explorer…

L'indispensable réduction de l'activité électorale – le Canada a connu vingt-trois élections fédérales depuis la fin de la Seconde Guerre mondiale, soit, en moyenne, une nouvelle législature tous les trois ans ; élections fédérales qui, au surplus, télescopent les nombreuses élections locales – passe par l'instauration d'une concomitance, ainsi qu'elle se pratique déjà aux États-Unis, entre tous les scrutins. On pourrait, à tout le moins, envisager que les élections législatives et fédérales se déroulent à date fixe, pour des mandats de quatre ou cinq ans, avec un droit de dissolution réservé à l'échelon fédéral, voire supprimé, les institutions confédérales fonctionnant toujours mieux sous un régime de stricte séparation des pouvoirs.

L'achèvement de la démocratisation des institutions canadiennes implique également de rendre, comme cela fut projeté à plusieurs reprises dans l'histoire du pays, le Sénat électif, soit au suffrage universel direct, soit au suffrage restreint, mais, dans les deux cas, afin d'assurer une représentation des provinces en tant que telles.

Le multiculturalisme constitue une force, et même un honneur, de la société canadienne. Le préserver passe évidemment par la question linguistique. Si aujourd'hui les lois, tant fédérales que québécoises, assurent un assez bon équilibre, celui-ci se trouve sans cesse menacé par la pratique populaire : celle des anglophones, qui, à l'instar des Américains, verraient bien le monde de demain ne pratiquer qu'une seule langue, la leur, mais aussi celle des immigrés français, qui se dépêchent à leur arrivée de s'exprimer ostensiblement en anglais, y compris, et même surtout, dans les villes francophones. « Quand on va à Paris, aiment ironiser les Québécois, on perfectionne son anglais. » Si la France est effectivement en train de renoncer à sa langue, en dépit de toutes les manifestations de la francophonie, c'est peut-être au Canada que va échoir le rôle de chef de file de la résistance culturelle et du redressement linguistique.

La situation des autochtones, autre volet du multiculturalisme canadien avec l'accueil de nombreux immigrés, mérite maintenant une vigoureuse clarification. Le statut des Amérindiens, résultant d'une succession de lois et de traités, qui s'égrènent depuis la proclamation royale de 1763 jusqu'aux lois de 1999 « sur la gestion des terres des premières nations » et de 2008 « sur les droits de la personne », outre sa complexité, continue de véhiculer à la fois des relents de complexe colonial, de politique d'assimilation paternaliste et de malaise en face des libertés individuelles fondamentales. Les siècles ont fait leur œuvre et, de même qu'en France il paraîtrait aujourd'hui saugrenu de s'interroger sur le statut des Gaulois par rapport aux Francs ou, au Royaume-Uni, sur celui des Angles par rapport aux Saxons et aux Normands, le maintien d'un droit spécifique aux ressortissants des premières nations ne traduit-il pas une vision frileuse et dépassée de la société ? En d'autres termes, le Canada ne devrait-il pas, réalisant ainsi le rêve de Champlain, mais de façon adaptée à l'état actuel des choses, rouvrir le Livre blanc de 1969 sur la « politique indienne » qu'avaient présenté Pierre Elliott Trudeau, Premier ministre, et Jean Chrétien, ministre des Affaires autochtones ? Ce document préconisait d'abolir tous les textes antérieurs, lois et traité, qui faisaient des Amérindiens des citoyens à part, afin de leur appliquer désormais le droit commun des ressortissants nationaux. Le projet se heurta à une vive opposition de représentants des intéressés et fut retiré dès 1970. Il comportait néanmoins la seule perspective compatible avec le droit des gens d'un pays moderne.

Dans ses relations avec les États-Unis comme avec l'Union européenne le Canada s'embarrasse encore de barrières douanières et de freins à la libre circulation des personnes. La taille démographique du pays, d'une part, son niveau de développement et d'intégration économique internationale, d'autre part, ne permettent plus de considérer comme raisonnable cette insuffisante fluidité des échanges internationaux. Certes, le gouvernement canadien ne peut décider seul de la façon d'organiser ses rapports avec ses principaux partenaires. Mais il peut lui revenir, si le contexte international se révèle de nouveau favorable, de prendre l'initiative d'un rapprochement encore plus ambitieux que le timide, complexe et contesté Accord économique et commercial global (AECG) conclu avec l'Union européenne le 30 octobre 2016. Et pourquoi, demain, ne pas aller encore plus loin en concluant un accord monétaire comparable à celui de la zone euro, avec l'une ou l'autre des deux grandes entités avec qui le Canada collabore le plus ?

Enfin, les immenses territoires s'étendant de la limite nord du Canada jusqu'au cercle polaire offrent à terme de considérables opportunités d'exploitations et d'échanges, terrestres et maritimes, que le réchauffement climatique de la planète se confirme ou non. Or, plusieurs pays, en vertu de la convention des Nations unies sur le droit de la mer de 1982, se trouvent en concurrence sur cette zone : la Russie, les États-Unis, qui possèdent l'Alaska, la Norvège, le Danemark, *via* le Groenland, et le Canada. Celui-ci a, dès 1925, repoussé ses frontières vers le Grand Nord. Le temps semble venu d'une conférence internationale entre les puissances concernées afin de veiller au développement harmonieux, notamment sur le plan écologique, de ces étendues appelées à devenir de moins en moins désertes. Du fait de sa position géographique, de son antériorité et de son expérience des régions glaciaires, le Canada devrait pouvoir jouer un rôle d'initiateur.

C'est sans doute au prix de ces quelques démarches que l'une des premières puissances mondiales possédant de vastes réserves de développement se débarrassera de ses derniers blocages, confirmera sa place de modèle d'ouverture et de progrès et assoira plus solidement sa personnalité de nation libre, entreprenante et généreuse.

Bibliographie sélective

ALLAIRE, Bernard, *La Rumeur dorée. Roberval et l'Amérique*, Montréal, La Presse, 2013.

ALLEMAGNE, André d', *Une idée qui somnolait. Écrits sur la souveraineté du Québec*, Montréal, Marseille, Comeau et Nadeau/Agone, 2000.

AMYOT, Éric, *Le Québec entre Pétain et de Gaulle*, Québec, Fides, 1999.

ANDRÈS, Bernard, *Histoires littéraires des Canadiens au XVIIIe siècle*, Québec, Presses de l'université Laval, 2012.

ASSINIWI, Bernard, *Histoire des Indiens du haut et du bas Canada*, 3 tomes, Montréal, Leméac, 1973.

—, *Lexique des noms indiens du Canada*, Montréal, Leméac, 1996.

ATTALI, Jacques, *1492*, Paris, Fayard, 1991.

AZARD, Marie-Madeleine, *Une folle aventure en Amérique : la Nouvelle-France*, Paris, La Documentation française, 1977.

BAILLARGEON, Denise, *Brève histoire des femmes au Québec*, Montréal, Boréal, 2012.

BARRETTE, Yannick, *L'Idéal républicain au Québec*, Boisbriand, Éditions du Québécois, 2014.

BAUDONCOURT, Jacques de, *Histoire populaire du Canada d'après les documents français et américains*, Paris, Bloud et Barral, 1886.

BEAUDOIN, Raymonde, *La Vie dans les camps de bûcherons au temps de la pitoune*, Québec, Septentrion, 2014.

BEAULIEU, Alain, *Les Autochtones du Québec*, Québec, Fides, 2000.

—, (dir.), *Les Autochtones et le Québec*, Montréal, Presses de l'université de Montréal, 2013.

BÉDARD, Éric, *Histoire du Québec pour les nuls*, Paris, First, 2012.

BÉDARD, Théophile-Pierre, *Histoire de cinquante ans, 1791-1841*, Québec, L. Brousseau, 1869.

BEDNARZ, Nicolas, FOREST-BONIN, Anick, et ROBERT, Mario, *Quand les archives racontent Montréal*, Québec, Publications du Québec, 2013.

BÉLANGER, Guy, *Alphonse Desjardins*, Québec, Septentrion, 2012.

BÉLANGER, Réal, *Le Fascinant Destin d'un homme libre, Henri Bourassa*, Québec, Presses de l'université Laval, 2013.

BELLAVANCE, Marcel (dir.), *La Grande Mouvance*, Sillery (Québec), Septentrion, 1990.
BERGERON, Gérard, *Quand Tocqueville et Siegfried nous observaient…*, Québec, Presses de l'université du Québec, 1990.
BERTHIAUME, Pierre, *Cavelier de La Salle, une épopée aux Amériques*, Paris, Cosmopole, 2001.
BERTON, Pierre, *L'Invasion du Canada*, t. 1, *Les Américains attaquent, 1812-1813*, t. 2, *À l'assaut du Québec, 1813-1814*, Montréal, Les Éditions de l'Homme, 1980 et 1981.
BIBAUD, Michel, *Histoire du Canada sous la domination française*, Montréal, Lovell & Gibson, 1843.
—, *Histoire du Canada sous la domination anglaise*, Montréal, J. G. Bibaud, 1878.
BIZIER, Hélène-Andrée, *Une histoire du Québec en photos*, Québec, Fides, 2007.
BLACK, Conrad, *The History of Canada, from the Vikings to the Present*, Washington, McClelland & Stewart, 2014.
BLANCHARD, Maxime, *Le Québec n'existe pas*, Québec, Varia, 2017.
BOAS, William S. (dir.), *Canada in World War II*, Montréal, WSB Publishers, 1945.
BOILEAU, Gilles (dir.), *1837 et les patriotes de Deux-Montagnes*, Montréal, Éditions du Méridien, 1980.
BONNAUD, Claude de, *Histoire du Canada français (1534-1763)*, Paris, PUF, 1950.
BOTHWELL, Robert, *Une histoire du Canada*, Presses de l'université Laval, 2009 ; édition originale : *The Penguin History of Canada*, Toronto, Penguin Group, 2006.
BOUCHARD, Denis, CARDINAL, Éric, et PICARD, Ghislain, *De Kebec à Québec*, Montréal, Les Intouchables, 2008.
BOUCHARD, Serge, et LÉVESQUE, Marie-Christine, *De remarquables oubliés*, t. 1, *Elles ont fait l'Amérique*, t. 2, *Ils ont couru l'Amérique*, Montréal, Lux éditeur, 2011 et 2014.
—, *Le Peuple rieur. Hommage à mes amis innus*, Québec, Lux, 2018.
BOUCHETTE, Joseph, *Description topographique du Canada*, Londres, édité par l'auteur, 1815.
BOULET, Gilles, LACOURSIÈRE, Jacques, et VAUGEOIS, Denis, *Le Boréal Express. Journal d'histoire du Canada*, t. 1, *1524-1760*, t. 2, *1760-1810*, t. 3, *1810-1841*, Québec, Septentrion, 2010.
BOURGET, Paul, *Sensations de Nouvelle-France*, Boston, Sylva Clapin, 1895 (réédition).
BOYER, Régis, *Les Vikings*, Paris, Perrin, 2002 et 2004.
—, *Les Vikings. Idées reçues*, Paris, Le Cavalier Bleu, 2002.
—, *Les Vikings. Histoire, mythe, dictionnaire*, Paris, Robert Laffont, 2008.

BRAUDEL, Fernand (dir.), *Le Monde de Jacques Cartier. L'aventure au XVIe siècle*, Paris, Berger-Levrault, et Montréal, Libre Expression, 1984.
BRETON, Yves, *Histoires de l'avènement du Canada*, Ottawa, Éditions du Vermillon, 2010.
BRISEBOIS, Robert, *On dirait que je vous ai manqué. L'épopée de Camillien Houde*, Montréal, Hurtubise, 2013.
BROWN, Craig (dir.), *Histoire générale du Canada*, Montréal, Boréal, 2010 ; édition originale : *The Illustrated History of Canada*, Montréal, Carleton Library, réédition 2012.
BRUCHERI, Jean, *L'Épopée canadienne*, Montréal, Albert Lévesque, 1934.
BRUNE, Nick, *L'Histoire du Canada*, Montréal, Les Éditions de l'Homme, 2011.
BRUNET, Ludovic, *La Province du Canada. Histoire politique de 1840 à 1867*, Québec, Laflamme et Proulx, 1908.
BRUNET, Michel, *Québec-Canada anglais, deux itinéraires, un affrontement*, Montréal, HMH, 1969.
—, *Histoire du Canada par les textes*, t. 2, *1855-1960*, Montréal, Fides, 1979.
BUTEL, Paul, *Histoire de l'Atlantique*, Paris, Perrin, 1997 et 2012.
CAPPELLA, Émilie, *Champlain, le fondateur de Québec*, Paris, Magellan et Cie, 2016.
CARDIN, Jean-François, et COUTURE, Claude, *Histoire du Canada. Espace et différences*, Québec, Presses de l'université Laval, 1996.
CARDINAL, Linda, et LACROIX, Jean-Michel, *Le Conservatisme. Le Canada et le Québec en contexte*, Paris, Presses Sorbonne Nouvelle, 2009.
CARTIER, Jacques, *Voyages au Canada*, Paris, FM/La Découverte, 1981.
CASGRAIN, H. R., *Les Français au Canada*, Tours, Alfred Mame, 1926.
—, *Les Héros du Québec*, Tours, Alfred Mame, 1927.
CASSOU, Jean, *La Découverte du Nouveau Monde*, Paris, Albin Michel, 1966.
CASTEX, Jean-Claude, *Dictionnaire des batailles terrestres franco-anglaises de la guerre de Sept Ans*, Québec, Presse de l'université Laval, 2006.
CHAMPAGNE, Michèle, *S'enraciner au pays de l'espoir* (roman historique), Montréal, Société des Écrivains, 2012.
CHAMPLAIN, Samuel de, *Des sauvages*, Montréal, Typo Histoire, 1993.
—, *Voyages au Canada*, Paris, Gallimard, coll. « Folio Plus », 2010.
CHAPAIS, Thomas, *Jean Talon, intendant de la Nouvelle-France*, Québec, Demers, 1904.
CHARBONNEAU, André, et TURGEON, Laurier (dir.), *Patrimoines et identités en Amérique française*, Québec, Presses de l'université Laval, 2010.
CHARLAND, Jean-Pierre, *Une histoire du Canada contemporain, de 1850 à nos jours*, Sillery (Québec), Septentrion, 2007.
CHASTENET, Jacques, *En avant vers l'Ouest*, Paris, Perrin, 1967.

CHRÉTIEN, Jean, *Mes Histoires. Récits*, Montréal, La Presse, 2018.
CLARKSON, Stephen, et MCCALL, Christina, *Trudeau*, Montréal, Boréal, 1990.
COLLECTIF (Bulletin d'histoire politique), *La Représentation en Nouvelle-France*, Montréal, VLB, 2017.
COLLECTIF, *Terra incognita des Kotakoutouemis, l'Algonquinie orientale au XVIIe siècle*, Québec, Presses de l'université de Laval, 2004.
COLLECTIF, *L'Apparition du Nord selon Gérard Mercator*, Québec, Septentrion, 2013.
COLLECTIF (Fédération canadienne des sciences de la terre), *Quatre milliards d'années d'histoire. Le patrimoine géologique du Canada*, Montréal, Éditions Multimondes, 2014.
COLLECTIF (UQAM), *La Gouvernance montréalaise : de la ville-frontière à la métropole*, Montréal, Éditions Multimondes, 2014.
COMEAU, Robert, COURTOIS, Charles-Philippe, et MONIÈRE, Denis, *Histoire intellectuelle de l'indépendantisme québécois*, t. 1, *1834-1968*, Montréal, VLB, 2010.
CONRAD, Margaret, FINKEL, Alvin, et FYSON, Donald, *Canada, a History*, Toronto, Pearson, 2013.
CONRAD, Margaret, FINKEL, Alvin, et JEANEN, Cornelius, *History of the Canadian Peoples. Beginnings to 1867*, Toronto, Copp Clark Pitman, 1993.
CONTE, Arthur, *L'Épopée coloniale de la France*, Paris, Plon, 1992.
COOK, Ramsay, *Le Canada. Étude moderne*, Toronto, Clarke, Irwin et Cie, 1931.
CORBO, Claude (dir.), *Monuments intellectuels de la Nouvelle-France et du Québec ancien*, Montréal, Presses de l'université de Montréal, 2014.
CORMIER, Louis P., *Jean-Baptiste Perrault, marchand voyageur parti de Montréal le 28 mai 1783*, Montréal, Boréal Express, 1978.
COULON, Jocelyn, *Un selfie avec Justin Trudeau*, Montréal, Québec-Amérique, 2018.
COURTOIS, Charles-Philippe, *La Conquête, une anthologie*, Québec, Éditions Typo, 2009.
—, *Lionel Groulx, le penseur le plus influent de l'histoire du Québec*, Montréal, Les Éditions de l'Homme, 2017.
COURTOIS, Charles-Philippe, et VEYSSIÈRE, Laurent, *Le Québec dans la Grande Guerre*, Québec, Septentrion, 2015.
CREIGHTON, Donald, *Le 1er Premier ministre du Canada, John A. Macdonald*, 2 vol. Montréal, Les Éditions de l'Homme, 1981.
CROUZET, François, *La Guerre économique franco-anglaise au XVIIIe siècle*, Paris, Fayard, 2008.
CROWE, Keith, *Histoire des autochtones du Nord canadien*, Montréal, Hurtubise, 1979.

DAVELUY, Marie-Claire, *Les Jours tragiques de 1837. Le Richelieu héroïque*, Montréal, Granger frères, 1940.

DAVID, Laurent-Olivier, *Les Patriotes de 1837-1838*, Montréal, Jacques Frenette, 1981.

—, *Les Deux Papineau*, Montréal, Eusèbe Sénécal, 1896.

—, *Le Clergé canadien : sa mission, son œuvre*, Montréal, Eusèbe Sénécal, 1896.

—, *Laurier et son temps*, Worcester, Belisle frères, 1905.

—, *Histoire du Canada depuis la Confédération, 1867-1887*, Montréal, Beauchemin, 1909.

—, *L'Union des deux Canadas*, Montréal, Eusèbe Sénécal, 1898.

DECRÉ, Antoine, *Maudits français, ou l'Épopée canadienne*, Paris, L'Harmattan, 2003.

DELÂGE, Denys, *Le Pays renversé. Amérindiens et Européens en Amérique du Nord-Est, 1600-1664*, Montréal, Boréal Express, 1985.

DEL PERUGIA, Marie-Magdeleine, *Montcalm*, Paris, Éditions de Paris, 2004.

DEMETZ, Jean-Michel, *Les Québécois*, Paris, Tallandier, 2018.

DÉRY, Gustave, *À la découverte de Montréal 1535-1987*, Québec, Bibliothèque nationale, 1987.

DESCHAMPS, Hubert, *Les Voyages de Samuel de Champlain, Saintongeais, père du Canada*, Paris, PUF, 1951.

DESCHÊNES, Gaston et VAUGEOIS, Denis, *Vive la conquête*, t. 1 et 2, Québec, Septentrion, 2013.

DICKASON, Olive Patricia, *Les Premières Nations du Canada*, Québec, Septentrion, 1996.

DICKINSON, John, et YOUNG, Brian, *Brève histoire socio-économique du Québec*, Québec, Septentrion, 2009.

DOLLIER DE CASSON, François, *Histoire du Montréal, 1640-1672*, Montréal, Eusèbe Sénécal, 1871.

DOUVILLE, Raymond, et CASANOVA, Jacques Donat, *La Vie quotidienne en Nouvelle-France, de Champlain à Montcalm*, Paris, Hachette, 1964.

DUBOIS, Sophie, *Refus global. Histoire d'une réception partielle*, Montréal, Presses de l'université de Montréal, 2017.

DUBUC, Alain, *Portrait de famille, 14 vrais ou faux mythes québécois*, Montréal, La Presse, 2014.

DUCHESNE, André, *La Traversée du « Colbert ». De Gaulle au Québec en juillet 1967*, Montréal, Boréal, 2017.

DUFOUR, Andrée, et DUMONT, Micheline, *Brève histoire des institutions au Québec, de la Nouvelle-France à nos jours*, Montréal, Boréal, 2004.

DUGUAY, Gilles, *Le Triangle Québec-Ottawa-Paris*, Québec, Septentrion, 2010.

DUVAL, André, *La Capitale*, Montréal, Boréal Express, 1979.

EMONGO, Lomomba, et WHITE, Bob W. (dir.), *L'Interculturel au Québec*, Montréal, Presses de l'université de Montréal, 2014.
FERRO, Marc, *Histoire des colonisations*, Paris, Seuil, 1994.
FILTEAU, Gérard, *Histoire des Patriotes*, Montréal, Éditions de l'Aurore, 1975 ; et édition de 2013, Montréal, Septentrion.
—, *Le Québec, le Canada et la guerre, 1914-1918*, Québec, Éditions de l'Aurore, 1977.
—, *La Naissance d'une nation. Tableau de la Nouvelle-France en 1755*, Québec, Éditions de l'Aurore, 1978.
FISCHER, David Hackett, *Le Rêve de Champlain*, Montréal, Boréal, 2011.
FOHLEN, Claude, *Les Indiens d'Amérique du Nord*, Paris, PUF, 1985.
FOURNIER, Marcel, *Les Français au Québec, 1765-1865*, Sillery (Québec), Septentrion, 1995.
FRAÏSSÉ, Marie-Hélène, *Découvreurs d'Amérique*, Paris, Albin Michel, 1991.
—, *L'Impensable rencontre. Chronique des « sauvages » de l'Amérique du Nord*, Paris, Albin Michel, 2014.
FRANCIS, Douglas R., JONES, Richard, et SMITH, Donald B., *Destinies, Canadian History since Confederation*, Toronto, Holt, Rinehart & Winston, 1992.
FRANCO, Victor, *Mon vélo, l'Amérique et moi*, Paris, Amiot-Dumont, 1952.
FRÉGAULT, Guy, *La Guerre de la conquête*, Montréal, Fides, 1956.
—, *Iberville le conquérant*, Montréal, Guérin, 1996.
—, *La Civilisation de la Nouvelle-France (1713-1744)*, Montréal, Fides, 2014.
FRÉGAULT, Guy, et TRUDEL, Marcel, *Histoire du Canada par les textes*, t. 1, Ottawa, Fides, 1963.
FULIGNI, Bruno (présenté par), *Georges Péan. Un libertin chez les Esquimaux*, Paris, Éditions du Trésor, 2016.
FUMOLEAU, René, *Aussi longtemps que le fleuve coulera*, Sillery (Québec), Septentrion, 1994.
GAGNON, François-Marc, *Ces hommes dits sauvages*, Montréal, Libre Expression, 1984.
GAGNON, Louis, *Louis XIV et le Canada*, Québec, Septentrion, 2011.
GALLICHAN, Gilles, *Livre et politique au Bas-Canada, 1791-1849*, Sillery (Québec), Septentrion, 1991.
GARNEAU, François-Xavier, *Histoire du Canada français*, 6 vol., Montréal, François Beauval, 1973.
GENEVOIX, Maurice, *Canada*, Paris, Flammarion, 1945.
GERMAIN, Georges-Hébert, *Les Coureurs des bois. La saga des Indiens blancs*, Montréal, Libre Expression, 2007.

GERMAIN, Jean-Claude, *Nous étions le Nouveau Monde*, t. 1, *Le Feuilleton des origines*, t. 2, *Le Feuilleton des premières*, Montréal, Hurtubise, 2012.

GILLMOR, Don, et TURGEON, Pierre, *Canada, a People's History*, 2 vol., Toronto, CBC Television, 2001.

GOSSAGE, Peter, et LITTLE, J. I., *An Illustrated History of Quebec. Tradition & Modernity*, Don Mills, Oxford University Press, 2013.

—, *Une histoire du Québec entre tradition et modernité*, Montréal, Hurtubise, 2015.

GRAVELINE, Pierre (dir.), *Dix journées qui ont fait le Québec*, Montréal, VLB, 2013.

GRAVIER, Gabriel, *Les Voyages de Verrazano*, Paris, Hachette, 1898 (réédition BNF).

GRÉGOIRE, Marie, MONTIGNY, Éric, et RIVEST, Youri, *Le Cœur des Québécois. L'évolution du Québec de 1976 à nos jours*, Québec, Presses de l'université de Laval, 2016.

GROULX, Lionel (abbé), *La Confédération canadienne*, Montréal, Le Devoir, 1918.

GROULX, Lionel (chanoine), *Histoire du Canada français*, 2 tomes, Montréal et Paris, Fides, 1960.

—, *La Découverte du Canada. Jacques Cartier*, Ottawa, Fides, 1966.

GUÉNIN, Eugène, *Cavelier de La Salle*, Paris, Challamel, 1898.

—, *La Nouvelle-France*, Paris, Hachette, 1900 (réédition).

GUILLAUME, Pierre, et TURGEON, Laurier, *Regards croisés sur le Canada et la France. Voyages et relations du XVIe au XXe siècle*, Québec, Presses de l'université de Laval, 2007.

HAMELIN, Jean, *Les Rumeurs d'Hochelaga*, Montréal, Hurtubise, 1971.

HAMELIN, Louis-Edmond, *Le Canada*, Paris, PUF, 1969.

HARE, John (dir.), *Les Patriotes, 1830-1839*, Ottawa, Éditions Libération, 1971.

HAVARD, Gilles, *La Grande Paix de Montréal de 1701*, Montréal, Recherches amérindiennes, 1992.

HAVARD, Gilles, et AUGERON, Mickaël (dir.), *Un continent en partage. Cinq siècles de rencontres entre Amérindiens et Français*, Paris, Les Indes savantes, 2013.

HAVARD, Gilles, et VIDAL, Cécile, *Histoire de l'Amérique française*, Paris, Flammarion, coll. « Champs Histoire », 2008.

HAYES, Derek, *Canada, an Illustrated History*, Vancouver, Douglas & McIntyre, 2004.

—, *Historical Atlas of Canada*, Madeira Park (Canada), Douglas & McIntyre, 2015.

HÉBERT, François, *Montréal*, Seyssel, Champ Vallon, 1989.

HENNEPIN, Louis, *Par-delà le Mississippi. Aventures en Amérique*, Toulouse, Anacharsis, 2012.

HÉRON, Jean-Benoît, *Ces bateaux qui ont découvert le monde*, Grenoble, Glénat, 2013.

HURLEY, Éric, *De l'Expo 67 à Céline Dion. Essai sur la performance nationale*, Toronto, Nota Bene, 2017.

IMBEAULT, Sophie, VAUGEOIS, Denis, et VEYSSIÈRE, Laurent, *1763, le traité de Paris bouleverse l'Amérique*, Québec, Septentrion, 2013.

INSTITUT DU NOUVEAU MONDE, *L'État du Québec en 2015*, Québec, Del Busso, 2015.

JACQUIN, Philippe, *Histoire des Indiens d'Amérique du Nord*, Paris, Payot, 1976.

JOHNSTON, David, et JENKINS, Tom, *Ingénieux. Innovations canadiennes qui ont rendu le monde meilleur*, Montréal, La Presse, 2017.

JOYAL, Serge, *Le Mythe de Napoléon au Canada français*, Québec, Del Busso, 2013.

JOYAL, Serge, et LINTEAU, Paul-André, *France-Canada-Québec, 400 ans de relations d'exception*, Montréal, Presse universitaires de Montréal, 2008.

JULIEN, Charles-André, *Les Français en Amérique de 1713 à 1784*, Paris, Sedes, 1977.

—, *Les Voyages de découverte et les premiers établissements*, Paris, Gérard Monfort, 1979.

JULIEN, Claude, *Le Canada, dernière chance de l'Europe*, Paris, Grasset, 1965.

KALM, Pehr, *Voyage en Amérique*, Montréal, Berthiaume, 1880 (réédition).

KURTNESS, Manuel Kak'wa, *Pachamama. Cuisine des premières nations*, Montréal, Boréal, 1968.

LACHANCE, André, *Vivre, aimer et mourir en Nouvelle-France. La vie quotidienne aux XVIIe et XVIIIe siècles*, Montréal, Libre Expression, 2000.

LACOUR-GAYET, Robert, *Histoire du Canada*, Paris, Fayard, 1966 ; édition de 1979 complétée par Claude Fohlen.

LACOURSIÈRE, Jacques, BOUCHARD, Claude, et HOWARD, Richard, *Notre histoire. Québec-Canada*, vol. 5, 6, 7 et 9, CPSIA, non daté.

LACOURSIÈRE, Jacques, et QUIMPER, Hélène, *Québec, ville assiégée*, Québec, Septentrion, 2009.

LACOURSIÈRE, Jacques, PROVENCHER, Jean, et VAUGEOIS, Denis, *Canada-Québec, 1534-2010*, Québec, Septentrion, 2011.

LACROIX, Jean-Michel, *Histoire du Canada, des origines à nos jours*, Paris, Tallandier, 2016 ; réédition coll. « Texto », 2019.

—, *Canada et Canadiens*, Bordeaux, Presses universitaires de Bordeaux, 1994.

LAGRAVE, Jean-Paul de, *Les Trois Batailles de Québec*, Québec, Éditions Trois-Pistoles, 2007.

—, *Les Robinson Crusoé de l'histoire*, Québec, Éditions Trois-Pistoles, 2009.

—, *Les Filles de Montcalm*, Québec, Éditions Trois-Pistoles, 2014.

LAHONTAN, baron de, *Nouveaux voyages en Amérique septentrionale*, Québec, Jacques Collin, 1983 (réédition).

LAMARE, Jean, *Les Canadiens français et la guerre de Sécession*, Montréal, VLB, 2006.

LAMONDE, Yvan, *Histoire sociale des idées au Québec*, vol. 1, *1760-1896*, Québec, Fides, 2000.

—, *Aux quatre chemins. Papineau, Parent, La Fontaine et le révolutionnaire Côté en 1837 et 1838*, Québec, Lux, 2018.

LANCTOT, Gustave, *Histoire du Canada*, 3 vol., Montréal, Librairie Beauchemin, 1964.

LANDRY, Yves, *Les Filles du roi au XVIIe siècle*, Montréal, Leméac, 1992.

LAPOINTE-GAGNON, Valérie, *Panser le Canada. Une histoire intellectuelle de la commission Laurendeau-Dunton*, Montréal, Boréal, 2018.

LA ROQUE, Hertel, *Camillien Houde*, Montréal, Les Éditions de l'Homme, 1961.

LAVALLÉE, Bernard, *Eldorados d'Amérique*, Paris, Payot, 2011.

LAVOIE, Michel, et VAUGEOIS, Denis, *L'Impasse amérindienne, 1828-1858*, Québec, Septentrion, 2010.

LEACOCK, Stephen, *Canada, the Foundations of Its Future*, Montréal, édition privée, 1941.

LÉGER, Roger (dir.), *Le Journal du marquis de Montcalm*, Montréal, Michel Brûlé, 2007.

LE MOËL, Marie-Morgane, *Le Goût de Montréal*, Paris, Mercure de France, 2001.

LE PULOCH, Marine, *Le Piège colonial, histoire des traités de colonisation au Canada*, Paris, L'Harmattan, 2007.

LESTER, Normand, *Le Livre noir du Canada anglais*, 3 vol., Montréal, Les Intouchables, 2002-2004.

LINTEAU, Paul-André, *Histoire du Canada*, Paris, PUF, coll. « Que sais-je ? », 1994.

—, *La Rue Sainte-Catherine, au cœur de la vie montréalaise*, Montréal, Les Éditions de l'Homme, 2010.

—, *Une histoire de Montréal*, Montréal, Boréal 2017.

LINTEAU, Paul-André, DUROCHER, René, et ROBERT, Jean-Claude, *Histoire du Québec contemporain*, t. I, *De la Confédération à la crise*, t. II, *Le Québec depuis 1930*, Montréal, Boréal Express, 1979 et 1989.

MABIRE, Jean, *Les Vikings*, Louviers, L'Ancre de marine, 2004.

MACLEOD, D. Peter, *La Vérité sur la bataille des plaines d'Abraham,* Montréal, Les Éditions de l'Homme, 2008.
MACLEOD, Elizabeth, *Canada Year by Year,* Toronto, Kids Can Press, 2016.
MACMECHAN, Archibald, *Head-Waters of Canadian Literature,* Toronto, McClellan & Stewart, 1924.
MANN, Charles C., *1493,* Paris, Albin Michel, 2013.
MARCOTTE, Gilles, *Le Roman à l'imparfait,* Montréal, Éditions de l'Hexagone, 1989.
—, (dir.), *Anthologie de la littérature québécoise,* 2 tomes, Montréal, Éditions de l'Hexagone 1994.
—, *Les Livres et les Jours (1983-2001),* Montréal, Boréal, 2002.
MAROIST, Guylaine, et SAUVÉ, Mathieu-Robert, *Les États-Désunis du Canada,* Montréal, Québec Amérique, 2014.
MATHIEU, Jacques, *La Nouvelle-France. Les Français en Amérique du Nord, XVIe-XVIIe siècle,* Québec, Presses de l'université de Laval, 2001.
MATHIEU, Jacques, et IMBEAULT, Sophie, *La Guerre des Canadiens, 1756-1763,* Québec, Septentrion, 2013.
MEISEL, John, ROCHER, Guy, et SILVER, Arthur, *Si je me souviens bien, As I Recall. Regards sur l'histoire,* Montréal, IRPP, 1999.
MICHEL, Francisque, *Les Voyages merveilleux de saint Brendan à la recherche du paradis terrestre,* Paris, Chaudin, 1878.
MOISAN, Sabrina, et CHARLAN, Jean-Pierre, *L'Histoire du Québec en 30 secondes,* Montréal, Hurtubise, 2014.
MOLLAT, Michel, *La Vie quotidienne des gens de mer en Atlantique, IXe-XVIe siècle,* Paris, Hachette, 1983.
MOLLAT DU JOURDIN, Michel, *Les Explorateurs du XIIIe au XVIe siècle,* Paris, CTHS, 2005.
MONTEL-GLÉNISSON, Caroline, *Champlain au Canada,* Paris, Nouveau Monde éditions, 2004.
MORIN, Victor, *Croquis montréalais,* autoédition, non daté.
MORISSET, Jean, *Sur la piste du Canada errant,* Montréal, Boréal, 2018.
MOROT-SIR, Marie-Hélène, *Au cœur de la Nouvelle-France,* Paris, Publibook, 2009 et 2013.
MORTON, Desmond, *A Short History of Canada,* Toronto, McClellan & Stewart, 2001.
—, *Histoire militaire du Canada,* Québec, Athéna, 2009.
MUHLSTEIN, Anka, *Cavelier de La Salle,* Paris, Grasset, 1992.
MUIR, John, *Voyages en Alaska,* Paris, Payot, 1995.
MURAT, Inès, *Napoléon et le rêve américain,* Paris, Fayard, 1976.
NELLES, Henry Vivian, *Une brève histoire du Canada,* Québec, Fides, 2005.

NERICH, Laurent, *La Petite Guerre et la Chute de la Nouvelle-France*, Québec, Athéna, 2009.

NEWMAN, Peter C., *Canada 1892. Portrait of a Promise Land*, Toronto, Madison Press Books, 1992.

NOËL, Mathieu, *Lionel Groulx et le réseau indépendantiste des années 1930*, Montréal, VLB, 2011.

PARIZEAU, Jacques, *La Souveraineté du Québec, hier, aujourd'hui et demain*, Montréal, Michel Brûlé, 2009.

—, *Pour un Québec souverain*, Montréal, VLB, 2015.

PAYETTE, Lise, *Des femmes d'honneur*, Montréal, Québec Amérique, 2014.

PLUMET, Patrick, *Peuples du Grand Nord*, t. I, *Des mythes à la Préhistoire*, t. II, *Vers l'« Esquimau »*, Paris, Errance, 2004.

POITRAS, Jacques, *La Carte postale québécoise*, Montréal, Broquet, 1990.

POUCHOT, Pierre, et ADAMS, John, *Mémoires sur la dernière guerre de l'Amérique septentrionale entre la France et l'Angleterre*, 2 vol., Boston, John Adams Library, 1881.

PRATTE, André, et KAY, Jonathan, *Bâtisseurs d'Amérique, des Canadiens français qui ont fait l'histoire*, Montréal, La Presse, 2016.

PROULX, Gilles, et MESSIER, Louis-Philippe, *La mémoire qu'on nous a volée*, Montréal, Éditions du Journal, 2019.

QUINTAL, Jacques, *Histoire 414. Histoire du Québec et du Canada*, Montréal, Trécarré, 2008.

RÉVEILLAUD, Eugène, *Histoire du Canada et des Canadiens français*, Paris, Librairie Fischbacher, 1884.

RICARD, François, *Mœurs de province*, Montréal, Boréal, 2014.

RICHLER, Noah, *De la fleur au fusil. Le Canada s'en va-t-en guerre*, Montréal, Leméac, 2013.

RIGAL-CELLARD, François (dir.), *Prophéties et utopies religieuses au Canada*, Bordeaux, Presses universitaires de Bordeaux, 2011.

ROBILLARD, Jean-Denis, *Un défricheur au cœur du Québec*, Saint-Bruno (Québec), Éditions JDR, 2001.

ROBITAILLE, Louis-Bernard, *Ces impossibles Français*, Paris, Denoël, 2010.

RONSIN, Albert, *Découverte et baptême de l'Amérique*, Montréal, Éditions Georges Le Pape, 1979.

ROYAL, Joseph, *Histoire du Canada, 1841-1867*, Montréal, Beauchemin, 1909.

SAINT-MARTIN, Gérard, *Québec 1759-1760 ! Les plaines d'Abraham. L'adieu à la Nouvelle-France ?*, Paris, Economica, 2007.

SAINT-PIERRE, Marjolaine, *Lacorne Saint-Luc, l'odyssée d'un noble*, Québec, Septentrion, 2013.

SAUL, John, *Le Grand Retour*, Montréal, Boréal, 2015.

SMITH, Frédéric, *« La France appelle votre secours », Québec et la France libre, 1940-1945*, Montréal, VLB, 2012.

STANLEY, George F. G., *Canada Invaded, 1775-1776*, Toronto, Hakkert, 1973.

TARDIEU, Christophe, *La Dette de Louis XV*, Paris, Cerf, 2017.

TERNAT, François, *Partager le monde. Rivalités impériales franco-britanniques, 1748-1756*, Paris, PUPS, 2015.

TERRIEN, Paul, *Les Grands Discours de l'histoire du Québec*, Québec, Presses de l'université de Laval, 2014 et 2018.

THÉRIAULT, Joseph-Yvon, *Francophonies minoritaires au Canada*, Moncton, Éditions d'Acadie, 1999.

THÉVENIN, René, et COZE, Paul, *Mœurs et histoire des Indiens d'Amérique du Nord*, Paris, Payot, 1977.

THIERRY, Éric, *La France de Henri IV en Amérique du Nord. De la création de l'Acadie à la fondation de Québec*, Paris, Honoré Champion, 2008.

THOMSON, Dale C., *De Gaulle et le Québec*, Saint-Laurent, Éditions du Trécarré, 1990.

THORDARSON, Bruce, *Lester Pearson, Diplomat and Politician*, Toronto, Oxford University Press Canada, 1974.

TOCQUEVILLE, Alexis de, *Regards sur le Bas-Canada*, Montréal, Typo, 2003 (réédition).

TOURNIER, Michel, *Journal de voyage au Canada*, Paris, Robert Laffont, 1984.

TREMBLAY, Yves, *Plaines d'Abraham. Essai sur l'égo-mémoire des Québécois*, Outremont, Athéna, 2009.

TRENT, Peter F., *La Folie des grandeurs. Fusion et défusions sur l'île de Montréal*, Québec, Septentrion, 2012.

TRIGGER, Bruce G., *Les Indiens, la fourrure et les blancs*, Montréal, Boréal, 1992.

TRUDEL, Claude, *1960-2012 : de la crise d'octobre au printemps érable*, Montréal, Québec Amérique, 2015.

TRUDEL, Marcel, *Mythes et réalités dans l'histoire du Québec*, Montréal, Hurtubise, 2004.

—, *Histoire de la Nouvelle-France*, 5 vol., Québec, Fides, 1963-1999.

—, *La Révolution américaine, 1775-1783. Pourquoi la France refuse le Canada*, Montréal, Boréal Express, 1976.

—, *Mémoires d'un autre siècle*, Montréal, Boréal, 1987.

TRUDEL, Marcel, et JAIN, Geneviève, *L'Histoire du Canada. Enquête sur les manuels*, Ottawa, Imprimeur de la reine pour le Canada, 1969.

UBAC, Claire, *Jacques Cartier*, Paris, L'École des Loisirs, 2006.

VAN RUYMBEKE, Bertrand, *L'Amérique avant les États-Unis*, Paris, Flammarion, 2013.

VAUGEOIS, Denis, *America*, Québec, Septentrion, 2002.

—, *La Fin des alliances franco-indiennes*, Montréal, Boréal, 1995.
VERNE, Jules, *Famille sans nom*, Paris, Hetzel, 1888.
VEYSSIÈRE, Laurent (dir.), *La Nouvelle-France en héritage*, Paris, Armand Colin, 2013.
VEYSSIÈRE, Laurent, et FONCK, Bertrand, *La Guerre de Sept Ans en Nouvelle-France*, Québec, Septentrion, 2011.
VIAU, Roland, *Amerindia*, Montréal, Presses universitaires de Montréal, 2015.
VILLAMERE, J. C., *Is Canada Even Real ?*, Toronto, Dundurn, 2017.
VILLEGAS-KERLINGER, Michèle, *Sur les traces de nos ancêtres*, Québec, Presses de l'Université du Québec, 2011.
VINCENT, Sylvie, et ARCAND, Bernard, *L'Image de l'Amérindien dans les manuels scolaires du Québec*, Ville LaSalle (Québec), Hurtubise, 1979.
VINCENTHIER, Georges, *Histoire des idées au Québec de 1837 à 1980*, Montréal, VLB, 1983.
VINET, Mark, *Le Canada et la guerre de sécession américaine*, 1861-1865, Vaudreuil (Québec), Wadem Publishing, 2002.
WINROTH, Anders, *Au temps des Vikings*, Paris, La Découverte, 2014.
WOOD, William, *The Storied Province of Québec*, 2 vol., Toronto, Dominion Publishing, 1931.
ZIMMERMAN, Larry J., *Les Indiens d'Amérique du Nord*, Cologne, Taschen, 2002.
ZWEIG, Stefan, « Chez les Français du Canada », dans *Voyages*, Paris, Belfond, 2000 (réédition).

Index

Table

TROISIÈME PARTIE
D'une colonisation à l'autre

QUATRIÈME PARTIE
Désunion, union, réunion

CINQUIÈME PARTIE
Entrée sur la scène mondiale

Pour en savoir plus
sur les Éditions Perrin
vous pouvez consulter notre site Internet

www.editions-perrin.fr

lisez!

et nous suivre sur les réseaux sociaux

Editions Perrin

@EditionsPerrin

@editions.perrin

MIXTE
Papier issu de
sources responsables
FSC
www.fsc.org
FSC® C003309

L'éditeur de cet ouvrage s'engage
pour la préservation de l'environnement
et utilise du papier issu de fôrets gérées
de manière responsable.

Achevé d'imprimer en septembre 2019
par Normandie Roto Impression s.a.s.
61250 Lonrai
N° d'impression : 1904075

Imprimé en France